प्रभा खेतान का औपन्यासिक संसार

वाणी प्रकाशन

21-ए, दरियागंज, नई दिल्ली-110002

फोन : 23273167, 23275710, 51562622 फैक्स : 23275710

e-mail : vani_prakashan@yahoo.com

vani_prakashan@mantraonline.com

प्रभा खेतान का औपन्यासिक संसार

डॉ. उषा कीर्ति राणावत

वाणी प्रकाशन

प्रकाशन के उत्कृष्टतम 62 वर्ष

सजिल्द पहला संस्करण : 2005
सजिल्द दूसरा संस्करण : 2015
सजिल्द तीसरा संस्करण : 2025

vaniprakashan.com

वाणी प्रकाशन
4695, 21-ए, दरियागंज, नयी दिल्ली-110 002
फ़ोन : + 91 11 23273167, 23275710
शाखाएँ
अशोक राजपथ, पटना-800 004, बिहार
कॉफ़ी हाउस कैम्पस, महात्मा गांधी मार्ग, प्रयागराज-211 001, उत्तर प्रदेश
महात्मा गांधी अन्तरराष्ट्रीय हिन्दी विश्वविद्यालय, वर्धा-442 001, महाराष्ट्र
sales@vaniprakashan.in
vaniprakashan@gmail.com

Prabha Khaitan Ka Aupanyasik Sansar
by Dr. Usha Kirti Ranawat

ISBN : 978-93-5072-051-6
Criticism

मूल्य : ₹ 675

जी.एस. ऑफ़सेट, दिल्ली-110 095 में मुद्रित

वाणी प्रकाशन का लोगो मक़बूल फ़िदा हुसैन की कूची से

प्रभा खेतान का औपन्यासिक संसार

बीसवीं शताब्दी के अंतिम दशक में हिंदी उपन्यासकारों की सूची में कृष्णा सोबती, मन्नू भंडारी, उषा प्रियंवदा इत्यादि के साथ जुड़ने वाला एक अहम नाम है डॉ. प्रभा खेतान। प्रभाजी के उपन्यास अर्थ और सेक्स की धुरी पर केंद्रित हैं। वैश्विक धरातल पर बदलते हुए युग बोध के साथ मारवाड़ी एवं विदेशी स्त्री की समस्याओं को मुख्य विषय बनाते हुए आपने कथा-साहित्य का अनूठा सृजन किया है।

शायद डॉ. प्रभा खेतान ही प्रथम लेखिका हैं जिन्होंने वैश्विक धरातल पर व्यापार करती स्त्री के संघर्ष को मुखर किया है। इसके साथ परंपरा और आधुनिकता के बीच पिसी मारवाड़ी स्त्री के मन के सशक्त दृश्यालेख अपने उपन्यासों में प्रस्तुत कर हिंदी साहित्य के उपन्यास लेखन में अपनी महत्त्वपूर्ण एवं पृथक पहचान रखती हैं। कविता, संपादन, कहानी, अनुवाद और आलोचना के क्षेत्र में भी उन्होंने अपनी प्रतिभा का परिचय दिया है।

प्रभा जी ने अब तक आठ उपन्यास लिखे हैं। उनके तीन उपन्यास 'आओ पेपे घर चलें', 'अग्निसंभवा' एवं 'एड्स' अमरीकी, चीनी, कोरिया इत्यादि देशों की औरतों के जीवन की त्रासदियों से रूबरू करवाते हुए यह बतलाने की चेष्टा करते हैं कि पारिवारिक विघटन और स्त्री पीड़ा कॉमन विषय है। 'छिन्नमस्ता', 'पीली आँधी', 'अपने-अपने चेहरे', 'स्त्रीपक्ष' एवं 'तालाबंदी' उपन्यास बदलते परिवेश में मारवाड़ी समाज के संघर्ष और आत्मविश्वास के साथ स्त्री पुरुष - दोनों की व्यथा-कथा का बड़ी मार्मिकता से वर्णन करते हैं।

मारवाड़ी शब्द सुनते ही कंजूस मक्खीचूस व्यक्ति की कल्पना जहन में उतरती है। मारवाड़ी महिलाएँ अनपढ़ हों या पढ़ी-लिखी, रूढ़िवादी व्रत-उपवास करती, डायमंड सेट बनवाती-तुड़वाती, मुंगोड़ी, पापड़, अचार और गोटा किनारी की रंगीन दुनिया में रची-बसी ही दृष्टिगोचर होती हैं। लेकिन वक्त बदला है, यह वर्ग भी इससे अछूता नहीं है। विश्व स्तर पर राजस्थान की संस्कृति का आकर्षण बरकरार है। मारवाड़ी बनिया ने मारवाड़ी समाज के लिए बहुत कुछ किया है। यह करना मात्र कुआँ बावड़ी खुदवाना और चंदा देने मात्र तक सीमित नहीं है। उसने देश के सामाजिक व आर्थिक विकास

में अपना अमूल्य योगदान दिया है।

मारवाड़ी महिला भी इसमें योगदान दे रही हैं। प्रभा खेतान ने अपने उपन्यासों में ऐसी ही बदली हुई मारवाड़ी स्त्रियों की अस्मिता की पहचान से हमें परिचित करवाया है। प्रभाजी ने मारवाड़ी पारंपरिक संबंध, विवाह संबंधी बदलते जीवन - मूल्य, बदलते स्त्री-पुरुष संबंध, पाश्चात्य प्रभाव स्वरूप बढ़ती उच्छृंखलता वृत्ति, भूमंडलीकरण के खतरे आदि पहलुओं पर प्रकाश डाला है। उनकी नायिकाएँ साहसी हैं, आत्मविश्वास से भरी हुई हैं, जीवन पथ पर लहूलुहान भी होती हैं। लेकिन इन सबको उन्होंने ऐतिहासिक परिप्रेक्ष्य में रखकर देखा और चित्रित किया है, जिससे न ही संबद्ध जीवन में लांछना आयी न ही ग्लोरिफिकेशन।

वैसे 'डॉ. प्रभा खेतान और उनका साहित्य' विषय पर परवीन मलिक ने शोधकार्य किया है, किंतु उक्त शोधग्रंथ में 1991 तक की रचनाओं का समावेश है। प्रभाजी के 1991 के बाद के पाँच उपन्यासों के साथ कई स्त्री-विमर्श पर आलेख, तीन कहानियाँ, रिपार्ताज, यात्रा संस्मरण एवं स्त्री-विमर्श पर दो महत्त्वपूर्ण पुस्तकें प्रकाशित हुई हैं।

प्रभा खेतान के कथा-साहित्य पर कोई पुस्तक उपलब्ध नहीं है जबकि इनके उपन्यास गंभीर पूर्णपाठ और मूल्यांकन की अपेक्षा रखते हैं। यही कारण है कि मैंने इस प्रोजेक्ट का विषय बनाया मारवाड़ी समाज और हिंदी उपन्यास। विषय स्वतंत्र मूल्यांकन की माँग भी करता है। प्रभाजी अमीर मारवाड़ी समाज का प्रतिनिधित्व करती हैं और मैं भी मध्यमवर्गीय परिवार से संबंधित हूँ। इनके उपन्यासों से गुजरते हुए मुझे अपनी निजता से रूबरू होने का मौका मिला। लगा ये सब मेरे ही जीवन के अंतरंग अनुभव हैं। अध्ययन के दौरान मेरा विनम्र प्रयास होगा कि अपनी संसक्ति से मुक्त रहकर इनके उपन्यासों के विभिन्न पक्षों का तटस्थ भाव से सम्यक् मूल्यांकन किया जाए।

इस कार्य को पाँच अध्यायों में विभाजित करके अध्ययन की योजना बनायी गयी है। जो प्रायः इस प्रकार है।

प्रथम अध्याय में प्रभा खेतान के जीवन एवं रचना संसार की परिचयात्मक चर्चा संकल्पित है।

दूसरे अध्याय में यह देखने का प्रयास किया गया है कि वह कौन-सा परिवेश है और उसमें आते किस तरह के बदलाव हैं जिसके कारण इन उपन्यासों की रचना इस रूप में ही संभव हो सकी।

प्रभा खेतान के उपन्यासों में नारी के शोषण दमन से लेकर प्रेम, विवाह, काम एवं पारिवारिक संदर्भों की बड़ी ज्वलंत एवं जीवंत तस्वीर प्रस्तुत हुई है **तीसरे अध्याय** में इसी प्रमुख मुद्दे के हर पहलू का यथासंभव मुकम्मल विवेचन किया गया है।

चौथे अध्याय में प्रभा खेतान की औपन्यासिक दृष्टि के तहत उनकी कथा सृष्टि में आये विभिन्न सरोकारों की चर्चा की गयी है, जिसमें यह जानने का प्रयास किया

है कि वे कौन - से मूल्य हैं जिससे बना समाज प्रभाजी का इष्ट है।

पंचम अध्याय प्रभा खेतान के प्रस्तुति विधान पर केंद्रित है जिसमें उनकी भाषा शिल्प एवं शैली के अध्ययन को प्रस्तुत करने का प्रयत्न किया गया है।

अंत में एक परिशिष्ट है जिसके अंतर्गत प्रभा खेतान के उपन्यास जगत में चित्रित जीवन की व्यावहारिक परीक्षा के लिए प्रभाजी से संवाद स्थापित किया है। इस साक्षात्कार चर्चा के आधार पर प्रभाजी की वैचारिकताएँ एवं सामाजिक सरोकार की विवेचना से यह स्पष्ट हो जाता है कि उनके कथा-साहित्य में चित्रित जीवन कितना सही एवं सच है।

अपनी बात

प्रस्तुत लघु शोध-प्रकल्प हेतु मुझे मुंबई विश्वविद्यालय अनुदान मंडल की ओर से शोधवृत्ति प्राप्त हुई । मैं मुंबई विश्वविद्यालय के पूर्व हिंदी विभागाध्यक्ष डॉ. रामजी तिवारी की आभारी हूँ जिन्होंने मुझे इस कार्य की ओर प्रेरित किया । एस.एन.डी.टी. विश्वविद्यालय के रीडर डॉ. सत्यदेव त्रिपाठी जी की विशेष रूप से अत्यंत ऋणी हूँ जिन्होंने मेरे शोध ग्रंथ के अध्यायों को पढ़कर मेरा मार्गदर्शन किया ।

कथा लेखिका डॉ. प्रभा खेतान की अत्यंत ऋणी हूँ जिन्होंने अपने लेखन कार्य तथा पारिवारिक एवं व्यापारिक व्यस्तताओं के बावजूद अपना अमूल्य समय निकालकर सामग्री संकलन में मेरी बहुत सहायता की । मेरे शोध विषय की उपजीव्य एवं संदर्भ सामग्री देकर मुझे प्रभाजी ने उपकृत किया । उनके साक्षात्कार से भी मैं लाभान्वित हुई । उन्होंने शोध विषय संबंधी मेरी अनेकानेक जिज्ञासाओं का पत्राचार द्वारा समाधान किया है, जिसे मैं कदापि नहीं भूल सकती । पत्राचार और फोन द्वारा मेरी जिज्ञासाओं का समाधान करनेवाले प्रभाजी के निजी सचिव श्री मोहन कुमार जी को भला मैं कैसे भूल सकती हूँ, उनके ऋण में नित्य प्रति आबद्ध रहना चाहती हूँ । मुझे डॉ. परवीन मलिक के शोध कार्य से एक दिशा मिली, इसके लिए मैं उनकी तहेदिल से शुक्रगुजार हूँ ।

हिंदी विभाग की प्राध्यापिका ललिता राठौड़ एवं पूनम पटवा के बिना इस कार्य की पूर्णाहुति संभव नहीं थी । पूरे शोध कार्य की प्रूफ-रीडिंग कर उन्होंने जो मेरा साथ दिया कि यथासमय इस कार्य को मैं पूरा कर सकी । उनकी मैं तहेदिल से आभारी हूँ । डॉ. प्रभा खेतान की 'बाज़ार के बीच : बाज़ार के खिलाफ भूमंडलीकरण और स्त्री के प्रश्न' पुस्तक मेरे लघु शोध-प्रकल्प के बाद छपी । लेकिन मैं इसे अपनी पुस्तक में जोड़ लेने के मोह का संवरण न कर सकी । प्रभाजी के अब तक के समग्र उपन्यास साहित्य को प्रस्तुत करने का यह मेरा विनम्र प्रयास है ।

मुंबई विश्वविद्यालय एवं विल्सन महाविद्यालय के ग्रंथागारों के प्रमुख तथा अन्य कर्मचारीगण, वसुंधरा प्रकाशन, परिदृश्य प्रकाशन आदि मददगारों के प्रति मैं अपना आभार ज्ञापित करती हूँ । यह विनम्र प्रयास विद्वानों के सम्मुख परख और मूल्यवान सुझावों के लिए प्रस्तुत है ।

- डॉ. उषा कीर्ति राणावत

अनुक्रमणिका

प्रथम अध्याय

प्रभा खेतान : एक संक्षिप्त परिचय

1942 की 1 नवम्बर को प्रभा खेतान का जन्म कलकत्ता के एक व्यापारी मारवाड़ी परिवार में हुआ था। प्रभाजी के परिवार में कुल मिलाकर सात भाई-बहन थे। प्रभाजी पाँचवीं संतान थीं। मारवाड़ी पारंपरिक समाज में जहाँ लड़की का जन्म मनहूस समझा जाता है, वहाँ पाँचवीं बेटी के जन्म पर भला कौन खुश हो सकता था। यही कारण था कि प्रभाजी को माँ का स्नेह नहीं मिला। प्रभाजी पिता की लाडली बिटिया थीं। दुर्भाग्यवश नौ वर्ष की उम्र में ही प्रभाजी के सिर से पिता का साया उठ गया। आया दाई माँ ने उन्हें पाल-पोसकर बड़ा किया।

प्रभाजी की स्कूली शिक्षा बालीगंज शिक्षा सदन में हुई। बचपन में ही प्रभाजी ने अपने सर्जक व्यक्तित्व को पहचान लिया था। घंटों कल्पना लोक में खोकर वे छोटी-छोटी कविताएँ लिखतीं। कभी चिड़िया से बातें करतीं, कभी गंगा की लहरों को घंटों निहारा करतीं। आकाश में उड़ते पंछियों से, पेड़-पौधों से बातें करते हुए वे कविता करती रहतीं। चिड़ियों को उड़ते देखतीं तो कल्पना करतीं काश ! मुझे भी खुला आकाश मिलता।

उच्चतर माध्यमिक शिक्षा समाप्त कर लेने के बाद उन्होंने प्रेसीडेंसी कॉलेज कलकत्ता से स्नातक की उपाधि प्राप्त की। तत्पश्चात दर्शनशास्त्र में पी-एच.डी. की। माँ उनके साँवले रंग से परेशान थीं, वे अकसर कहतीं — 'हे रामजी इसकी नैया कौन-सी घाट पर लगेगी?' बराबर यही सुनकर प्रभा ने ऐलान कर दिया कि "मैं ब्याह नहीं करूँगी।" बचपन से ही प्रभाजी ने अपनी माँ को निरंतर जुझते देखा। यह भी महसूस किया कि सारे सुखों के बीच स्त्री को एक-एक रुपये का हिसाब रखना पड़ता है, संपन्न घर की स्त्री को भी पैसों का मुहताज होना पड़ता है। स्त्री को जीवन में निर्णय लेने का अधिकार नहीं, उस पूरे वातावरण के प्रति प्रभाजी के मन में प्रतिरोध ने जन्म ले लिया। उन्होंने सामंती मारवाड़ी परिवारों में सनातनी और गाँधीवादी मूल्यों के द्वंद्व को देखा कि एक तरफ तो स्त्री की शिक्षा की वकालत की जा रही है, घूँघट और दहेज प्रथा का विरोध हो रहा है। स्त्री को बड़ी देवी माना जा रहा है, दूसरी तरफ उन्होंने

स्त्री को टूटते भी देखा। अपने ही घर में स्त्री कैसे टूट रही है, बिखर रही है। इसीलिए बचपन से ही प्रभा खेतान ने संकल्प कर लिया कि उन्हें अपनी जमीन तलाशनी होगी। वर्जीनिया वुल्फ की किताब 'ए रूम ऑफ ओवर ओन' की तरह। इस किताब से वे बेहद प्रभावित थीं। उन्हें लगता उनका भी एक कमरा हो, सुरक्षित इनकम हो।

अपने प्रिय मित्र डॉ. सर्राफ की सहायता से वे ब्यूटी थैरापी का कोर्स करने के लिए लॉस एंजेलस (अमेरिका) गई। वहाँ से लौटने पर उन्होंने कलकत्ता में 'फिगरेट' नामक महिला स्वास्थ्य केंद्र की स्थापना की। यह 1966 का साल था। कुछ वर्ष इस संस्था में काम करते हुए वे व्यापार की ओर मुड़ीं। और इस तरह प्रभा खेतान ने अपने संकल्प को पूरा किया। व्यवसाय में कड़ी मेहनत के बदौलत स्वतंत्र रूप से आर्थिक सफलता हासिल कर उन्होंने अपने स्पेस का संधान किया।

138 वर्ष पुरानी प्रतिष्ठित और एशिया में सबसे पुरानी संस्था 'कलकत्ता चेम्बर ऑफ कॉमर्स' की अध्यक्ष पहली बार एक महिला बनी वह थी प्रभा खेतान। 1976 से वे चमड़े के सामानों का निर्यात करनेवाली अपनी कंपनी न्यूहोराइजन लिमिटेड की प्रबंध निदेशक हैं। वे नारीविषयक कार्यों में सक्रिय रूप से भाग लेती हैं। दातव्य न्यासों से जुड़े रहकर पूरे देश में सक्रिय रही हैं। भूतपूर्व निर्वाचन आयुक्त श्री. टी. एन. शेषन के साथ देशभक्त ट्रस्ट रेडक्रॉस जिला सैनिक बोर्ड की सदस्या भी रहीं। इसके अतिरिक्त अंतर्राष्ट्रीय मारवाड़ी सम्मेलन युवा शाखा के साथ 'सभी के लिए शिक्षा' कार्यक्रम के तहत एक बृहत्तर कार्यक्रम का संचालन जिसमें राजस्थान के गरीब एवं मेधावी छात्र-छात्राओं के लिए विशेष व्यवस्था का प्रावधान है, जुड़ी हुई हैं। कलकत्ता चेम्बर ऑफ कॉमर्स के सहयोग से 'प्रभा खेतान पुरस्कार' नामक पुरस्कार की शुरुआत भी उन्होंने की है। इसमें प्रत्येक वर्ष अपने क्षेत्र में विशेष योगदान देनेवाली महिला को पुरस्कृत किया जाता है। पुरस्कार राशि एक लाख रुपये तथा प्रशस्ति पत्र भी दिया जाता है।

समाज सेवा भी उनके व्यक्तित्व का एक आवश्यक अंग है। अधिकतर समय विदेश में रहने, मद्रास में भी अपना व्यवसाय का विस्तार करने के बावजूद, सामाजिक कार्यकलापों में उनकी हिस्सेदारी में कमी नहीं आई। प्रभाजी फुल टाइम साहित्यकार के कान्सेप्ट से सहमत नहीं हैं। कदाचित व्यवसाय से जुड़ी रहकर ही वे साहित्य व समाज सेवा में सामंजस्य रख पायीं। साहित्य में भी उन्होंने अपनी जगह सुरक्षित कर ली है। आज वे प्रतिष्ठित उपन्यासकार, नारीवादी चिंतक और कवयित्री के रूप में समादृत हैं।

लिखने की शुरुआत :- जब वे सातवीं कक्षा में पढ़ती थीं तो 'सुप्रभात' में पहली रचना छपी। वह कविता थी। 1981 में 'अपरिचित उजाले', 1982 में 'सीढ़ियाँ चढ़ती हुई मैं', 1985 में 'एक और आकाश की खोज', 1986 में 'कृष्णधर्मा में', 1987 में 'हुस्नबानो और अन्य कविताएँ' 1988 में 'अहल्या' इसके बाद उन्हें लगा कि वे कविता में अपनी बात नहीं कह पा रही हैं, तो उपन्यास की ओर मुड़ गयीं। उनका पहला उपन्यास

'आओ पेपे घर चलें' 1990 में आया। यह अंग्रेजी, उड़िया, और बांग्ला में भी अनूदित और चर्चित हुआ। दूसरा उपन्यास 'तालाबंदी' 1991 में, 'अग्निसंभवा' 1993 में, 'एड्स', 'छिन्नमस्ता', 1994 में, 'अपने-अपने चेहरे' 1996 में, 'पीली आँधी' 1997 में, 'स्त्री-पक्ष' 1999 में। प्रभाजी के उपन्यास बहुपठित रहे हैं। और कथ्य शिल्प की दृष्टि से चर्चित भी।

इसके अतिरिक्त विभिन्न प्रतिष्ठित पत्र-पत्रिकाओं में स्त्री विषयक कई महत्त्वपूर्ण लेख तथा कहानियाँ प्रकाशित हुई हैं। प्रभाजी ने अनुवाद का बहुत सारा काम किया है। उनकी प्रसिद्ध अनूदित कृतियाँ हैं 'साँकलों में कैद क्षितिज' और 'स्त्री उपेक्षिता'। 'साँकलों में कैद क्षितिज' दक्षिण अफ्रीकी कविताओं का अनुवाद है। जबकि 'स्त्री उपेक्षिता' सिमोन बाउवार की विश्व विख्यात कृति 'द सेकंड सेक्स' का हिंदी अनुवाद है। 'एक और पहचान' शीर्षक से कविताओं का संग्रह उन्होंने संपादित भी किया है। लेखिका के साथ-साथ वे बेहतर अनुवादक और संपादिका भी हैं।

प्रभाजी के पाँच चिंतन ग्रंथ भी प्रकाशित हुए हैं, इन कृतियों ने उन्हें अस्तित्ववादी चिंतक की पहचान दी है। उनमें पहली है – 'सार्त्र का अस्तित्ववाद', दूसरी 'शब्दों का मसीहा सार्त्र', तीसरी 'वह पहला आदमी आल्वेयर कामू', चौथी सद्यः प्रकाशित 'उपनिवेश में स्त्री मुक्ति कामना की दस वार्ताएँ' एवं 'बाजार के बीच : बाजार के खिलाफ भूमंडलीकरण और स्त्री के प्रश्न'। व्यवसाय से लेकर साहित्य में प्रभाजी ने कई मंज़िलें तय की हैं, उनकी झोली में कई पुरस्कार भी हैं, जो इस प्रकार हैं :

1. 'रत्न शिरोमणि' इंडिया इंटरनेशनल सोसायटी फॉर यूनिटी द्वारा।
2. 'इंदिरा गाँधी सॉलिडियरिटी' इंडियन सॉलिडियरिटी काउंसिल द्वारा।
3. 'टाप पर्सनाल्टी' एवार्ड (उद्योग) लायंस क्लब द्वारा।
4. 'उद्योग विशारद' उद्योग टेक्नोलॉजी फाउंडेशन द्वारा।
5. 'प्रतिभाशाली महिला पुरस्कार' भारत निर्माण संस्था द्वारा।
6. 'महापंडित राहुल सांकृत्यायन पुरस्कार' केंद्रीय हिंदी संस्थान द्वारा (राष्ट्रपति द्वारा प्रदत्त)।
7. के. के. बिड़ला फाउंडेशन का 'बिहारी पुरस्कार'।

प्रभाजी का विस्तृत परिचय उनसे लिये गये साक्षात्कार के आधार पर परिशिष्ट में दिया गया है।

प्रभाजी का रचना संसार

प्रभाजी की साहित्यिक साधना पर विहंगम दृष्टि डालना अति आवश्यक है। अभी तक उनकी कुल बीस कृतियाँ प्रकाशित हुई हैं। क्रमानुसार हम इन समस्त कृतियों की आंशिक चर्चा करेंगे।

1. पहला प्यार — 'अपरिचित उजाले' : प्रभाजी का यह पहला काव्य संग्रह

है। 'पहला प्यार लाए जीवन में बहार' विज्ञापन की तरह इन कविताओं का मूल स्वर प्रेम है, रोमांस है, रोमांस की असफलता की पीड़ा है तो कहीं अजनबीपन, अकेलेपन की कसक है। प्रेम का रास्ता दुर्गम है फिर भी बुलाता है। वे कभी छिपकली की तरह आगे बढ़ती हैं, कभी उतरती हैं। प्रेम का दीवानापन भटकाता है। परंतु मंजिल तक नहीं ले जाता। अपनी गलतियों से सीखती उपेक्षिता होकर भी टूटती-बिखरती नहीं। शरतचंद्र के उपन्यासों को पढ़ती हैं, उन्हें पारो का चरित्र भाता है, कभी रुलाता है। तभी तो वह कहती हैं :

'मेरे हैं एक नहीं, तीन मन
'एक कविता लिखता है,
एक प्यार करता है,
और एक केवल
अपने लिए जीता है।'[1]

प्रेम के अतिरिक्त जीवन का हिसाब-किताब में डूबना, माँ-बेटी का स्वेटर बुनना, रसोई की गंध, कॉफी हाउस की शाम, वसंत की प्रतीक्षा, एकाकीपन से गुजरने के पलों को कविता में गूँथा गया है।

प्रभाजी की कविताओं में वेदना का मूल स्वर है। जो उन्हें बार-बार प्रेमी की प्रतीक्षा करवाता है और इससे उपजी अकेलेपन की कसक का तार बज उठता है।

'कभी-कभी बज उठता
रोंग नंबर बन
मुझे इस अकेलेपन पर
चिढ़ नहीं
शर्म आती है।'[2अ]

फिर भी प्रभाजी प्रेमी के हर पल साथ हैं :

'मैं तुम्हारे
फ्लैट के दरवाजे पर
नेम प्लेट-सी जड़ी रही
हमेशा, हमेशा तुम्हारे साथ
दिन वर्ष और मास' [2ब]

प्रभाजी को माँ का प्यार नहीं मिला था। प्रायः सभी रचनाओं में माँ के प्रति कभी शिकायत तो कभी प्रेम और स्नेह की कामना करते हुए वे अपनी बात कहती हैं:

'बस वही पुरानी बात
तुलसी के पत्तों ने उगना बंद कर दिया
तुम संझाबाती करना नहीं भूलतीं

माँ, पुराने दिनों को भूल जाओ
तुम्हारी नीली चिड़िया यदि घर नहीं लौटती
तो जंग लगे पुराने पिंजड़े को बेच दो कबाड़ी के हाथ
अधूरे सपने को
मत देखो बार बार
उन बच्चों की मत करो बात
जो आखिरी पतंग से कट गये.
तुम्हारी जिंदगी से'[3]

2. भीतर की आवाज़ — 'सीढ़ियां चढ़ती हुई मैं' : प्रभाजी अपने दूसरे काव्य संग्रह की अपनी बात में कहती हैं : 'मेरी कविताएँ मेरे अपने अस्तित्व से शुरू होती हैं। मैं जो कुछ भी हूँ, मेरा सोचना या लिखना उससे बाहर नहीं जा सकता। अपने से बाहर जाने की मेरी रुचि भी नहीं। अस्तित्व से संबंधित सारे विरोधाभास, सारे अनिश्चित आयाम, अस्पष्ट विचार। द्वैत भाव एवं चेतन शब्दों में बाँधने का प्रयास कवि का रहता है। वह उसकी कविताओं में उभरता है, हँसता है, खिलखिलाता हैं, कभी-कभी बिलकुल चुप हो जाता है। मौन कविता उभरती रहती है। कविता मेरे लिए अंतश्चेतना है - – एक भीतर की आवाज, कई बार महज, एक ध्वनि — कभी पूरी कविता बन बहती हुई।'

यह कविता संग्रह भी प्रेम, मिलन, विरह, एकाकीपन, चुंबन, दफ्तर, सीढ़ियाँ, अहम, स्वप्न, मजदूर, अस्तित्व, दिनचर्या, प्रतीक्षा इत्यादि भावों के इर्द-गिर्द रचा गया है। प्रेम का परिपक्व रूप इन कविताओं में दिखलाई पड़ता है।

तुम आए,
और पहले चुंबन के बाद
मैंने महसूस किया कि
मैं मेज पर लटकते बल्ब में
समा गयी हूँ
कि इस समय
मैं पूरी रोशनी का
एक गोल चक्र हूँ
जो अब कमरे में छाये
अँधेरे के खिलाफ
पूरी तरह लड़ सकता है।[4]

प्रभाजी अपने अस्तित्व के प्रति सचेत हैं। यहाँ आत्मरति का भाव नहीं है वरन अपने को स्थापित करने की जिद में कुछ नया करने का साहस यह जानते हुए भी कि समाज उनसे नाराज भी हो सकता है। माँ की नियति को चित्रित कर वे बतलाना

चाहती हैं कि दुनिया की हर माँ को अपने बच्चे से कुछ नहीं मिलता :

'मेरे सपनों में
अब तुम्हारा कोई स्थान नहीं
मेरे सामने
एक दुनिया खुलती है
जब मैं माँ बनूँगी
तब भी तुम
परसी हुई थाली लिए
मेरा इंतजार कर रही होगी'[5]

कवयित्री के मन में मजदूर वर्ग के प्रति हमदर्दी है। इनसान इनसान है। मशीन कैसे बन सकता है। अमीतुल्ला उस वर्ग का प्रतिनिधित्व करता है जो जीवन भर पत्थर तोड़कर गुमनामी भरे जीवन में खो जाते हैं।

'यह ठीक है कि
न कहीं
तुम्हारे नाम के
पत्थर खुदे
न कोई शहर बना
न तुम्हें कोई
विरासत मिली
जबकि
दुनिया की तमाम चीजों में
तुम रंग-रूप और गंध बन
धुले हुए हो।

प्रभाजी समाज के निचले तबकों से अपना नाता नहीं तोड़तीं, उन्हें गले लगाती हैं। अपनी कविताओं में समाज और व्यक्ति के रिश्ते को ध्वनित करती हैं। व्यक्ति ही समाज को कुछ दे सकता है। वह छायादार पेड़ बन सकता है, अपने अटूट इरादों से समाज में क्रांति ला सकता है।

'बीज जमीन में उगता है
और सीधा पेड़ बन जाता है
आकाश देखने लगता है
उसके जीने की
क्षमता।'[6]

अपरिचित उजाले कविता संग्रह की तरह माँ की ममता को यहाँ भी लेखिका ने इस प्रकार महसूस किया है।

'जब हर शाम घर लौट
जब भीतर प्रवेश करती हूँ
आँगन की बैठी हुई माँ
मुस्कुराकर पूछती है
कैसी हो बेटी
माँ यह क्या चमत्कार है कि
कहीं भी जाऊँ
लौट आती हूँ तुम्हारे पास'[7]

निःसंदेह यह काव्य संग्रह प्रभाजी की भावनाओं को गरिमामय ऊँचाइयों तक पहुँचाता है। भाषा सहज एवं सरल है।

3. गागर में सागर — 'एक और आकाश की खोज में' : यह प्रभाजी का तीसरा काव्य संग्रह है। यहाँ तक आते-आते कवयित्री अपनी कविता में 'गागर में सागर' भर कर पाठक को सराबोर करती हैं। पढ़ते हुए लगता है बहुत सोच-समझकर लिखी गई कविता है। इन कविताओं का विषय भी प्रेम की शिकायत, समर्पण, स्व की पहचान, जीवन की सफलताएँ, महत्वाकांक्षाएँ और ऊँचे उड़ने की जिद साथ ही किसी ओर को भी अपने साथ उड़ा ले जाने की ललक (चलो दिलदार चलो चाँद के पार चलो) प्रियतम को चाँद पर ले जाने की विनती, जैसी भावनाओं से ओत-प्रोत हमें एक अलग संसार में ले जाती है।

सार्त्र के अस्तित्ववाद से वे कभी मुक्त नहीं होतीं इसीलिए उनकी कविताओं में इसकी झलक बार-बार दिखलाई पड़ती है। प्रेम की अल्हड़ता में भी वे जीवन के कटु सत्य नहीं भुला पातीं। मुरझाये पत्ते को देखकर कहती हैं :

'बसंत का जन्मा
हर कोमल पत्ता
अब भोग रहा
अपने होने का सच'[8]

इन कविताओं से गुजरते हुए लगता है प्रभाजी ने बार-बार प्रेम में धोखा खाया है। सहज, सरल समर्पण के बाद भी वे ठगी गई हैं। कभी जीवन की उपलब्धियों के साथ आगे बढ़ते हुए मृत्यु से भयभीत नहीं। वे चिड़िया से प्रभावित हैं। छोटी-सी चिड़िया नन्हे परों से आकाश नापती है। वे स्वयं भी साहित्य रचना के कर्म को आकाश नापना ही समझती हैं। उन्होंने जीवन को संपूर्णताओं से जीया है, भोगा है, उसकी हर आँच से वे कंचन बनी हैं। समाज की स्वीकृति-अस्वीकृति के बीच आस्था और उपेक्षाओं से रू-ब-रू होकर वे सदा अर्जुन की भाँति चिड़िया की आँख के लक्ष्य पर डटी रही हैं। पाठक उनकी इस दृष्टि से परिचित हो सके तो जीवन की कठिन राह पर चलना आसान हो सके।

'सुबह ठीक वक्त पर
तुम्हें चाय सर्व कर दूँगी
तुम्हारे ऑफिस को देर नहीं होगी
आई प्रॉमिस
बस एक बार फिर
चाँद पर चलने की
कोशिश तो करो।' [9]

प्रेमी ऑफिस से लौटा है थका है, उसकी ऑफिस की दुनिया ही चाँद है और प्यार की चाहत में मिले दर्द को प्रभाजी ने इस प्रकार प्रतिध्वनित किया है।

'एक आदमी की तरह
पूजा अर्घ्य समर्पण लिये
लौट आयी हूँ असमर्पिता
तुम्हारा दैवत्व मुझे
छोटा कर जाता है' [10]

भाषा में कहीं अंग्रेजी शब्दों का मिश्रित प्रयोग भी मिलता है।

4. कृष्णमयी — 'कृष्णधर्मा मैं' : 'कृष्णधर्मा मैं' एक लंबी कविता है। इन कविताओं के बारे में डॉ. परमानंद श्रीवास्तवजी ने कहा है : 'इन कविताओं में अपने ढंग का संगठन है जो लापरवाही या बिखराव की भंगिमा में भी अपने ढंग की रचनात्मक पूर्णता का आभास कराता है। अंडर स्टेटमेंट इन कविताओं की ताकत है और कृत्रिमता की ओर बढ़ती हुई कविता की दुनिया में वह अपने रूप में सुखद आश्चर्य है।'

प्रभाजी का यह चौथा कविता संग्रह है। कृष्ण के मिथक को साथ लेकर वे कृष्णमयी हो गई हैं। अपने स्व को उन्होंने कृष्ण के साथ जोड़ दिया है। वे जो कुछ भी कर रही हैं वह कृष्णधर्मा बनकर। जिस तरह कृष्ण ने लीलाएँ कीं, महाभारत के युद्ध में अहम भूमिका निभाई उनके अस्तित्व की सार्थकता, नर से नारायण तक की यात्रा में कर्म करते हुए, धर्म की रक्षा हेतु छल-बल का सहारा लेकर वे आगे बढ़े कवयित्री भी स्वयं यही कुछ करना चाहती है। इसीलिए 'कृष्णधर्मा मैं' कविता के कथा का सहारा लेकर मनुष्य की अंतस् चेतना को जगाती हैं। अकेलेपन से निजात पाकर अतीत से पीछा छुड़ाती अपने वर्तमान पर मुग्ध हैं वह कृष्ण की तरह सुदर्शन चक्र चलाना सीख गई हैं। यह चक्र और कुछ नहीं महज अपने कर्म का चक्र है, वे कृष्ण को ईश्वर नहीं मानतीं वे नर से नारायण बने उसी तरह इनसान अगर चाहे तो कृष्ण की तरह कर्म करता जाए। फल की चिंता न करे। मंजिल को मंजिल न मानकर आगे बढ़ता रहे रवींद्रनाथ टैगोर की तरह — 'एकला चालो रे' की तरह सतत क्रियाशील होकर इनसान चाहे तो कृष्ण बन सकता है। इतिहास में अपना नाम दर्ज कर सकता है। हर इनसान का जीवन महाभारत के समर से कम नहीं है। जैसे स्वर्ग

जाने के लिए मरना पड़ता है, वैसे ही कुछ विशेष हासिल करने के लिए कृष्ण की भाँति कभी-कभी छल भी करना पड़ता है।

अस्तित्व की स्थापना भी एक धर्म है। अकर्मण्य होकर जीवन भी कोई जीवन है ?

'परम होने की वासना
मुझे निगल जाना चाहती हुई
बना देना चाहती मुझे सिर्फ एक छाया
घोषित कर देना चाहती
मेरे समूचे इतिहास को केवल एक भ्रम
और
कैसे मान लूँ मैं
सिर्फ इतना प्रयोजन
अपने छोटे जीवन का'[11]

इस प्रकार प्रभाजी यह कहना चाहती हैं कि इनसान को चाहिए कि वह जीवन के संघर्षों के सामने घुटने न टेके, दीन बनकर रोये गिड़गिड़ाये नहीं। अन्याय का सामना डटकर करे। कृष्ण की भाँति अपने बल पर आगे बढ़े, अपने दायित्वों का भली-भाँति निर्वाह करे। हार न माने तीन पगों से वह संसार को नापने का साहस रखे, यह आशीर्वाद उसे ईश्वर से प्राप्त नहीं होगा। उसे स्वयं कर्म के बल पर अर्जित करना होगा। हार से निराशा की भावना संभव है। लेकिन घुटने टेकना ठीक नहीं। भाग खड़ा होना सही नहीं। कृष्ण की भाँति वह चल पड़े तभी वह सफलता का अमृत पान कर सकेगा। तभी वह कह सकेगा :

'मेरा अपना है
इतिहास का यह क्षण
मेरे अपने हैं
अपनी पूरी संरचना में
विश्लेषण से पूरे तक जटिल
कृष्ण के संदर्भों से अलग
कृष्ण भक्तों की परंपरा से मुक्त।'[12]

प्रभाजी कहती हैं :

'तुम कौन कृष्ण
और मैं कौन
तुम्हारी विराट चेतना
और मेरी व्यक्ति चेतना
इतिहास तो हमारे साझे का क्षेत्र है

खत्म होता हुआ अँधेरा
और मैं
विराट के इस खालीपन को जीती हुई
बदलती जो जा रही हैं
अपनी तरह
हजारों लाखों, अगणित सितारों में
जो चमकते हैं, कृष्ण के लिए
तृप्त हुई मैं,
तृप्त हुई मेरी चेतना।'[13]

प्रभाजी कहती हैं : "पूरी रचना के दौरान मैं आज की चुनौतियों के बीच अपने को कृष्ण की साझीदार पाती रही हूँ। हास उल्लास के क्षणों से लेकर महाभारत के महासंहार तक के प्रकरणों के बीच, केलि-कुंजों से लेकर प्रभास तीर्थ तक की रचना यात्रा के बीच। शायद साझेदारी के इस एहसास ने ही मुझे स्थूल कहा – सूत्रों से बचाकर चेतना के स्तर पर कृष्ण से जोड़ा है, कृष्णधर्मा बनाया है।"[14]

कुल मिलाकर यह कह सकते हैं कि व्यक्ति और समाज के परस्पर संघर्ष के बीच अपने अस्तित्व की गरिमा को बनाए रखने हेतु तमाम बाधाओं को कुचलते हुए संघर्षों एवं दुःखों को स्वीकारते हुए सिर ऊँचा कर जीने वाला व्यक्ति ही एक दिन कृष्ण की ऊँचाइयों को पा सकता है।

'न मैं तुम
न मैं तत्त्वमसि
न मैं इतनी नगण्य
कि रोक दूँ
तुम्हारी ऊँचाइयों की ओर
अपनी यात्रा।'[15]

इन कविताओं में कहीं-कहीं संस्कृत शब्दों का प्रयोग भावों के अनुरूप किया गया है।

5. तेरे मेरे सपने – 'हुस्नबानो और अन्य कविताएँ' : इस संग्रह की यह विशेषता है कि कवयित्री ने समकालीन समस्याओं को कविता का विषय बनाया है। 1987 का यह संग्रह जब आतंकवाद बढ़ रहा था। लोगों को भयभीत कर रहा था। उन सवालों को प्रभाजी ने कविताओं में उकेरा है। रसोई, रोटी, भूख की आग, परियों की कहानी, माँ की गोद, उसकी आत्मीयता घर की तलाश, प्रेम से उत्पन्न विसंगतियाँ, अजनबीपन, जंगल, समुद्र इत्यादि सारी समस्याओं की संवेदनाओं को लेकर रचित इन कविताओं की शीर्षक वाली हुस्ना अपनी गरीबी, अभावों में घर ढूँढ़ रही है। तो दूसरी तरफ श्रीमती गुप्ता वैभवपूर्ण जीवन में अकेलेपन की त्रासदी में तिल तिल कर जी

रही है।

इस कॉंट्रस में अमीरी-गरीबी के बीच मूलभूत आवश्यकताओं को भेद रंक और राजा दोनों ही दुःखी नजर आते हैं। हुस्ना अपने घर का सपना देखती है। रोटी उसके पास है पर घर नहीं परदेस गया अब्बा जो दूसरों के घर बनाता है। कभी साड़ी लाता है, कभी वीडियो, पर हुस्ना चाहती है अपना घर। अपनी माँ के फूले पेट से एक घर पैदा करने को कहती है कभी हैरत से पूछती है कि कहीं धोने वाले कपड़ों में वह अपना सपनों वाला घर तो नहीं दबा आई ? कहीं दीवार की छिपकली तो उसके घर को नहीं निगल गई? घर का सपना उसे बहलाता है। सांत्वना देता है। यह भ्रम —

'रो मत हुस्ना
सपने देखा कर
दिन-रात
आकाश की चौड़ी खिड़की से
खुरचते हुए माटी की पर्तों को
उधर देखो
लाल चमकता हुआ घर
उगा हुआ पूरब में
चला आ रहा है पंख पसारे।'[16]

जीवन की मूलभूत आवश्यकता है रोटी जिसके लिए व्यक्ति सारी लड़ाई लड़ता है। रोटी की आग सबको झुलसाती है। भूख की आग कविता को जन्म देती है। केदारनाथ अग्रवाल की यह कविता भी इसी बात का संकेत देती है :

'मैं सिर्फ आपको आमंत्रित करूँगा
कि आप आये और मेरे साथ सीधे,
उस आग तक चलें
उस चूल्हे तक जहाँ वह पक रही है,
एक अद्‌भुत ताप और गरिमा के साथ
समूची आग को गंध में बदलती हुई
दुनिया की सबसे आश्चर्यजनक चीज
वह पक रही है।'[17]

रोटी की लड़ाई में प्रभाजी को एक अर्थवता दिखाई पड़ती है :

'सब कुछ समाया है
रोटियों में
आँच भी
हृदय का नेह भी
आत्मा का रस भी।'[18]

भूख की आग को प्रभाजी ने शब्दों के माध्यम से व्यक्त किया है। उनके अनुसार कविता तो समय और मूल्य सापेक्ष होनी ही चाहिए।

शाहबानो का सवाल हो, या गायत्री मंत्र, ये सभी प्रश्न कविता के दायरे में आने चाहिए। प्रभाजी वैश्विक स्तर पर फैली हुई समस्याओं को कविता का विषय बनाते हुए पाठकों का ध्यान आकर्षित करती हैं। सोचने पर बाध्य करती हैं। ब्यूटीपार्लर के जेनी दुल्हनों को सजाती-सँवारती हैं। लेकिन स्वयं कभी दुल्हन बनने का ख्वाब नहीं देखतीं। समय गुजर जाएगा। सपने बुढ़ा जायेंगे, और वह खुद भी।

'दुल्हन सजाते-सजाते
हाँ
सजाते-सजाते
झड़ जाएँगे एक दिन
जेनी के भीतर गाती चिड़िया के
सारे पंख'[19]

भाषा सरल संप्रेषणीय और बोलचाल की भाषा का आभास देती है।

6. मेरी उसकी सबकी बात — 'अहल्या' : लंबी कविता 'कृष्णधर्मा मैं' की भाँति प्रभाजी के इस काव्य संग्रह में 'अहल्या' भी एक लंबी कविता है। यहाँ भी मिथक का सहारा लेकर स्त्री मुक्ति की बात कही गयी है। अहल्या संपूर्ण स्त्री जाति का प्रतिनिधित्व करती है। कविता की भूमिका में प्रभाजी ने कहा है : "मैं जिसने कभी अहल्या के साथ किसी अभिशप्त नारी के साथ एकात्मकता नहीं महसूस की। हाँ मुझे अहल्या से बात करनी होगी मेरी उसकी सबकी बात"(अहल्या भूमिका)[20]

सदी के अंतिम दशक की स्त्री भी प्रभाजी को अहल्या की भाँति पत्थर-सी खामोश रहकर सब कुछ सहन करनेवाली दिखती है और अपनी मुक्ति के लिए पुरुष का मुँह जोहती नजर आती है। इस दया भाव का तिरस्कार करती हैं प्रभाजी।

एक दिन काली गिट्टी से टकराकर प्रभाजी ने महसूस किया कि स्त्री सदियों से चट्टानी टुकड़ों में टूट-टूट कर बिखर रही है। युगों से चला आ रहा यह शाप आज भी शाश्वत है। अहल्या, सीता, यशोधरा, श्रद्धा हो या आज की अमीना स्त्री के दर्द में कोई कमी-बेशी नहीं हुई।

'लौट आओ अहल्या
मृत्यु के बाद भी जागो तुम
गूँजता है आज भी
तुम्हारा ही दर्द
मेरे हृदय में।'[21]

प्रभाजी को एतराज है कि स्त्री की मुक्ति या उद्धार पुरुषों से ही क्यों संभव है ? वे कहती हैं : "मुक्ति मिली कहाँ मुझे क्या किसी और के देने से मुक्ति मिल जाती

है ? मैं आज भी अपने को खोज रही हूँ आज भी अपनी पत्थर होती चेतना से पूछती हूँ अपना अपराध....। क्या है स्थिति ग्रस्तता राह किनारे के पत्थर की अपने आप में बंदिनी की प्रतीक्षा करती हुई ?

शायद कभी कोई राम आए और उसके चरणों को छू भर लेने से जीवन कृत-कृत्य हो जाए। ये सारे विधान पुरुषों ने क्यों बनाए ? किसी ने कभी हमसे पूछा कि हम क्या चाहती हैं ?'[22]

इसी का जवाब है उनकी अहल्या कविता। जिसमें वे बुद्धिजीवी नारी को भीख से मिली मुक्ति का इनकार करने से प्रेरित करती हैं। पुरुष के खिलाफ जंग करने का ऐलान करो कि वे स्वयं मुक्त हैं उनके विधायक गौतम या राम नहीं हैं।

'मुक्त रहकर भी बँधे रहने की पीड़ा
आज भी झेलती अहल्या
भोक्ता इन्द्र
विधायक गौतम
मुक्तिदाता राम
क्यों' ? [23]

इस क्यों का प्रत्युत्तर प्रभाजी इस प्रकार देती हैं :

'एक अनंत अहसास
समर्पिता मैं
पुकार रही
ओ मेरी अस्मिता
मेरी आत्मजा !
कहाँ भटक गयी हैं तुम
अँधेरी और अवचेतन गुफाओं में ?
चलो मन के पार चलें अहल्या
पहचानें आत्मरूप
ध्वस्त पड़े परिजन परिवेश
ओ अकेली परित्यक्ता
ओ राह किनारे की पत्थर' [24]

अहल्या कविता की भाषा में सिम्फनी की गूँज है। तार-तार बजते हुए स्वर हैं और है बहती हुई नदी की कलकल धारा।

चिंतन

1. सार्त्र का अस्तित्ववाद : प्रभाजी ने बचपन से ही कविताएँ लिखना शुरू किया था। इस तरह वे साहित्य से जुड़ी थीं। दर्शन शास्त्र में उन्होंने एम.ए. एवं पी-एच.डी. की

डिग्री ली। फलस्वरूप साहित्य एवं दर्शन दो भिन्न अवधारणाएँ होते हुए भी प्रभा के व्यक्तित्व के दोनों पहलुओं के साथ जुड़ी हैं। वे सार्त्र से प्रभावित हैं, वे कहती हैं : "इस पुस्तक में मैंने उन विधानों के उठाए हुए मुद्दों का तुलनात्मक अध्ययन प्रस्तुत करने का प्रयत्न किया है जिनका अध्ययन मनन करके सार्त्र ने उन्हें अपने दर्शन में उतारा उसे आगे बढ़ाया या उसका विरोध किया है उन्हें नकार दिया है।"[25]

प्रत्येक व्यक्ति अपने अस्तित्व के प्रति सचेत रहता है। अपने जीवन मूल्यों को तलाशता हुआ अपने होने को सिद्ध करना चाहता है। फ्रांस और इंग्लैंड की राज्य और औद्योगिक क्रांतियों ने तो 'अस्तित्ववाद' को अस्तित्व में लाने का श्रेय लिया ही है साथ ही साथ विश्व युद्धों में मृत्यु के तांडव और तबाही के साम्राज्य ने इसकी जड़ों को अधिक पोषित किया है।

सार्त्र का अस्तित्ववाद बनाम सिद्धांत और निरूपण में वे अस्तित्व से जुड़ी मान्यताओं की तुलना अन्य दार्शनिकों के विचारों के साथ करती हैं। ध्यान देते हुए प्रभाजी कहती हैं : "जब हम पेड़ के अस्तित्व के बारे में चर्चा करते हैं तब पेड़ का होना न तो उस पेड़ की चेतना है और न ही उसकी अर्थवत्ता। हम पेड़ को चाहे जितने भी व्यापक रूप में समझने की चेष्टा करें, किंतु पेड़ के अस्तित्व को हमारा यह समझने का प्रयास पेड़ के बारे में एक संपूर्ण अभिज्ञान नहीं हो सकता। अतः वस्तु के मूल्य में उसका अस्तित्व विद्यमान रहता है। ज्ञान उस अस्तित्व पर आधारित है जो स्वयं अपने आप में ज्ञान नहीं है।"[26]

प्रभाजी ने अपनी पुस्तक में देकार्ते, कामू, किर्केगार्द, योदोर, दोस्तो यव्स्की, फ्रेडरीक नीत्शे, कार्ल जैस्पर्स, मार्टिन, हेडेगर, मार्शल जैसे महान दार्शनिकों के साथ तुलना करते हुए सार्त्र को दर्शन और साहित्य के साथ जोड़नेवाले प्रथम चिंतक के रूप में स्वीकार किया है।

योगेंद्र शाही के अनुसार — "साहित्यिक प्रतिबद्धता ही उसका मूल स्वर है और इसलिए उसका दर्शन प्रतिबद्ध साहित्य में परिणत हो गया है। सार्त्र का दर्शन का उद्‌भव शून्य में नहीं बल्कि एक विशेष ऐतिहासिक स्थिति में होता है। दूसरों के लिए तथा दूसरों के परस्पर संबंधों की अभिव्यक्ति में ही सार्त्र दर्शन का विकास हुआ है। एक सफल लेखक से ऐतिहासिक स्थिति के प्रति जिस जागरूकता की अपेक्षा की जाती है वह सार्त्र में पूर्ण रूप में विद्यमान है।" [27]

सार्त्र अस्तित्ववादी चिंतन के सागर में गोता लगाकर प्रभाजी कहती हैं : "सार्त्र को शब्द दर शब्द पढ़ना किसी महायुद्ध में गोता लगाने जैसा रहा, कितना ग्रहण करें, कितना छोड़ें।"[28]

सार्त्र के अस्तित्ववाद को लेखिका ने सरल एवं आसान बनाने हेतु निम्नलिखित भागों में बाँटकर उनका विश्लेषण किया है :

(1) **सार्त्र का अस्तित्ववाद बनाम सिद्धांत और निरूपण** : इसमें 'ईगो' से जुड़ी

मान्यताओं का निरूपण अन्य दार्शनिक विचारों के साथ तुलना करते हुए सार्त्र के ईगो का निर्माण संज्ञान व नाम परावर्तित चेतना, परामानसिक क्रियाएँ, अवस्थाएँ और गुणवत्ता, अवस्था गुण क्रिया का आधार है, बताती हैं। साथ ही 'ईगो' की अभिव्यक्ति, मैं और चेतना दर्शन में ईगो सर्व व्यापकता (ईश्वर) की समस्या पर प्रकाश डालती हैं।

(2) **संवेग का सिद्धांत :** संवेग के सिद्धांत का विश्लेषण निम्नलिखित शीर्षकों के अंतर्गत करती हैं।

(क) संवेग के प्रति सार्त्र का विचार।
(ख) सार्त्रीय मनोविज्ञान के मानव विज्ञान संबंधी आधार।
(ग) संवेग या चेतना का संगठन।
(घ) भावना का सार्त्रीय सिद्धान्त।
(ङ) झूठे व सही संवेग।
(च) संवेगों का मूल।
(छ) संवेगात्मक व्यवहार की प्रक्रिया।
(ज) संवेग की प्रकृति और क्रिया।
(झ) प्रत्यक्ष ज्ञानवादी मनोविज्ञान अपनी बेहतरीन दशा में।
(ञ) सार्त्रीय संवेग सिद्धांत का मूल्यांकन।

(3) अस्तित्व अनस्तित्व : तर्क प्रणाली : इन्हें भी निम्नलिखित शीर्षकों में बाँटकर तर्क युक्त तुलनात्मक तरीके से अपेक्षाकृत विस्तार देते हुए विश्लेषित करती हैं।

1. प्रत्यक्ष ज्ञान का अस्तित्व और अस्तित्व का प्रत्यक्ष ज्ञान।
2. हुर्सेल का अस्तित्व और चेतना।
3. अस्तित्व और आत्मचेतना का विरोधाभास।
4. हेगेल, मार्क्स और हेडेगर की तुलना।
5. अस्तित्ववादी मनोविश्लेषण का महत्त्व।
6. जीव और अजीव का संबंध।
7. संताप और निषेध।
8. स्व की खोज और चेतना।
9. मूल्य और संभावना की अवधारणा।
10. चेतना और प्रक्षेपण और अलौकिकता।
11. काल और चेतना।
12. कालावधि और अनुरूपता।
13. जगत में होना (ज्ञान)।
14. गुण, मात्रा सामर्थ्य और उपकरणीयता।
15. सार्वभौमिक काल।

16. जगत बोध।
17. दूसरे की अस्तित्व की समस्या।
18. ठोस प्रत्यक्षीकरण चेतना के रूप में।
19. वस्तु के रूप में दूसरा, दूसरे क्यों हैं? दूसरे के लिए शरीर।
20. शरीर का तात्विकीय आयाम।

(4) **व्यामोह (बैडपैथ) :** इनका अध्ययन लेखिका ने निम्नलिखित शीर्षकों में बाँटकर किया है।

1. व्यक्ति तात्कालिक स्वः का अर्थ।
2. सार्त्र और नैमित्तिकता।

(5) लेखिका ने अस्तित्ववादी मनोविश्लेषण निम्न भागों में विभाजित कर विस्तृत चर्चा की है।

1. अचेतन का कड़ा विरोध।
2. अनुभवातीत।
3. मानव चिंतन का विषय : अहं केंद्रीयता।
4. अस्तित्व की अनित्यता।
5. अस्तित्व की त्रासदी।
6. व्यक्ति का नियंत्रित व्यवहार।
7. जन स्तर पर सार्त्र का नैतिकवाद इत्यादि।

रातोंरात अस्तित्ववादी चिंतक के रूप में प्रसिद्धि दिलवाने वाले सार्त्र के समस्त चिंतन को लेखिका ने अपनी इस पुस्तक में समेटा है। सार्त्र के लिए उनका कथन है कि "सार्त्र को नकारात्मक व्यवस्था का, दार्शनिक कहा गया है क्योंकि अजीब अर्थात् अस्तित्ववाद को मिटाने की खोज सार्त्र आरंभ करते हैं जहाँ हेडेगर ने अपनी खोज समाप्त की है। एक नकारात्मक विचारक की हैसियत से सार्त्र ने दर्शन को अपना योगदान दिया है। उन्होंने एक ऐसे ज्ञानवाद को क्रमबद्ध किया है जो ज्ञान और जीव के रहस्य जैसे चकरा देनेवाले रहस्यमय सवालों का जवाब देने की कोशिश करता है।"[29]

2. सार्त्र शब्दों का मसीहा : नोबल पुरस्कार पाने और उसे अस्वीकार कर देने वाले प्रखर चिंतनशील रचनाकार, सार्त्र व्यक्ति के स्वतंत्र अस्तित्व की अर्थपूर्ण व्याख्या करते हुए प्रभाजी कहती हैं : "सार्त्र केवल चिंतक ही नहीं थे दार्शनिक, राजनीतिक, सामाजिक अभिकर्ता, मानव मुक्ति के अग्रदूत और शब्दों के मसीहा — इन सबके जीवंत मिश्रण थे।"[30] प्रस्तुत पुस्तक में प्रभाजी ने सार्त्र के दार्शनिक रूप के साथ उनके बहुआयामी व्यक्तित्व को पाँच अध्यायों में विश्लेषित करने का प्रयास किया है।

प्रभाजी ने कहा है : "सार्त्र को मसीहा बनने की चाह नहीं थी। वे पूरी आक्रामकता से पहले और आखिरी आदमी बनकर रहना चाहते थे। अपने समग्रता और एकीकरण में हर आदमी के जीवन का हिस्सा बनकर वे धरती के कण को पहचान सकें। उन्हें

विश्वास था कि जीवन गर्दिश में पनपता है और निराशा के अंतिम कगार पर खड़े होकर आदमी फिर से जीना शुरू कर देता हैं।"[31]

बचपन से ही अकेलेपन की त्रासदी को झेलते सार्त्र बड़े हुए यही वजह है कि उनके अपने साहित्य में एकाकीपन का वर्णन खूब मिलता है लेकिन उन्होंने हार नहीं मानी किसी का सहारा नहीं लिया। वे कहते हैं : "आदमी बिलकुल अकेला है और पूरी तरह स्वतंत्र है। अपनी सारी संभावनाओं के साथ वह कोई भी निर्णय ले सकता है और लिए हुए निर्णय के साथ प्रतिबद्धता उसकी अपनी है।"[32]

व्यक्ति स्वातंत्र्य पर बल देते हुए सार्त्र जीवन के अभाव, व्यामोह, स्वतंत्रता का दूसरों के साथ संबंध आदि का विस्तार से विवेचन करते हुए प्रभाजी ने उनकी कृतियों को रेखांकित किया है।

(1) उपन्यास : (1) नौसिया 1938 (2) अप्रकाशित त्रिखंडीय उपन्यासों में– (अ) द एज ऑफ रीजन (ब) आयरन इन द सोल (स) रिप्रीव। इन उपन्यासों में सार्त्र ने अपने दार्शनिक विचारों का प्रतिपादन किया है।

(2) नाटक : (क) 'उई क्लो' (नो एक्जिट) 1944 (ख) 'ल मूश' 1946 (ग) 'ले में साल' 1946 (घ) 'द विक्सटर्स' 1946 (च) 'द डेविल एंड द गुड लार्ड' 1951 (छ) 'द रिस्पेक्टेबल प्रास्टीट्यूट' 1948 (ज) 'कीन' 1954 (झ) 'नेक्रोसोव' 1955। इन नाटकों में राजनीतिक विचारों का प्रतिपादन किया गया है।

साहित्यिक अभिलेख : 'ह्वाट इज़ लिटरेचर' उनकी बहुचर्चित पुस्तक है। सार्त्र की कुछ पुस्तकें इंग्लैण्ड से भी प्रकाशित हुईं : (1) बोद लेयर 1964 (2) स्यां जाने 1964 (3) ऐक्टर एंड मार्टीयर 1964।

दस खंडों में लिखी 'सिचुएशंस' 1980 के दशक में प्रकाशित हुई। उनकी विशाल कृति **'क्रिटीक'** दो खंडों (2500 पृष्ठ संख्या) में विभाजित है। फ्लॉबर्ट की जीवनी तीन खंडों में प्रकाशित हुई।

प्रभाजी मार्क्स एवं सार्त्र की तुलना भी करती हैं। इनके आपसी वैचारिक मतभेदों पर प्रकाश डालते हुए कहती हैं : "सार्त्र का प्रस्थान बिंदु चाहे मार्क्स से हो किंतु अंत में दोनों की विचारधारा एक ही पड़ाव पर आकर रुकती है और वह है आदमी का आदमी से संबंध।"[32]

3. वह पहला आदमी आल्बेयर कामू : कामू ने अपने ही बारे में कितना सही कहा था कि : "मुझे पता है मेरे सृज़न का स्रोत मेरी गरीबी, मगर धूप के उजाले से भरी हुई दुनिया में है। यह मेरे बचपन की दुनिया है जिनकी स्मृतियों के कारण मैं उन बुराइयों से बच जाता हूँ जो किसी भी सृजन कर्म के लिए बड़ी घातक सिद्ध होती हैं। पहली आत्म संतोष और दूसरी जलन कुढ़न।"[33]

इससे स्पष्ट होता है कि कामू ने गरीबी को कभी बोझ नहीं समझा न ही कभी उससे दुःखी हुए। धूप का उजाला उन्हें सृजनरत करता था और वे तमाम बुराइयों से

बचते चले जाते थे। 'उजाला' और गरीबी जैसे शब्द उन्हें बेचैन करते थे। चूँकि खुद वे गरीबी में पले-बढ़े थे इसलिए आम आदमी के दर्द एवं तकलीफों से बाबस्ता थे। इसी से मानवीय अस्मिता और उसकी गरिमा पर बल देते थे। दमन एवं अत्याचार के विरोध में उन्होंने खूब जमकर लिखा। प्रभाजी कहती हैं : "जिसने आदमी का दर्द समझा, जो आदमी की संवेदना की गहराइयों में डूबा था, जिसे स्नेह प्यार की तपिश और गर्माहट पसंद थी। लेकिन वह मारा गया घृणा के बर्फीले तूफानों में घिरकर। चूँकि वह समय से पहले बोल रहा था।"[34]

पुस्तक को निम्नलिखित शीर्षकों में बाँटकर कामू के जीवन की गहरी पड़ताल करते हुए लेखिका ने उनके बहु-आयामी व्यक्तित्व को रेखांकित किया है।

1. जटिल होते संबंध।
2. घर में किताब का सवाल।
3. बीमार मेधावी।
4. अशांत वैवाहिक संबंध।
5. शिक्षा एवं विचार भूमि।
6. यथार्थ से संवाद की स्थापना।
7. जुझारू तेवर और राजनीति।
8. सृजन है या फिर नहीं है।
9. संघर्षों से गुजरते हुए।
10. युद्ध निरस्त्रीकरण और कामू।
11. गालीमार हाउस के लेखक।
12. विद्रोह का स्वर और आदमी की स्वतंत्रता।
13. जगतः साझे की जिंदगी।
14. व्यक्ति की सत्ता के लेखक।
15. मानवीय चेतना का चितेरा।

स्त्री पैदा नहीं होती उसे बना दिया जाता है

4. स्त्री उपेक्षिता : फ्रेंच लेखिका सिमोन द. बोउवार की 'द सेकेंड सेक्स' का अनुवाद डॉ. प्रभा खेतान ने हिंदी में किया। इस अनूठी कृति ने स्त्री-विमर्श के कई नये आयाम खोले। भारतीय महिलाओं के लिए यह अनूठा वरदान है, जिसका श्रेय डॉ. प्रभा खेतान को ही जाता है। प्रभाजी का उपन्यास लेखन स्त्री विमर्श के इर्द-गिर्द घूमता है। इसीलिए इस अनुवादित कृति का संक्षिप्त परिचय देना मेरा अभिप्रेत है।

इस पुस्तक को उन्होंने दो खंडों में विभाजित किया। प्रथम खंड — तथ्य और मिथ। इसे तीन भागों में विभाजित किया — 1. नियति 2. इतिहास 3. मिथक। द्वितीय खंड — आज की स्त्री। इसे चार भागों में विभाजित किया — 1. निर्माण काल

2. स्थिति 3. औचित्य 4. स्वाधीनता संग्राम।

सीमोन बोउवार का जन्म 9 जनवरी 1908 में कैथोलिक परिवार में हुआ। माता-पिता की प्रथम संतान थीं। इसीलिए उन्हें दोनों का पूरा प्यार मिला। दो साल बाद जब छोटी बहन पापित पैदा हुई तब सिमोन की खुशी का ठिकाना नहीं रहा। दोनों संग-संग खेलतीं। 1913 में सिमोन को लड़कियों के प्रायवेट स्कूल में पढ़ने के लिए भेज दिया। वहाँ उन्हें मिली प्रिय सखी जाजा। बचपन में ही सिमोन ने अपना सर्जक व्यक्तित्व पहचान लिया था। वे कुछ घंटों कल्पनालोक में विचरतीं और कुछ न कुछ लिखती रहतीं। लेखक बनने के जुनून ने माँ को आहत किया लेकिन पिता बहुत खुश थे। 14 वर्ष की उम्र में सिमोन ने पहला विद्रोह किया कि मैं प्रार्थना नहीं करूँगी। मुझे यीशु पर विश्वास नहीं है। 1926 में सौर बोन के विश्वविद्यालय में उन्होंने दर्शन और साहित्य का कोर्स शुरू किया। माँ को सिमोन के विवाह की चिंता थी। पिता नाराज थे कि सिमोन मामूली शिक्षिका की नौकरी कर रही है। पिता के पास पैसे नहीं थे कि अच्छा दहेज देकर बेटी के हाथ पीले करते और सिमोन खुद रूपवती भी नहीं थीं कि कोई उनसे यूँ ही विवाह कर ले। सिमोन अपने कजिन धनाढ्य जैक से प्रेम करती थीं पर जैक ने उन्हें ठुकरा दिया। पहले प्रेम की असफलता ने सिमोन को खूब रुलाया। मन बहलाने के लिए वह समाज सेवा की ओर मुड़ीं पर ज्यादा दिन नहीं।

1928 में एकौल नौमौल सुपीरियर में दर्शन में स्नातकोत्तर के लिए एडमिशन लिया। उन्हें घर से छुटकारा मिला। मुक्ति के इस अहसास ने उन्हें आवारागर्दी करना, दोस्तों के साथ कॉफी हाउस और शराबखानों में घूमना, पीना-पिलाना सिखलाया। लेकिन फिर वे ऊब गयीं। पढ़ाई करने के बाद शिक्षिका बनीं। प्रिय सहेली जाजा की आत्महत्या से सिमोन बहुत आहत हुईं। 21 वर्ष की उम्र में दर्शन शास्त्र में प्रथम आनेवाली सिमोन पहली छात्रा थीं, सार्त्र दूसरे नंबर पर थे। दोनों में दोस्ती हो गयी, बाद में प्रेम। लेकिन विवाह और वंश परंपरा की अनिवार्यता के खिलाफ दोनों ने निश्चय किया। समय बीतता गया, 1931 में सार्त्र की नियुक्ति मार्सेय के एक स्कूल में हुई और सार्त्र लीहाव्र में चले गए। सार्त्र ने विवाह का प्रस्ताव रखा ताकि वे सिमोन के साथ रह सकें। पर सिमोन ने अस्वीकार कर दिया। जुदाई और अकेलेपन के गम में डूबकर सिमोन ने कई पुस्तकें लिखीं। पहली पुस्तक 'शी केम टू स्टे' थी। उसके बाद द बल्ड ऑफ अदर्स, ऑल मेन आर मोर्टल लिखी। आगे चलकर सार्त्र के सहयोग से 'सेकंड सेक्स' पर लिखना शुरू किया। इस पुस्तक ने सिमोन को विश्व विख्यात लेखिका की प्रतिष्ठा दिलवायी। अमेरिका से उन्हें भाषण देने का निमंत्रण मिला। शिकागो में अमेरिकन उपन्यासकार नेल्शन एल्ग्रेन से मिलीं। दोनों में प्यार हो गया। प्रभाजी लिखती हैं : "एल्ग्रेन ने विवाह का प्रस्ताव रखा पर सिमोन सार्त्र के प्रति प्रतिबद्ध रहीं।"[35अ] यह प्रतिबद्धता कैसी रही होगी समझना मुश्किल है। प्रतिबद्ध थीं सार्त्र के प्रति तो चार साल आकंठ प्रेम में कैसे डूबी रहीं।

सिमोन ने 1951 में 'द मेंडेरिस' उपन्यास लिखा। 1952 में बाएँ स्तन में कैंसर के शक होने पर ऑपरेशन कराया गया। जीवन में डर, भय शब्द से पहली बार रूबरू होती हैं सिमोन। क्लांद लेंजमैन उनसे उम्र में काफी छोटे पत्रकार थे। सीमोन उनके साथ प्रेम करने लगी और सार्त्र से भी प्रेम करती रहीं। 46 वर्ष की उम्र में 'द मेंडरिस' उपन्यास को फ्रांस के सबसे सम्मानित पुरस्कार प्रिक्स गोंकर से नवाजा गया।

1958 में उनकी आत्मकथा का प्रथम खंड 'मेमोरीज ऑफ ड्यूटीफूल डॉटर' प्रकाशित हुआ। इसी साल वे लेंजमैन से अपना रिश्ता तोड़ लेती हैं। 1960 में उनकी आत्मकथा का दूसरा खंड 'द प्राइम ऑफ लाइफ' प्रकाशित होता है। 1963 में सिमोन की माँ की मृत्यु हो जाती है और आत्मकथा का तीसरा खंड 'द फोर्स ऑफ सरकमस्टांसेज' प्रकाशित होता है। सिमोन ने माँ की मृत्यु पर 'अ वेरी ईजी डेथ' उपन्यास लिखा। 1970 में 'ओल्ड एज' पुस्तक प्रकाशित हुई, इस पुस्तक की खूब आलोचना हुई। प्रभाजी के अनुसार, "विश्व साहित्य में वृद्धावस्था पर इतने मार्मिक विश्लेषण बहुत कम लिखे गये हैं।"[35ब] आत्मकथा का चौथा खंड 1972 में 'ऑल सैड एंड डन' प्रकाशित होता है। 1974 में नारी मुक्ति आंदोलन की सिमोन प्रेसिडेंट चुनी गयीं। 1979 में आजीवन संगी-साथी सार्त्र की मृत्यु। सार्त्र और उनके बीच की अंतरंग बातें 'ए फेअरवेल टू सार्त्र' 1981 में सिमोन ने प्रस्तुत कीं। 14 अप्रैल 1986 में सिमोन दुनिया को अलविदा कहती हैं।

प्रभाजी का जीवन भी सिमोन से मिलता-जुलता है। साक्षात्कार के दौरान उन्होंने कहा सिमोन मेरे सर पर बेताल के भूत की तरह सवार थीं। अनुवाद से पहले प्रभाजी ने सोचा कि क्या जरूरत है अनुवाद करने की। लेकिन प्रभाजी को लगा कि किसी की धरोहर जो उन्हें लौटानी है। प्रभाजी कहती हैं, "यह पुस्तक न मनु संहिता है और न गीता या रामायण"[35स] मुझे लगता है यह प्रत्येक स्त्री के लिए किसी भी धार्मिक ग्रंथ से कम महत्त्वपूर्ण नहीं है।

पुस्तक में आदिकाल से स्त्री का ऐतिहासिक रूप है। वैश्विक धरातल पर स्त्री की समस्या एक सी है। स्त्री उपेक्षिता ही है। वह माँ, बहन और बीवी का एक रोल अदा करती है। यदि विद्रोह करती है तो दबा दी जाती है। न दबने पर उसे 'भटक गयी है', 'औरत औरत न रही' कहकर डराया जाता है और इतने पर भी स्त्री का विद्रोह मुखर हो उठे तो उसे चरित्रहीन जैसे ब्रह्मास्त्र से तोड़ने की कोशिश की जाती है। अर्थात पारंपरिक स्त्री हो तो देवी की तरह पूजी जाओगी। जरा भी इधर-उधर हुई नहीं कि समाज उसे पस्त करने से बाज नहीं आता।

बचपन से ही स्त्री को 'अन्या' की स्थिति में रहना सिखाया जाता है। बचपन में वह पिता के आदेश पर चलती है, बाद में पति के संरक्षण में। प्रभाजी कहती हैं: "समाज और माता-पिता द्वारा स्त्री को शुरू से आत्मदान की ही शिक्षा दी गयी है। उससे यह सच्चाई छिपायी गयी है कि उसके इस आत्मदान का बोझ न उसका पति,

न प्रेमी और न उसके बच्चे उठाना चाहेंगे। वह प्रसन्नता के साथ इस झूठ को स्वीकार करती है और भ्रम को पालती है। क्योंकि यह ढलवाँ रास्ता आसान है।"[36]

स्त्री-पुरुष की शारीरिक भिन्नता के अतिरिक्त दूसरी कोई स्थायी भिन्नता संभव नहीं है। मनोवैज्ञानिकों का कहना है कि स्त्री वास्तव में पुरुष लिंग के अभाव के कारण कुंठित महसूस करती है। इस कुंठा से मुक्ति पाने के लिए वह पुरुषोचित व्यवहार करती है। स्त्री की यह चाहत विरोधाभासी है, एकतरफ तो उसे स्त्री वाली सभी भूमिकाएँ पसंद हैं। दूसरी तरफ वह पुरुष की तरह आक्रामक बनने की कोशिश करती है। प्रभाजी कहती हैं, "अनंतकाल से वैचारिक जगत में शाश्वत नारीत्व तथा शाश्वत पुरुषत्व की अस्पष्ट अवधारणाओं में निरंतर होड़ चलती रही है। हम इस बात की अवहेलना करते हैं कि यह संघर्ष दुनिया में बिलकुल दो भिन्न रूपों में ऐतिहासिक क्रम में जारी है।"[37] स्त्री के मन में पुरुष से बदला लेने की योजनाएँ निरंतर चलती रहती हैं। स्त्री-पुरुष में यह द्वंद्व युद्ध सतत जारी रहता है।

लेकिन अब इस स्वाधीनता की लड़ाई ने एक नया मोड़ ले लिया है। अब पढ़ी लिखी स्त्री-पुरुष से लड़ने-झगड़ने में समय नहीं बिताती। वह मुक्ति चाहती है। पुरुष भी समझ गया है कि स्वामी नहीं साथी बनकर ही घर को बचाया जा सकता है। लेकिन दिक्कत यहाँ भी है कि वह पत्नी को अपने बराबर बढ़ता हुआ भी नहीं देख सकता। प्रायः यह माना जाता है कि स्त्री को यदि सफलता मिली है, पुरुस्कार मिले हैं तो जरूर उसमें किसी पुरुष मित्र का हाथ होगा। हो सकता है इस मंजिल को पाने के लिए उसने सेक्स का सहारा लिया हो। इस प्रकार के कयास के चलते भी घर में अनबन का माहौल बना रहता है। स्त्री-पुरुष की इस बराबरी की लड़ाई में टूटते-बिखरते हैं बच्चे। प्रभाजी कहती हैं, "यह झगड़ा उस समय तक चलता रहेगा जब तक स्त्री और पुरुष दोनों एक-दूसरे को बराबरी का हक न दे दें। प्रश्न उठता है कि यथास्थिति को बनाए रखना कौन ज्यादा चाहता है ? औरत या पुरुष। मुक्त होती हुई स्त्री विरासत में मिली सुविधाओं को छोड़ना नहीं चाहती और वह जब सुविधाओं को नहीं छोड़ पाती तो पुरुष का दावा यह होता है कि तुम पाई हुई सुविधाओं के दायरे में परिसीमित रहो।"[38 अ]

स्त्री कहती है पूरा जीवन तुम पर न्यौछावर कर दिया तो पुरुष कहता है वह तो तुम्हारा कर्त्तव्य था। मेरा भी तुमने सब कुछ छीन लिया। सिमोन ने बचपन से बुढ़ापे तक की स्त्री मानसिकता को व्याख्यायित करने का प्रयास इस पुस्तक में किया है। पुरुष को प्रेम में उतनी रुचि नहीं जितनी सेक्स में। उसे पैसा, इज्जत, सुख सब चाहिए। घरेलू स्त्री के पास समय होता है, समय काटे नहीं कटता। वह पति से संवाद चाहती है। अपने किये छोटे घरेलू कामों की प्रशंसा सुनना चाहती है, लेकिन पुरुष का बस चले तो वह सेक्स में लगने वाले समय के अतिरिक्त एक मिनट भी स्त्री के साथ न गुजारे। और स्त्री है कि पूरे दिन की बोरियत को इसी समय भुनाना चाहती है। यह तो वही बात हुई कि टैंगो ज्यूस खरीदने पर बनाना वेफर्स मुफ्त।

यह विश्लेषण हल्के तरीके से लग रहा हो लेकिन है सत्य। जहाँ पुरुष स्त्री पर संपूर्ण अधिकार चाहता है, वह भी प्रेमपूर्वक स्नेह संबंधों के साथ, वहीं स्त्री ठंडी औरत बनकर बदला ले लेती है। सिमोन के ये विचार आज की कैरियर वूमन पर पूरी तरह लागू नहीं होते क्योंकि उसके पास समय ही नहीं है कि वह प्रेमी पति से झगड़े। दोनों कैरियर में लगे हैं, ऐसे में उनके कामसंबंधों की लड़ाई जिसकी व्याख्या सिमोन ने बार-बार की है उस रूप में हम नहीं पाते। प्रभाजी कहती हैं, "जहाँ कामनात्मक जीवन और यौन स्वच्छंदता की बात है, ये बातें समाज में परंपरा एवं रूढ़ियों से निर्धारित होती है, किंतु संभोग की क्रिया स्त्री के लिए एक कर्तव्य बन जाए, एक ऐसी सेवा, जिसके बदले में उसे कुछ सुविधाएँ मिलें, यह बात घृणित है।"[38ब]

कानून बनाने मात्र से ही स्त्री को स्वतंत्रता, समानता मिल जाएगी ऐसा नहीं है। एक लंबे समय से स्त्री को जिस साँचे में ढाला है, उसमें से एकदम बाहर निकलना मुश्किल है। कुछ लोगों का कहना है, स्त्री रहस्यमयी है लेकिन ऐसा कुछ नहीं है।

प्रभाजी के औपन्यासिक संसार से गुजरते हुए कई प्रसंगों में हम पाते हैं कि आर्थिक स्थिति बदलते ही स्त्री के जीवन में परिवर्तन आते हैं। लेकिन सिमोन कहती हैं, "यद्यपि मानव विकास क्रम में आर्थिक अवस्था एक आधारभूत तत्त्व है, जो व्यक्ति का नियंता है, किंतु इसके बावजूद नैतिक, सामाजिक, सांस्कृतिक आदि व्यवस्थाओं में भी परिवर्तन की पूरी जरूरत है। जिनके बदले बिना नई स्त्री का आविर्भाव संभव नहीं होगा।"[38स] स्त्री पुरुष दो भिन्न प्राणी हैं, किसी हद तक उसके सेक्स का वर्गीकरण जरूरी है स्टेढाल कहते हैं, "सारे जंगल को एक साथ रोपना होगा। यह नहीं कि एक पेड़ पहले उगे, एक बाद में।"[39अ] इस विश्लेषण से एक बात स्पष्ट है कि बचपन से ही लड़की को समान अधिकार मिले तो स्थितियों में परिवर्तन हो सकता है। प्रभाजी कहती हैं, "बहुत-सी मानसिक ग्रंथियाँ जैसे कंसट्रक्शन कॉम्प्लेक्स तथा ऑडिपस कॉम्प्लेक्स के अर्थ ही बदल जाएँगे।"[39ब] इस तरह स्त्री के जीवन में आए बदलाव से वह भी मानवीय गरिमा हासिल कर सकेगी। इसका यह अर्थ कदापि नहीं लगाना चाहिए कि वह स्त्रियोचित गुणों को खारिज कर पुरुष बन जाएगी। स्त्री अपनी शर्तों पर जीना चाहती है। वह माँ, बहन, पत्नी व प्रेमिका की भूमिका का निर्वाह ईमानदारी से करती है। वह घर और नौकरी दोनों मोर्चों पर खरी उतरती है। ऐसे में पुरुष घर की कई जिम्मेदारियों से मुक्त हो जाता है। समाजसेवा करनेवाला पुरुष लोकनायक कहलाता है। समाज को उस पर गर्व है। लेकिन स्त्री घर-परिवार की सेवा करते हुए सेविका कहलाती है। स्त्री-पुरुष के बीच के इसी विभेद को मिटाने की आवश्यकता है।

मार्क्स कहते हैं, "स्त्री-पुरुष का आपसी संबंध सबसे अधिक प्राकृतिक है। विकास के दौरान हमें यह देखना है कि किस हद तक मानव सही मामले में मानव बना, यानि प्राकृतिक अवस्था से बढ़ते हुए मानवीय अवस्था को उसने पाया"।[40]

स्त्री-पुरुष दोनों ही आपसी सौहार्द स्थापित कर परिवार संस्था को बचा सकते

हैं।

5. उपनिवेश में स्त्री — 'मुक्ति कामना की दस वार्ताएँ' : मुक्ति कामना की दस वार्ताएँ दो पक्षों के बारे में हैं। एक स्त्री का और दूसरा उपनिवेश का। दोनों को ही समझना मुश्किल है। लेखिका के अनुसार अगर यह उपनिवेश वही होता जिससे बीसवीं सदी के मध्य में कई देशों और सभ्यताओं ने मुक्ति पायी थी तो शायद हम इसे राजनीतिक और आर्थिक परतंत्रता की संरचना करार दे सकते थे। अगर यह उपनिवेश वही होता जिससे लड़ने के लिए राष्ट्रवादी क्रांतियाँ की गई थीं और आत्मनिर्भर अर्थव्यवस्था की अवधारणा पेश की गई थी तो शायद हम इसके खिलाफ उपनिवेशवाद विरोधी प्रत्यय की रचना आसानी से कर सकते थे। यह नव उपनिवेश के नाम से परिभाषित हो चुकी अंतर्राष्ट्रीय वित्तीय पूँजी, पितृसत्ता, इतर लिंगी यौन चुनाव और पुरुष-वर्चस्व की ज्ञान मीमांसा का उपनिवेश है, जिसकी सीमाएँ मनोजगत से व्यवहार जगत तक राज सत्ता से परिवार तक फैली हुई हैं।

दूसरे पक्ष में होते हुए भी यह अनिवार्य नहीं है कि स्त्री इस उपनिवेश के खिलाफ ही खड़ी हो। वह लाजिमी तौर पर वहाँ नहीं है जहाँ उसे होना चाहिए था यानि वह पाले के दूसरी तरफ नहीं है। इस उपनिवेश की विरोधी शक्ति होते हुए भी वह इसके बीच में खड़ी है। उपनिवेश के खिलाफ संघर्ष उसका आत्म संघर्ष भी है और यही स्थिति स्त्री को समझने की मुश्किलों का कारण बनी हुई है। स्त्री मुक्ति की कामना से छटपटा रही है, उसका प्रयास भी यही है लेकिन उपनिवेश के वर्चस्व से उसका मनोगत आज भी आक्रांत है। गुजरे जमानों के उपनिवेशवाद विरोधी संघर्षों की तरह औरत की दुनिया के सिपहसालार उपनिवेश के साथ हाथ भर का वह अंतराल स्थापित नहीं कर पाये हैं जो इस लड़ाई में कामयाबी की पहली शर्त है 'उपनिवेश में स्त्री।' मुक्ति कामना की दस वार्ताएँ इसी अंतराल की स्थापना की दिशा में किया गया प्रयास है। ये वार्ताएँ कारखाने और दफ्तर में काम करती हुई स्त्री, लिखती हुई स्त्री, रचती हुई स्त्री, पुरुष के प्रेम के द्वंद्व में उलझी हुई स्त्री, मानवी गरिमा की खोज में जुटी हुई स्त्री, बौद्धिक बनती हुई स्त्री, नारी ज्ञान मीमांसा की नियति खड़ी करती हुई स्त्री, क्रांति के दर्शन से दो-चार होती हुई स्त्री और भाषा व विमर्श के संजाल में फँसी हुई स्त्री से संबोधित है।[41]

आजकल सारी दुनिया में 'नारीवाद' शब्द लोगों को चौंका रहा है। औरत की आजादी के आंदोलन को नाना प्रकार की प्रतिक्रियाओं का सामना करना पड़ रहा है। चिली, नामीबिया, पेरू, बांग्लादेश, केन्या, रूस, पूर्वी यूरोप के देशों कैथोलिक चर्च और हिंदू परंपरावादियों की नजर में नारीवाद अनैतिक आचरण का पर्याय है। जमीन से जुड़े आंदोलनकर्ताओं के अनुसार विशेषकर पूर्वी यूरोप के वामपंथियों के अनुसार नारीवाद मात्र एक बुर्जुआ विचार है। हालत यह है कि स्त्री अधिकारों के प्रबलतम

समर्थकों के एक हिस्से ने भी नारीवाद को खारिज कर दिया है। मगर ऐसा क्यों हो रहा है ? प्रभाजी ने इसी सवाल पर सैद्धांतिक दृष्टिकोण से विचार करते हुए उसे विभिन्न विचारधाराओं की रोशनी में रखकर 10 निबंधों में बताया है कि पुरुष होने और स्त्री होने की प्रक्रिया में क्या मौलिक अंतर है ?

वे कहती हैं कि नारीवादी चिंतन प्रक्रिया और पुंसवादी चिंतन प्रक्रिया में मौलिक भेद है। स्त्री किस चिंतन प्रक्रिया से प्रभावित है, इस पर गौर करते हुए निम्नलिखित बातों पर गौर करने के लिए कहा है :

1. पुरुषवादी ज्ञान के परिसर में शोधकर्ता और उसके ज्ञान की विषयवस्तु में दूरी होती है।

2. पुरुष का दावा होता है कि ज्ञान का स्रोत विचार है, भावना नहीं।

3. वह विज्ञान और नीतिशास्त्र में दूरी मानता है।

4. वह आपसी होड़ पर आधारित तर्क व्यवस्था और पद्धति को मान्यता देता है जिसमें हार-जीत की भावना निहित होती है।

इसके विपरीत स्त्रीवादी चिंतन और ज्ञान चाहेगा कि :

1. वस्तु को व्यक्ति से दूर रखा जाए।

2. ज्ञान भावना पर आधारित है।

3. सत्य को शिवम् से अलग नहीं किया जा सकता।

4. सत्य की खोज में उस राह पर जो भी मिले उससे संवाद स्थापित करने की चेष्टा की जाए।

मुक्ति कामना की दस वार्ताओं में लेखिका ने निम्नलिखित मुद्दों को उठाया है:

1. आधी दुनिया का श्रम और भूमंडलीकरण : इस निबंध में प्रभाजी ने स्त्री श्रम पर भूमंडलीकरण के प्रभावों को अपने व्यक्तिगत अनुभवों के आधार पर विश्लेषित किया है। वे कहती हैं : "आज अधिकतर व्यापारिक प्रतिष्ठानों में नीचे के सारे काम लड़कियाँ करती हैं मगर बॉस पुरुष ही रहता है, किसे दोष दिया जाये ? दुनिया घूमते हुए, मैंने पाया कि औरत के काम के घंटे पुरुष की तुलना में ज्यादा हैं, दुनिया में दो-तिहाई काम औरतें करती हैं, लेकिन दुनिया की सबसे गरीब कौम औरत ही है।"[42] पूँजी के प्रभुत्व का शिखर होने के बाद भूमंडलीकरण इस नारी-विरोधी यथास्थिति को बदल नहीं पाया है। आज स्थानीय पूँजी का सीधा संबंध अंतरराष्ट्रीय पूँजी से है। अंतरराष्ट्रीय स्तर की माँग स्थानीय श्रम की गतिविधि को निर्धारित करती है। भूमंडलीकरण में लगी हुई अर्थ व्यवस्था को स्त्री श्रम की जरूरत तो है पर स्त्रियों की समस्याओं पर ध्यान केंद्रित करना कर्ज में डूबी सरकार के लिए संभव नहीं। इस प्रकार प्रभाजी ने इस लेख में स्थापित किया है कि भूमंडलीकरण भी स्त्री के श्रम शोषण का जरिया बनता जा रहा है क्योंकि समाज की नारी विषयक दृष्टि एवं हमारे संस्कार ही ऐसे हैं, जो भूमंडलीकरण के परिवर्तन प्रभावों को निरस्त कर देते हैं और उसका इस्तेमाल स्त्री

सत्ता व महत्ता के विरुद्ध कर लेते हैं। जैसे व्यापार में दो नंबर का लेन-देन, अनैतिक काम, घूस लेना या देना, पाँच सितारा होटल में छोटे-मोटे अफसरों को शराब पिलाने का काम तो महिलाएँ नहीं कर सकतीं। इस प्रकार लेखिका ने स्त्री श्रम की पहचान की समस्या को वैश्विक धरातल पर बखूबी उकेरा है।

2. स्त्री-लेखन की जगह और आलोचना के भीष्म पितामह : वास्तव में प्रभाजी की इस पुस्तक का प्रत्येक अध्याय स्त्री-विमर्श का एक प्रतीक चित्र है जिसमें भारतीय स्त्री द्वारा पश्चिम के प्रौद्योगिकरण के वर्चस्व को झेलने की पीड़ा है तथा इस तथ्य का प्रकाशन भी कि शोधकर्ता, इतिहासज्ञ और आलोचकवृंद के हाथों भी पुरुष-लेखन की अपेक्षा स्त्री-लेखन पर कम काम हुआ है। इस संबंध में लेखिका ने कबीर और मीरा, सार्त्र और सीमोन बोउवार, निराला और महादेवी की तुलना करते हुए यह बतलाने की चेष्टा की है कि हिंदी साहित्य की आलोचना का क्षेत्र नितांत मर्दों का क्षेत्र है।

सदियों से उत्पीड़ित होती हुई स्त्री साहित्य जगत में भी कुंठित है। वह पुरुषों की पैंतरेबाजी से आतंकित है। संपादक मंडल की लाल स्याही के सामने असुरक्षा और हीनता के बोध से ग्रसित है। कृष्णा सोबती के बारे में (आधी जमीन, पृष्ठ 168) में अश्क जी ने लिखा है : "महज चौंकाने के लिए अथवा बोल्ड लेखकों में नाम पाने के लिए या फिर किसी केस हिस्ट्री को कागज पर उकेरने के लिए उन्हें अपनी प्रतिभा का दुरुपयोग नहीं करना चाहिए था — 'सूरजमुखी अँधेरे के' अपनी तमाम काव्य क्षमताओं के बावजूद अंततः 'लव मशीन' जैसा फार्मूलाबद्ध उपन्यास है।"[43] डॉ. बच्चन सिंह ने हिंदी साहित्य का दूसरा इतिहास में लिखा है : "लेखिकाओं की दुनिया को अलग से विश्लेषित करने की आवश्यकता इसलिए है कि वह पुरुषों की दुनिया से थोड़ी भिन्न होती है।"[44] प्रभाजी ने बच्चन सिंह के इस कथन के प्रति अपनी नाराजगी प्रकट की है। यही कारण है कि आजकल आलोचना में स्त्रीवादी आलोचना फेमिनिस्ट क्रिटिसिज्म का चलन हो गया है। प्रभाजी के अनुसार यह पुरुष का अपना नेटवर्क है जिसकी बदौलत वह स्त्री की प्रोग्रामिंग करता है, उसका संचालन करता है। आलोचकवृंद पुरुष-लेखन पर जितनी मेहनत करते हैं उतनी स्त्री-लेखन पर नहीं। लेकिन स्त्री लेखिकाएँ यह पूछने का साहस नहीं कर पातीं कि हमारे अनुभवों को सही-गलत करने का, इनाम देने का अधिकार केवल आप पुरुषों को ही क्यों हैं ? निर्णायक मंडल में कितनी स्त्रियाँ होती हैं ? आज यह जरूरी हो गया है कि पुरुष आलोचना के स्थापित प्रतिमानों के संदर्भ में स्त्री प्रश्न उठाए। परंतु दुर्भाग्यपूर्ण स्थिति यह है कि हमारे यहाँ लेखिकाओं ने स्वयं भी कोई बड़े जोखिम नहीं उठाए। न बीहड़ यात्राएँ कीं, न अनजाने अनुभवों के समक्ष प्रस्तुत हुईं न अपनी विशाल साहित्यिक संपदा का ही ठीक से अध्ययन किया और जो दो चार प्रबुद्ध प्रतिभा संपन्न वरिष्ठ आलोचक स्त्रियाँ हैं, वे भी नई पीढ़ी के लेखन को ठेंगे पर लेती हैं।

3. बौद्धिक सरोकार, राष्ट्रवाद और नारीवाद की जमीन : प्रभाजी के अनुसार,

ज्ञान के उत्पादन और वितरण में लगा हुआ व्यक्ति ही बुद्धिजीवी कहलाने का हकदार है। साथ ही वे यह भी मानती हैं कि बुद्धिजीवियों को दो श्रेणियों में विभक्त किया गया है पहली श्रेणी, पारंपारिक बुद्धिजीवी की है जिन्हें समाज में शिक्षक, पुरोहित, प्रशासक के रूप में जाना जाता है और परंपरा से जिनकी भूमिका अपरिवर्तित रही है। दूसरा वर्ग जो विशिष्ट व्यावसायिक नियमों एवं संस्थानों से जुड़ा है। जिसका मुख्य उद्देश्य अपनी वर्गीय सत्ता और नियंत्रण के लिए बुद्धि का प्रयोग करना है। प्रभाजी ने सार्त्र का उदाहरण देते हुए कहा कि सार्त्र ताउम्र हर प्रकार की बौद्धिक विशिष्टता का विरोध करते रहे। फूको ने तो इस विशिष्ट बौद्धिकता को ही पहचान देनी चाही। उनके अनुसार बौद्धिकता अपने विशिष्ट ज्ञान की सहायता से एक निश्चित दायरे में सक्रिय है। प्रभाजी ने अपनी बात को और स्पष्ट करते हुए राष्ट्रपति अब्दुल कलाम का उदाहरण दिया। मिसाइल के निर्माता डॉक्टर अब्दुल कलाम जब विज्ञान के क्षेत्र से बिलकुल भिन्न राजनीतिक क्षेत्र में प्रवेश करते हैं, तो सवाल उठते हैं। क्या वे संविधान और राजनीति का विज्ञान समझ पाएँगे?

कुछ लोगों का कहना है कि नारीवाद एक दृष्टिकोण और एक जीवन-शैली है तो क्या किसी भी क्षेत्र का कोई भी विशिष्ट बुद्धिजीवी इस जीवन-शैली को अपना सकता है ? आज नारीवादी बौद्धिकता की भी एक विशिष्ट भूमिका है। इस नई स्त्री को पहचान मिल चुकी है वह हर कहीं हर जगह नजर आती है। लेकिन सवाल उठता है कि जिन अधिकारों को उसने हासिल किया है क्या उन सारी उपलब्धियों को पारिवारिक जातीय राष्ट्रीय संकट के नाम पर कुर्बान कर दिया जाए ? स्त्री पीछे छूट जाए उसकी समस्याएँ, उसके आंदोलन, उसकी उपलब्धियों का ब्यौरा वहीं का वहीं धरा रह जाए ? प्रभाजी को इस बात से गुरेज है कि डॉ. लक्ष्मी सहगल राष्ट्रपति नहीं बन पाईं ? वे कहती हैं कि किसी ने कहा कि लक्ष्मी सहगल कितनी बूढ़ी हैं कैसी लगती हैं। पर डॉक्टर कलाम, आडवाणी, वाजपेयी को देखिये पता नहीं क्यों बूढ़े पुरुषों पर किसी का ध्यान नहीं जाता ?

प्रभाजी कहती हैं कि दो-चार अंग्रेजी किताबों को पढ़कर, सड़कों पर ब्रा-पैंटी जलाकर, स्त्रियाँ मुक्त नहीं हो सकतीं – अपना-अपना संघर्ष है, व्यक्तिगत लड़ाइयाँ हैं जिन्हें सबको अपने-अपने स्तर पर झेलना पड़ता है। इससे कोई बच नहीं सकता।

आज मैत्रेयी पति से ज्ञान का आग्रह नहीं करेगी। वह ज्ञान की खोज में सात समंदर पार चल देगी। विरोध का यह अर्थ कदापि नहीं कि स्त्री स्नेह और प्रेम पर आधारित संबंधों को नकार देगी और अपने राष्ट्रीय गौरव की उपेक्षा करेगी। अस्वीकृति में उठा हुआ हाथ दोस्ती के लिए भी होता है। वह संवाद चाहता है, मानवमुक्ति के लिए किए गए प्रयासों में शामिल होना चाहता है। प्रभाजी के अनुसार, स्त्री मुक्ति का प्रयास न केवल पश्चिमी तर्ज पर चलना है और न केवल हिंदुत्व की प्रतिक्रियावादी ताकतों से हाथ मिला बैठना है बल्कि उसे तो उस विराट जनमानस का हिस्सा बनना है। हमारा दायित्व है कि जिस क्रांति से स्त्री गुजर रही है उसे व्यापकता दे। स्त्री का

जो वैयक्तिक उत्पीड़न हो रहा है उसे अभिव्यक्त करे।

4. संस्कृतिवाद के छल कपट और स्त्री का मानस : प्रभाजी के अनुसार, स्त्री को अधीनस्थ स्थिति में बनाए रखने में संस्कृति काम करती है। इसके तीन कारण हैं (शर्तें हैं) :

1. समाज में संस्कृति का स्थान और खासकर उस समाज की स्त्रियों को दी जानेवाली सांस्कृतिक शिक्षा, रोजमर्रा की सामान्य पारस्परिक क्रिया में तथा अन्य लोगों के साथ संपर्क कायम करने में पितृसत्तात्मक संस्कृति की भूमिका क्या है ? इसका उल्लेख।

2. स्त्री को अधीनस्थ में लाने के लिए सत्ता किस तरह संस्कृति का इस्तेमाल करती है।

3. उपनिवेशवाद विरोधी सांस्कृतिक मुक्ति की प्रक्रिया में स्त्रियों की भूमिका।

स्त्री-पुरुष के इस संघर्ष के मूल में हजारों साल से चली आयी श्रेणीबद्ध विश्व की कल्पना है, जिसमें सबसे ऊपर ब्रह्म, ईश्वर, अल्लाह हैं उसके बाद सवर्ण, फिर शूद्र तब स्त्रियाँ एवं जानवर हैं। आखिर क्यों स्त्री मानवीय मूल्यों की प्रतीक बनी रहती है ? क्यों कहा जा रहा है कि मानवीय मूल्यों को तो स्त्री ही बचा पाएगी। क्या यह भी कभी सोचा गया है कि जिनसे इन मूल्यों को बचाने की बात कही जा रही है वे मनुष्य की श्रेणी में हैं भी क्या ?

बहुत-सी लेखिकाओं ने यह सोचा कि वह औरत की तरह नहीं बल्कि पुरुषों की तरह लिखेगी। और ऐसी स्थिति में वह खुद अपनी दुश्मन बनी क्योंकि उन्होंने अपनी देह को नकारा। दूसरे शब्दों में या वह निष्क्रिय परी बनी या फिर सक्रिय चुड़ैल।

5. नारीवादी ज्ञानमीमांसा के उद्देश्य : प्रभाजी के लेखन में दोहराव बहुत है। नारीवादी लेखन में एक बार पुनः वे आलोचना के क्षेत्र में पुरुषों के वर्चस्व की बात का संकेत करती हैं। उनके अनुसार साहित्य क्षेत्र भी यौनवाद से अछूता नहीं है। वे दोहराती हैं कि आलोचकवृंद का नजरिया सेक्स, वर्ण, जाति, लिंग के पूर्वाग्रहों से ग्रस्त है। इस संबंध में उन्होंने कुछ प्रश्नों को उठाया है :

1. साहित्य का उद्देश्य क्या है? कोई क्यों लिखता है? निःसंदेह प्रत्येक लेखक का उद्देश्य है सत्य, मानवीय समाज, अनुभव की संरचना, नए अनुभवों के क्षेत्रों को खोजकर उन मूल्यों का संप्रेषण जो मानव मुक्ति में सहायक हो सके, तब क्या साहित्यकार के लिए यह उचित होगा कि वह उन समकालीन दुराग्रहों को परंपरा के नाम पर जीवित रखे, जो हाशिये के लोगों को मानवीय गरिमा और पहचान देने में कोताही बरतते हैं और यदि वह ऐसा करता है तो क्या समाज में परिवर्तन संभव हो सकेगा ?

2. आलोचना के प्रतिमान निर्धारित करते समय क्या स्त्री के दृष्टिकोण को शामिल किया जाता है? क्या जीवन की विभिन्न रुचियाँ, अनुभव, भाषा और मूल्यबोध स्थापित करने में स्त्री के दृष्टिकोण की कोई भूमिका नहीं है ? साहित्य जगत में ज्ञान, भाषा,

नैतिकता आदि का निर्धारण भी पुरुष के हाथों में क्यों है?

3. क्या समस्याओं के निदान में, प्रश्नों के उत्तर देने में और अपनी रणनीति में हम उन सिद्धांतों को विनियोजित करते हैं जिनका सामंजस्य लेखन के विभिन्न पहलुओं से है ?

4. क्या आलोचना की मौलिक अवधारणाएँ और प्रतिमान पितृसत्ता के दुराग्रहों के परिचायक नहीं और क्या अब भी इनकी उत्पत्ति में पुरुष दुराग्रह काम नहीं कर रहा?

5. क्या यह जीवन के विभिन्न क्षेत्रों एवं समुदायों के व्यक्तियों का प्रतिनिधित्व करता है ? और यदि ऐसा दावा करता भी है तो क्या बाद में सत्ता के साथ समझौतापरस्ती के चलते उन्हीं लोगों को अकादमी, विश्वविद्यालयों और साहित्यिक मंचों पर हाशिये पर नहीं धकेल देता?

6. साहित्य के मौजूदा इतिहास के चलते हमें क्या नारीवादी शोधकार्य में सहायता मिलेगी ? क्या इनकी सहायता से हमारे शोधकार्य वैज्ञानिक हो सकेंगे ?

7. क्या आलोचना करते समय हम मानवीय जीवन प्रचलित राजनीति, सत्ता, सामाजिक, आदि लैंगिक संदर्भों से बनी पहचान की भूमिका को अनावृत्त करते हैं ?

8. सारी आलोचनाएँ वर्गद्वेष के बदले आपसी समझौते को बढ़ावा देती हैं । क्या इससे साहित्य केवल उत्पाद बनकर नहीं रह जाता ?

9. (कालजयी रचना हम किसे कहेंगे ?) सफल लेखक कौन है ? पुरस्कारों की राजनीति के पीछे सत्ता की कौन-सी मनोवृत्ति काम करती है ? ऐसा क्यों है कि अब भी महिला लेखिकाओं में महज दो एक को स्थापित कर अपने कर्तव्य की इतिश्री मान लेते हैं ।

10. ये सारे तर्क और आरोप कमोबेश साहित्य के प्रत्येक 'वाद' और 'विचारधारा' पर लागू होते हैं। क्या न केवल पारंपरिक साहित्य बल्कि आधुनिक और उत्तर-आधुनिक सभी ने स्त्री-लेखन की कमोबेश उपेक्षा की है और स्त्री जीवन के विभिन्न पहलुओं को अनदेखा नहीं किया ? प्रभाजी यह कहने की चेष्टा कर रही हैं कि अब समय आ गया है कि आलोचना के स्थापित प्रतिमानों का मूल्यांकन करना होगा और यह भी स्पष्ट करना होगा कि यह प्रणाली न पूरी तरह सही है न पूरी तरह गलत । प्रायः तीन तरह के आलोचक हमारे सामने हैं :

जिनका स्त्री-लेखन के प्रति निषेधक रुख है, वे बड़ी शान से कहते हैं मैं महिला लेखन पढ़ता ही नहीं या उसकी चर्चा में भाग नहीं लेता । यही लोग परंपरा का रोमानीकरण भी करते हैं । इनके अनुसार ये सारी बातें पश्चिमी हैं और हमारी परंपरा तो गार्गी, महादेवी, कृष्णा सोबती और मन्नू भंडारी की है । इन लोगों ने आज तक अलग से स्त्री-लेखन की माँग नहीं की ।

दूसरे वे हैं जो स्त्री-लेखन में रुचि रखते हैं, पढ़ते भी हैं, मगर उनका दृष्टिकोण

अपने लैंगिक और वर्गीय स्वार्थ से ऊपर नहीं उठ पाता।

तीसरे वे लोग हैं जो आज स्त्री-लेखन के प्रति सहानुभूति के साथ पेश आ रहे हैं। यानी कुल मिलाकर हम कह सकते हैं कि काले और सफेद के बीच कई तरह के धूसर रंग हैं। इनके बीच हम तुलना तो नहीं कर सकते लेकिन यह तो कह ही सकते हैं कि स्त्रियों को साहित्य में कौन सा स्थान चाहिए। प्रभाजी के अनुसार विश्लेषणात्मक प्रणाली और नियोजित प्रतिमान कहीं स्त्री लेखन को उभरने नहीं देते। प्रतिमान शाश्वत नहीं, उन्हें बदलना होगा। निम्न बातों पर गौर करना होगा।

1) बहुत से विवाद और समस्याओं का जन्मदाता वह शास्त्रीय लेखन हैं, जिसे बहुत कम लोग समझते हैं।

2) साहित्य के क्षेत्र में जिन समस्याओं को उठाया जाता है, बहस के जिन मुद्दों को स्थापित किया जाता है, प्रश्न पूछे जाते हैं उनमें क्या स्त्री पक्ष के विभिन्न दृष्टिकोण, प्रतिमान और सिद्धांत शामिल किए गए थे ? उदाहरण के लिए भाषा, मूल्यबोध या यथार्थबोध के बारे में स्त्रियों के अनुभव पुरुष से बिल्कुल भिन्न हो सकते हैं। क्या अनुभव की इस भिन्नता को अलग पहचान देने की कोशिश की जाती है ?

3) स्त्री-लेखन को अलग मान्यता मिले या न मिले, इस पर बहुतेरी लेखिकाओं में भी मतभेद हो सकता है लेकिन स्त्रीपक्ष को भी शामिल किया जाए, उसके दृष्टिकोण को, लेखन को, भाषा की समस्या को, इस पर तो स्त्रियों में कोई विरोध नहीं, भाषा की समस्या को कम से कम सभी महान लेखिकाओं ने स्वीकारा है। पुरुष सत्ता की भाषा के कारण ऐसे बहुतेरे अनुभव हैं, जिनका स्त्रियाँ वर्णन नहीं कर पातीं। स्त्री पक्ष को स्थापित करने के लिए स्त्रियों ने सहज और स्वाभाविक ज्ञान पद्धति का इस्तेमाल किया है। नारीवादी सिद्धांतों की रूपरेखा खींचने में हम पारंपरिक अनुशासन की सीमा-रेखा ज्यादा नहीं स्वीकार पाएँगे। कारण ज्ञान प्राप्ति के दौरान ज्ञाता, भोक्ता, कर्ता स्वयं को एक आयातित श्रेष्ठ स्थिति में रखता है जबकि निरंतर वस्तुवाद को झेलती हुई स्त्री ज्ञाता के रूप में उभरने और स्थापित होने में समय लेती है। आत्मविश्वास के लिए भी उसे वक्त चाहिए।

लेखिका इतना ही कहना चाहती है कि स्त्रियों में आत्मविश्वास आए कहाँ से ? हम तो उस परंपरा से निकले हैं जहाँ अधिक प्रश्न पूछने पर लुढ़कते हुए सिर दिखाने की रीति है। हमारे सामने कभी पश्चिम का उदाहरण दिया जाता है, कभी रूस का तो कभी भारतीय लेखिकाओं के शौर्य का। परिवर्तन तभी संभव है जब लेखन सहज हो, सरल हो।

6. **स्त्री का सारतत्व** : प्रभाजी कहती हैं कि आखिर क्या है स्त्रीत्व का सारतत्व ? क्या स्त्री अपनी देह के कारण पहचानी जाती है ? संस्कृतिवादियों के अनुसार स्वाभाविक रूप से पुरुष की तुलना में स्त्री अपने देहत्व के कारण ममतामयी, सहयोगी, समझौतापूर्ण और शांतिप्रिय होती है यदि वह इन गुणों से संपन्न नहीं है तो समाज में वह उत्पीड़ित

है और अपने स्त्रीत्व से वंचित है। पुरुष सत्ता स्त्री होने की शर्तें निर्धारित करती है, चूँकि पुरुष के पास गर्भाशय नहीं है और इसीलिए उसे स्त्री शक्ति की जरूरत पड़ती है। वह स्त्री की प्रजनन शक्ति से आतंकित होता है और अपने को स्त्री के सामने असुरक्षित महसूस करता है।

प्रभाजी आगे यह भी स्पष्ट करती हैं कि स्त्री को आज स्वयं अपनी देह के प्रति नया दृष्टिकोण निर्धारित करना होगा। स्त्री अपने देह के संसाधन का महत्त्व पहचाने इसी दैहिकता के आधार पर वह प्रकृति के इतने करीब है उसमें अंर्तज्ञान की क्षमता है। एकबार जब स्त्री अपनी देह को स्वीकार लेगी एवं क्षमता से गौरवान्वित होने लगेगी तो मानव समाज में व्यापक क्रांति घटेगी। वह स्रष्टा की भूमिका निभाएगी। जीवनदान करेगी वह न केवल संतान उत्पन्न करेगी बल्कि नई सोच और दृष्टि प्रदान करेगी। मानव जगत में नए संबंध बनेंगे। मनुष्य के यौन जीवन, मातृत्व बुद्धि, सत्ता और आंतरिकता के नए आयाम खुलेंगे। ऐसा तभी संभव है जब नारीवाद स्त्री को प्रकृति का पर्याय मानने से इनकार करे। क्योंकि स्त्री बार-बार आध्यात्मिक आंदोलन से जुड़ जाती है या खुद को देवी के रूप में शक्ति का मूल स्रोत समझने लगती है। प्रभाजी ब्रह्म कुमारी आंदोलन एवं संत साहित्य में बहिनाबाई के आंदोलनों का उदाहरण देकर यह कहने की चेष्टा करती हैं कि ये आध्यात्मिक आंदोलन वास्तव में प्रत्येक जीवित प्राणी की एकरूपता की दृष्टि से देखने की कोशिश है इसमें स्त्री खुद को प्रकृति के करीब एवं धरती का पर्याय मानती है।

7. **यौनिकता की राजनीति** : स्त्री देह के संदर्भ में यौनिकता की राजनीति में प्रभाजी ने यह स्थापित किया है कि स्त्री स्वयं अपनी देह के प्रति नया दृष्टिकोण निर्धारित करे। अपनी देह के संसाधन का महत्त्व पहचाने और वह स्वयं को कामना की वस्तु न बनाए। यह बात कई विद्वानों को अकस्मात स्थापना लग सकती है, मगर प्रभाजी स्त्री छवि के उस सांस्कृतिक चौखटे को तोड़कर स्त्री की यथार्थ उपस्थिति चाहती हैं जिसमें वह या तो निष्क्रिय परी बनी हुई है या फिर सक्रिय चुड़ैल।

उत्तर-आधुनिक युग में यह स्थापित हो चुका है कि समलैंगिकता कोई यौन रोग नहीं है बल्कि एक जीवन-शैली है। व्यक्ति का निजी यौन-चुनाव है और व्यक्ति को इसकी पहचान मिलनी चाहिए। प्रभाजी कहती हैं स्त्री की देह और उससे मिलनेवाला सुख केवल किसी अंग विशेष पर केंद्रित नहीं है। उसे मिलनेवाला यौन सुख जितना सूक्ष्म और जटिल है, उतना ही व्यापक भी। पुरुष विश्लेषक अपनी लिंग केंद्रित वृत्ति के कारण एकोन्मुखी है जबकि स्त्री अपने यौन सुख के प्रसंग में बहुमुखी है। सुख स्त्री के देह के भीतर है। आनंद उसके भीतर जाग्रत होता है। समलिंगी यौनिकता का सबसे सबल सशक्त पक्ष है गहरी संवेदना। सीमोन बोउवार का उदाहरण देते हुए प्रभाजी ने यह बतलाने की चेष्टा की है कि स्त्रियों के बीच प्रेम आपसी मनन और चिंतन पर आधारित है दोनों स्त्रियों के बीच मालिक गुलाम की भावना नहीं रहती दमन से

मुक्ति की राह पर दोनों हैं। अतः पारस्परिक पहचान का सबसे अच्छा उदाहरण समलिंगी यौन व्यवस्था है। वर्जीनिया वुल्फ तो यहाँ तक कहती हैं कि स्त्री मानस पर इतर लिंगी यौन व्यवस्था आरोपित करने का परिणाम यह है कि बहुतेरी स्त्रियाँ ताउम्र ठंडी रहती है जबकि समलिंगी स्त्री अपनी यौनिकता को चरम आनंद पहुँचाने में समर्थ है।

8. **सामाजिक सरोकार उर्फ आक्रमकता की खोज** : प्रभाजी के अनुसार पूरी बहस के केंद्र में स्त्री की देह ही है। स्त्री-पुरुष के संबंधों में देह केंद्रीयता पर एकल आग्रह का परिणाम अंतर्विरोधी के हल में नहीं बल्कि और उलझाव में ही निकलता है। हमें इस पर विचार करना होगा कि स्त्री अपने किस दृष्टिकोण के कारण जगत में अव्यवस्थित है। प्रभाजी ने दो बातों की ओर इशारा किया है पहली स्त्री की स्थिति हमेशा तरल है ठोस नहीं। अतः उसकी परिस्थिति में स्थायित्व की अपेक्षा नहीं करनी चाहिए या दूसरी ऐसी स्थिति के कारण ही स्त्रियों में आपसी सहयोग की संभावनाएँ हैं। वह दाएँ-बाएँ झाँकेंगी तो पाएगी कि वह अकेली ही दमित नहीं है उसकी तरह और भी स्त्रियाँ पितृसत्ता के दमन और उत्पीड़न का शिकार हैं। उनकी आर्थिक-राजनीतिक-सामाजिक स्थिति एक पुरुष की तुलना में दोयम दर्जे की है किंतु वह सर्जक है अतः उसके मानवीय मूल्य पुरुष के मूल्यों पर भारी पड़ते हैं, यह जरूरी है कि पुरुष स्त्री से कुछ सीखे। स्वयं का उदाहरण देते हुए प्रभाजी बताती हैं कि "मेरे जैसी स्त्री की स्थिति त्रिशंकु जैसी है। निस्संदेह किसी स्वर्णिम अतीत की कल्पना मेरे जेहन में नहीं है। स्त्री जाति का कोई इतिहास नहीं हुआ और न ही हमारे नाम पर राजकाज हुए। न सिक्के चले और न हमारे मतानुयायी हुए। लेकिन आज जो है वही सबसे सुखद स्थिति है। इससे पहले मैं स्वतंत्र नहीं थी। निर्णय लेने की क्षमता मेरी कभी नहीं रही। कभी-कभी सफलता से मुझे डर भी लगता है।"[45] लेकिन धारा के विरुद्ध तैरते हुए संघर्ष की भी अपनी सीमा होती है। निरंतर जीत की कामना। लेकिन पुरुष हमेशा जीतना चाहता है, वह जीतते-जीतते एक तरह की लत का शिकार हो जाता है। संपूर्ण कुछ खोता नहीं, मगर संपूर्ण पाता भी नहीं, मगर स्त्री व पुरुष की स्थिति में भिन्नता है। स्त्री खोज रही है इस वैश्विक व्यवस्था में उसका स्थान कहाँ है जीतकर भी वह हारी हुई है अब उसको समझ में आने लगा है कि बिना आक्रामक हुए वह कुछ नहीं पा सकती। बगावत के सारे सिद्धांत हैं वे सब हिंसा पर आधारित हैं, और इसका सामना करने के लिए ज्यादा बड़ी हिंसा की जरूरत है। ऐसा सोचते ही स्त्री न यतौ न ततौ की स्थिति में आ जाती है तब पुरुषवादी तर्क होता है। "यदि तुम स्वतंत्रता, समानता और बहनापा चाहती हो तो हमारी तरह बनकर दिखाओ, हमारे मूल्यों को अपनाओ, हमारी तरह हमारी जगह होकर देखो न, तुम भी वही करोगी, जो हमने किया था, हमारी तरह मरो खपो। तुम भी नशा करने लगोगी, मारपीट करने लगोगी।"[46]

प्रभाजी कहती हैं कि आनेवाले समय में जब देश पूर्व विकसित देश हो जाएगा, आर्थिक उन्नति अपने चरम पर पहुँच जाएगी, ऐसे में साधारण आदमी के जीवन में

बहुत कुछ उपलब्ध होगा। ऐसे में यदि बराबरी की स्त्री नहीं होगी और सांस्कृतिक भिन्नता यदि बनी रही तो उन सभी संस्कृति जिदों-सनकों और मुहावरों को हम स्वीकार नहीं पाएँगे, जिनसे प्रगति के नैरंतर्य में बाधा पहुँचती है। चाहे कितनी समृद्धि हासिल कर ले कोई भी देश या जाति कोई भी व्यक्ति किसी भी तरह की रुकावट को बरदाश्त नहीं कर पाएँगे। ऐसे में किसी भी तरह की दरारों को पाटकर चिकनी समतल जमीन की इसीलिए जरूरत होगी ताकि समृद्ध होते हुए लोग उसपर आसानी से फिसल सकें। सांस्कृतिक भिन्नता से राष्ट्रीय एकता आतंकित होगी क्या हम ऐसा देश चाहते हैं जहाँ स्त्री-पुरुष की भिन्नता हवा में उड़ती रहे। हम भारतीयों को इस पर गहराई से सोचना होगा।

9. **क्रांति चेतना के नारी रूप** : प्रभाजी मार्क्सवाद से प्रभावित जरूर हैं लेकिन मार्क्सवादी नारियों द्वारा चलाए गए आंदोलन के भीतर आंदोलन के कारण वर्ग के अंदर यौन विभाजन को मान्यता देना जब शुरू किया, और उनका लिंगभेदी रूप सामने आया तब लेखिका ने इसका विरोध यह कहकर किया कि मार्क्सवाद के समतामूलक आकाश के नीचे सहस्राब्दियों से पैर जमाए बैठी परिवार की पितृसत्तात्मक संस्था स्त्री को सर्वहारा बने रहने पर मजबूर किए हुए है। पुरुष घर से बाहर जुलूस, धरना, प्रदर्शन इत्यादि में भागीदारी करने के बाद जब घर लौटता है तो सर्वहारा कामरेड से बुर्जुआ पुरुष में तब्दील हो जाता है। स्त्री जब दहलीज लाँघकर मजदूर वर्ग में शामिल होती है तो पाती है कि वहाँ भी यौन विभाजन है जिसका वह घर में सामना कर रही थी। मार्क्स और एंगेल्स स्त्री से उम्मीद करते हैं कि वह क्रांतिकारी संघर्ष में पुरुषों के साथ बराबरी की हिस्सेदारी करेगी। पर वे यह उम्मीद करते हुए इस बात को भूल जाते हैं कि समाज में पुरुषों के मुकाबले गिरी हुई स्थिति होने के कारण वह संघर्षमय उस बराबरी को कभी हासिल ही नहीं कर सकती। सैद्धांतिक रूप से मार्क्सवाद द्वारा स्त्री को मजदूर वर्ग में संपूर्ण अधिकारों के साथ प्रवेश दिला दिया। लेकिन व्यवहारिक रूप से यह असंभव निकला। परिवार में लौटकर पुनः पूँजीपति पुरुष के मुकाबले उसे सर्वहारा बन जाना पड़ा और बाहर जुलूस का साथी घर में घुसते ही मालिक में बदल गया।

बच्चों के पालन-पोषण का भार माँ पर होता है अतः स्त्री को दुगुनी मेहनत करनी पड़ती है बाहरी जगत के श्रम का मूल्य पुरुष के मुकाबले उसे कम मिलता है। अर्थात् वे कहना चाहती हैं कि समाज की वर्गीय अवधारणा स्त्री शोषण के तमाम मुद्दों को नहीं समेट सकती। वर्गीय समाज में बच्चा अपने पिता की हैसियत से हमेशा सम्मोहित रहेगा। वह चाहे पिता के मूल्यों को आत्मसात करे या उसका विरोध, उसके जीवन का संदर्भ हमेशा पिता ही रहेगा। इसीलिए यही उचित है कि स्त्री को गर्भ निरोध की भी स्वतंत्रता मिले माँ बनना या न बनना स्त्री का अपना निर्णय हो अर्थात् प्रजनन के अधिकार को मार्क्सवादी विचारधारा के अंश के रूप में स्वीकार किया जाना चाहिए।

घर से बाहर उचित कार्यों की करने की सुविधा मिलने से न केवल स्त्री को आत्मविश्वास और आर्थिक सुरक्षा मिलेगी बल्कि सुरक्षित माँ अपने बच्चों का पालन-पोषण भी अधिक आत्मविश्वास के साथ कर सकेगी। संतान उत्पत्ति की स्वतंत्रता में निहित है यौन स्वतंत्रता जिसका अर्थ हुआ कि स्त्री को अपने यौन-जीवन का अधिकार मिले। समाजवादी नारीवाद यहाँ कोई उद्दंड माँग नहीं कर रहा है और न ही विचारधारा किसी को स्वेच्छाचारी चिंतन का द्योतक लगनी चाहिए। मार्क्सवादी को समझना चाहिए कि संतान उत्पत्ति और कामुकता के बीच न केवल जैविक बल्कि एक सामाजिक संबंध भी है।

10. **भाषा और विमर्श का संजाल** : साठ और सत्तर के दशक में रोलां बार्थ ने माइथोलाजिस में कुछ निबंध प्रकाशित किए और लुई आल्थूसर ने बीज रूप से मार्क्सवाद का सूरज डूबता जा रहा है बतलाने की चेष्टा की। देश स्वाधीन हो रहे थे और मानव अधिकार की चर्चा हर जगह थी, परिणामस्वरूप हमारे बीच ऐसी क्रांति घटित हुई कि हँसते-खेलते संस्कृति की पुनर्व्याख्या कर डाली। लेखिका इस क्रांति का श्रेय नेल्सन मंडेला वात्स्लाव हावेल को देती हैं। ये लोग मार्क्सवादी नहीं थे फिर भी उन्होंने अपने निष्प्राण जनता की राजनीतिक संस्कृति को पुनःपरिभाषित किया। कारण यह था कि इन देशों के कम्युनिस्ट नेता जनता को प्रेरित करने में अपने को असमर्थ पा रहे थे। उनकी मार्क्सवादी शब्दावली घिस-पिट गई थी। उत्तर-संरचनावाद को समझने के लिए लेवी स्त्रास के अस्तित्ववाद को समझना होगा जिसे उन्होंने अस्तित्ववादी विचार व्यवस्था के विपर्यय के रूप में प्रस्तुत किया।

प्रभाजी देरिदा, ल्योतार एवं रोर्टी की तीन विचारधाराओं में काफी समानता पाती हैं। उनके अनुसार ये तीनों विचारधाराएँ संरचनावाद, उत्तर-संरचनावाद तथा उत्तर-आधुनिकतावाद, भाषा की समस्या पर ध्यान केंद्रित करती हैं। इनके अनुसार जानने-समझने और जीवन के अन्य कार्य-व्यापारों में भाषा एक महत्त्वपूर्ण मुद्दा है। विचार का केंद्रीय उद्देश्य है उन आधुनिक सिद्धांतों के महत्त्व को परिवर्तित करना जिनपर विज्ञान एवं समाज विज्ञान स्थापित है। सिद्धांतों का केंद्रीय महत्त्व का विस्थापन विखंडन की प्रक्रिया से होता है और विखंडन के लिए भाषा के महत्त्व को स्वीकारना जरूरी है।

प्रभाजी कहती हैं : "मेरा नारीवादी मन स्वीकार नहीं कर पा रहा है। इन मूल्यों का आदि स्रोत आधुनिकतावाद में रहा है। आदमी की गरिमा ज्ञान में आस्था, सहयोग और सद्भावना की पहले भी चर्चा की जा चुकी है। प्रगति पर हमारा विश्वास रहा है और रोटी बाँटकर खाने के लिए हमने चेष्टा की है, दर्शन में हमेशा वाम विचारधारा ने मानवधर्म और मानवमूल्यों की चर्चा की है। उत्तर-आधुनिक जब इनसे अपने भाषायी खेल के जरिए खेलते हैं, रेशमी वाक्जाल परोसते हैं, तो हमें उनकी सदाशयता पर शक होना चाहिए।"[47]

उत्तर-आधुनिकतावादियों ने इतिहास के दुहरे अर्थ, उसके आतंक और निरंतर

प्रगति की असफलता पर चर्चा की मगर तकनीक और विज्ञान के अच्छे प्रभाव की चर्चा नहीं की। स्त्री का अपना इतिहास नहीं, उसने अभी-अभी बोलना सीखा है अतः उत्तर-आधुनिकतावाद को स्त्री के इतिहास को नहीं नकारना चाहिए। प्रभाजी कहती हैं कि मुक्ति की रणनीति हमें जहाँ से मिलेगी जो अच्छा लगेगा वही स्वीकारना होगा, हो सकता है पुनर्जागरणकाल के मूल्यों की उत्तर-आधुनिकतावादियों को जरूरत न हो, माना कि इन मूल्यों को नकारने के लिए यह विशिष्ट बौद्धिकी स्वतंत्र है, किंतु आज भी दुनिया की अधिकतम जनसंख्या गरीबी, शोषण और आतंक से पीड़ित है। पढ़ी-लिखी स्त्री कुछ बोल पाए या नहीं किंतु ग्रामीण और अशिक्षित स्त्री के तेवर देखकर सच में आश्चर्य होता है।

उपन्यास

(1) आओ पेपे घर चलें : प्रभाजी का अमरीकी औरत के जीवन के भयानक सच को उजागर करने वाला शायद यहा पहला हिंदी उपन्यास है। प्रभा जी ब्यूटी थैरोपी का कोर्स करने अमरीका गई थीं। उस दौरान हुए अनुभवों को उन्होंने इस उपन्यास का कथानक बनाया है। अमरीकी जीवन-शैली और संपन्न घरों की अमरीकी नारी के एकाकी जीवन को बड़ी संवेदनशीलता के साथ लेखिका ने प्रस्तुत किया है। आर्थिक स्वतंत्रता को जीने की पहली शर्त मानती प्रभा ने देखा कि आइलिन, मिसेज डी. हेल्गा, केथरीन, मरील सभी महिलाएँ संपन्न होकर भी दुःखी हैं। 70 वर्षीय आइलिन दो पतियों और पाँच प्रेमियों को याद करती कुत्ते पे पे को बेटा मानकर जीवन के दुखों को भूलना चाहती है। आदमी में जानवर और जानवर में आदमी को देखती हुई स्वयं को प्यार करती है।

परित्यक्ता, मरील की बेटी का भटक जाना, (माँ-बाप के आपसी द्वेष के कारण) बात-बात पर गालियाँ बकती मरील भीतर ही भीतर के प्यार की सरसता खो चुकी है। वह ऐसे घर की दास्तान कहती है। जहाँ पैसा है लेकिन जीवन नहीं। जीवन है तो बिखरा हुआ। कोई किसी का नहीं। सारे नाते-रिश्ते दैहिक देह से परे शून्य।

मिसेज डी का पति क्लारा ब्राउन के इश्क में डूबा है। मिसेज डी अपने पति को बहुत चाहती थी लेकिन डॉ. डी क्लारा ब्राउन के चक्कर में अपनी पत्नी को इतनी यातनाएँ देता है कि वह आत्महत्या का प्रयास करती है। अंततः तलाक के कागजातों पर हस्ताक्षर कर देती है। घर को टूटने से बचाने के हर प्रयास में उसे असफलता मिलती है।

हैल्गा को लगता है दुनिया में प्यार शब्द एक मजाक है कोई किसी को प्यार नहीं करता। कैथरीन साई क्रियाटिस्ट है। जिंदादिल औरत है। वह अपने पति के पैसों का खूब उपयोग करती है। लेकिन श्वेत कैथरीन अश्वेतों के हाथों बलात्कार होने से बच जाने के बाद डिप्रेशन में चली जाती है।

इन सबके बीच जब प्रभा अपना ब्यूटी कोर्स का डिप्लोमा लेकर भारत आ रही होती हैं तब उन्हें पे पे याद आता है, आइलिन, मारिया, हैल्गा, कैथरीन, मिसेज डी सभी को याद करती प्रभा को लगता है कि पे पे में (जानवर में) आदमी का रूप विराजमान है। जो अपनी मालकिन से उतना ही प्रेम करता है जितना वह उसे।

विदेशी पृष्ठभूमि पर लिखा यह उपन्यास वैश्विक स्तर पर स्त्री जीवन के भयावह सच को उजागर करता है। देश-विदेश के बीच साँझी स्त्री की एक साँझी मानसिकता और समाज में उनकी स्थिति का द्योतक है और अंत तक आइलिन के इस कथन के सत्य को निभाता है कि "दुनिया में ऐसा कोई कोना बताओ जहाँ औरत के आँसू नहीं गिरे।"[48]

दो संस्कृतियों के निष्कर्ष स्वरूप प्रभा जी का यह कथन सार्थक लगता है कि "यह परायी जमीन है लेकिन आदमी तो सब जगह एक-सा है, वही सुख-दुख के लम्हे वही नाते।"[49]

2. तालाबंदी : प्रभाजी का यह दूसरा उपन्यास व्यावसायिक जगत की कहानी है। उपन्यास का नायक श्याम बाबू और कोई नहीं स्वयं प्रभाजी हैं। उपन्यास का कथानक अत्यंत कट्टर मारवाड़ी समाज की व्यावसायिक ऊहापोह का चित्रण करता है। नायक बचपन से आर्थिक तंगी को झेलकर उससे निजात पाने के लिए पिता की तरह मुनीमी करने से इनकार कर देता है। धनोपार्जन करने के लिए व्यापार की शुरुआत करते हैं। धीरे-धीरे उनका व्यापार चल निकलता है लेकिन पैसों के चक्कर में अपनों से वे दूर होते जाते हैं जिन्हें सुखी करना चाहते थे। पैसा पाकर वे उनसे दूर हो जाते हैं। बेटा है जो बिगड़ता जा रहा है। बहन का बेटा पैसों के लालच में उनकी जी हजूरी करता है। श्याम बाबू जानते हैं कि उसकी नीयत भी अच्छी नहीं है। माँ अपने बेटे को श्रवणकुमार समझती है। पत्नी दो पल साथ बिताने को तरस जाती है।

इस कथा के साथ फैक्ट्री मजदूर और यूनियन के संघर्ष की कथा उभरकर आती है। सीटू यूनियन की मदद से उनकी फैक्ट्री ठीक चल रही है। किंतु वे स्वयं मार्क्सवाद पढ़कर लेबर पॉलिसी की गहराई तक पहुँचना चाहते हैं। पूर्णतः मालिक बनने की भूख को शांत करना चाहते हैं। उन्होंने मास्टरजी से मार्क्सवाद को पढ़ा, समझा लेकिन उनके मन में मास्टर जी का पढ़ाया सिस्टम एंटी सिस्टम घर कर गया वे यूनियन लीडर शेखर बाबू पर शक करने लगे। उसकी यूनियन तोड़कर एक नयी यूनियन का निर्माण करने गए और यहीं पर वे चूक गए। अपनी ही लगाई आग में वे झुलसने लगे। ऐसे में फैक्ट्री बचाने के लिए उन्हें उसी यूनियन के पास जाना पड़ा जिसे उन्होंने तोड़ा था। प्रत्यक्ष फैक्ट्री में तालाबंदी का बोर्ड लगाकर यूनियन वर्करों को खरीद कर श्याम बाबू चुपके-चुपके मध्य ग्राम में नयी फैक्ट्री का काम शुरू करने के झूठे ऐलान से वे खुद को, और फैक्ट्री को बचा लेते हैं। इस प्रकार यह उपन्यास व्यवसायी जगत की उठापटक और समाजवाद लाने की प्रक्रिया में मालिक मजदूर के बीच रामराज्य के स्वप्न को

साकार करने का संकेत करता है।

3. छिन्नमस्ता : यह प्रभाजी का सबसे अधिक चर्चित उपन्यास है। 'छिन्नमस्ता' जिसे प्रारंभ में उनकी आत्मकथा समझ लिया गया। लेकिन यह पूरी कहानी उनकी अपनी आत्मकथा नहीं है। विवाह पूर्व तक की घटनाएँ उनकी अपनी भोगी व्यथा कथा है।

नायिका प्रिया बचपन से ही दुत्कार और फटकार की पीड़ा को झेलती बड़ी हुई। वह अपने सात भाई-बहनों में पाँचवीं संतान थी। उसके अन्य भाई-बहन सुंदर थे। लेकिन प्रिया साँवली और हट्टी-कट्टी थी। अपनी बड़ी बहन से वह दिखने में बड़ी लगती थी। माँ को सुंदर बच्चे पसंद थे। इसीलिए वह उसे हरदम फटकारा करती थी। नौ वर्ष की उम्र में पिता के स्वर्गवासी होने तथा बड़े भाई की वासना का शिकार बनने से वह लगातार सहमी-डरी सी रहने लगी, लेकिन समय के साथ-साथ उसका साहस शोषक शक्तियों के लिए चुनौती बन गया।

विवाह भी उसके जीवन में खुशियाँ न ला सका। पति की वहशी भूख के कारण उसे औरतपन से चिढ़ हो गयी। अपनी कोमल भावनाओं को कुचलने में ही उसे आनंद आने लगा। धीरे-धीरे उसे लगा कि वह मर्द बनती जा रही है। सेक्स के प्रति उसकी अरुचि बचपन के हादसे का परिणाम थी। वह सभी पुरुषों से घृणा करती थी।

माँ बनने के बाद भी उसकी संवेदनशीलता में कोई परिवर्तन नहीं आया। मन बहलाने के लिए किया हुआ व्यापार ही जीवन की सार्थकता लगने लगा। नौ वर्षीय बेटे को छोड़कर वह अपनी जमीन की तलाश में घर से निकल गई। यह सोचकर कि वह भी अपने ही पिता की तरह बनेगा उसे अपने पास रखकर भी वह उसे उन सामंती मूल्यों से नहीं बचा सकेगी। इसीलिए शेष बचे जीवन को अपनी तरह जीने की जिद ने उसे सामाजिक बँधे-बँधाए नियमों को तोड़ने की हिम्मत दी।

पूरा उपन्यास घटनाओं का विश्लेषण करता जाता है। जहाँ प्रश्न भी है समाधान भी।

व्यापार में डूबी प्रिया सब कुछ हासिल करके भी एक शून्य में जीती है। वह आखिर क्या चाहती है, "उसे नहीं मालूम वह पुरुष के साथ रहना चाहती है, उसके स्पर्श के रोमांस को महसूस करना चाहती है। लेकिन वह रह नहीं सकती क्योंकि उसका कोई जीवित मॉडल नहीं है। न कोई विकल्प। वह अकेलेपन से भयभीत है। ऐसे में मृत्यु की कामना के अलावा क्या कर सकती है।"[50]

4. पीली आँधी : आधे उपन्यास की कथा लेखिका ने अपनी मामी से सुनी थी। उसके बाद की कथा को लेखिका ने वर्तमान मारवाड़ी परिवार के जीवन से जोड़कर लिखा है। कथा 1932.50 के बीच के काल से शुरू होती है। जब भारत ब्रिटिश उपनिवेशवाद का शिकार था। मारवाड़ी बनिये राजा-रजवाड़ों के अत्याचारों से बचते अपनी धरती को छोड़ बंगाल, बिहार की ओर पलायन करते हैं। कोलियारी का धंधा

करते अपने देश की माटी की गंध को नहीं भूलते। जनेऊ मुंडन के लिए अपने गाँव जाकर सती माता सालासर बालाजी को धुकाते। अपनी परंपराओं का पालन करते हैं। कथा सेठ गुरमुख दास रूँगटा की हवेली से कलकत्ता, रूँगटा हाउस तक की तीन पीढ़ियों के बसने उजड़ने की गाथा है। संयुक्त परिवार को न टूटने देने की जिद में घर की स्त्रियों के सड़ते लड़ते संबंधों की कथा है।

परंपरा पूँजी और पहचान के आत्म संघर्ष में छटपटाती स्त्री शक्ति अपनी मुक्ति के लिए अब नई भाषा परिभाषा भी गढ़ती रचती है। परिवार की इज्जत का ख्याल न करती नायिका सोमा मातृत्व के लिए करोड़पति का घर छोड़ एक प्रोफेसर के घर जाकर बैठ जाती है। इतना ही नहीं बच्चे को जन्म देने के बाद मामूली नौकरी कर सुखी जीवन बिता रही है।

उपन्यास विवाह संस्था एवं परिवार पर एक प्रश्नचिह्न अंकित करता है। प्रभाजी के उपन्यासों की नायिका अपनी अस्मिता की पहचान एवं धन कमाने घर से निकलती है। आर्थिक स्वतंत्रता उनके जीवन की पहली शर्त है। लेकिन पीली आँधी की नायिका आर्थिक पक्ष को उतना महत्त्व नहीं देती, वे मातृत्व के लिए अर्थ को छोड़ सकती है। शिक्षित महिलाओं के भविष्य का सपना है 'पीली आँधी'।

कुछ इस तरह भी अपना समाज बनाने का प्रयास किया जाना शुरू हो गया है। लेकिन सवाल उठता है बिना विवाह के इस तरह के संबंधों को समाज कितना अपनाएगा। आने वाली संतानें समाज में कितनी इज्जत पाएँगी। क्या एक क्रांति होगी ? जिसमें हर दूसरा घर इस तरह के संबंधों से उपजे परिवार होंगे। हाँ परिवार तो कहना ही होगा विवाह संस्था भले ही नकारा हो गई हो परंतु अब तक स्त्री-पुरुष के बीच प्रेम है, लगाव है, संतान की इच्छा है। तब परिवार को भला कौन खारिज कर सकता है ?

"विवाह परिवार के विधान और अर्थशास्त्र को समझने व समझाने की दिशा में यह उपन्यास सार्थक और महत्त्वपूर्ण है।"[51]

5. अपने-अपने चेहरे : प्रभा खेतान की आत्मकथा का अधूरा अंश है 'अपने-अपने चेहरे'। छिन्नमस्ता की प्रिया यहाँ रमा है। उपन्यास में प्रभाजी ने विवाह, पति, बच्चे आदि से अलग हटकर भी स्त्री का अस्तित्व है इसे बतलाने की कोशिश की है। उनके अनुसार स्त्री की तलाश मात्र पुरुष नहीं है। उसकी अपनी पहचान भी है। उपन्यास की रमा सोचती है – "वह प्यार तो एक बार करती है। बस एक बार एक ही पुरुष से। कभी शादी के बाद कभी शादी के पहले इसके बाद तो वह अपने आपको झेलना सीखती है।"[39]

रमा एक विवाहित पुरुष मिस्टर गोयनका से प्यार करती है लेकिन दूसरी औरत को समाज में हेय दृष्टि से देखा जाता है। किसी पुरुष की दोस्ती पारंपरिक समाज में स्वीकार्य नहीं। पहली औरत चाहे पति का प्यार न पाए परंतु उसके सिर पर सिंदूर समाज में सदा चमकता रहता है। दूसरी औरत उस सम्मान से वंचित रहती है।

पूरी कथा रमा की दूसरी होने की पीड़ा, अंतर्द्वंद्व और आत्ममंथन की कथा है जो बार-बार रुलाती है। तार-तार होकर रमा फिर से जीने की कोशिश करती है। रमा के समानांतर रीतू दूसरी औरत का विरोध करती है लेकिन देर होने पर उन यातनाओं से पल्ला झाड़कर वह मुक्ति का मार्ग अपनाती है। जिसे उसकी माँ नहीं अपना सकी थी।

मारवाड़ी परिवार की महिलाओं का समाज, उनका रहन-सहन खान-पान का वर्णन सजीवता से किया है और प्रभा जी क्यों न करें वे खुद भी इसी समाज से जो हैं।

6. अग्नि संभवा : यह उपन्यास 'हंस' पत्रिका में छपा था। उपन्यास की नायिका आइ. वी. चीनी महिला है, जिसे अपने देश से अटूट प्रेम है। लेखिका ने मामूली किसान की बेटी आइ. वी. जीवन संघर्षों से निखरकर किस प्रकार हांगकांग ब्रांच मैनेजर बन जाती है, की कथा का ताना-बाना बुना है। आइ. वी. की कहानी के साथ-साथ चीनी क्रांति, मार्क्सवाद, गोरी जाति का शोषण इत्यादि राजनीतिक घटनाओं का वर्णन भी बखूबी किया है। आइ. वी. का एकमात्र पुत्र क्रांतिकारियों के बीच फँस जाता है। आइ. वी. अपने बॉस शिव के बेटे को गोद ले लेती है। बड़-बोली आइ. वी. महत्वाकांक्षी स्त्री है, मेहनती है, सिलाई-कढ़ाई करती है। बाद में टैक्सी ड्राइवर बनती है। हांगकांग छुपकर आ जाती है। रोजी-रोटी की तलाश में। फिर भी अपने देश को नहीं भूलती। बेटे के पत्रों को पढ़कर भावुक हो जाती है। प्रभाजी को व्यवसाय का गुर सिखाती है। शिव की पत्नी को कैंसर है यह बात आइ. वी. जानती है, इसीलिए शिव के साथ अनबन के बावजूद वह उसके बेटे को अपने पुत्र की तरह प्यार करती है। लेकिन शिव की हेरा-फेरी की खबर देकर स्वयं ब्रांच मैनेजर बन जाती है। लेखिका ने वैश्विक धरातल पर स्त्री के संघर्ष को मुखर किया है। वे बताना चाहती हैं कि स्त्री में एक दैवी शक्ति है यदि वह कुछ करने की ठान ले तो वह मारवाड़ी पारंपरिक घर की स्त्री हो या चीन की मामूली किसान की बेटी सफलता के परचम लहरा सकती है। मार्ग में आनेवाली तमाम बाधाओं के बावजूद जैसे प्रिया, रमा, प्रभा, आइ. वी., सोमा अपनी महत्वाकांक्षाओं को साकार कर लेती हैं। कीमत की अपनी परिभाषाएँ बेमानी हो गई हैं। "आइ. वी. अपनी अस्मिता की सीमाओं का अतिक्रमण कर धुआँ रहित अग्नि की लपटों को अपने भीतर स्वीकारती है। प्रज्वलित होकर एक नए हाशिए पर एक भिन्न प्रकार का आकार बनाती जाती है। इस अग्नि को अपनी संवेदना से जोड़ने के लिए पाठक के पास अनंत संभावनाएँ हैं जो प्रभाजी ने दी हैं।"[52]

7. स्त्री पक्ष : प्रभाजी का अंतिम उपन्यास है 'स्त्री पक्ष' इससे गुजरते हुए लगता है कि यह लेखिका की सबसे कमजोर रचना है। स्त्री स्वातंत्र्य के नाम पर नायिका क्या चाहती है। इसे स्पष्ट करने में प्रभा जी असमर्थ रही हैं। बचपन से ही वृंदा कड़े अनुशासन में पलकर बड़ी हुई। मारवाड़ी एकल परिवार की वृंदा मासिक धर्म, यौन-शुचिता, विवाह इत्यादि पर गंभीरता से सोचती है।

स्त्री का अर्थ क्या है ? धर्म, ईश्वर से संबंधित तमाम बातें उसे उद्वेलित करतीं। माँ से जवाब न मिलने पर वह शिक्षिका से अनेक बार उलझती। कभी राजनीति के प्रश्नों के घेरों में चक्कर लगाती। कॉलेज के पुरुषों से उसकी दोस्ती थी। परंतु एक सीमा तक। सबसे अजीज मित्र के साथ नए साल की पार्टी पर शराब पीने से वह बदनाम हो जाती है। एक दूसरा मित्र बलात्कार की कोशिश भी करता है लेकिन तीसरे मित्र द्वारा बचा ली जाती है। भूल का एहसास होने पर वह आतंकित रहती और विवाह न करने का फैसला लेती है। माँ पिता के बाध्य करने पर उसका विवाह डॉक्टरी पढ़ रहे सुमित से हो जाता है। शुरुआत में वैवाहिक जीवन ठीकठाक चलता है। परंतु पति के डॉक्टर बनते ही उसकी आशिक मिजाजी के कारण दोनों में खटपट चलती है। उपन्यास धीमी गति से आगे बढ़ता है। इसमें घरेलू दिनचर्या के अतिरिक्त कुछ जुड़ नहीं पाता। अचानक डॉ. सुमित के तलाक लेने की घटना से विस्फोट होता है। आत्ममंथन करती वृंदा कहाँ चूक हो गई ? सोचकर कई शर्तों के साथ, जिनमें हर माह घर खर्च, एवं मौजूदा घर में रहने की जिद शामिल होती है। तलाक के कागजातों पर हस्ताक्षर कर देती है।

वृंदा सहेलियों के समझाने-बुझाने पर एक बुटिक खोल लेती है। जो धीरे-धीरे चल पड़ता है। बच्चे बड़े हो रहे हैं। एक आधुनिक माँ एवं समझदार बच्चों का माँ के प्रति सेवा व करुणा का भाव देखते ही बनता है। तभी आता है 32 वर्षीय वृंदा के जीवन में 25 वर्षीय पेंटर आर्जव। दोनों पहली मुलाकात में एक-दूसरे के सामने सहर्ष समर्पण कर देते हैं। इस रिश्ते को बच्चे स्वीकार कर लेते हैं। किंतु सास-ससुर, माता-पिता को बेरोजगार एवं छोटा आर्जव पसंद नहीं। इन सबके बावजूद वृंदा-आर्जव के विवाह का संकेत मिलता है। लेखिका ने उसका वर्णन नहीं किया है। बच्चे कभी-कभी अपने पिता से मिलने जाते हैं। ऐसे में बेटा पिता की तरफ हो जाता है। यह सोचकर कि वहाँ पैसा अधिक है और सुविधाएँ भी। बेटी रिया माँ का साथ देती है। उसका संबल बनती है। बेरोजगार आर्जव वृंदा का घर सँभालता, बच्चों की देखभाल, पढ़ाई-लिखाई पर वक्त देता था और वृंदा घर की मालकिन की तरह अपने कारोबार में व्यस्त रहती थी।

एक दिन आर्जव ने कहा कि उसे मुंबई में एक बड़ा काम मिल रहा है, सब लोग वहीं चलकर रहेंगे, यह सुनकर वृंदा चौंक जाती है। वृंदा अपना काम छोड़कर आज्ञाकारी पत्नी की तरह आर्जव के साथ मुंबई जाना नहीं चाहती। उसने अपनी जिंदगी का बहुत बड़ा वक्त कलकत्ता में गुजारा था। वह अपने कारोबार में व्यस्त थी। मुंबई जैसे अनजान महानगर में वह क्या करेगी। नये व्यापार की शुरुआत में आसानी नहीं होगी। इन सब बहानों के बाद उसने आर्जव से कहा – ताउम्र कोई किसी को प्यार नहीं कर सकता। वृंदा मन ही मन सोचती है, आर्जव चिंता रहित खुशहाल जिंदगी जीना चाहता है। अब वह उस पर निर्भर नहीं करेगा जो जगह वृंदा की थी। वहाँ पर अब

आर्जव बैठेगा । वृंदा ने जाने से इनकार कर दिया । वह चाहती थी आर्जव उसके कदमों में पड़ा रहे । घरेलू नौकर कम मैनेजर की तरह और उसके बच्चों की देखभाल करे । आर्जव की प्रगति पर उसे खुशी नहीं थी, पर ऐसा क्यों था ? इसे प्रभाजी को बतलाना चाहिए था । लेकिन संकेत भी नहीं दिया है । वृंदा रोती है मनाती हैं कि आर्जव मुंबई न जाये लेकिन आर्जव नहीं सुनता । आखिर वृंदा का अहम् इतना आड़े आता है कि आर्जव उसे छोड़कर मुंबई चला जाता है । उसे छोड़कर वह अपने घर आती है । सोचती है कि वह अपना घर कब बनाएगी, बहुत जल्दी यहाँ इसी शहर में बुटिक की कमाई से । उपन्यास समाप्त हो जाता है, छोड़ जाता है कई सवाल कि मासिक स्राव का इतना अधिक वर्णन करने के पीछे लेखिका नया क्या कहने की चेष्टा कर रही है?

छिन्नमस्ता में वह यही कर चुकी थी। फिर अनेक बार वही वही बातें कि पुरुषों की मित्रता के पीछे स्त्री स्वातंत्र्य की भावना । फिर देह के अछूते रहने के कारण मात्र ओढ़ी हुई पारंपरिक बातों का भ्रम । विवाह संस्था का अस्वीकार तो फिर दुबारा विवाह की जरूरत क्यों ? एक सफल व्यवसायी पति की आकांक्षा परंतु स्वप्न साकार होने पर अपनी स्त्री होने की स्थिति का अस्वीकार क्यों ? लेखिका वृंदा के माध्यम से स्त्री आर्थिक सुरक्षा पा जाने पर पति और घर को दोयम दर्जा देती है । पैसा कमाना, घर में स्वामित्व हासिल कर तानाशाह बन जाना उसका स्वभाव बन जाता है । जिन अवगुणों को वह पुरुषों में देखकर दुःखी होती थी, अधिकार पा जाने पर वही अवगुण उसमें आ जाते हैं ऐसे में प्यार-व्यार जो स्थायी भाव कभी था ही नहीं समाप्त प्रायः हो जाता है । कुल मिलाकर शायद 'स्त्री पक्ष' उपन्यास में प्रभाजी ने विवाह संस्था को ओवरडेटेड बताने की कोशिश की है ।

8. एड्स : है तो कहानी लेकिन लेखिका ने उसे उपन्यास बताया है । एक सफल दांपत्य जीवन में पति के मित्र से दोस्ती के फलस्वरूप एड्स की बीमारी पत्नी को लग जाती है । पति पत्नी की इस गलती को माफ कर देता है, नियमित पत्नी को मिलने अस्पताल जाता है । यह उपन्यास वैवाहिक जीवन की त्रासदी का वर्णन करता है । वैश्विक स्तर पर इस बीमारी से उत्पन्न आपसी संबंधों की दरारों का स्पष्टीकरण करता है । विदेशी पृष्ठभूमि पर लिखा यह उपन्यास भारतीय महिला व्यवसायी की व्यवसाय संबंधित समस्याओं को भी साथ-साथ दर्शाता है । अमेरिकी जीवन में दांपत्य जीवन टूटने की कगार पर है। लेकिन पूर्णतया टूट नहीं रहे हैं ।

इन्हीं सब बातों की जगर-मगर है 'एड्स' में।

'बहुमुखी एवं विरोधाभासी भूमंडलीकरण और स्त्री के प्रश्न'

1. एक प्रश्नवाची समय

प्रभाजी की नवीन कृति 'बाज़ार के बीच : बाज़ार के ख़िलाफ़' भूमंडलीकरण और स्त्री के प्रश्नों की गहरी पड़ताल करती है ।

प्रभाजी ने भूमंडलीकरण और उसके आर्थिक पहलुओं के स्त्री जीवन पर पड़नेवाले प्रभावों की चर्चा को दो नजरिये से पकड़ा है — एक तो शास्त्रीय तथा दूसरा उत्तर आधुनिक ।

उत्तर-औपनिवेशिक परिवर्तन और भूमंडलीय प्रक्रियाओं के कारण स्त्री जीवन की नई भूमिकाओं से गुजरना पड़ रहा है । परिणामस्वरूप वह शक्तिशाली एवं आत्मनिर्भर तो हुई लेकिन साथ ही उसे असमानता और असुरक्षा का सामना भी करना पड़ रहा है । स्त्री समूह में वर्ग और जाति जैसी भिन्नताएँ हैं और भूमंडलीकरण का उस पर बड़ा जटिल और विरोधाभासी प्रभाव पड़ा है । भूमंडलीकरण से हम पूँजी के स्वतंत्र प्रवाह की गारंटी करते हुए राष्ट्रों के बीच व्यापार की बाधाएँ दूर करने का प्रयास करते हैं ।

पूँजी की आवाजाही से व्यापार उन्नत होता है और साथ ही साथ इस विनिमय से सांस्कृतिक रूपांतरण भी संभव होता है, किंतु बाजार और पूँजी संस्कृति के भूमंडलीकरण को प्रेरित करते हैं । वहीं दूसरी ओर संस्कृति भूमंडलीकरण का विरोध करती हुई भी नज़र आती है । परिणामस्वरूप जो कुछ भी स्थायी और स्थिर है उसे भूमंडलीकरण बहा ले जाता है । इसकी तेज गति के सामने कोई ठहर नहीं सकता ।

भूमंडलीकरण के संक्षिप्त इतिहास को व्याख्यायित करते हुए लेखिका ने 1960 से 1999 की घटनाओं का ब्यौरा बयान कर भूमंडलीकरण से बाजार के उतार-चढ़ाव और स्त्री जीवन से संबंधित आँकड़ों का वर्णन करते हुए यह बतलाने की चेष्टा की है कि उदारीकरण के दौर ने छोटे-छोटे देशों की अर्थव्यवस्था के दरवाजे खुलवा दिए हैं । दुनिया के हर कोने में सोप ऑपेरा से लेकर मैकडोनॉल्ड की छायाएँ हैं । दुनिया की हर संस्कृति अपने बचाव में भूमंडलीकरण पर सवाल उठाती है । इसे चुनौती देती है । मगर अंततः भूमंडलीकरण से प्रभावित होती है । पश्चिम सारी दुनिया को प्रभावित करना चाहता है । शायद इसीलिए भूमंडलीकरण को पश्चिम संस्कृति के दिग्विजय का माध्यम माना जाता है । जो समाज बहु सांस्कृतिकता से संपन्न थे वे एकायामी होते जा रहे हैं ।

संस्कृति पर भूमंडलीय प्रभाव को आँकने के लिए इंटर कान्टिनेंटल होटल एक ज्यादा सही रूपक है । विशेषकर स्त्री के संदर्भ में प्रस्तुत कर प्रभाजी ने स्त्री की भूमिका को स्पष्ट किया है । भूमंडलीय समाज जहाँ जैसा बहता है विशेषकर बड़े शहर बैंकाक, मुंबई, हांगकांग जिन्हें वित्तीय राजधानी कहा जाता है । इन्हीं क्षेत्रों में भूमंडलीय समाज के सदस्य स्थानीय लोगों से टकराते हैं । पर्यटन और व्यापार को बढ़ावा मिलता है । इसका खराब पक्ष है कि इससे समाज में यौन पर्यटन, भ्रष्टाचार तथा अन्य बुराइयाँ फैलती हैं । नारीवादी अर्थशास्त्री ग्रासिया क्लार्क इस सारी व्यवस्था की तुलना एक अंतर्राष्ट्रीय होटल से करती है । इन होटलों के विज्ञापनों में यात्रियों को घर जैसा आराम मिलेगा के वादे करते हैं । यहाँ विकासशील देशों की स्त्रियों की एक महत्त्वपूर्ण भूमिका शुरू

हो जाती है। स्थानीय समाज में बाहरी व्यक्ति जो अन्य है उसका जीवन आरामदायक बनाने हेतु झाड़ू, पोछा लगाने से निजी सचिव, सुरक्षा गार्ड, होटल के बैरे, रसोइया आदि सभी कोई जुट जाते हैं। ये लोग स्थानीय संस्कृति को छोड़ ऐसी छवि प्रस्तुत करते हैं जो पर्यटकों को लुभाएँ और जिसमें वे लीन हो पाएँ।

अमेरिकी अर्थशास्त्री फ्रीडमैन की भविष्यवाणी है कि 21वीं सदी में भूमंडलीकरण के पक्षधर एवं विपक्षी ताकतों में गृहयुद्ध होगा जिसका कारण उन देशों की स्थानीय संस्कृति होगी। इन बातों से लगता है कि भूमंडलीकरण का केवल आर्थिक पक्ष ही नहीं बल्कि विकासशील देश स्वयं से विकसित देशों के वर्चस्व की तुलना में कैसे खुद को बचाएँ और कैसे मध्यम मार्ग पर चलें। इसपर भी सोचना होगा अर्थात् भूमंडलीकरण तो वह बिजली है जो आपके घर को रोशन कर सकती है और आपके घर में आग भी लगा सकती है।

अर्थशास्त्री जितनी चाहे भविष्यवाणियाँ करें पर आदमी की गति-मति के बारे में कुछ भी कहना असंभव है।

'भूमंडलीकरण और नौकरशाही' के अंतर्गत प्रभाजी ने बतलाया है कि अंतर्राष्ट्रीय मुद्रा कोष और विश्व बैंक के साथ-साथ विश्व व्यापार संगठन ब्रेटन वुड की व्यवस्था तीसरी टाँग है। द्वितीय विश्वयुद्ध के बाद बहस के केंद्र में था पूँजी का निवेशीकरण साथ ही दुनिया के श्रमिकों के अधिकारों की सुरक्षा।

विकासशील देशों के व्यापार को भूमंडलीय उत्पादकों के गिरोह और दलबंदी से बचाना था। ताकि ये निगम किसी एक क्षेत्र में अत्यधिक सत्ता संपन्न न हो जाएँ।

अमेरिका ने हवाना चार्टर के अंतर्राष्ट्रीय व्यापार संगठन की प्रस्तावना को खारिज किया और इसके बदले 'जनरल एग्रीमेंट आन टेरिफ ट्रेड' (गैट) की स्थापना की। इसका सीमित उद्देश्य था व्यापक व्यापारिक सिद्धांत पर आधारित सेवा और पण्य के शुल्क में कमी को संभावित करना। इसके अंतर्गत कोई भी सरकार एक ही सीमा तक पर्यावरण, भोजन और उत्पादन के मानकीकरण पर कानून बना सकती है। गैट का उद्देश्य था कॉरपोरेट बौद्धिक संपदा को नये रूप से संरक्षित करना। इससे अमीर देशों को एकाधिकार की सुविधा मिली। विकासशील तथा अविकसित देशों के ऊपर गैट के नियम लागू हुए।

1994 में उरूग्वे राउंड में पुराने गैट को एक नयी संस्था में परिवर्तित किया जिसका नाम था 'विश्व व्यापार संगठन'। इसका काम था किसी देश की नीति इन बहुराष्ट्रीय निगमों के स्वार्थों से टकराती है तो उस पर प्रतिबंध लगाना। उद्देश्य था कि विदेशी जमीन पर ये निगम काम करते हैं तब इसकी कार्यवाही में राष्ट्रीय सरकार हस्तक्षेप न कर सके।

इस संगठन ने भारत से कहा कि उसे अपना राष्ट्रीय संविधान बदलना चाहिए ताकि जीवनरक्षक दवाइयों का दाम बढ़ाना संभव हो और इन विदेशी कंपनियों को घाटा न

उठाना पड़े। कैरेबियन द्वीपों से केले की खेती बंद करनी पड़ी क्योंकि चिकोटा एवं डोले जैसे दो बड़े अमेरिकी निगमों के हित में नहीं था कि यूरोप इन देशों से केले का आयात करे। इसी कारण कैरेबियन द्वीप के दो लाख गरीब किसान इस त्रासदी के शिकार हो गए।

इस प्रकार के कई उदाहरणों द्वारा प्रभाजी ने आर्थिक भूमंडलीकरण के नाम पर विकास की प्रक्रिया सुरक्षा की तरह प्रत्येक संसाधन, सस्ते श्रम को और नये बाजार को कैसे निगल रही है बतलाने की चेष्टा की है।

भूमंडलीकरण की एक और विशेषता यह है कि यह जीवन के हर रूप का वस्तुकरण करता है। बाजार में उसकी कीमत निर्धारित करता है। तथा दुनिया के बाजार में उसकी खरीद फ़रोख्त करता है। कल तक तो प्राकृतिक संसाधन गरीब से गरीब व्यक्ति को उपलब्ध थे मसलन खुली हवा, नदी-झरने का पानी, खेत में काम आने वाला बीज, आज उसी प्राकृतिक संपदा का भूमंडलीकरण के नाम पर निजीकरण होता जा रहा है। पानी बोतल में बंद हो गया। क्योंकि स्वच्छ जल पर निगमों का अधिकार हो गया। वे अब शुद्धता की देख-रेख करेंगे। जिनके पास पैसा नहीं वे शुद्ध जल से वंचित। यही हाल हवा एवं बीज का भी है। पैटेंट कानून के अंतर्गत बीज पर एकाधिकार स्थापित कर रहे हैं। यदि हवा, पानी, जंगल का निजीकरण हो गया तो बचेगा क्या ? मानवीय अधिकारों का हनन हो तो क्या इसे भूमंडलीकरण कहकर स्वीकारा जाना चाहिए ?

भूमंडलीकरण की विशेषता की ओर हमारा ध्यान आकर्षित किया है प्रभाजी ने वह है — निर्यात केंद्रित उत्पादन। अर्थात् प्रत्येक देश को केवल वही उत्पादन करना चाहिए जिसमें वह सबसे अधिक सक्षम हो। कॉफी उत्पादन में विशेष योग्यता है तो गेहूँ नहीं उगाना चाहिए। अब तक आदान-प्रदान राष्ट्रीय स्तर पर चलता था। अब अंतर्राष्ट्रीय हो गया है। भूमंडलीकरण के नाम पर आर्थिक सक्रियता का अर्थ ही हुआ समंदर पार की आवाजाही, आयात-निर्यात के द्वारा की जाने वाली निरंतर सौदेबाजी। जितना व्यापार बढ़ेगा, उतना ही बहुराष्ट्रीय कंपनियों को फायदा पहुँचेगा। मगर विडंबना है कि भूमंडलीय निगमन व्यवस्था सुदृढ़ होते ही राष्ट्रीय सरकारें उन बाहरी ताकतों पर निर्भर करने लगती है तथा उन नियमों के अधीन हो जाती है जो उन्होंने नहीं बनाएँ। तत्कालीन स्वार्थों के लिए पर्यावरण का नुकसान होता है। देशज संस्कृति दूषित होती है। भूमंडलीय योजनाओं के तहत गेहूँ के बदले गुलाब के फूल उगाए जाते हैं। इन विशालकाय खेतों के जमींदारों के बारे में किसानों को पता नहीं, मालिक अदृश्य, न मालिक जानता है कि किसान कहाँ किस हाल में हैं, हाँ पैसा मिलता है, किसान उससे अपनी जरूरतें पूरी कर लेता है, लेकिन लाभांश निगमों के हिस्से जाएगा। अधिक फायदा केवल दो-चार किसानों को होगा। छोटे किसान दिहाड़ी मजदूर बाजार पर निर्भर भूखे-नंगे होते चले जाएँगे। सस्ते श्रम पर आधारित सस्ते से सस्ते निर्यात ने इन देशों की

पूरी समाज व्यवस्था पर कहर ढा दिया है।

दु:ख की बात है कि मीडिया इसकी रिपोर्टिंग नहीं करता। बड़े निगमों के दबावों में मीडिया ऐसा नहीं कर पाता। कुछ उदाहरण देकर प्रभाजी ने इसे स्पष्ट करना चाहा है। पर्यावरण की समस्या से भूमंडलीय जलवायु बदलती जा रही है। इसके दोनों ध्रुवों की बर्फीली टोपियाँ पिघल रही हैं। ओजोन का स्तर छिन्न-भिन्न हो रहा है। समुद्री जल दूषित हो रहा है। एनरॉन कार्पोरेशन का दिवाला निकल रहा है। करोड़ों डॉलर की कंपनी ने शीर्षस्थ कर्मचारियों को बोनस दिया मगर श्रमिकों को नहीं, मीडिया इस पर खामोश है।

प्रभाजी के अनुसार, एक नागरिक की हैसियत से हमें दो विरोधाभासी प्रतिमानों का सामना करना पड़ता है। भूमंडलीकरण की जिस व्यवस्था में हम रहते हैं वहाँ अमीर और गरीब देशों में अलग-अलग खेल खेले जा रहे हैं। खेल का संचालन अमीर देशों के हाथों में है उनका छुपा हुआ स्वार्थ जग जाहिर है। उदाहरणार्थ पर्यावरण की समस्या है। सूत की मिलें लंदन में न लगाकर बांग्लादेश में लगाई जाएँ क्योंकि लंदन में श्रमिकों की मजदूरी ज्यादा है। वहाँ पर्यावरण के नियम सख्त हैं। जबकि बांग्लादेश में किए गए उत्पादन पर श्रम की कीमत कम है। वहाँ बाल श्रम का शोषण होता है। मगर इस शोषण का भी औचित्य यह कहकर स्थापित किया जा सकता है कि यदि आप इन्हें भोजन नहीं दे सकते तो कम से कम काम करने दीजिए ताकि ये भूखे न मरें। और यदि इनका श्रम सस्ता न होकर इंग्लैंड के श्रमिकों के श्रम की कीमत के बराबर हो तो बांग्लादेश में सूत की मिलें लगाने की जरूरत नहीं फिर लंदन क्या बुरा है। अतः मुद्दा तो यह है कि फैक्ट्री लंदन में या बांग्लादेश में लगाई जाए, किंतु असली मुद्दा तो यह है कि दुनिया में लंबे समय के लिए इस प्रकार की औद्योगिक व्यवस्था पर्यावरण के अनुकूल साबित नहीं होगी। दूसरा प्रतिमान है कि उत्तरी ध्रुव और दक्षिणी ध्रुव के बीच एक बढ़ती हुई दूरी है।

आनेवाले समय में स्थिति विस्फोटक हो जाएगी। कुछ विचारक गाँधीवादी उद्योग व्यवस्था की माँग कर स्थानीय समुदाय और परिवार को स्वावलंबी बनाने की बात करते हैं लेकिन बहुराष्ट्रीय निगमों का स्वार्थ साधन और स्थानीय उद्योगों का भी ख्याल रखना एक प्रकार का यूटोपिया है। बृहदकाय निगमों के सामने बड़ी चुनौती है कि अपनी विकास यात्रा में ये छोटे व्यापारिक संस्थानों के स्वार्थ का ध्यान रखें और उन्हें साथ लेकर चलें।

भूमंडलीकरण अर्थव्यवस्था में आर्थिक रूप से पुरुष की तुलना में स्त्री को ज्यादा नुकसान हुआ है। 1995 ई. में स्त्रियों पर आयोजित पेइचिंग कान्फ्रेंस में यूनीफेम की निदेशक नॉलिन हाइजर ने कहा कि दुनिया में 1.3 अरब लोग नितांत गरीब हैं। जिनमें स्त्रियों की संख्या 70% है लेकिन दुनिया की आय से उसे केवल 1/10 भाग ही मिलता है। हाँ नारीवादी आंदोलन के फलस्वरूप कुछ स्त्रियाँ सजग व सचेत हुई हैं। इटली

में 1974 में तलाक के पक्ष में स्त्री समाज खुलकर बोलने लगा। 1981 में गर्भपात कानून पास कराने जैसी घटनाएँ नब्बे के दशक तक आते-आते नयी चेतना के रूप में विश्वमंच पर स्त्रियाँ स्थापित हो गयीं।

कुल मिलाकर स्त्रियों की सामाजिक भूमिका में आये बदलाव पर सत्ता ध्यान देने के लिए मजबूर हुई। कुछ मुद्दे उठाए गए। पति के वर्चस्व पर सवालिया निशान, यौनिकता का चुनाव, विवाहेतर संबंधों का दावा, तलाक की बढ़ती हुई संख्या और बड़ी संख्या में स्त्रियों का अकेले जीवनयापन करना। इसी के साथ युवा वर्ग की स्वतंत्रता के साथ जो संस्कृति उभर कर आई, उसमें पितृसत्ता की भूमिका में क्रमशः कमी आती गई। युवा संस्कृति में जिस सांस्कृतिक क्रांति का मैट्रिक्स बना वही युवा वर्ग जीवन के महत्त्वपूर्ण क्षेत्रों में निर्णय लेने लगा तथा किसी भी प्रकार के बंधन और दबाव को चुनौती मिलने लगी।

अस्सी के दशक में इसी उभरती हुई संस्कृति पर बाजार व्यवस्था ने मोहर लगाई और पूँजीवादी अर्थव्यवस्था की सांस्कृतिक अभिव्यक्तियों का जयघोष हुआ। क्योंकि समाज का केंद्रीय आधार परिवार है और नारीवाद ने परिवार के क्षेत्र में स्त्री-पुरुषों के संबंधों के संदर्भ में कुछ बुनियादी सवाल उठाये हैं। प्रभाजी के अनुसार, उत्तर-औपनिवेशिक स्त्री का विकास भूमंडलीकृत आदर्शों के अलावा स्थानीय आदर्शों की मध्यस्थता से अधिक तीव्र हुआ है। यह स्थानीय आदर्श अपने आप में अतीत के राजनीतिक और सामाजिक बदलाव का ही परिणाम है। लेकिन इन सबके बावजूद नारीवादी चिंतकों का मानना है कि "आर्थिक परिवर्तन का खमियाजा स्त्री वर्ग को भोगना पड़ा है। श्रमिक के रूप में वे बेरोजगार हुई हैं। पुरुषवादी संस्कृति की सारी दमनरूपी ताकतें निरंकुश हो उठती हैं। दंगे फसादों से यह स्पष्ट है कि स्त्रियों को कम वेतन, रोजगार योजनाओं में भेदभाव, कार्यजगत में यौन-उत्पीड़न इत्यादि ये दमन के विभिन्न पहलू पहले भी थे मगर अदृश्य पश्चिम के दरवाजे खुलने पर यह समस्याएँ ज्यादा प्रकट हुई हैं और मानवाधिकार के नाम पर इनका विरोध भी मुखर हुआ है।"[41] भारत में नव उदारवादी अर्थशास्त्रियों के गठजोड़ ने जिस पूँजीवाद को स्थापित करना चाहा वह राजनीति से अर्थ व्यवस्था को अलग करता हुआ नजर आया ताकि पारिवारिक और निजी जीवन से अलग स्वतंत्र एवं नैतिक और सार्वजनिक क्षेत्र को स्थापित किया जा सके। नारीवाद के लिए एक ओर पूर्व-पश्चिम मिलाप से एक बेहतर भूमंडलीय समझ उत्पन्न हो रही थी तो दूसरी ओर इस आपसी सहयोग से स्त्रियों को अधिक से अधिक नवउदारतावादी सार्वजनिक स्पेस उपलब्ध हो रहा था। मगर उन्हें अपनी स्वतंत्र वैचारिक जमीन नहीं मिल रही थी। विडंबना तो यह है कि स्त्रियों का यह नेटवर्क क्रमशः पश्चिमी साम्राज्यवाद और भारत की अभिजन विचारधारा का संपोषक बन कर रह जाता है। फिर भी यह सत्य है कि नियंत्रित अर्थ व्यवस्था से परिवर्तित होकर खुली अर्थ व्यवस्था को अपनानेवाले भारत जैसे देश में स्त्री यदि उत्पीड़ित है तो वह सक्रिय एजेंट भी है वह निर्माणकारी

भूमिका में मानव समाज को प्रभावित भी करती है।

2. श्रम के स्त्रीकरण की हकीकत

प्रभाजी ने अपने 35 वर्षों के व्यवसायी अनुभव से यह बतलाने की चेष्टा की है कि उदारीकरण की नीतियों से पैदा होनेवाली चमक दमक के कारण श्रम बाजार के भीतरी हालात पर बहुत कम ध्यान गया है। परिवर्तन का झोंका अपने साथ नई चमकती हुई गाड़ियाँ, बेशुमार उपभोक्ता वस्तुएँ मेकडोनाल्ड और पीत्जाहट का फास्टफूड बारिस्ता के छलकते हुए कॉफी के प्याले लेकर आया। इस भूमंडलीकरण की प्रक्रिया में स्त्रियों को रोजगार मिलने लगा। स्त्री की माँग बढ़ी लेकिन स्त्री को लाभ नहीं हुआ क्योंकि स्त्री कम लागत में उपलब्ध थी। उन्हें जब-तब छँटनी करने की सुविधा, स्त्री का गैरसंगठित होना, अविवाहित स्त्रियों पर मातृत्व अवकाश का खर्च नहीं। स्त्री काम के घंटे अधिक हो गए, घर जाकर भी काम करना है। घर में मुफ्त में काम किए स्त्री श्रम की कीमत नहीं आँकी जाती, सेवा के नाम पर स्त्री का शोषण अधिक होता है। स्त्री बिना वेतन की नर्स बन जाती है। परिवार के अन्य सदस्यों की जरूरतों की वेदी पर स्त्री को अपनी जरूरतों की बलि देनी पड़ती है। काम के क्षेत्र में छँटनी के वक्त स्त्री को पहले छाँटा जाता है। ज्यादा होड़ और प्रतियोगिता वेश्यावृत्ति एवं मादक द्रव्यों के क्षेत्र में ही देखने को मिलती है।

प्रभाजी ने कई देशों में स्त्री की स्थिति का जायजा लेते हुए विशेष तौर पर वियतनाम की स्त्रियों के संगठन को प्रगतिशील बताया। वियतनाम के स्त्री संगठन को यूनियन का पूरा समर्थन प्राप्त है। गृहकार्य में पुरुषों को बराबर का हाथ बँटाना पड़ता है। यह संगठन बाजार में दुष्परिणामों से परिचित है। अतः स्वास्थ्य सेवा की कीमत को काफी कम रखा गया है। गर्भपात कानून सस्ता है। आर्थिक प्रगति की दर वार्षिक 9.10 प्रतिशत तक है। इनका कहना है कि सुधारों के खतरों से हम वाकिफ हैं। हम जानते हैं कि सुधारों के नाम पर बहुधा गरीबी बढ़ती है। हम स्त्रियाँ सरकार के साथ चलना चाहती हैं ताकि जो सुधार हो उसमें स्त्री वर्ग की भी पूरी हिस्सेदारी रहें। इसके साथ क्यूबा और चीन में स्त्री सार्वजनिक जीवन में पुरुष की बराबरी करती नजर आती हैं। भूमंडलीकरण की नीतियों का भारतीय स्त्री के जीवन में कमोबेश कम प्रभाव ही पड़ा है। वे अपने पारंपरिक चौखटे में ही कैद हैं। इस पूरे विश्लेषण से स्पष्ट है कि स्त्री श्रमिक जो कि सोपानीकरण में भी सबसे निचले पायदान में खड़ी है। उसकी स्थिति पर अलग से सोचने विचारने का समय किसी के पास नहीं है। सरकारी और गैरसरकारी संस्थाओं को इन स्थितियों से निपटने के लिए आपसी संवाद स्थापित करना होगा और इस बहाने स्त्री श्रम की समस्याओं पर प्रकाश डालना संभव होगा। नब्बे के दशक में नये तकनीक से रोजगार योजनाओं का विकेंद्रीकरण हुआ लेकिन इससे बेरोजगारी बढ़ी। टेलीफोन उद्योग की वे लड़कियाँ जो ऑपरेटर थीं अब इंटरनेट द्वारा वितरण के कारण

बेरोजगार हो गईं। चीन में बस कंडक्टर स्त्रियाँ बस में भाड़ा वसूल करनेवाली मशीन के कारण बेरोजगार हो गईं। रोजगार की अवधारणा रोज बदल रही है। शहर में रहनेवाली स्त्रियाँ पारंपरिक उद्योग से निकलकर सेवा क्षेत्र में ज्यादा जा रही हैं। लंबे समय से यह दावा किया जाता रहा कि उदारीकरण की नीति से स्त्री लाभान्वित होगी और उसे अधिक रोजगार मिलेगा मगर आज स्त्री को पारंपरिक चौखटे में फिट किया जा रहा है। जो उसके खिलाफ रहा है। स्त्री श्रम की हकीकत हमें सवाल उठाने के लिए मजबूर करती है कि अंततः भूमंडलीकृत समाज किस हद तक लैंगिक संबंधों में परिवर्तनकारी रूप में होगा और क्या यह परिवर्तन स्त्री के हक में जाएगा ? और हाँ क्या भूमंडलीकरण बाजार व्यवस्था स्त्री-पुरुष में पारंपरिक संबंधों को बदलने जा रही है ? क्या इस परिवर्तन की आड़ में पितृसत्तात्मक समाज पुनः स्त्री के श्रम पर अपनी लगाम कस पाएगा ? आज जरूरत पर स्त्री श्रम को खँगाला जाता है। उसे सुविधानुसार नियुक्त किया जाता है। और सुविधानुसार फेंक दिया जाता है। इसी कारण स्त्रियाँ भूमंडलीकृत उद्योग व्यवस्था में नियुक्त होते हुए भी एक आज्ञाकारी और सस्ते श्रम की कोर्ट का ही प्रतिनिधित्व कर रही हैं। जिसका श्रम सस्ता होगा वह पितृसत्ता व्यवस्था से कैसे मोलभाव कर पाएगा यह गहरे समाजशास्त्रीय अध्ययन का विषय होना चाहिए।

प्रभाजी ने फिल्म 'सौदागर' का उदाहरण देकर पति-पत्नी के रिश्ते को बाजार कैसे निर्धारित करता है, यह बतलाने की चेष्टा की है। फिल्म की नायिका घर में गुड़ बनाती है। पति बाजार में बेचता है। बाजार में अच्छे दाम पाकर नायक बौरा जाता है और दूसरी औरत को ले आता है। मगर जब दूसरी पत्नी पहले जैसा गुड़ नहीं बना सकती तो और उसे उचित दाम नहीं मिलते तो वह वापस पहली पत्नी के पास लौट जाता है।

भारत में ऊँची जाति वालों में यदि स्त्री की यौनिकता को नियंत्रित करने की बाध्यकारी भूमिका है तो निम्न जाति में गरीब वर्ग में स्त्री के श्रम को लेकर बाध्यता है। यानि उच्च वर्ग स्त्री की यौनिकता को नियंत्रित करना चाहते हैं तो दूसरा वर्ग उसके श्रम को नियंत्रित करना चाहता है। लेकिन सोचने की बात है कि भूमंडलीय समाज में स्थिति थोड़ी बहुत बदली है।

ऐसा लगता है कि बाजार के सामने गृहस्थी ने समझौता कर लिया है। कोरिया में महिलाओं की बड़े पैमाने पर उद्योग धंधों में नियुक्ति होने से शादी की उम्र बढ़ी है। बच्चों की संख्या कम हुई है भारत में भी ऐसा है। कैरियर के लिए उच्च शिक्षा एवं विवाह में देरी होती है।

3. यौन कर्म की कीमत

इस अध्याय में थाईलैंड की एक वेश्या से बातचीत को आधार बनाकर प्रभाजी ने यह बतलाने की चेष्टा की है कि आज औरत सेक्स वर्कर बन किसी अपराध बोध से ग्रसित

नहीं है। यह भूमंडलीकरण की वेश्या है। इसकी देह उद्योगों में निवेशित नहीं हुई है लेकिन उसने खुद को यौन उद्योग में निवेशित करना सीख लिया है।

आज समृद्ध एशिया में सेक्स वर्कर को वातानुकूलित कमरों में रखा जाता है। अच्छा खाना से लेकर सेल्युलर फोनों से संपर्क किया जाता है परंतु शक्ति संरचना बिलकुल वही है जो इस संसार में उनका स्थान निर्धारित करती है। लेखिका के अनुसार आने वाले पचास वर्षों में देह व्यापार की मूल संरचना बरकरार रहेगी। बस इस व्यवस्था में जीवन स्तर ऊँचा होता जाएगा तकनीक का प्रयोग बढ़ जाएगा। तथा यौन इच्छाओं की पूर्ति के रूप में इस धंधे के व्यावसायिक स्वरूप को मान्यता मिल जाएगी।

भूमंडलीकरण के तहत पनपे यौन उद्योग का यथार्थ कहीं जटिल है। इसका कारण पिछले दशक से मानव तस्करी (ट्रैफिकिंग) में अभूतपूर्व वृद्धि हुई है। औरतों की ट्रैफिकिंग भिन्न-भिन्न उद्देश्यों से की जाती है। लेकिन अकसर इसके पीछे व्यावसायिक यौन शोषण उद्देश्य प्रमुख रहता है। यह श्रम का मात्र विशिष्ट खतरनाक प्रकार ही नहीं बल्कि हिंसक अपराध भी है। यह मानवता की बुनियादी धारणा का उपहास करता है। औरतों की तस्करी देश की सीमा पर अधिक होती है। तस्करी के इन रूपों में हिंसा, धमकी, छलकपट या ऋण बंधन द्वारा श्रम के शोषण के लिए औरतों की आवाजाही करना शामिल है। दूसरे अप्रवासियों तथा अल्पसंख्यक जातियों के बच्चे एवं 12 वर्ष से कम उम्र की लड़कियाँ विशेष तौर से असुरक्षित समूह के रूप में सामने आती हैं। प्रभाजी ने एशियाई समाज में वेश्यावृत्ति के लंबे इतिहास का जिक्र करते हुए एशियाई समाजों द्वारा लड़की को कम महत्त्व देने को माना।

दुनिया में सबसे खराब लैंगिक सूचकों में दक्षिण एशिया का नाम सर्वोपरि है। वे कहती हैं कि स्त्रियों की दो ही श्रेणियाँ हैं अच्छी स्त्री यानि ब्याहता, बुरी अर्थात् वेश्या। पाकिस्तान, बांग्लादेश तथा अन्य उदाहरण देकर लेखिका ने बाल-विवाह के महत्व पर प्रकाश डाला है। बाल-विवाह करने से बलात्कारी से बचा जा सकता है क्योंकि प्रायः कम उम्र की लड़कियों पर ही सर्वाधिक बलात्कार होते हैं।

एक नया प्रश्न उठाते हुए प्रभाजी हमें चौंकाती हैं कि हमें औरतों से पूछना चाहिए कि — 'तुमने वेश्या का पेशा क्यों नहीं चुना ?'

1953 में एशिया में वेश्यावृत्ति कम थी। थी भी तो मात्र बंदरगाहों में केंद्रित थी। वियतनाम युद्ध के बाद पूर्वी और दक्षिण पूर्वी एशिया में भौगोलिक, राजनीतिक अस्थिरता में बहुतेरे सैनिक केंद्र स्थापित किये गए इन सैनिकों का दिल बहलाने के लिए पर्सी-बार ग्रुप में वेश्यालय खोले गये।

Rest and Recreation आधारित यह यौन उद्योग वियतनाम युद्ध के बाद खत्म नहीं हो गया। बाद में वहाँ की सरकारों ने इसका उपयोग पर्यटन उद्योग में किया। इस प्रकार यौन मनोरंजन को एक बृहद उद्योग में तब्दील कर दिया गया।

एशियाई पुरुष ही सबसे बड़े खरीददार हैं। प्रभाजी ने वेश्याओं के ग्राहकों का

विस्तृत अध्ययन कर यह साबित करने की चेष्टा की है कि वेश्याओं के कुछ ग्राहक सर्वश्रेष्ठ ग्राहक प्रवासी श्रमिक होते हैं। अविवाहित पुरुष तथा भ्रष्ट पुलिस, राजनेता, नौकरशाही इस देह व्यापार को चोरी छुपे सहायता और संरक्षण प्रदान करते हैं। बदले में उपहार, रिश्वत, राजनीतिक समर्थन प्राप्त करते हैं। इनके कुछ चकलाघरों के छद्म मालिक होते हैं, पुलिस इन्हें नहीं पकड़ती।

वेश्याओं को चार वर्गों में प्रभाजी ने बाँटा है :

(1) वंशानुगत (2) धर्म-परंपरा के तहत बनी (3) सामाजिक परिस्थिति की शिकार बहला-फुसलाकर लाई गई (4) विकृतियों की शिकार महिलाएँ।

ज्यादातर एशियाई वेश्याएँ समाज के आर्थिक, राजनीतिक और सामाजिक रूप से पिछड़े और वंचित तबके से ही आती हैं। कुछ लोगों का मानना है कि देह व्यापार पश्चिमी समाज की विकृति है और एशियाई समाज में नैतिकता के उच्च मानकों का पालन किया जाता है। इसके प्रति उत्तर में पश्चिमी लोगों का कहना है कि एशियाई व्यवस्था में पारिवारिक मूल्यों पर पुरुषों का स्वामित्व रहता है। दूसरा अर्थ यह है कि परिवार मिल-जुलकर रह रहा है। पत्नी लाख अत्याचारों के बाद भी पति से तलाक नहीं लेती। अधिकांश एशियाई पुरुष पत्नी के प्रति सेक्स संबंधों में निष्ठावान होने को महत्त्व नहीं देते। पुरुष जीवन में वैवाहिक सेक्स और विवाहेतर सेक्स दो नितांत पृथक् पहलू हैं। सेक्स मनोरंजन है जिसका लुत्फ बाहर जाकर उठाया जा सकता है।

एशियाई समाज में पत्नियाँ इसे नजरअंदाज कर देती हैं। एक तो आर्थिक रूप से वे पुरुष पर निर्भर करती हैं और अधिकांश महिलाओं के विचार में सेक्स संबंध ही विवाह नहीं है। वे उसे संस्कार मानती हैं और धूर्त पुरुष इसका फायदा उठाते हैं। प्रभाजी ने एशियाई देशों में बिखरी पड़ी सेक्स व्यापार की नींव के सामाजिक आधारों की चर्चा की। चीन, मलाया, सिंगापुर, थाईलैंड, जापान में यौन सेवाएँ प्रदान करनेवाली को 'करायु की शान' कहा जाता है। इंडोनेशिया, बर्मा की स्त्रियाँ सस्ती तथा प्रचुर मात्रा में हैं। म्याँमार तो सेक्स इंडस्ट्री ही है। भविष्य में थाईलैंड सेक्स को मुख्य व्यापार के रूप में विकसित करने के हथकंडे अपना रहा है। कंगाल कंबोडिया में लड़की सस्ते में खरीदी जा सकती है। कुँवारी कन्याओं के रेट 20-25 हजार हैं लेकिन 2 महीने बाद ही उसकी कीमत बियर की 1 बोतल के बराबर हो जाती है। विस्तृत अध्ययन से प्रभाजी ने एशिया के तमाम राष्ट्रों की वेश्याओं की स्थिति उनकी उम्र रेट एवं देह व्यापार के स्थानों का जिक्र विस्तार से किया है। इसके साथ ही बाल वेश्यावृत्ति की समस्या को भी उठाया है। ग्राहकों का झुकाव बाल वेश्याओं की ओर इसलिए हो रहा है क्योंकि वे मानते हैं कि बालिका वेश्या से संसर्ग करने पर वे एड्स मुक्त रह सकेंगे।

वेश्यावृत्ति के कारणों की पड़ताल करते हुए लेखिका ने यह बतलाने की चेष्टा की है कि प्रथम विश्वयुद्ध के बाद एशिया में देह व्यापार की नींव पड़ी। विश्वयुद्ध की समाप्ति के बाद पूर्वी और दक्षिणी पूर्वी एशिया आर्थिक रूप से संपन्न हो गये।

सेक्स खरीदने लगे। वेश्यावृत्ति की दूसरी वजह सैन्य शक्ति का विस्तार है।

19वीं सदी के प्रारंभ में एशियाई देशों में आधुनिक प्रकार की सेनाओं का गठन प्रारंभ किया। और सैनिकों एवं अधिकारियों की सेवा के लिए वेश्याओं की दरकार थी। सैन्य अड्डों के कँटीली बाड़ के आस-पास देह व्यापार शुरू हुआ एवं फला-फूला। जहाँ-जहाँ छाबनियाँ थीं, वहाँ-वहाँ वेश्यावृत्ति के अड्डे पनप रहे थे। वस्तुतः एशिया में देह व्यापार का स्वरूप ग्लेशियर की तरह है यानि एक चौथाई दिखाई देता है और तीन चौथाई गायब रहता है। यह एशिया के पश्चिम में ज्यादा फैला हुआ है।

वेश्यावृत्ति के लिए दुनिया भर में औरतों की खरीद फरोख्त होती है। तब हम केवल एशिया की बात क्यों कर रहे हैं।

सोवियत संघ पूर्वी योरोप या लैटिन अमेरिका सभी जगह यौनिक दासता है लेकिन एशिया की विशेषता है। क्रूरता और नैतिकता का ढोंग। एशिया में देह-व्यापार में औरत की शुरुआत तेरह से सोलह साल है। राष्ट्र इन वेश्याओं के कारण विकास कर रहा है।

कहाँ नहीं हैं यौन घाटियाँ, ताइवान, फिलीपीन्स, थाईलैंड, वियतनाम, श्रीलंका, कलकत्ता, गोवा, केन्या, रूस, क्यूबा, ब्राजील तक। जिस प्रकार अन्य प्रमुख बहुराष्ट्रीय उद्योग व्यवस्था भूमंडलीय पूँजीवाद के अंतर्गत पनपती है उसी तरह यौन उद्योग के मुख्य खिलाड़ी और सुविधाभोगी का आपसी संजाल दुनिया के कोने-कोने तक फैला है। इन्हें राजनीतिक, पुलिस उच्चाधिकारियों, नौकरशाही आदि अन्य श्रेष्ठजनों का संरक्षण प्राप्त है। वेश्यावृत्ति एक नयी विकसित रणनीति है। आज यह केवल गरीब स्त्रियों की रोजी-रोटी से संबंधित नहीं बल्कि इसके आधार पर राष्ट्र अपना विकास कर रहा है। पर्यटन उद्योग के माध्यम से या परोक्ष या अपरोक्ष रूप से यौन-उद्योग को बढ़ावा देकर विकासशील देशों की विदेशी मुद्रा की आय होती है। विश्व बैंक और अंतरराष्ट्रीय मुद्रा कोष भी एशिया, लैटिन अमेरिका, अफ्रीका के देशों में पर्यटन उद्योग को बढ़ावा देने को प्रोत्साहित करता है। यौन-उद्योग बिना किसी अपवाद के इनके साथ जुड़ा है। यौनकर्मियों का गंतव्य स्थल है। इनका प्रमुख केंद्र है। थाईलैंड के पहाड़ी आदिवासी स्त्रियों को माल के रूप में देखते हैं। ये वे लड़कियाँ हैं जिन्हें विकास प्रक्रिया ने मुश्किल से छुआ था। ये जातीय, राजनीतिक, आर्थिक रूप से थाई समाज के हाशिये पर हैं।

भूमंडलीकरण स्त्री के पक्ष में नहीं, ऐसा नहीं है। यह यौन-पर्यटन, यौन-मनोरंजन की आड़ में अधिक से अधिक यौन उद्योग को राष्ट्रीय और अंतरराष्ट्रीय स्तर पर वैधता प्रदान करने की वकालत करता है। आधुनिक यौन उद्योग से तीसरी दुनिया की स्त्री की देह विशेष रूप से जुड़ी हुई है। ये स्त्रियाँ और नाबालिग लड़कियाँ वास्तव में उदारीकरण के दौर में ढाँचागत समायोजन नीति के कारण क्रमशः एक नए संसाधन के रूप में परिभाषित हो रही हैं। निर्यात और विदेशी मुद्रा कमाने का यह सबसे प्रमुख संसाधन है। यह नगद फसल की तरह प्रयुक्त होते हैं। तीसरी दुनिया की देह देखने

में जितनी सुंदर है उतनी ही सेवा में मनोहारी। परिणामस्वरूप औपनिवेशिक काल से आज तक स्त्री और बच्चों को कच्चे माल के रूप में देखा जाता है।

भूमंडलीकरण से समृद्धि बढ़ती है। मगर समान स्तर पर विकास नहीं होता। जो लोग नयी तकनीकी नहीं अपना पाते वे बेकारी से ग्रस्त हो जाते हैं। नवद्ररिदीकरण के दौर में पूँजी के नाम पर इनके पास अपनी देह के अलावा कुछ नहीं बचता। तब देह का निवेश यौन-उद्योग में होने लगता है। 9-30 वर्ष की लड़कियों की इस उद्योग में अच्छी माँग है।

ऐतिहासिक रूप से समकालीन समाज में तरह-तरह के सामाजिक संबंधों के तहत स्त्री के प्रजननकारी श्रम का नियोजन अधिक हुआ है। सामंती युग में सामंत वर्ग द्वारा यौन शोषण या फिर धाय की भूमिका में स्त्री की नियुक्ति एक आम घटना थी। आज सारोगेट मातृत्व यानी कोख को उधार देना संभव है। भाड़े पर स्त्री का गर्भ उपलब्ध है। अनाथालय से लेकर गैरसरकारी संगठन सस्ते श्रम के लिए स्त्रियों एवं बच्चों को उपलब्ध करवाते हैं। असल मुद्दा है श्रम की पहचान और दी जाने वाली कीमत। वेश्या भी स्त्री है उसके काम का सामाजिक महत्त्व है। मगर समाज उसके श्रम को कलंकित करता है।

वियतनाम युद्ध के दौरान अमेरिकी सरकार वहाँ की स्थानीय औरतों की देह खरीदती थी ताकि अमेरिकी लड़के इससे खुश रहें। आज उद्देश्य है कि कॉरपोरेट श्रम की ताकत के तनाव को प्रथमित किया जाए ताकि वह आज्ञाकारी बातें और अर्थव्यवस्था को आगे बढ़ाने में मदद करे। यहाँ यह याद रखना होगा कि तीसरी दुनिया की स्त्रियों का यौन श्रम न केवल मनोरंजन उद्योग के लाभ का महत्त्वपूर्ण पक्ष है बल्कि यह भूमंडलीय अर्थव्यवस्था को भी बनाए रखता है और भूमंडलीय अर्थव्यवस्था के संचालन में मदद करता है। एशियाई स्त्री की खासियत है कि वह पश्चिमी स्त्री की तुलना में ज्यादा हँसमुख, सेवा परायण, कम माँग रखनेवाली एक प्रकार से बालिका वधू का रूपांतरण है, जो जानती है कि पुरुष को कैसे खुश रखा जाता है। तीसरी दुनिया को नये उपभोक्ता बाजार में सस्ते श्रम के संसाधन के रूप में इन स्त्रियों का इस्तेमाल किया जाता है। इनके जातीय गुण और शारीरिक बनावट को व्यवस्थात्मक रूप से अलग कर सिंथेटिक ढाँचे में बदल दिया जाता है। न केवल उसमें आकर्षण बल्कि मोहकता को कृत्रिम तरीके से निर्मित किया जाता है। भूमंडलीकृत यौन उद्योग वास्तव में स्त्री और जातिवादी संस्कृति के स्टीरियो टाइप की संरचना पर आधारित है। साथ ही पितृसत्तात्मक नीति के तहत इस उद्योग में नियुक्त स्त्रियों का आपस में बहनापा बढ़ने नहीं दिया जाता है। औरतों को एक-दूसरे से लड़ना-झगड़ना और जलना-कुढ़ना सिखाया जाता है।

कुल मिलाकर वेश्यावृत्ति का मुद्दा जटिल है। वेश्यावृत्ति को श्रम की संज्ञा देकर यौनकर्मियों को वैधता प्रदान करने के मुद्दे पर लेखिका ने विस्तार से कई दलीलें दी हैं। मसलन बहुतेरी स्त्रियाँ हैं जो स्वयं को उत्पीड़ित नहीं पातीं। यदि इन यौनकर्मियों

को पहचान दी गयी तो इनके शोषण और दमन को हमने सही मान लिया। हाँ, यह सच है कि यौन उद्योग के विभिन्न स्तरों में ट्रेफिकिंग, बाध्यकारी श्रम, मारपीट, हिंसा, छलावा आदि घटनाएँ मौजूद हैं। जो कि उचित नहीं। इसे मानव अधिकार का हनन कहा जाएगा। मानवाधिकार के पक्षधरों का कहना है कि नागरिक समाज में इन स्त्रियों की भी श्रमिक वर्ग के रूप में पहचान स्थापित होना आवश्यक है। ऐसा तभी संभव है जब स्थापित कानून के अंतर्गत इनके श्रम को रखा जाए और इनकी इच्छा के विरुद्ध इन्हें इस पेशे को अपनाने के लिए बाध्य न किया जाए। प्रभाजी ने एक सवाल उठाया - – यौन कर्म की बाध्यता से आखिर इन औरतों के किस मानवीय पक्ष का हनन हो रहा है ? एक उदाहरण देकर उन्होंने इसकी पुष्टि की। एक ग्रामीण बाला अपने परिवार में एक वक्त की रोटी को तरसती थी। गाँव में एक औरत थी जो भारत में काम करती थी और हर माह अपने घर पैसा भेजती थी। वह ग्रामीण बाला उस महिला के साथ आकर वही काम करना चाहती है जिसमें स्वयं के साथ-साथ वह अपने घरवालों का पेट भी भर सके।

अब बताइये पीड़ित कौन है ? वेश्यावृत्ति के रूप में मान्यता दिलानेवाले गुटों के अनुसार, सेक्स वर्कर को भी पीड़ितों के रूप में अंकित करने की उनकी इमेज असहाय सहज तथा मुक्ति की आवश्यकताओं के जरूरतमंदों के रूप में उभरती है।

यह सर्वमान्य है कि सभी राष्ट्र औरतों और लड़कियों की खरीद-फरोख्त को रोकना अपने कर्तव्य में शामिल करते हैं। इसी प्रकार का 1981 में लागू सीडा (द कन्वेशन ऑन द एलिमिनेशन ऑफ फारम्स ऑफ डिसक्रिमिनेशन अंगेस्ट वुमैन) अन्य प्रावधानों के साथ महिलाओं की सभी प्रकार की खरीद-फरोख्त तथा वेश्यावृत्ति में उनके शोषण को समाप्त करने की माँग करते हैं।

इस संधि पर अनेक राष्ट्रों ने हस्ताक्षर किये हैं लेकिन कागजों पर ये संधियाँ बड़ी प्रेरणादायक लगती हैं। परंतु इन्हें जन समर्थन प्राप्त नहीं है। मानव तस्करी पर कई वर्कशॉप सेमिनार हो चुके लेकिन दो-चार वेश्याओं के विरोध से समृद्ध एवं शक्ति संपन्न पुरुषों पर कोई प्रभाव नहीं पड़ता।

वेश्याओं के संगठन तथा नारीवादी आंदोलन से जुड़कर इस अहम सवाल को सुलझाना होगा।

भूमंडलीय समाज में सेक्स खरीदना और आसान हो गया है और उन लोगों का विशेषकर औरतों तथा बच्चों और कभी-कभी पुरुषों का मूल्यांकन उनकी यौन क्रियाओं के आधार पर ही किया जाता है। सेंटर ऑफ कन्सर्न फॉर चाइल्ड लेबर से जुड़ी एक महिला का कहना है कि वेश्यावृत्ति को कानूनी मान्यता देना स्थिति को और खराब कर देगा क्योंकि यहाँ परिवारों तथा पुरुषों को लड़कियाँ या औरतों का वैधानिक रूप से शोषण तथा दुरुपयोग करने का एक प्रकार से लाइसेंस दे देगा।

भूमंडलीकरण तथा आर्थिक उदारीकरण की अनिवार्य बाध्यताओं ने समूचे विश्व

में गरीब लड़कियों को देह व्यापार में धकेला है। एशिया में बड़े भागों में असंयमित पूँजीवाद प्रकट हो रहा है। जो कमजोरों और हाशिए पर जी रहे समुदायों से कोई मुरव्वत नहीं बरतता।

परंपरागत एशिया समाज अपने यहाँ के गरीब तबके का क्रयबद्ध शोषण करता आ रहा है। वह भूमंडलीय पूँजीवाद को एक नयी ताकत प्रदान करता है। भारत में वेश्याओं की बड़ी संख्या दलित अथवा अछूत वर्ग से है, ये औरतें शोषण में तीन गुना मार से पीड़ित हैं। वे गरीब हैं। दलित हैं और स्त्री हैं। कुछ के लिए इन तीनों का संगम विध्वंसक भी हो सकता है।

प्रभाजी ने इस अध्याय के अंत में यह स्पष्ट किया कि हमें यह नहीं मान लेना चाहिए कि वेश्यावृत्ति सिर्फ निर्धनता के कारण है। यह वह व्यवसाय है जिसकी नींव स्त्री-पुरुष, अमीर-गरीब तथा समाज में दबे एवं शोषित व विशिष्ट वर्ग के बीच शक्ति में विकृत संबंधों पर टिकी है। मूल प्रश्न है मानवीय गरिमा और सम्मान का, एवं सभी के लिए यह चिंता का विषय होना चाहिए कि क्या स्त्री की पहचान उसकी योनि पर चिपकी कीमत से होती है?

4. घुमड़ते हुए बादल

भूमंडलीकृत संस्कृति के व्यापक और अनावश्यक फैलाव से पितृसत्तावाद को एक अनपेक्षित चुनौती मिली है। भूमंडलीकरण अंत:संबंधों से जहाँ व्यक्ति और अनुभव तेजी से एक-दूसरे में गुँथ गए हैं। नारीवादी आंदोलन की गूँज भी दुनिया के हर कोने में सुनाई दे रही है। इतर लिंगी यौन व्यवस्था को दी जानेवाली चुनौती नारीवादी आंदोलन का सबसे शक्तिशाली परिवर्तनकारी हस्तक्षेप है। इसमें समलिंगी स्त्रियों के यौन संबंध को वैधता मिलती है। स्त्री यह कह पाती है कि समाज में व्याप्त अधिकतर बुराइयों की जड़ पुरुष का यह आधिपत्यवादी रवैया ही है। दूसरी ओर समलिंगी पुरुष भी पारंपरिक परिवार को संदेह से देखता है। बिना किसी संस्थागत दावेदारी के हर प्रकार की यौन-मुक्ति की माँग कम से कम प्रेम और यौनिकता के क्षेत्र में एक नई क्रांति समझी जानी चाहिए। 1995 में संयुक्त राष्ट्र संघ के वुमन्स फोरम में तथा 1995 की पेइचिंग कानफ्रेंस में पारंपरिक स्त्री वर्ग एवं उत्तर-आधुनिक तथा भूमंडलीकरण की समर्थक नारीवादी स्त्रियों में यह विभाजन और स्पष्ट होकर उभरा। रोमन कैथोलिक और इस्लाम के अनुयायियों ने नारीवाद का विरोध किया।

प्रभाजी कहती हैं हर स्त्री अपनी पारंपरिक पहचान का विखंडन कर नयी पहचान को स्थापित करना चाहती है। सांस्कृतिक नारीवाद स्त्री समुदाय की चेतना के स्तर को बढ़ाता है तथा उसके व्यक्तित्व को पुन: निर्मित करता है। सारतत्ववादी नारीवादी स्त्री की विशिष्टता को व्यक्त करते हुए उसकी स्वायत्तता और श्रेष्ठता को स्थापित करता है। समलिंगी नारीवाद इतरलिंगी व्यवस्था में यौन विभाजन को खारिज करता है। कुल

मिलाकर सभी नारीवादी पितृसत्तात्मक समाज द्वारा स्त्री-पुरुष के द्वैत का खंडन करते हैं तथा बहुलतावादी पहचान निर्मित करते हैं। यह पहचान स्वायत्त अस्तित्व द्वारा जीवित अनुभवों की लहर संचालित करती है।

लेस्बियन तथा गे आंदोलन के संबंधों की चर्चा करते हुए प्रभाजी का मानना है कि यह यौन व्यवस्था आदिकाल से चली आ रही है। इससे जुड़े स्त्री-पुरुष अपनी अलग पहचान की माँग करते हैं।

लेस्बियन आंदोलन की सबसे महत्त्वपूर्ण घटना है ताइपेई में किया गया आंदोलन। यहाँ का नारीवादी आंदोलन 1972 में प्रमुख बौद्धिक शिव लीएन वू के नेतृत्व में शुरू हुआ। उसने स्त्री की पारंपरिक भूमिकाओं पर कुछ सवाल उठाए। क्रमशः सशक्त होते हुए इस आंदोलन की प्रमुख घटना है लेस्बियन बहस को शामिल किया जाना। ताईपेई में आंद्रेरीच, गैल रूबीन तथा आंद्रे लार्डास जैसे लेस्बियन सिद्धांतकारों का चीनी में अनुवाद किया गया। स्त्रीकात्मता को एक चीनी शक्ति के रूप में पहचान मिली तथा नब्बे के दशक में ताईवान के पहले लेस्बियन ग्रुप 'बिटवीन अस' की स्थापना हुई।

'हो' नामक नारीवादी विद्वान ने एक नया नारा खोज निकाला जिसका आशय था स्त्री को यौन-संतुष्टि की जरूरत है। यौन उत्पीड़न की नहीं। इस नारे ने लोगों को चौंकाया कुछ नारीवादी खेमों में यह बहस छिड़ गई कि नारीवाद स्त्री-पुरुष की समानता के साथ क्या सार्वजनिक जीवन में समलिंगी के यौन-मुक्ति के प्रसंग में आवाज उठाना चाहेगा ? क्योंकि पश्चिम का यौन मुक्ति का आंदोलन स्त्री के लिए हानिकारक ही हुआ है। पुरुषों को इससे ज्यादा आजादी मिली।

समलिंगी 'बिटवीन अस' बाओंअल्ल समूह गे पैट समुदाय प्रस्फुटित हुए। 1954 में जहाँ पूरे अमेरिका के 50 गे संगठन थे 1973 में आते-आते 800 से ऊपर संगठन हो गए। गे पुरुषों के लिए मुक्ति का कारक तत्त्व हुआ। समाज की नजर में आना और अपने आपको पुनः समाजीकृत करना। किंतु यह सब कैसे संभव हुआ ? ऐसी दुनिया में जहाँ इतरलिंगी व्यवस्था ने इतनी गहरी जड़ रखी हो सामूहिक स्तर पर प्रकाश में आना और नये समाज पर प्रकाश में आना और नये समाज की शुरुआत करना अपने आप में नये समाज का द्योतक है। 1971 में पहली बार कैलिफोर्निया के गे आंदोलन ने मानवीय अधिकारों की माँग की। इनके अपने व्यावसायिक घराने बने। प्रतिसंस्कृति के रूप में बार और क्लब निर्मित हुए और इनके अपने आवासीय क्षेत्रों का विकास हुआ। यह एक प्रकार का राजनीतिक प्रयास था। विशेषकर हार्वे स्मिथ जैसे ऐतिहासिक गे नेता जिन्हें समलैंगिकता के इल्जाम में जल सेना की नौकरी छोड़नी पड़ी थी। एक गे उम्मीदवार के रूप में चुनाव में खड़े हुए थे। एड्स के कलंक को मिटाने के लिए गे समुदाय ने एक सांस्कृतिक लड़ाई लड़ी। लोगों को एड्स की सही जानकारी दी।

नब्बे के दशक में गे समुदाय को प्रेम के सुरक्षित ढाँचे में सुरक्षित करना चाहा और उसके लिए माँग उठी। गे परिवारों की स्थायी सरकार से पार्टनरशिप के सर्टिफिकेट की माँग की ताकि सम्पत्ति को सुरक्षित रखा जा सके। कानूनी पहचान से पारिवारिक मूल्यों को बढ़ावा मिला और इससे प्रेम, साहचर्य और बच्चे के भरण-पोषण और इतरलिंगी तथा गैरपारंपरिक परिवारों को विकसित होने में सुविधा मिली। इस रूप में एक यौन अल्पसंख्यक संस्कृति का विकास हो रहा है।

पितृसत्ता का संकट : गे समुदाय ने कलंकीकरण से व्यक्ति को बचाकर एड्स की महामारी को रोककर यह बताया कि समाज अंधेरी सुरंगों से निकल पाया है और खुले उजाले में विभिन्नता के तहत अनुभवों पर नजर डाल रहा है। अतः इतरलिंगी आंदोलनों को दबाया नहीं जा सकता। इतिहास के इस दौर में जैविक आंदोलन, शोध और चिकित्सा तकनीक के कारण इतरलिंगी, यौनिकता, पितृसत्तावाद और प्रजाति का पुनरुत्पादन सभी एक संक्रमण के दौर से गुजर रहा है।

प्रजाति का नैरंतर्य तकनीक से संभव है। इसी भाँति, प्रेम, सौहार्द और साथ का मॉडल केवल स्त्री-पुरुष का संबंध नहीं दो पुरुष या दो स्त्री जोड़े के रूप में अपने परिवार का निर्माण कर सकते हैं। यह एक प्रमुख एवं मौलिक सांस्कृतिक विमर्श के रूप में उभरा है।

मानव अधिकार की यह माँग आदिकाल से चली आ रही है। मानव सभ्यता और इसके नाम पर होनेवाली दमन का पर्दाफाश करती है। सीमांत पर घुमड़ते हुए ये बादल पितृसत्तात्मक समाज के लिए आने वाले तूफन का संकेत दे रहे हैं। प्रमुख मुद्दा परिवार के खत्म होने का नहीं है। परिवार व्यवस्था कभी खत्म भी नहीं होगी क्योंकि जीने और होने के लिए एक आदमी दूसरे आदमी का साथ खोजेगा ही। अब व्यक्ति अधिनायकवादी परिवार व्यवस्था के बदले सहभागी जनतांत्रिक व्यवस्था पर आधारित परिवार की वकालत करेगा।

प्रभाजी ने अमेरिकी समाज में गे और लेस्बियन विवाह को जायज ठहराने की माँग की वकालत करते हुए 1960-1995 तक पारंपरिक विवाह और तलाक के प्रतिशत का ब्यौरा देते हुए यह बतलाने की चेष्टा की है कि बच्चों की देखरेख भी परिवारों में एक बड़ी समस्या है। समलिंगी अभिभावकों के साथ रहनेवाले बच्चों की संख्या 2000 तक 60 लाख हो गयी है। क्योंकि पारंपरिक परिवारों के बच्चों की परवरिश करीनी रिश्तेदार या पड़ोसी निभाते हैं। यदि स्त्री गरीब है तो वह अपने बच्चों की देख-रेख पर खर्च नहीं करेगी ऐसे में उपेक्षित बच्चे राज्य के अधीन हो जाते हैं।

अमेरिकी परिवार व्यवस्था का यह सृजनात्मक दौर उत्तर-औद्योगिक समाज की देन है। जिसमें उत्तर-औद्योगिक चुनौतियों का बोझ और सुविधाओं का सामना करने के लिए मानवीयता और लैंगिक संबंधों की नयी रूपरेखा प्रस्तुत की जा रही है।

परिवार के ये नये तरीके हैं। पर इस नयी व्यवस्था के कुछ तत्त्व हैं, विशेषता

हैं। जिन पर ध्यान दिया जाना चाहिए। **प्रथम तो यह** कि परिवार एक-दूसरे के सहारे पर निर्भर करते हैं। स्त्री केंद्रित परिवार है और ऐसे परिवार की पूरी जीवन यात्रा में पार्टनर तथा परिवार के पैटर्न बदलते रहते हैं। सहारे भी नेटवर्क परिवार के अन्य सदस्य बनाते हैं। खासकर बच्चों की देख-रेख का सवाल है। निकटवर्ती स्त्रियाँ यानि माँ, बहन, सखि इन अकेली स्त्रियों को बच्चे पालने में मदद करती हैं। बल्कि पुरुष केंद्रित परिवार ही संक्रांति काल से गुजर रहा है। इसका कारण यौन जीवन के बदलते हुए अनुभव हैं। दूसरे गृहस्थी की प्रक्रिया जटिल हुई है। परिवार की व्यवस्था बदली है। जिससे भूमिकाओं को वितरण और जिम्मेदारी को पारंपरिक रूप से निभाना संभव नहीं है। परिवार के सदस्यों में आपस में समझौतापरस्ती का रुख अपनाना पड़ता है।

संकट में परिवार — सोडोरो का सिद्धांत : यह सत्य है कि परिवार संकट में है लेकिन खत्म नहीं होगा। सोडोरो का कथन है स्त्री माँ बनती है अतः उनके भरण-पोषण के साथ वह अपनी कन्या में मातृत्व की आकांक्षा को भी जन्म देती है। इसके विपरीत पुत्र के साथ माता का रिश्ता तो है लेकिन पुत्र में भरण-पोषण की आकांक्षा का व्यवस्थात्मक तरीके से दमन किया जाता है। इससे पुरुष सार्वजनिक जीवन में परिवार के बाहर निर्वैयक्तिक संबंधों को बनाता है तथा झेलता है। इससे लड़के-लड़की की मानसिक क्षमता में भेद होता है। जो क्रमशः पारिवारिक और यौन जीवन के भेदभाव को स्थापित करता है। स्त्री के मन में दूसरी स्त्री के प्रति भावनात्मक लगाव शुरू से विद्यमान है अतः पुरुष पर उसकी निर्भरता है। किंतु वह अपनी जरूरतों को अन्य महत्त्वपूर्ण रिश्तों के माध्यम से जी लेती है। स्त्री के प्रेम जीवन में त्रिकोण हमेशा रहेगा। यह निरूप बिंदु उसकी संतान हो सकती है या परिवार का कोई अन्य सदस्य या दोस्त। सोडोरो के ऊपर समलिंगी नारीवादियों ने काफी आक्रमण किया है। सोडोरो का कहना है कि स्त्री-पुरुष के प्रेम को कोई एक रूपीकरण संभव नहीं जितने तरह के स्त्री-पुरुष हैं उतनी तरह के प्रेम में रूप भी। समकालीन समाज में परिवार के भरण-पोषण में स्त्रियों का अवदान भी है।

जहाँ तक भावनात्मक सुरक्षा और सहारे की जरूरत है पहले से ही वह दोयम दर्जे पर है और समकालीन युग में जहाँ स्त्रियों के आपसी सहारे का संजाल बढ़ता जा रहा है, वहाँ कामना की वस्तु के रूप में भी पुरुष की भूमिका कमजोर पड़ी है। अतः पितृसत्तावाद की संक्रांति के साथ यदि सोडोरो के उदाहरण के संदर्भ में हम पाते हैं कि परिवार में माँ बच्चों का ही संबंध आधारभूत संबंध है तो इसी से परिवार बनते जा रहे हैं। इससे पुरुष की भूमिका अतिथि की तरह रह जाती है।

भूमंडलीय समाज में चूँकि स्त्री की बड़े पैमाने पर बाह्य जगत में श्रम के क्षेत्र में पूछ है आर्थिक रूप से वह आत्मनिर्भर है। अतः परिवार को सँभालने में उसे पुरुष की जरूरत कम महसूस होती है। पुरुष अब भी अपनी कामना की वस्तु के रूप में स्त्री को खोज रहा है। परिणामस्वरूप कुछ तथ्य उभर कर आये हैं। उपभोक्ता

आत्मग्रस्तता के कारण पुरुष अकेले जी नहीं पाता और अकेले पुरुष की आयु घटती है। आत्महत्या की प्रवृत्ति बढ़ती है। तब क्या गे पुरुष को पुरुष से सहायता मिलती है ?

अधिकतर पुरुष पारंपरिक परिवार चाहेंगे किंतु तब उन्हें बच्चे के भरण-पोषण को भी सीखना होगा। जब तक पुरुष माँ की भूमिका नहीं अपनाएगा तब तक परिवार में परिवर्तन नहीं होगा।

भूमंडलीकृत स्त्री : यौनानंद की माँग : भूमंडलीकरण के दौर में विवाह से यौनिकता विछिन्न हो गई है। स्त्री की यौनिकता और स्त्री पुरुष की समलैंगिकता के कारण क्रमशः परिवार और कामना में दूरी आई है। इससे यौन-मुक्ति घटी नहीं। बल्कि विवाहेतर संबंधों की संख्या दिन पर दिन बढ़ रही है। इसे भोगवादी यौनिकता कहा जाएगा।

सुख आनंद के लिए किया जाने वाला सेक्स, मनोरंजन के लिए किया जानेवाला सेक्स, मुक्तिकारी सेक्स, एक नयी अवधारणा उभरकर आई है। गिन्डेस ने इसे 'दी प्लास्टिक सेक्सूलिटी' कहा है। स्त्री आज उपभोक्ता संस्कृति की शिकार है। अतः सेक्स को भी वह भोगना चाहती है। इस संदर्भ में वह प्रयोगधर्मी है। यौन-मुक्ति की माँग एक तरह से पुरुष की भाँति स्त्री को भी इतना भोगवादी बना देती है कि स्त्री-पुरुष दोनों एक-दूसरे का उपयोग करने लगते हैं। एक-दूसरे को मिटा देना ही भोग की यह स्वाभाविक परिणति है। जबकि प्रेम निर्माणकर्ता है भोग नहीं।

व्यक्तिकरण के बढ़ते हुए दौर में संस्थाओं के बदले स्त्री आज अपनी व्यक्तिगत जरूरतों को अधिक महत्त्व दे रही है। अतः यौनिकता स्त्री की एक जरूरत है। जिसे परिवार की संस्था के भीतर अलग से वह स्थान देना चाहती है।

जैविक पुनरुत्थान में आये हुए तकनीकी बदलाव में व्यक्ति के सामाजिक प्रजाति के पुनरुत्थान को अलग कर दिया है। टेस्ट ट्यूब बेबी, शुक्राणु बैंक, कृत्रिम गर्भाधान, सेरोगेट माँ, आनुवांशिक बच्चे ने समाज में नये सामाजिक प्रयोगों का एक विशाल क्षेत्र खोल दिया है। जो अब तक नियंत्रित और दमित थे।

इसने नैतिक और कानूनी आधार को हिलाकर रख दिया है। चूँकि स्त्री के लिए उसकी यौनिकता और परिवार दोनों महत्त्वपूर्ण निर्धारक तत्त्व हैं। अतः इसमें आया हुआ बदलाव स्त्री के नये रूप की ओर इशारा करता है। स्त्री की भूमिकाओं की पुनः परिभाषा भूमंडलीय समाज की सबसे बड़ी जरूरत है। आदमी की चाहत उसकी इच्छा आकांक्षा को सही स्पेस देने को समाज बाध्य है। अब तक समाज वेश्यावृत्ति तथा समलिंगी संबंधों को अनदेखा करता था मगर स्त्री पितृसत्तात्मक परिवार को चुनौती दे रही है। इसके मूल्यों के प्रति इसकी जवाबदेही नहीं रख रही है। सवाल उठता है कि परिवार की स्त्री जीवन में कोई भूमिका बचेगी ? भविष्य देखेगा ज्यादा मुक्त होती हुई स्त्री को ज्यादा सूचना लिए हुए बच्चों को और असुरक्षित पुरुषों को शाश्वत और

देवी लगनेवाले मूल्य भूमंडलीकरण के दौर में अपना आखिरी पड़ाव भी खो रहे हैं। इससे कोई वैकल्पिक व्यवस्था का जन्म नहीं हो रहा ऐसा भी नहीं कि स्त्री समाज कोई नये मूल्य सामने रख पा रहे हों। कमजोर पड़ते हुए राज्य की कल्याणकारी भूमिका ऐसे में क्या सहारा दे पाएगी ?

5. भोग और भोगा जाना

भूमंडलीकरण की प्रक्रिया एक ओर अपने में भिन्नताओं को समाविष्ट करती है तो दूसरी ओर पहचान के आग्रह में ये भिन्नताएँ और भी अधिक मुखर होती हैं। इससे राष्ट्र और राष्ट्र को जोड़नेवाली कड़ी कमजोर पड़ती है। संचार क्रांति के कारण सांस्कृतिक गतिविधियाँ और अधिक बढ़ती हैं। इससे दो बातें स्पष्ट होती है – एक तो अनुकृति की प्रवृत्ति जिससे नकल की संस्कृति को बढ़ावा मिलता है दूसरे इस नकल से आतंकित होकर प्रामाणिकता की खोज में व्यक्ति का अपनी जड़ों में लौटने का प्रयास जिससे देशज संस्कृति का महत्त्व बढ़ता है। धर्म और जाति के आधार पर किये जाने वाले रेडिकल आंदोलन इतिहास में अपने मूल स्रोत को पुनः खोज निकालने की चेष्टा ही तो है। वर्तमान में अतीत के विरोधाभासी रूप से घुलमिल जाने के कारण एक जातीय तथा ऐतिहासिक डिजनीलैंड निर्मित होता है।

पाश्चात्य संस्कृति, नव साम्राज्यवाद और कोकाकोलाकरण या फिर कोकाकोला का उपनिवेश आदि इस अमेरिकी संस्कृति के ही नाम हैं। मगर उपभोक्ता संस्कृति का अर्थ केवल भोग नहीं है, क्योंकि जनता ने तो हमेशा ही उपभोग किया है। औद्योगिक व्यवस्था के दौरान समाज में जो चीजें निर्मित हुईं उन्हें खरीदा बेचा गया और उनका उपभोग किया गया। अतः सवाल उठता है कि आखिर भूमंडलीकृत समाज में ऐसा अनोखा क्या घट गया, ऐसा कौन-सा विशिष्ट उपभोग है जो आज उपलब्ध है जो अतीत में नहीं था ? भूमंडलीय समाज में आज चीजों का उपभोग प्रतीकात्मक हो गया है, हो सकता है कि उस वस्तु का कोई भौतिक मूल्य न हो पर फिर भी प्रतीकात्मक स्तर पर उपभोक्ता के लिए वह बेशकीमती मायने रख सकता है। ब्रांड से निर्मित होता हुआ उपभोक्ता स्वयं एक ब्रांड बन जाता है। बेनेटन कपड़ों की बहुराष्ट्रीय कंपनी है इसकी शाखा-प्रशाखाएँ भूमंडलीय स्तर पर फैली हुई है। बेनेटन कंपनी कपड़ों में रंगों का दावा करती है, कंपनी के लिए यह संभव है। मुंबई के तट पर डूबते सूरज का रंग और अफ्रीका के तट पर सूर्यास्त रंगों के फर्क को बनाए रखना तथा उन्हें वस्त्रों में रूपायित करना, जर्मनी को जो लाल रंग पसंद आएगा चीन को वह लाल रंग शायद ही पसंद आए। कहने को वह लाल है मगर लाल रंग की सूक्ष्म से अति सूक्ष्म भिन्नता बेनेटन कंपनी निर्मित करने का दावा करती है। इसी तरह नाईक और रिबॉक या लेबाई जीन्स जैसे मानकीकृत पहनावे के साथ भूमंडलीय संस्कृति को जोड़ा जा रहा है। ब्रांड के माध्यम से आप अपना होना, अपना आवेग, अपनी विशिष्टता का निनाद कर सकते

हैं। बड़े ब्रांड भूमंडलीय स्तर पर प्रस्तावित होने लगे सांस्कृतिक उद्योग में ब्रांड ने एक महत्त्वपूर्ण पूँजी के रूप में प्रवेश किया। पहले मानवीय अनुसंधान और खोज से प्राप्त वस्तु का पेटेंट तो संभव था मगर प्राकृतिक वस्तुओं का पेटेंट संभव नहीं था, लेकिन आज झरने, पहाड़ की तलहटी से पानी लिया जा रहा है, उन्हें बोतल में भरकर संपत्ति के रूप में बाजारीकरण है। आज खरीदने और भोगने की वृत्ति बढ़ी है। सहारा इंडिया विज्ञापन देता है आप एम्बी वैली में अपना घर बनाइए शोर शराबे से दूर, प्रदूषण मुक्त वातावरण में रहिए। आप चाहते हैं आपके बच्चे स्कूल जाएँ आप स्थानीय संस्थाओं से सक्रिय होकर जुड़ना चाहते हैं, आप दिल्ली, मुंबई जाना चाहें तो आपको प्रदूषण मुक्त शटल बस उपलब्ध हो यानि कि आप वह हर चीज की कामना करते हैं, जो खुद अपने हाथों से कर सकें, भोग सकें। क्या हमारे देश में एम्बी वैली की योजना सफल हो सकेगी ? यह एक सपना नहीं है हकीकत है, इसे पूरा करने के लिए पैसे चाहिए। और पैसे कमाने के लिए उन तमाम शर्तों से गुजरना होगा जो उपभोक्तावाद के वर्चस्व को स्थापित करना चाहती हैं। यहाँ के मनोरम प्रदूषण मुक्त वातावरण की नींव में है भूमंडलीय संस्कृति की होड़ और प्रतियोगिता। आपका आसानी से एम्बी वैली का सपना साकार नहीं हो सकता।

आज गाँव में रहने वाला बच्चा अंकल चिप्स की माँग करता है। क्या हम इस उपभोक्तावादी ताकतों से लड़ नहीं सकते।

उपभोक्ता की अंतिम परिणति है – जिंसीकरण यानी वस्तुवाद। जीवन की वास्तविक जरूरतों को पूरा करना होगा और उसकी आपूर्ति करना ही सभ्य समाज का पहला उद्देश्य है। स्त्री उपभोक्ता किसी ब्रांड को इसलिए खरीदती है क्योंकि उसकी गुणवत्ता पर उसे ज्यादा भरोसा है। ब्रांड स्त्री को आश्वस्त करता है उसके भीतर कर्तव्य, जिम्मेदारी और कृतज्ञता की भावना पैदा करता है। उसके अहम् को सहलाता है, लैंगिक संबंधों पर उपभोक्ता संस्कृति का विशेष प्रभाव पड़ा है। स्त्री की अपनी माँग तथा दूसरे लोग उसे किस रूप में देखते हैं, यह सब निर्भर करता है उस स्त्री के पहनावे पर, उसके जूते, बैग, गहने, मकान और उसकी जीवन-शैली पर। उसकी पहचान का अर्थ है "हम कौन हैं ?" से नहीं बल्कि अर्थ हुआ सामाजिक संदर्भ में हम कहाँ स्थित हैं। यदि गुच्ची का पर्स डाला है, रीतूकुमार की सलवार कमीज डाली है तो क्षणों में उसकी पहचान विशिष्ट हो जाएगी। लिंग, चरित्र दृष्टिकोण, विचारधारा, सामाजिक हैसियत, जीवन जीने का तरीका सब कुछ ब्रांड पर आधारित है। कुल मिलकार ब्रांड स्त्री का चारण भाट है।

उपभोक्तावाद हर आदमी को अपने खिलाफ खड़ा कर रहा है। वजन घटाना, डायट के केंद्र, कमर पतली होनी चाहिए, कास्मेटिक सर्जरी, आँखों का स्थायी मेकअप, लाईपोस्कशन कोलोजन इंजेक्शन ताकि झुर्रियाँ न पड़ें कुछ ऐसे उदाहरण हैं जहाँ आदमी खुद एक उपभोक्ता वस्तु बन जाता है। स्त्रियाँ ऋण लेकर भी अपने शौक पूरा करना

चाहती हैं। स्त्री अपने आपको जीत नहीं सकती, अपनी इच्छाओं को नियंत्रित नहीं कर सकती। कम-से-कम ऐसे माहौल में जहाँ बाजार की राजनीति उसकी इच्छाओं पर सड़ाक-सड़ाक चाबुक मार रहा हो, और समझा रहा हो कि दुबला होना है, सुंदर दिखना है, सदा जवान दिखना है अतः चेहरे पर एक झुर्रियों के निशान से वह असहाय हो जाती है। भोगवादी दुनिया उसे आश्वस्त करती है कि वह चिर सुंदरी बनी रहेगी।

क्या इसे हम किसी मनोग्रंथि का नाम दें ? उपभोक्ता स्त्री का कहना है कि वह कल्पना करती है कि उसे इन सब चीजों की जरूरत है। लेकिन कल्पना क्यों करती है ? क्योंकि रात-दिन संचार माध्यम के द्वारा उसकी चेतना पर उपभोक्ता वस्तुओं की छाप पड़ती है। पहले कहा जाता था आवश्यकता आविष्कार की जननी है, लेकिन अब आविष्कार आवश्यकता की जननी हो गया है। और यही वह बिंदु है जहाँ से उपभोक्तावाद के प्रति आत्मसमर्पण शुरू हो गया है। खरीददारी एक प्रकार का भ्रम पैदा करती है कि पति-पत्नी साथ-साथ हैं, उनके जीवन में कुछ नया करने को है। अपने काम पर कितने पुरुषों को संतुष्टि मिलती है ? ऑफिस में दिन भर मेज पर बैठे कलम रगड़े, कंप्यूटर में आँकड़े भरने से कौन-सी सृजनात्मक उपलब्धि होगी ? यह जरा गौर करने की बात है कि संतुष्टि रिश्तों में मिलती है। वह रिश्ता चाहे स्त्री-पुरुष का हो या स्त्री-स्त्री के बीच, वह आपस के और बाजार के होड़ तथा प्रतियोगिता के वातावरण से मिलने से रहा। लेकिन समस्या यह है कि अधिकतर लोग इस पर ध्यान देना या सोचना नहीं चाहते। नारीवाद भी इस ओर ध्यान नहीं दे रहा है क्योंकि स्त्री-पुरुष के संबंध की जाँच-परख समाज के संदर्भ में होनी चाहिए और हमारा समाज हमारे सपनों को आज बाज़ार में बेच रहा है। माँ-बेटी दोनों जीम में कसरत करती हैं। इस प्रकार के प्रयास और मन के भीतर क्रमशः हारते जाने की भावना का संघर्ष स्त्री को और भी रुग्ण बनाकर छोड़ देता है।

भूमंडलीय संस्कृति का दावा है कि स्त्री को सदियों के दमन से छुटकारा मिल चुका है। आज की स्त्री शिक्षित और स्वतंत्र है। लेकिन स्त्री का मानस कितने छोटे-छोटे मुद्दों से जकड़ा हुआ है, इसका हम अंदाजा नहीं लगा सकते। प्रत्यक्ष में शायद हम इसे स्वीकारना न चाहें, किंतु ये सारे नगण्य मुद्दे हैं, इन पर अत्यधिक ध्यान देने का अर्थ हुआ अपने ही आत्मविश्वास को बौना करना। एक स्त्री कैसी दिख रही है, उसका चेहरा, उसके बाल, इसमें जरा-सी फेर-फार उसे परेशान करने के लिए काफी है। इन बातों के कारण उसके भीतर फलता हुआ अपराध-बोध, शर्म और अजनबीपन सभी मौजूद है। स्त्री ने जितने कानूनी और सांस्कृतिक बाधाओं को पार किया है, उतना ही अधिक वह उपभोक्ता संस्कृति की गुलाम भी हुई है। प्रभाजी का कहना है कि सफल सुंदर स्त्री के भीतर एक उपभोक्ता संस्कृति जड़ जमा चुकी है। नाओमी वुल्फ का कहना है कि "स्त्री को जैसे ही गृहस्थी से मुक्ति मिली तो सौंदर्य प्रसाधनों ने उसे जकड़ लिया।"[52]

आज परिवार, घर, और समुदाय की जगह बाजार ने ले ली है। खेल, मनोरंजन सभी का व्यवसायीकरण हो गया है। कुछ लोग घंटों टी.वी. पर क्रिकेट का खेल देखते रहते हैं। घर में आये मेहमान और वृद्धों की, बीमारों की उपेक्षा होती है। नाम चोम्स्की के अनुसार जितना पैसा इन खेलों पर बर्बाद होता है उतने में कोई पार्क, स्कूल या सामाजिक सेवा कार्य किया जा सकता है। जीवन में जब मूल्य नहीं बचते तब असामाजिकता की ओर झुकाव होना स्वाभाविक है। डेविड राइसमैन की पुस्तक 'दे लोनली क्राउड' में उपभोक्ता संस्कृति की विशद चर्चा की गई है। मानव अणु है। अनिवार्यतः एक प्रकार का अलगावित अणु है। प्रत्येक को झुंड में रहकर सुरक्षा का बोध होता है वह विचार, भावना और कर्म के स्तर पर दूसरे से भिन्न नहीं होना चाहता, लेकिन त्रासदी यह है कि झुंड में रहते हुए भी अकेला, असुरक्षित, चिंतातुर और अपराध बोध से ग्रसित है। चूँकि वह अपने आत्मघात से मुक्त नहीं हो सका। सही मायने में दूसरे से वह जुड़ नहीं पा रहा है। अतः निषेधक भावनाएँ उस पर हावी होती जाती हैं।

प्रभाजी बताती हैं कि संचार क्रांति का उद्देश्य है कि कैसे जनमानस का नियंत्रण किया जाए। व्यक्तिगत स्तर पर उन्हें संवेदनाशून्य किया जाय ताकि कारपोरेट उनकी जरूरतों का अपने लाभ के अनुसार नियमन और प्रबंधन करने में सक्षम हो। "हर्बट मार्क्यूज ने इसे ही मीडिया प्रभावी संस्कृति और नागरिकों के लिए एक खुशहाल संस्कृति शब्द का प्रयोग किया और नागरिकों को एक सुखद चेतना संपन्न नागरिक कहा।"[53] सुख की अनुभूति खुशहाली की चेतना आदमी को अपने आचरण के बारे में प्रगतिशील होने का भ्रम देती है। उपभोक्ता के रूप में संप्रभुता का भ्रम पालता है और कहने लगता है पैसा ही सब कुछ है। एरिक फ्राम के अनुसार यह एक तरह का अलगाव है, जो आदमी से आदमी के रिश्ते में भी पैठ गया है।

उपभोक्तावाद का स्त्री आंदोलन पर भी प्रभाव पड़ा है। इसका एक नया संस्करण निकला है, जो आज तीसरे दौर का नारीवाद होने का दावा कर रहा है। प्रभाजी के अनुसार, नारीवादी के नये लेबल का बाजार भाव गिरा हुआ है। इससे स्त्री-पुरुष दोनों को पूँजीवाद ने बाजार का दास बना रखा है। पूँजीवाद की इस चाल को समझना आसान नहीं है, किसी भी सामाजिक आंदोलन की चुनौती से निपटने के लिए दो तरह की रणनीति चाहिए। एक तो आप दुश्मन से पंगा मोल लें और दूसरा बेकार बहस में न पड़कर दोस्त बन जाएँ उसका महिमामंडन करें मगर साथ-साथ अपने मूल्यों को दुश्मन के जेहन में भरते जाएँ यानी जो काम दुश्मनी से हासिल न हो सके उसे दोस्त बनकर हासिल करो और अपनी इस छद्म दोस्ती को अगला व्यक्ति समझ भी न पाए। नारीवादी आंदोलन के प्रथम दौर में कुछ महिलाओं ने विद्रोह कर वृद्धों और बच्चों की जिम्मेदारी को उठाने से इनकार किया। पति की प्रतीक्षा कर उनकी अंकशायिनी बनने का विरोध भी मुखर हुआ। 1969 में रूढ़िवादी स्त्रियों को संबोधित करते हुए केट मिनोट ने रूढ़िवादी

स्त्रियों को समझाया कि "स्त्री को अपनी खामोशी तोड़नी होगी। आदिकाल से चले आ रहे अत्याचारों के बारे में अब दुनिया को बताना होगा और इस दौरान दूसरे दौर के नारीवादी चिंतकों ने स्त्री की हर भूमिका को चुनौती दे डाली।"[54] इसके अच्छे परिणाम भी हुए। पितृसत्ता को अपनी नीतियों में फेरबदल करना पड़ा। अब दुनिया को समझ में आ गया कि स्त्री अबला नहीं। लेकिन आज भूमंडलीकरण के दौर में स्त्री पुनः कुछ सवाल उठा रही है। इस बार केवल सत्ता से नहीं स्वयं अपने भीतर से दूसरे तौर के नारीवादी चिंतकों से अब नारीवाद कह रहा है कि हमने अपने भीतर की औरत को खोज निकाला है। हमारी पूर्वजों ने अपने औरतपन को नकारा था, उन्होंने जो हासिल किया वह ठीक मगर वे अपने प्रति उदासीन सी थीं। जिसका परिणाम था अकेलापन, उदासी, चिड़चिड़ापन। अपनी जिंदगी को उन्होंने जिया भोगा नहीं।

जेन स्माईल जैसी नारीवादी उपन्यासकार का कहना है कि मैंने हमेशा स्वयं को औरतोंवाले नाज नखरे से दूर रखा कभी मेकअप नहीं किया। लेकिन आज मुझे लगता है कि उपभोक्तावाद के प्रति मेरी यह सोच गलत है, मेरी पूर्वजों ने द्वित्व में सोचा वे विभाजन में जीती रहीं, उन्हें सुंदरता और बुद्धि, देह और मन, भीतरी तत्त्व और ऊपरी तत्त्व, पूँजीवाद और समाजवाद, घर-बाहर इसी में से किसी एक का चुनाव करना था। मगर मैं तो दोनों चाहती हूँ। यानी सुंदर भी दिखना चाहती हूँ और बुद्धिमान भी। मुझे दोनों की जरूरत है। इस भाँति अनेक नारीवादी स्त्रियों के जीवन में यही घटा वे मेकअप करने लगीं, पुरुष मित्रों को लेकर नारीवादी गोष्ठियों में जाने लगीं। यह नयी स्त्री उपभोक्तावादी विचारों की पक्षधर थी। दुनिया से कह रही थी न केवल पुरुष बदल रहे हैं, बल्कि औरतें भी बदल रही हैं।

प्रभाजी का कहना है कि नवनारीवाद ने परिवार, विवाह, महत्वाकांक्षा, सार्वजनिक जीवन में व्यक्तित्व की मोहकता के साथ-साथ बुद्धिमानी सभी कुछ हासिल कर दिखाया। नवनारीवाद के अनुसार परिवार कोई जेलखाना नहीं है। परिवार ही जीवन को अर्थमय बनाता है। प्रभाजी ने चेतावनी देते हुए स्त्री को समझाने की चेष्टा की है वह अधिक से अधिक कमाये लेकिन उपभोक्तावादी संस्कृति की गुलाम न बनें। प्रभाजी का व्यापारिक अनुभव बताता है कि आज प्रबंधन भी पुरुष की तुलना में स्त्री को नियुक्त करना पसंद करता है। क्योंकि श्रमिक संगठनों के आंदोलनों में स्त्री कभी सक्रिय नहीं होती, लचीली श्रम व्यवस्था को वह स्वीकार कर लेती है। स्त्री आज औरत जैसे काम भी कर लेती है और ऐसे भी जो औरत जैसे नहीं। फिर भी उसका व्यक्तित्व खंडित नहीं होता, उसमें दरार नहीं पड़ती लेकिन वह संतुष्ट नहीं है। सवाल उठता है कि संतुष्टि की खोज में आखिर वह किस हद तक जाना चाहेगी? इसका मानकीकरण कौन करेगा? प्रभाजी ने नारीवाद को संदेशा दिया है कि भूमंडलीकरण के इस दौर में आप कमाएँ और खर्च भी करें लेकिन अच्छे काम पर। इस धन से वृद्धाश्रम का एक कमरा बनवाकर, किसी अंधे का ऑपरेशन या इलाज करवाकर खर्च करें क्योंकि जिंदगी केवल उपभोग

नहीं, केवल बनाव श्रृंगार नहीं कुछ और भी है।

प्रभाजी के अनुसार नारीवाद का दुश्मन न तो पुरुष है न पितृसत्तात्मक सामाजिक व्यवस्था बल्कि नारीवाद का असल दुश्मन कारपोरेट पूँजी जिसको अब तक नारीवादी स्त्रियाँ सही परिप्रेक्ष्य में समझ नहीं पाई हैं।आखिर स्त्री कैसा भविष्य चाहती है ? प्रश्नों की इन कँटीली झाड़ियों के बीच समकालीन नारीवाद की बहस का केंद्रीय मुद्दा है– परिवार और कार्यक्षेत्र।

भूमंडलीकरण ने दो व्यक्तियों की आय पर निर्धारित परिवार को आदर्श रूप दिया है और स्त्री के मन में उपलब्धि का यह नया एहसास कि उसके पास परिवार और कार्य दोनों है। एक ऐसी परिस्थिति बनती है जो गृहस्थी और सामुदायिक जीवन दोनों का अवमूल्यन करती नजर आ रही है, जबकि आर्थिक सफलता के बदले जीवन में गुणवत्ता का होना जरूरी है। मगर जो संस्कृति बार-बार यह संदेश दे रही है कि स्त्री स्वयं को प्यार करे, स्वयं पर खर्च करें, और अपराधी भी महसूस न करे यह गलत होगा।

अंततः उपभोक्तावाद स्त्री को जीन्स में बदल देगा। अब यह तो स्त्री पर निर्भर करता है कि भविष्य में वह कैसा जीवन चाहती है। निष्क्रिय उपभोक्ता के रूप में या फिर सक्रिय सृजनशील व्यक्ति के रूप में ?

6. बहुलतावादी रणनीति चाहिए

इस अंतिम अध्याय में प्रभाजी ने भूमंडलीकरण के कारण हुए परिवर्तनों को समझाने के लिए स्त्री की स्थिति, श्रम का बाजार उपभोक्तावादी संस्कृति, नागरिक समाज की विवेचना की है।

नब्बे के दशक में सब कुछ बदल गया। ग्राम्शी के अनुसार, मौलिक, सामाजिक संबंधों का परिवर्तन ही अंतर्राष्ट्रीय संबंधों को प्रभावित करता है। यानी सामाजिक संरचना में किसी भी प्रकार का आंगिक अन्वेषण अंतर्राष्ट्रीय क्षेत्रों के सापेक्षिक संबंधों और आंगिक संपूर्णता को परिवर्तित करता है। अंतर्राष्ट्रीय संबंध और स्थानीय संबंधों के बीच एक द्वंद्वात्मक रिश्ता है। भूमंडलीय प्रक्रिया, स्थानीय सामाजिक संबंधों को परिवर्तित करती है। इसी भाँति स्थानीय सामाजिक संबंध भी भूमंडलीय प्रक्रिया को प्रभावित करते हैं।

सवाल उठता है कि क्या भूमंडलीकरण के संबंध में स्त्री-पुरुष की लैंगिक पहचान और भिन्नता को गहराई से प्रभावित करते हैं ? इस प्रभाव को स्थानीय ताकत के संदर्भ में समझा जाना चाहिए। चाहे शोधकर्ता हो या समाजशास्त्री या फिर नव्य मार्क्सवादी सभी ने भूमंडलीकृत द्वंद्वात्मक पक्ष की अवहेलना की है।

नागरिक समाज और राज्य को आकार देने में लैंगिककृत भूमंडलीकरण और उसके परिणाम को समझने के लिए विशेष सैद्धांतिक समझ की आवश्यकता पड़ती है।

प्रभाजी के अनुसार, लैंगिक दृष्टिकोण को मुख्य धारा में विशेषकर अंतर्राष्ट्रीय राजनीतिक अर्थव्यवस्था और शोध की परंपरा में शामिल करना चाहिए।

भूमंडलीय और स्थानीयता के आपसी प्रभाव जटिल, गतिशील और उभयभावी हैं। इन्हें समझने के लिए नव उदारतावादी दृष्टिकोण की आवश्यकता पड़ती है तो कुछ के लिए नव मार्क्सवादी दृष्टिकोण अपनाना पड़ता है। तो कहीं हम सारी घटना को नारीवाद के संदर्भ में तोलना चाहते हैं। इसी एक विचारधारा के अनुसार भूमंडलीयकरण को सही रूप से समझना संभव नहीं है। कारण यह है कि भूमंडलीकरण अपने आप में एक द्वंद्वात्मक प्रक्रिया है। इस प्रक्रिया के कल्प-विकल्प एवं संकल्प के भी चरण हैं।

नव उदारतावादियों ने बाजार के निरंतर भूमंडलीय विकास की घोषणा की है। महज विकास को एक आयामी रूप देने का मतलब हुआ स्थानीय और सांस्कृतिक संदर्भों की अवहेलना।

मार्क्सवादियों की तरह नव उदारपंथी व पूँजीपति भी बाजार को सभी संस्थाओं के विलियन का माध्यम मानते हैं। नव ग्राम्शीवादियों के अनुसार भूमंडलीकरण से न केवल शोषण और असमानता बढ़ती है बल्कि एक वर्ग विशेष के हित में ही सारी पूँजी नियोजित होती रहती है। इससे पूरा राष्ट्रीय पूँजीवादी वर्ग जिसे हम भूमंडलीय अभिजन, समाज और उस समाज की सभ्यता को व्यापारिक सभ्यता कहते हैं, सक्रिय होता है।

अमेरिका अपना वर्चस्व एवं वैश्विक दृष्टिकोण अन्य राष्ट्रों पर आरोपित करता है, अमेरिका स्थानीय भिन्नताओं को खारिज करता है, साथ ही इससे वैकल्पिक राष्ट्रीय अर्थव्यवस्था का भी दमन होता है। इनके अनुसार, पूँजी का अंतिम नियंता राष्ट्र राज्य को होना चाहिए क्योंकि सामाजिक और आर्थिक विकास के ये प्रमुख एजेंट हैं। भूमंडलीय वाणिज्य व्यवस्था की सत्ता की व्याख्या करते हुए संश्लेषणात्मक, द्वंद्वात्मक दृष्टिकोण विकसित होता है ये मर्दवादी भूमंडलीकरण है। ये भूमंडलीकरण अनिवार्यतः आपसी साझे का जगत नहीं है। कम से कम स्त्री के पक्ष में तो यह नहीं है। स्त्री की देह को तो चारे के रूप में बाजार का हिंसक घड़ियाल झपट्टा मारता है। इससे स्त्री को क्या हासिल होगा? सबसे बुरी बात यह है कि स्त्री का बिकाऊ होना पुरुष की तुलना में उसके श्रम का कमतर मूल्यांकन होना और स्थानीय राजनीतिक व्यक्तियों का स्त्री समाज की ओर से आँखें फेरना दोनों ही बातों में स्त्री का हित शामिल नहीं है।

प्रभाजी के अनुसार, राजनीति में स्त्रियों की भागीदारी बढ़ती न दिखाई देती हो, लेकिन राजनीति में उनकी भागीदारी बढ़ी है। किंतु प्रभावी हस्तक्षेप करने में स्त्रियाँ असमर्थ हैं। राजनीति का पौरुषीयकरण वास्तव में स्त्री और अन्य वंचितों को परिधि पर ढकेलता है। मजे की बात है कि स्त्री को यदि सांस्कृतिक रूप से सक्रिय करते हैं तो वह आर्थिक रूप से पीछे हटाती है सत्ता उसे दोनों मुकामों पर जीतने नहीं देती। इसका यह भी अर्थ नहीं निकालना चाहिए कि समकालीन भारतीय राजनीति में स्त्री की

कोई भूमिका नहीं है। आवश्यकता है कि वह जमीनी स्तर की स्त्री आंदोलन से जुड़े सामाजिक परिवर्तन के रूप नारीवादी दृष्टिकोण का तालमेल बिठाया जाना चाहिए। स्त्री का महत्त्व क्यों और कहाँ पर है ? यह भी देखना होगा ? गरीबी हटाने के साथ-साथ स्त्री के प्रति होनेवाली हिंसा को भी कम होना चाहिए। बच्चों को पूरी सुविधा मिलनी चाहिए। विशेषकर शिक्षा और स्वास्थ्य की प्रभाजी के अनुसार भारत में स्त्री-पुरुष की पहचान भूमंडलीकरण से ज्यादा स्पष्ट हुई है। दूसरी ओर स्थानीय आदर्शों एवं व्यवहार ने इस पहचान को स्थापित करने में मध्यस्थता की भूमिका निभाई है। हालाँकि ये स्थानीय आदर्श भी अपने आप में अतीत की राजनीतिक और सामाजिक परंपरा का प्रमाण हैं। परिणामस्वरूप स्त्री-पुरुष के आपसी संबंध भूमंडलीकरण की ताकतों की रूपरेखा निर्मित करते हैं।

प्रभाजी ने पूरी पुस्तक में यही जाँचने-परखने की कोशिश की है कि कैसे भूमंडलीय ताकतें स्त्री-पुरुष के संबंधों को प्रभावित करती हैं और पुनः यह बदलते हुए संबंध कैसे भूमंडलीय ताकतों को छूट देते हैं। साथ ही यह सवाल उठाया जाता है कि क्या आर्थिक एवं सांस्कृतिक भूमंडलीकरण स्त्री राजनीति और स्त्री के सशक्तीकरण के लिए नया स्पेस निर्मित करता है? प्रभाजी ने भारतीय समाज में संक्रमण में इन सवालों का उत्तर खोजने की कोशिश की है।

भूमंडलीय दौड़ में शामिल होने के लिए जिस विशिष्ट पहचान की आवश्यकता होती है उससे स्त्री को लाभ के साथ हानि भी हुई है।

एक ओर मीडिया में वह जितनी मजबूत और दबंग दिखाई देती है, तो दूसरी ओर वह नयी तरह की असमानता एवं असुरक्षा झेलने को बाध्य हुई। अंतर्राष्ट्रीय राजनीति पर नारीवादी दृष्टिकोण के प्रभाव के तहत पिछले दशक से स्त्री अध्येताओं ने अंतर्राष्ट्रीय संबंधों के पारंपरिक अध्ययन को चुनौती दी है।

भारत के भूमंडलीय संस्करण को लैंगिक परिप्रेक्ष्य से तौला जाना आवश्यक है। इससे सत्ता की एक नई साईट का परिचय मिलता है। भूमंडलीय संरचना और स्थानीयता का अंतराल परिवर्तन के नये संसाधन के रूप में उपस्थित होता है। ऐसा करते हुए भूमंडलीय परिवर्तन में निहित स्थानीय नव मार्क्सवाद और नव उदारतावाद की खामियाँ भी दृष्टिगोचर होती हैं। राष्ट्र की सहिष्णुता घटी है, असहमति को राष्ट्रीय सुरक्षा के नाम पर पुरजोर शब्दों में नकारा जाता है। पहले राष्ट्र अपनी जिम्मेदारियों को थोड़ा बहुत निभाने की चेष्टा तो करता था। मगर आज शिक्षा, स्वास्थ्य आदि महत्त्वपूर्ण क्षेत्रों की तरफ से निजीकरण के नाम पर राष्ट्र ने अपनी भूमिका से आँखें बन्द कर ली हैं।

राष्ट्र इसलिए पीछे हटा है ताकि भूमंडलीय ताकतें आगे बढ़ें और हमारे राष्ट्रीय जीवन पर छा जाएँ। राष्ट्र आर्थिक, सांस्कृतिक, तकनीकी भूमंडलीकरण से टकराना नहीं चाहता। राष्ट्र को इसलिए पीछे हटना है ताकि वैश्विक पूँजी का पर्याप्त निवेशीकरण संभव हो सके।

जेमेसन ने भूमंडलीकरण के पाँच स्तर गिनाए हैं : आर्थिक, सांस्कृतिक, तकनीकी, राजनीतिक, सामाजिक। प्रभाजी के अनुसार, तकनीक अपने साथ पूँजी के निवेशीकरण की माँग करेगी और यदि राष्ट्र के पास पूँजी नहीं तो वह भूमंडलीय संस्थाओं से पूँजी की माँग भी करेगा और पूँजी कभी शुद्ध रूप से नहीं आती। पूँजी अपने साथ उपभोग की संस्कृति को लाती है। स्वाभाविक है कि उपभोक्ता संस्कृति स्थानीय संस्कृति से टकरायेगी। इस टकराहट से समाज व्यवस्था भी प्रभावित होगी। जो नयी समाज व्यवस्था स्थापित होगी उसे भूमंडलीकृत समाज व्यवस्था ही कहा जाएगा। कुल मिलाकर यह एक कॉरपोरेट भूमंडलीकरण है जो अपने साथ पूँजी, तकनीक, उपभोक्ता संस्कृति और वर्चस्वी मूल्य बोध लेकर चलता है। कॉरपोरेट स्वार्थ से टकराहट भी होंगी क्योंकि जो दबाव पड़ता है उनसे बचाव के लिए लोग अपनी जड़ों में, अस्मिता के बचाव में, अपनी संस्कृति में पनाह लेना चाहेंगे और समाज में रूढ़िवादी ताकतें सक्रिय होंगी, वह चाहे हिंदुत्ववादी ताकतें हो या फिर इस्लाम या ईसाइयत। दोनों धाराएँ एक साथ सक्रिय होती हैं। और बहाव के दौरान एक-दूसरे को काटती हुई आगे बढ़ती हैं। अंत में कौन-सी धारा अपनी पहचान रख पाएगी यह तो वक्त ही बताएगा।

आतंक की दास्तान : 'साँकलों में कैद क्षितिज' कुछ दक्षिण अफ़्रीकी कविताएँ

सीमोन बोउवार की कृति 'द सेकंड सेक्स' का हिंदी में अनुवाद कर प्रभाजी ने अनुवाद की दुनिया में कदम रखा। 'स्त्री उपेक्षिता' शीर्षक से छपी इस कृति को लोगों ने बहुत पसंद किया उसके कई संस्करण छप चुके हैं। अनुवाद जैसे कठिन काम में प्रभाजी का मुकाबला कोई कर ही नहीं सकता।

प्रभाजी ने 'सांकलों में कैद क्षितिज' में 18 अफ्रीकी कवियों की कुछ कविताओं का अनुवाद किया है। प्रारंभ पर्सी वाई शेले की कविता से होता है :

'नींद से उठे शेर की तरह
दहाड़ते हुए उठो तुम
ओ असंख्य लोगो !
पोंछ डालो
तुम्हारी नींद में धरती पर
टप-टप गिरी ओस की बूँदों की तरह बेड़ियों को
अनेक हो तुम
बिलकुल अकेला है तुम्हारा दमनकर्ता'[55]

"बरसों-बरस से दमन और अत्याचार की बेड़ियों में जकड़ा, छटपटाता पल-पल अपनी अस्मिता की रक्षा के लिए तिलमिलाता, चीखता दक्षिण अफ्रीका... । जिसकी जमीन पर खून के इतिहास लिखे गये, तो कागज़ पर क्रांति गीत। अफ्रीका अब भी

गीतों और कविताओं का देश है। अफ्रीकी अब भी कविता को क्रांति का सबसे बड़ा हथियार मानते हैं।"[५६] प्रभाजी के कवि मन को अफ्रीकी जन की दबी-घुटी संवेदनाओं ने उद्वेलित किया होगा और इसी का परिणाम है यह अनूदित कृति।

प्रभाजी बचपन से ही आतंक और दहशत भरे माहौल में पली बढ़ीं। 1944 से 1950 का समय जापान-जर्मनी के युद्ध का दौर था। साक्षात्कार के दौरान उन्होंने मुझे बताया जैसे ही रात को खतरे की घंटी बजती उन्हें निचली मंजिल में भागना पड़ता। विभाजन की दहशत को भी प्रभाजी ने झेला। हैवानियत का नंगा नाच जगह-जगह दंगे फसाद। मुसलमानों के नाम से घर के सभी बच्चों की रूहें काँप उठतीं। उसके बाद 1960 तक मार्क्सवादी आंदोलन में बम विस्फोट की आवाजें, ट्राम, बसों का धुआँ, गोलियों की आवाजें, पुलिस और छात्र संघ के बीच हाथापाई इन सबने प्रभाजी को आतंक और दहशत के बीच साहसी बना दिया।

प्रभाजी कहती हैं हम इतिहास के बड़े खतरनाक दौर से गुजर रहे हैं। सिर नीचा उस दिन हुआ जब एक और अमेरिकन से मैंने उसके देश में काले आदमियों के प्रति लावा की तरह बहती घृणा देखकर पूछा : "इतनी नफरत तुम लोगों को अपने ही काले अमेरिकन से ? सिर्फ रंग भेद ? क्या तुम्हारा कानून तुम्हारे संस्कार और समाज को बदल नहीं पाता।"[57] उसका उत्तर बड़ा ही तीखा था, व्यंग्य से चुभता हुआ – "जाओ अपने देश में वहाँ आदमी से आदमी की घृणा दूर करो, पूछो अपने कानून से। क्या हिंदू और मुसलमान एक दस्तरख्वान पर बैठकर खा लेंगे ? पूछो अपनी सरकार से। गाँधी को किसने मारा ? पूछो अपने धर्मगुरुओं से, जो यहाँ पैसा कमाने चले आते हैं, कृष्णा-कृष्णा गाते हैं। उसी कृष्ण मंदिर में अछूत चला जाए तो तलवारें खींच ली जाती हैं।"[58]

नोबल पुरस्कार विजेता अल्बर्ट लुथुली का कथन – "मैंने एक क्रिश्चियन होते हुए हमेशा यह महसूस किया है कि नस्लवाद या रंग के आधार पर मनुष्यों के साथ किये जानेवाले भेद से अधिक जघन्य अपराध कोई दूसरा नहीं हो सकता। यह अक्षम्य अपराध है। नस्लवाद पर आधारित व्यवस्था व्यक्ति की पीड़ा के प्रति बिलकुल उदासीन रहती है। इस जघन्य व्यवस्था के कारण आदमी को क्या नहीं छोड़ना पड़ता? अपनी जमीन, अपना घर, अपनी नौकरी और न जाने क्या-क्या छोड़कर उसे किन-किन त्रासदियों का सामना करना पड़ता है ?"[59] इस बात की ओर संकेत करता है कि रंग भेद की समस्या वैश्विक है। कानून द्वारा भी इसे नहीं मिटाया जा सकता है। काले लोगों को सतत जागरूक होकर गोरों के बीच अपनी पहचान बनानी होगी।

गाँधी जी ने कहा है "तुम घृणा मत करो, तुम ही जलोगे। शत्रु को मारना है, तो उससे अच्छा आदमी बनकर निखरो। इससे बेहतर शत्रु की और कोई मौत नहीं होती।"[60]

इस संकलन में प्रभाजी ने 18 कवियों की कविताओं के माध्यम से अफ्रीकी

जीवन की पीड़ा, पल-पल होते जख्मी, अपमानित, दलित, कुंठित, दया की भीख माँगते, आँसू बहाते लोगों की संवेदनाओं से हमें रू-ब-रू करवाया है।

1. डेनिस ब्रूट्स : इनका जन्म 1924 में सेलिस बरी जिम्बाब्वे में हुआ था। 1966 में इन्हें दक्षिणी अफ्रीका छोड़ना पड़ा। एक साल की नजरबंदी और अठारह महीने के सश्रम कारावास के बाद ये लंदन में जा बसे। आप दक्षिणी अफ्रीकी नस्लवाद विरोधी ओलंपिक कमेटी के अध्यक्ष हैं। आजकल अमेरिका में इलीनायस की नॉर्थ यूनिवर्सिटी में अंग्रेजी के प्रोफेसर हैं। जेल जीवन की यातना को वे इस प्रकार व्यक्त करते हैं :

'कैसा लगेगा तुम्हें, यदि मैं रात में पहुँचकर,
भौंक दूँ बरछा तुम्हारी काँख में, बदला लेने के लिए,
उन सबकी मौत का, जिनसे परिचित तक तुम नहीं
कोई स्मृतिस्तंभ तक नहीं जिनका
और जिन्हें याद करते हो तुम
सिर्फ अपने जश्न के वक्त'[61]

'राबर्ट द्वीप का सिलसिला' कविता में ब्रूट्स कैदियों के प्रति दी गयी यातना का वर्णन करते हुए लिखते हैं :

'फटी हुई खोपड़ियाँ, चूर चूर कोहनियाँ,
कटी हुई बाँहों पर, बँधी हुई पट्टियाँ,
खून से लथपथ पैर, कुछ वर्दियों के भीतर
अपने-अपने जख्म छिपाये हुए, टूटे हुए
रंग बिरंगे, भानुमति के पिटारे हम ?'[62]

2. बैरी फिन्बर्ग : इनका जन्म जमस्टिर ट्रांसवाल में 1938 में हुआ। इनकी कविताएँ विभिन्न पत्रिकाओं और संग्रहों में प्रकाशित हैं। ये अफ्रीकन नेशनल कांग्रेस के सदस्य हैं। आजकल अंतर्राष्ट्रीय सुरक्षा और सहायता कोष के लिए काम कर रहे हैं। जैक हांगसन 1970-1978 तक संस्थापन सदस्य थे, अफ्रीकन नेशनल काँग्रेस की सैन्य शाखा के सदस्य को संबोधित कर बैरी फिन्बर्ग ने एक कविता लिखी :

'जारी रहेगा जैक का आंदोलन
हममें से प्रत्येक को करता हुआ प्रेरित
समर्पित होगा
हममें से हर किसी को मांस का कीमती हिस्सा
देश की स्वाधीनता के लिए जैक के अस्तित्व की प्रत्येक अणु
घोषणा पत्र बन समर्पित है सबको'[63]

3. केयोरेपेत्से गोसितसाइल : इनका जन्म जोहान्सबर्ग शहर में हुआ। 1961 से निर्वासन भोग रहे हैं। ये तंजानिया विश्वविद्यालय में साहित्य का अध्यापन करते

हैं। इन्होंने 'द वर्ल्ड इज़ हियर' नामक एक अफ्रीकी कविता संग्रह का संपादन भी किया है। ये अफ्रीकन नेशनल कांग्रेस के सदस्य हैं।

इनका कवि मन वर्षों की यातनाओं को याद कर रहा है। खून के आँसुओं की बरसात से भरे वर्ष क्या कभी बिसराये जा सकते हैं। अब भी मन घायल है, कवि को याद आती है माता-पिता की पीड़ा। जारी थी लूट-खसोट, बनियों ने काटी थीं मोटी फसल, बेड़ियों में जकड़े आदमी की हड्डियाँ बिखेर दी गई थीं, सड़कों पर गिट्टियों की तरह, सहते रहे थे कवि भूख की ऐंठन और अकेलापन। लेकिन अब वे निकल पड़े हैं नारकीय द्वीपों से यह साबित करने कि धरती के चेहरे के सामने जिंदगी हो सकती है, वे लिखते हैं :-

'कह दो उन कुत्सितधूर्तों से
अब न आयें वे हमें समझाने के लिए
कह दो एकाएक एकजुट होकर हम
दोहरा रहे हैं गर्व से
अपने कवि की आवाज
घटित होकर रहेगा विप्लव'[64]

इस विप्लव के लिए कवि किसी भी हद को पार करने के लिए तैयार हैं। वह आततायियों को चुनौती देता है :

'अगली बार, यदि तुमने फिर कहा हमें,
ओछा या कम्युनिस्ट,
बस याद रखना इतना कि
बलात्कार हुआ था
तुम्हारी भी माँ के साथ
यह एक और तरीका है
रिश्तों को परिभाषित करने का।'[65]

4. ए.एन.सी. कुमालो : सन 1938 में इनका जन्म जोहान्सबर्ग में हुआ। ये वर्तमान समय में अफ्रीका में ही हैं। इनके कई कविता संग्रह हैं। ये अमखोन्तो नेशनल कांग्रेस के सैनिक प्रकोष्ठ के सदस्य हैं।

लंदन शहर के मुनाफाखोर उन विदेशियों के लिए जो नस्लवादी सरकार में पूँजी लगाते हैं, के लिए तुकबंदी करते हुए कवि कहता है :

'अपनी आँतों में
हस, तीतर-
गॉल्फ, जिन
और लाभांश की रकम ठूँसनेवाले
ओ पैसेवाले मुनाफाखोर जुआरी

शहरी लोगो !
और किससे भरता है तुम्हारा पेट ?
सूट पहन कर अपने सभ्य कहलानेवाले
ओ रक्त शोषक खटमल ।'[66]

इन शोषक खटमलों को होशियार करना चाहता है कवि । अफ्रीकी नेशनल कॉंग्रेस की अग्रणी नेता लिलियन जो पूरे पंद्रह साल अपने ही घर में कैद थीं । उनके मुक्त होने के बाद एक पत्रकार उनसे मिला । पंद्रह साल आदमी के संपर्क से दूर अकेली कैदी लिलियन चट्टान की तरह अडिग अविचलित थी । लगातार पंद्रह साल पुलिस के निरीक्षण में भी वह चूर-चूर नहीं हुई । पत्रकार की बातचीत के आधार पर लिलियन के बारे में कवि लिखता है :

'बता रहा था वह पत्रकार
निडर शेरनी की तरह
क्रोध में दहाड़ती रहीं तुम
तुम्हें सबसे अधिक अफसोस था
लोगों के किसी काम न आ पाने का
तुम रोईं, तुम हँसीं,
तुम क्रोध से थरथराईं
धीमी हो गई
तुम्हारी आवाज़
जब समझने लगीं तुम
कितने दुःखी हैं
मेरे अपने तमाम उत्पीड़ित लोग
सुनो लिलियन ?
तुम्हारी ही जैसी खूबसूरत होनी चाहिए
उनसठ की उम्र में हर औरत ।"[67]

इस प्रकार अपने अधिकारों के प्रति आवाज़ उठानेवालों को या तो बंदी बनाया जाता था या जेल में डाल दिया जाता था । लिलियन जैसी महिला को इस बात का अफसोस है कि वह देश के लिए, अन्याय के लिए कुछ न कर पाई । मात्र 15 वर्षों तक अपने ही घर में कैद रही । प्रभाजी, ने लिलियन के माध्यम से यह बतलाने की चेष्टा की है कि स्त्री हो या पुरुष अन्याय और अपने अधिकारों के प्रति सचेत हैं । विद्रोह के रूप अलग-अलग हो सकते हैं, स्वर एक है ।

5. हग लेविन : इनका जन्म ट्रांसवाल में हुआ । विध्वसंक गतिविधियों के आरोप में सात वर्ष के सश्रम कारावास की यंत्रणा के बाद इन्हें लंदन में शरण मिली । आपकी कविताएँ पत्रिकाओं में प्रकाशित हैं । इनका कविता संग्रह 'बैरी और जेकिन्स' 1975

में प्रकाशित हुआ। 'पेन्गुइन' 1976 में प्रकाशित हुआ। अपने जेल अनुभवों को लेकर हग लेविन ने कुछ कविताएँ लिखीं। जेल जीवन में मार खाते-खाते एक कोमल स्पर्श के इच्छुक हैं वे कहते हैं :

'नहीं, अब मुझे नहीं चाहिए,
और मुक्के और पंजे,
अब सहलाया जाना चाहता हूँ मैं
मानवीय छुअन से महसूस करना चाहता हूँ फिर
अपने को जिंदा,
जेल से निकलने के बाद कहना चाहता हूँ मैं
लोगो, जिंदा हूँ मैं, दया करके छुओ मुझे।'[68]

6. इल्वा मैके : इनका जन्म कोक्सताद प्राविंस में 1952 में हुआ। दो बार कारावास भोगने के बाद 1966 में लंदन पहुँचीं। ब्लैक कान्ससनेस पत्रिका में इनकी कई कविताएँ प्रकाशित हो चुकी हैं। इन्होंने 'ब्लैक वायसेज शाउट' नामक संग्रह में भी अपनी रचनाएँ दीं। यह संग्रह प्रतिबंधित कर दिया गया। ये अफ्रीकन नेशनल कांग्रेस की सदस्या हैं और दक्षिणी अफ्रीकन कांग्रेस की ट्रेड यूनियन में सक्रिय हैं। संकलन में उनकी एकमात्र कविता अपनी मातृभूमि अफ्रीका को समर्पित है। अपने ही देश में उपेक्षित, तिरस्कृत, बलत्कृत होती वे कहती हैं :

'अफ्रीका, आज तुम्हारी नदियाँ
भरती हैं हमारे जख्म,
हम शरणागत हैं, तुम्हारे खेतों के
किंतु, खामोश नहीं हो सकती
तुम्हारे पर्वत शिखरों के बीच
आजादी का आह्वान करती
शहीदों की आवाज़।'[69]

7. डंकन माटलहो : यह कवि का छद्म नाम है। इनका जन्म 1951 में ट्रांसवाल के एरमोली नामक स्थान पर हुआ। जुलुलैंड विश्वविद्यालय को जहाँ ये कानून के विद्यार्थी थे, जलाने के आरोप में 1976 में इन्हें आजीवन कारावास मिला। अक्तूबर 1976 में ये जेल से भाग निकले और अब अज्ञात स्थान पर निर्वासन में अफ्रीकन नेशनल कांग्रेस और उगकोनोटो वी सीज्व का कार्य करते हैं।

इनकी एकमात्र रचना 'मैं स्वतंत्र योद्धा' में सदियों से अपने अस्तित्व का अधिकार खोजते, डरे हुए लोगों की आवाज़ बनकर वे आततायियों को चुनौती देते हैं:

'नहीं दफनाई जायेगी तुम्हारी लाश,
शाही शान के साथ
भूल जाओ ऐसे स्वप्न

तुम्हें तो अथाह गड्ढे में
लावारिस-सा फेकेंगे हम ।'[70]

8. रेबेका माटलो : इनका जन्म 1953 में हुआ । इनकी कविताएँ, 'मो', 'डाउन और सोचाबो' में प्रकाशित हैं । इन्होंने रेडियो फ्रीडम के लिए रेडियो संवाददाता का काम किया । ये अफ्रीकन नेशनल कांग्रेस की ओर से अफ्रीका में काम कर रही हैं । अपनी कविता के नर्म रास्ते बताती, घर को याद करती हुई देशभक्त सोलोमन माहलेगु को श्रद्धांजलि देती हुई लिखती हैं :

'जब तक, पिघल न जाओ तुम
बिखर न जाएँ
तुम्हारी उम्मीदों के टुकड़े
चिपके रहो तब तक
अपनी नियति से
पकड़े रहो इसकी हिलती पूँछ
इस अँधेरे को
एक नया अर्थ दूँगा मैं
अपने परस से ।'[71]

सोलोमन माहलेगु अफ्रीकन नेशनल कांग्रेस का एक गुरिल्ला योद्धा था, जिसे अप्रैल 1919 में फाँसी दी गई थी । कवयित्री ने सोलोमन के वक्तव्य को इस कविता के माध्यम से प्रस्तुत किया है ।

9. विक्टर माटलो : (वास्तविक नाम जिन्जीवी न्काडो) । इनका जन्म 1943 में हुआ । 1976 के विद्रोह में ये बंदी बनाये गये । ये जेल में बुरी तरह यंत्रणा के शिकार हुए । इन्होंने 1977 में दक्षिण अफ्रीका छोड़ दिया। इनकी पत्नी रेबेका माटलो भी एक क्रांतिकारी कवयित्री और ए.एन.सी. की सक्रिय कार्यकर्ता हैं । इनकी कविताओं में जेल की यंत्रणा, अत्याचार, एवं पीड़ा की अनुगूँज सुनाई देती है । सोफिया शहर जोहान्सबर्ग के बाहर काले लोगों का छोटा-सा नगर था जिसको 1950 में जबरदस्ती खाली करवाया गया । अहमद रिमोल को दक्षिणी अफ्रीकी पुलिस द्वारा ऊँची इमारत से फेंक दिया गया था, उन्हें श्रद्धांजलि देते हुए कवि लिखते हैं :

'पहली बार देखेगा जोहान्सबर्ग
सोफिया शहर का ध्वंस,
और रोयेंगी टिमोल की ऊँचाइयाँ
हाँ रोयेंगी
टिमोल की ऊँचाइयाँ
कौन थामेगा हाथों में
जलते हुए अंगारें ?'[72]

10. जॉन मातशिकिजा : इनका जन्म 1954 में जोहान्सबर्ग में हुआ । 1960 में इनके परिवार ने अफ्रीका छोड़ दिया । इन्होंने लंदन में नाट्यशास्त्र का अध्ययन किया । फिलहाल ये एक अभिनेता हैं और नाट्य मंच तथा दूरदर्शन में काम कर रहे हैं । ये ए.एन.सी. के सदस्य हैं । कवि नेल्सन मंडेला के भक्त हैं । मंडेला की देशभक्ति देखकर कवि आश्वस्त हैं कि एक दिन वर्षों की यातना से देश को मुक्ति मिलेगी । वे लिखती हैं :

'जब खत्म होने लगती है, वर्षों की बेचैन प्रतीक्षा
प्रकाश की शक्ल में फैल जाता है यह आदमी
हवा में घुलते काले धुएँ के खिलाफ कोई भी कैद
न बुझा सकती है इस आदमी की आग
देखता हूँ मैं एक चिरंतन आग, मंडेला में ।'[73]

11. विक्टर मोटापनियान : इनका जन्म 1942 में जोहान्सबर्ग में हुआ। 1965 में ये दक्षिणी अफ्रीका से निर्वासित हुए । ये मास्को स्टेट विश्वविद्यालय में दर्शनशास्त्र पर शोध कर रहे हैं । ये ए.एन.सी. के सदस्य हैं और इनकी कविताएँ रूमानियत की कई पत्रिकाओं में प्रकाशित हुई हैं । गुलामी की जकड़न में रात के अँधेरे में रोते-कलपते स्वतंत्रता की आशा की उम्मीद करते हुए लिखते हैं :

'लगातार जूझने, और
जीने की प्रेरणा देती है हमें
आदमी की अंतरंग आशा ।'[74]

12. ओस्वाल्ड मत्शालो : इनका जन्म 1940 में ब्राइहीड नेटाल में हुआ । ये आजकल संयुक्त राज्य अमेरिका में रह रहे हैं । इनकी कविताएँ 'क्लासिक' न्यू क्वाइन पोएट्री, परपिल रेनोस्टर 'ओफिर' जैसी प्रसिद्ध पत्रिकाओं में प्रकाशित हैं । 1971 में लंदन के अंतर्राष्ट्रीय कविता महोत्सव में इन्हें कविता पढ़ने के लिए आमंत्रित किया गया । जेल में बंदी पिता को याद करता पुत्र, साँकलों में बँधे आदमी की पीड़ा को अभिव्यक्त करती है ।

13. आर्थर नौजें : इनका जन्म 1942 में आउडशूर्न केप प्रोविंस में हुआ । 1966 में निर्वासित होकर ये इंग्लैंड पहुँचे । 1970 में अकाल मृत्यु के शिकार हो गये। इनकी कविताएँ सेचाबा, लोटस, एपार्थीड पत्रिकाओं में और सेवन साउथ अफ्रीकन पोएट्स संग्रह में प्रकाशित हुईं । अपनी कविता आस्था का वक्तव्य में वे लिखते हैं :

'जरूर फूटेंगे, अप्रील की गर्मी में
उन शब्दों के अंकुर,
जिन्हें रोपता रहा मैं
ठंडी तंगहाली के दौर में ।'[75]

14. मोन्गाने वाली सरोटे : इनका जन्म 1944 में सोफिया शहर जोहान्सबर्ग

में हुआ। फिलहाल ये बोत्सवाना में रह रहे हैं। जून 1969 में इन्हें भी नौ महीने की कैद से छोड़ दिया गया। इनकी कविताएँ क्लासिक 'न्यू क्वाइन पोएट्री' और ओफिर जैसी पत्रिकाओं में प्रकाशित हुईं। पहला कविता संग्रह 'बूचड़खानों में पशुओं की चीख' जोहान्सबर्ग में प्रकाशित हुई। इसके बाद 'एक छोटी चिड़िया' 1974 में, 'कोई बच्चा अब न रोये' 1975 में और 'बीहोल्ड', 'मामा', 'फ्लावर्स' 1978 में जोहान्सबर्ग से ही प्रकाशित हुईं। इनकी कविता जेल की यातना, निर्वासन की पीड़ा, गोरे और कालों का भेद इत्यादि को अभिव्यक्त करती हैं। अफ्रीकन जेल के कुछ कैदियों के नाम उनकी यह कविता :

'जब, सूरज आता है और चला जाता
चाँद आता और चला जाता
रात और दिन की छायाओं के साथ
जब करते कोई सवाल
थकी हुई आवाज़ें,
गिर पड़तीं गहरी खाइयों में
कैसा लगता होगा तुम्हें,
चुपचाप सब कुछ देखते हुए केवल प्रतीक्षा करना।'[76]

15. क्रिस्टोफर वैनवाइक : इनका जन्म 1951 में जोहान्सबर्ग में हुआ। जहाँ ये संवाददाता के रूप में कार्यरत हैं। इनकी कविताएँ 'डोंगा', 'इस्पात', 'स्ट्राफीडर', 'न्यूक्लासिक', 'ओफिर', 'द वायस एण्ड दि स्टार', आदि पत्रिकाओं में प्रकाशित हुईं। 1979 में एड डोंकर द्वारा उनका पहला काव्य संग्रह 'इट इज टाइम टु गो होम' प्रकाशित हुआ।

कवि काले आदमी को चंद सिक्कों के लिए गोरों के सामने गिड़गिड़ाते हुए देखकर दुःखी हैं। जोहान्सबर्ग की सड़कों पर हाँक लगाती हल्लागाड़ी तलाशती है। अनुमति पत्र न मिलने पर उन लोगों को घसीट कर गाड़ी में डाल देती है। यह देखकर कवि मन से रो पड़ता है। वह अपनी पीड़ा को अभिव्यक्त करते हुए लिखता है :

'लेकिन आह ! कब से कर रहा हूँ मैं
आदमी और देवता के पुनर्मिलन की प्रतीक्षा
या इंतजार उस वक्त का
जब और उदार होगी आत्मा
फहराये जाएँगे ताजा झंडे
कहा जाएगा लिखने के लिए
नया राष्ट्रगीत।'[77]

16. स्कारलेट विट्मैन : इस कवि का यह छद्म नाम है। वर्तमान समय में लंदन में ये रह रहे हैं। इनका काव्य संग्रह 'दि अफ्रीकन कम्युनिस्ट' है। ये अफ्रीकन

नेशनल कांग्रेस के सदस्य हैं। नस्लवाद से उत्पन्न घृणा के बीच फिर सब कुछ हमारा अपना होगा की उम्मीद लगाये एक नया स्वातंत्र्य का गीत गाते हुए लिखते हैं :

'करीब लाता तुम्हारी कालरात्रि को हमारा स्वातंत्र्य दिवस 'वोरस्टर'
जरूर होगा तुम्हारा दु:स्वप्न हमारा स्वातंत्र्य दिवस।'[78]

17. सोयेन्का ओल : इनका जन्म 1934 में हुआ। ये नाइजीरिया के सबसे प्रसिद्ध नाटककार, उपन्यासकार और कवि हैं। इन्हें 1986 में साहित्य का नोबल पुरस्कार मिला। ये दो वर्ष (1967, 1969) अकेले कारावास में रहे। वहाँ इन्हें लिखने पढ़ने की मनाही थी और जीवन एक साँस लेता हुआ अस्तित्व भर था। इनकी मशहूर कविता पुस्तकों में से 'पोयम्स फ्राम प्रीजन' 1960 में प्रकाशित हुई। इनके बहुत से नाटक और उपन्यास आदि भी प्रकाशित हुए।

अपनी मातृभूमि में लांछित होने की पीड़ा को इस प्रकार अभिव्यक्त करते हैं :

'हवा में उठती है
जोरों की चीख
आदमी के गले में फँसी
आखिरी साँस की
घुरघुराटें और
कोंकियाहटें बहते हैं
गुमशुदा लाशों के टुकड़े
स्वजनों को बनाते हुए
शक से कातर।'[79]

18. जॉन पेपर क्लार्क : इनका जन्म 1935 में आइजुवा के नाइजर डेल्टा प्रदेश में हुआ। ये नाइजीरियन कवि और नाटककार के रूप में प्रसिद्ध हैं। ये इवादान विश्वविद्यालय में छात्र रहे हैं। वहाँ इन्होंने 'दि होर्न' कविता पत्रिका निकालनी शुरू की। इनकी कविता पुस्तकें हैं : 'ए रीड इन टाइड', 'कैजुअलिटिज पोयम', 'ए डिकेड ऑफ टॉग्स सलेक्टेड पोयम्स' अपनी एक मात्र कविता 'वारी पुलिस स्टेशन की घटना' (जीसस के ऊपर कोड़ों की मार के बाद) में न्यायाधीश के आदेश पर कैदी को बिलकुल नंगा करने के बाद जेल के बाहर लाया जाता। तड़ातड़ बरसने लगती बेंत उसके नंगे कूल्हों पर। कवि कैदी की पीड़ा को इस प्रकार अभिव्यक्त करते हुए लिखता है :

'कैदी के फौलादी इरादों के बावजूद
बहने लगते कार्बोलिक पानी, खून और आँसू घुलमिलकर
जख्मों से निचुड़-निचुड़कर मटमैली धारी की शक्ल में
धोते गोरों की गलतियों को हवा में तैरने लगती
एक दुषित गंध।'[80]

पास खड़ी एक गाड़ी में कुछ आशिक मिजाज लोग पूछ रहे साथ की लड़कियों से

'क्या मँगाई जाए थोड़ी और शराब ?
क्या सुना जाए कोई और ताजा संगीत।'[81]

इन कविताओं में प्रभाजी ने अफ्रीकी जनता की पीड़ा के साथ-साथ यह बतलाने की चेष्टा की है कि दुनिया में दमित-दलित जन की वेदना में कोई अंतर नहीं। लगभग सभी कवियों ने रंगभेद एवं नस्लवाद से उत्पन्न घृणा, तिरस्कार, अपमान को बखूबी उकेरा है। कारावास की यंत्रणा, मुक्ति का आह्वान, मंडेला की स्तुति, शहीद हुए लोगों के बलिदानों का स्मरण एवं उन्हें दी गई श्रद्धांजलि इत्यादि विषयों पर आधारित कविताओं का चुनाव किया गया है। कविता पढ़ते हुए यह महसूस नहीं होता कि ये अनुवादित हैं। लगता है कि प्रभाजी ने ही लिखी हैं। यह श्रेय प्रभाजी को जाता है। भाषा सहज एवं सरल है।

अपनी पहचान के साथ 'एक और पहचान'

कवयित्री, आलोचक, कथाकार, अनुवादक होने के साथ-साथ प्रभाजी ने संपादन कार्य भी कुशलता से किया है। साहित्य की कोई भी विधा भला उनसे क्यों अछूती रह जाए! 'एक और पहचान' प्रभाजी द्वारा संपादित काव्य-संग्रह है। प्रभाजी ने छः कबियों की रचनाओं को इसमें शामिल किया है। प्रभाजी ने छः कवियों की रचनाओं को इसमें शामिल किया है। वे कहती हैं, "मैं चाहती हूँ पाठक इन कविताओं को पढ़े, मगर एक ऐसी समझ के साथ, अंतर्दृष्टि के साथ अर्थात् कविता में कहीं गहरे पहुँचने की कोशिश की इच्छा के साथ..... यहाँ सवाल केवल एक व्यक्ति विशेष को समझने का नहीं बल्कि उस प्रक्रिया को समझने का है, जिसमें जीवन की दूसरी प्रक्रियाओं एवं धरातलों का संकेत भी निहित है। यह वह घनीभूत संवेदना होगी, जो काल की प्रतिक्रिया से उत्पादित होती है।"[82] इन कविताओं से गुजरते हुए प्रभाजी के तीन प्रिय विषय अर्थ, दर्शन एवं सेक्स की अनुभूति होती है। प्रभाजी का तमाम साहित्य इन्हीं तीन विषयों के इर्द-गिर्द घूमता है। लेखिका ने 'एक और पहचान' में भी इसी तरह की कविताओं के मूल्यांकन का बीड़ा उठाया है। अरुण चोपड़ा, गोपाल कृष्ण सराफ, भँवरमल सिंधी, विष्णुकांत शास्त्री, शिवकुमार झुनझुनवाला एवं हृदयेश पांडेय जैसे कवियों की रचना से हमें रूबरू करवाने का श्रेय प्रभाजी को जाता है।

1. अरुण चोपड़ा का जन्म शिमला में 28 सितंबर 1942 में हुआ। शाहजहाँपुर लखनऊ से चित्रकला का कोर्स किया, पढ़ने-लिखने और तस्वीरें बनाने का शौक। वे 1966 से पेशेवर-कमर्शियल आर्टिस्ट हैं। डिज़ाइनिंग में नेशनल पुरस्कार प्राप्त किया। 'आश्रय' फिल्म का निर्माण किया। यह फिल्म मास्को फिल्म फेस्टिवल में भेजी गयी — समीक्षकों द्वारा प्रशंसित। अरुण चोपड़ा की कविताएँ ज़िंदगी के प्रति लगाव, नाराजगी, दुःख-दर्द, अजनबीपन, कुंठा, निराशा के क्षणों को व्यक्त करती हैं। दोस्तों के बीच भी वे अपने को अकेला पाते हैं।

'याद रख दोस्त,
गिरवी रखी ज़िंदगी भी तो,
किसी और की है।'[83]

अरुणजी का ध्यान वेश्याओं की समस्याओं पर भी गया है। गंदी नाली के कीड़ों की तरह, सड़ता-गलता वेश्याओं का जीवन अरुणजी को रुलाता है। दो जून की रोटी के लिए देह व्यापार करती ये वेश्याएँ जलालत का जीवन जी रही हैं। अरुणजी ने वेश्या की पीड़ा को यूँ मुखर किया है :

'निष्प्राण! रह गयी हूँ किसी सूखे पेड़ की टूटी हुई डाल।
'जीसू, तारनहार, मुझसे पूछोगे मेरा हाल।
बिस्तरे की सलवटों में मचड़ी पड़ी हूँ।
कोख की झुर्रियों में सिकुड़ी पड़ी हूँ।
फर्श पर फैले दूध की तरह।
टूटे हुए काँच-सी बिखरी पड़ी हूँ।'[84]

अरुणजी रिक्शाचालक के माध्यम से मनुष्य की सेक्स की जरूरत को 'आदिम तपिश' कविता के माध्यम से इस प्रकार व्यक्त किया है :

'दिन की मेहनत का पसीना,
रात को अपने मुआवजे की माँग करेगा।
ताड़ीखाने में माँ बहनें की तीखी नमकीन गालियाँ,
किसी शरबती फिल्मी धुन में धुल जाएँगी।
सुलगती बीड़ी की बू से,
मांसपेशियों की थकान हो जाएगी बर्खास्त,
मैली कुचैली लुंगी में।
पंखुड़ियाँ पसारेंगी चमड़े का फूल,
पैरों की फुर्ती टाँगों से गुजर,
कमर तक पहुँचते पहुँचते हो जाएगी ठोस।
और
आदिम तपिश में पिघलता शरीर,
मुट्ठी में बर्फ बन नींद की ठंडक से सिकुड़ जाएगा।'[85]

इसके अतिरिक्त अरुणजी की 'रात', 'सुबह की सैर', 'ठौर', 'चहलकदमी', 'उम्र और लिफाफे' कविताएँ जीवन के एकाकीपन, मनुष्य और प्रकृति का रिश्ता, मृत्यु शाश्वत सत्य, शहर की व्यस्तता, जीने की जिद में संघर्षरत मानव की पीड़ा को अभिव्यक्त करती हैं।

2. गोपाल कृष्ण सराफ़ का जन्म 10 जनवरी 1924 में हुआ था। पेशे से वे डॉक्टर हैं। उनकी पाँच कविता पुस्तकें प्रकाशित, रिमझिम, एक टुकड़ा धूप, गूँगी आँखें,

बांग्ला और अंग्रेजी में चुनी हुई कविताओं के दो अनुवाद संग्रह प्रकाशित हुए हैं। 1964 से कलकत्ता के सार्वजनिक और सांस्कृतिक क्रियाकलापों से घनिष्ठ संबद्ध, लायंस इंटरनेशनल प्रेसिडेंट द्वारा पुरस्कृत, विश्व लायंस मूवमेंट से संबद्ध, अनेक निःशुल्क नेत्र चिकित्सा-शिविर का संचालन । 1950 से 1985 तक देश के पूर्वी सीमांतों में दूर-दूर तक अनेक निःशुल्क नेत्र चिकित्सा शिविरों में अग्रणी भूमिका। पश्चिम बंगाल, उड़ीसा, अरुणाचल प्रदेश, अंडमान और निकोबार की सरकारों द्वारा निःशुल्क नेत्र शल्य चिकित्सा कार्यक्रमों के लिए आमंत्रित और प्रशंसित। 1974 में पेरिस और 1978 में जापान में अंतर्राष्ट्रीय नेत्र चिकित्सक सम्मेलन में शोध-पत्रों की प्रस्तुति । 1982 में भारत के राष्ट्रपति द्वारा पद्मश्री उपाधि से अलंकृत । 20 दिसंबर 1985 को कलकत्ता के शेरिफ पद पर नियुक्त ।

श्रृंखला के दूसरे कवि गोपाल कृष्ण सराफ दार्शनिक अंदाज में जीवन की गहराई से पड़ताल करते हैं । उनका अहम उन्हें किसी के आगे झुकने नहीं देता । आत्मरति के कारण अपने अस्तित्व की अर्थवत्ता को स्थापित करने में वे गड़बड़ा जाते हैं । उनके अपने ही उन्हें सीढ़ी की तरह इस्तेमाल कर अकेला छोड़ जाते हैं ।

'जब तुम
दलदल में फँसीं
मैं
सीढ़ी बन कर आया
तुम
ज्यों-ज्यों
पग रखती गईं ऊपर
सीढ़ी धँसती गई
दलदल में क्रमशः
तुम
पहुँचती गईं ऊपर
मैं
धँसता गया
दलदल के भीतर '[86]

इस कविता से गुजरते हुए प्रभाजी की 'सीढ़ियाँ चढ़ती हुई मैं' कविता का स्मरण होता है, वे भी कुछ ऐसा ही कहना चाह रही हैं ।

'मैं हूँ...
कभी किसी को
सीढ़ियाँ दिखाती हुई
कहीं किसी की,

सीढ़ी बनती हुई।'[87]

गोपालजी का मानना है कि करीबी रिश्तों में बोरियत होने लगती है, सुख पानी के बुलबुले के समान क्षणिक है, दुख ही सच्चा साथी भी है और गुरु भी।

'याद आती है तुम्हारी याचक दृष्टि
याद आते हैं जादुई संकेत
टीसती हैं छिपी मुस्कानें
पुलकित करती है उन्मुक्त हँसी
बह गया बुहत कुछ निकटता की बाढ़ में
और मैं असहाय भोक्ता हूँ
एक नए अजनबीपन का'[88]

अकेलेपन के अँधेरे में कभी-कभी इंद्रधनुषी तार बजते हैं लेकिन कवि को रेंगता रोमांस पसंद है। वे लिखते हैं :

'संकुचित करता है
तुम्हारा स्पष्ट प्रस्तावित शरीर संबंध
किंतु अच्छा लगता है
रेंगता
रोमांस'[89]

पेशे से क्षेत्र चिकित्सक होने के कारण अत्यधिक व्यस्तता से पीड़ित हैं। साथ ही अपने मरीजों के लिए प्रतिबद्ध भी। अपनी पीड़ा को वे यूँ मुखर करते हैं :

'क्यों टूटता है मेरा दिल
किसी और की दृष्टि गुम हो जाने के डर से ?
न तो मैं कर्ता हूँ
न कारण
मैं तो हूँ मात्र एक साधन
कैद पेशे की कारा में
क्या पर्याप्त नहीं है
दुखी होने के लिए
मेरा अपना ही दुख ?'[90]

इसके अलावा कवि की 'इंद्रधनुष' एवं 'दूसरी धरती' कविताएँ बहुत-सी धरती, बहुत-से आकाश, बहुत-से सूरज-चाँद तलाशती है जिनमें एक नया इन्द्रधनुष हो।

3. भँवरमल सिंधी का जन्म 9 अगस्त 1914 को बड़गाँव (जोधपुर) में हुआ। एम.ए. कलकत्ता विश्वविद्यालय से किया। स्वाधीनता आंदोलन एवं समाज सुधार आंदोलनों में आपने सक्रिय हिस्सा लिया। कई बार कारावास, कई सामाजिक संस्थाओं का निर्माण। जयप्रकाश नारायण, डॉ राम मनोहर लोहिया और सीताराम सेकसरिया से गहरी आत्मीयता।

हंस में गद्य काव्य का प्रकाशन। देश की अग्रणी पत्रिकाओं में सामाजिक समस्याओं पर चिंतनशील लेखों का प्रकाशन। 'मारवाड़ी समाज : चुनौती और चिंतन' पुस्तक का प्रकाशन (1968), 1984 में अभिनंदित अभिनंदन ग्रंथ (संपादक डॉ. प्रतिभा अग्रवाल और डॉ. कमल किशोर गोयनका)।

कवि कहता है कि अणु सृष्टि का लघुतम कण छोटा होकर भी जगती तल का मूल आधार है। धरा और आकाश में मध्य वही शक्ति का मूल बिंदु है, निर्माण में भी और संहार में भी :

'लघुतम, लघुतम बना है आज संहारक
क्योंकि जीना उसे है,
है लघुतम विद्रोह आज
लघुतम का विद्रोह आज
लघुतम की जीवन रक्षा के लिए'[91]

दार्शनिक चिंतक कवि में भँवरमल सिंधी की रचनाएँ भी गोपाल कृष्णजी की तरह जीवन की नश्वरता का विवेचन करती हैं। जीवन की कड़वी सच्चाइयों से रूबरू करवाती हैं। सागर की लहरों की तरह उम्मीदें मानवमन में उठती-गिरती रहती हैं। कवि को लगता है कि आत्मा जिसे हमने नहीं देखा वह कैसे अमर हो सकती है? शरीर मिट्टी में मिल जाता है, मिट्टी ही सत्य है। वे कहते हैं :

'जो कुछ है मिट्टी का है,
सबकी जड़ मिट्टी में है।'[92]

4. विष्णुकांत शास्त्री का जन्म 2 मई 1929 को हुआ। 1953 से कलकत्ता विश्वविद्यालय के हिंदी विभाग में प्राध्यापन। सूर पंचशती समारोह सूरीनाम (दक्षिण अमेरिका) में भारत सरकार के प्रतिनिधि। 1976 में सूरीनाम गियाना ट्रिनीडाड संयुक्त राष्ट्र अमेरिका, इंग्लैंड, फ्रांस, पश्चिम जर्मनी, इटली में भ्रमण। प्रकाशित पुस्तकें — मौलिक।

(1) कवि निराला की वेदना तथा अन्य निबंध (2) कुछ चंदन की कुछ कपूर की (3) चिंतन मुद्रा (4) अनुचिंतन (5) बांग्लादेश के संदर्भ में (6) स्मरण को पाथेय बनने दो। अनेक अनूदित एवं संपादित पुस्तकें। ग्यारह मुक्तक में वे लिखते हैं :

'जा रहे तुम क्या कहूँ मुझको बताओ,
दूर रहने में सुखी यदि दुख न पाओ
पीर यह मेरी तुम्हें संवेदना दे,
प्यार मेरा गति बने यदि लड़खड़ाओ'[93]

बुद्धिजीवियों से नाराज कवि लिखता है :

'माथे पर मनों बोझ,
दिमाग खाली,

घिस रहे कलम दे रहे गाली,
नये युग के वन माली,
बुद्धिजीवी और काम,
राम राम !'[94]

संकलन के सर्वश्रेष्ठ कवि श्री विष्णुकांत शास्त्री भी जीवन जीने की कला में रोमांस, प्रेम की असफलता के साथ जीवन संघर्षों की बात करते हैं। संघर्षों से गुजरकर ही जीवन में कुछ पाया जा सकता है। सतत क्रियाशील होकर मंजिल तक पहुँचा जा सकता है।

5. शिवकुमार झुनझुनवाला का जन्म औद्योगिक घराने में 10 अगस्त 1941 में हुआ। नाटकों में रुचि। 22 नाटकों में अभिनय किया। 15 नाटकों का निर्देशन किया। फोटोग्राफी के शौकीन।

शिवकुमार झुनझुनवाला की कविताएँ हल्के-फुल्के जीवन की अभिव्यक्ति है। प्रभाजी की अपरिचित उजाले की रोमानी कविताओं की तरह शिवकुमारजी की कविताएँ प्रेम को मुठ्ठियों में भर लेना चाहती हैं, एक अदद प्रेमी की तलाश करती हैं, वे लिखते हैं :

'मुझे भी मिला था प्यार
अथाह निःस्वार्थ
....
अब खँडहर हो गया
है वह घर,
अब रहना पड़ता है मुझे
एक लोहे के बने,
जिसमें है केवल
एक छोटा-सा दरवाजा।
कभी-कभी निकलता हूँ
अँकवार खोले
खोज में
शायद मिल जाए
प्यार भरा एक आलिंगन
फिर कहीं।'[95]

शिवकुमारजी को उनलोगों पर हँसी आती है जो उन्हें जान लेने का दावा करते हैं।

'जान नहीं
पाया हूँ मैं आजतक

खुद अपने आपको,
आदत पड़ गई है
अपने से दूर
दुनिया में लगातार भटकते रहने की।'[96]

6. हृदयेश पांडेय का जन्म 1 जनवरी 1943 बलिया उत्तर प्रदेश में हुआ। एम.ए. (हिंदी) साहित्य रत्न जर्नलिज्म डी.ए.डब्ल्यू.। अध्यापन के बाद सिनेमा जगत में सह-निर्देशक के रूप में प्रवेश सर्वोच्च राष्ट्रीय पुरस्कार स्वर्ण कमल से पुरस्कृत। साहित्यिक कृतियाँ : 'सुजाता के लिए' 1969 (कविता), 'अँधेरे की बाँहों में कैद रोशनी' (कहानी संग्रह), 'बेला फूले आधीरात' (उपन्यास), ऍकेडमी ऑफ हिंदी के संस्थापक एवं निर्देशक। शोषण और शोषक को उन्होंने अपनी कविता का विषय बनाया है। उनकी कविता मजदूर की पीड़ा से जन्म लेती है। वे कहते हैं :

'आवश्यकताओं के लिबास में
लिपटी संतान है,
विसंगतियों के ताने-बाने में उलझी पत्नी है,
फटे हुए आँचल से झाँकती माँ है कविता'[97]

कवि प्रणय की बात करते हुए कहता है :

'तुम्हारे अंतस् को छूकर
जो हवा मुझ तक आई
स्पर्श कर मुझे न जाने क्या
कुछ कह गयी'[98]

प्रभाजी कहती हैं, "कुछ टुकड़ों का साहित्यिक महत्त्व न भी हो तो मानवीय महत्त्व बहुत बड़ा है। जिंदगी में कहीं कुछ घटता है, रोज-रोज हादसे होते हैं और संघात के दौरान संवेदनशील मन जब और गहरे डूबता है तो व्यक्ति कविता लिखता है। हम इन कविताओं में पाते हैं एक बोध का परिचय और एक त्रासदी का नैरंतर्य"[99]

डॉ. परवीन मलिक के अनुसार, "कविता प्रत्येक कवि के सत्य में ही एक भिन्न पहचान बनाती है। जीवन में जिसको जो मिलता है उसका प्रस्तुतीकरण वह अपने ढंग से अपनी चेतना के आधार पर करता है। इसी चेतना की विशिष्टता को परखने के लिए प्रभा खेतान ने इन कवियों को पाठकों की संवेदनशील अदालत में लाकर खड़ा कर दिया है।"[100]

विवेच्य कृति में संकलित छह कवियों में से विष्णुकांत शास्त्री हिंदी साहित्य की महान विभूति बने।

संदर्भ

1. अपरिचित उजाले, पृ.40
2. (अ) अपरिचित उजाले, पृ. 66
   (ब) अपरिचित उजाले, पृ. 49
3. अपरिचित उजाले, पृ. 55
4. सीढ़ियाँ चढ़ती हुई मैं, पृ. 7
5. सीढ़ियाँ चढ़ती हुई मैं, पृ. 51
6. सीढ़ियाँ चढ़ती हुई मैं, पृ. 27
7. सीढ़ियाँ चढ़ती हुई मैं, पृ. 50
8. एक और आकाश की खोज, पृ. 8
9. (अ) एक और आकाश की खोज, पृ. 8
   (ब) एक और आकाश की खोज, पृ. 9
10. कृष्णधर्मा मैं, फ्लैप पर
11. कृष्णधर्मा मैं, पृ. 24
12. कृष्णधर्मा मैं, पृ. 27-28
13. कृष्णधर्मा मैं, भूमिका
14. कृष्णधर्मा मैं, भूमिका
15. कृष्णधर्मा मैं, पृ. 43
16. हुस्नबानो और अन्य कविताएँ, पृ. 20
17. रोटी – केदारनाथ अग्रवाल आधुनिक काव्यलोक, पृ. 34
18. हुस्नबानो और अन्य कविताएँ, पृ. 36
19. हुस्नबानो और अन्य कविताएँ, पृ. 53
20. अहल्या, भूमिका
21. अहल्या, पृ. 18
22. अहल्या, पृ. 7-8
23. अहल्या, पृ. 42
24. अहल्या, पृ. 23-24
25. सार्त्र का अस्तित्ववाद, पृ. 9
26. सार्त्र का अस्तित्ववाद, पृ. 22
27. अस्तित्ववाद कार्केगार्द से कामू - योगेंद्र शाही, पृ. 43
    (प्रभा खेतान और उनका साहित्य – परवीन मल्लिक)
28. सार्त्र का अस्तित्ववाद, पृ. 9
29. सार्त्र का अस्तित्ववाद, पृ. 10
30. सार्त्र शब्दों का मसीहा, पृ. 7
31. सार्त्र शब्दों का मसीहा, अपनी बात
32. सार्त्र शब्दों का मसीहा, पृ. 85
33. वह पहला आदमी आल्बेयर कामू, फ्लैप पर
34. वह पहला आदमी आल्बेयर कामू, पृ. 8
35. (अ) स्त्री उपेक्षिता, पृ. 10

(ब) स्त्री उपेक्षिता, पृ. 12
(स) स्त्री उपेक्षिता, पृ. 16

36. स्त्री उपेक्षिता, पृ. 379
37. स्त्री उपेक्षिता, पृ. 376
38. (अ)स्त्री उपेक्षिता, पृ. 378
(ब) स्त्री उपेक्षिता, पृ. 382
(स) स्त्री उपेक्षिता, पृ. 382
39. (अ)स्त्री उपेक्षिता, पृ. 383
(ब) स्त्री उपेक्षिता, पृ. 383
40. स्त्री उपेक्षिता, पृ. 387
41. उपनिवेश में स्त्री 'मुक्ति कामना की दस वार्ताएँ', फ्लैप से
42. उपनिवेश में स्त्री 'मुक्ति कामना की दस वार्ताएँ', पृ. 22
43. आधी जमीन – उपेन्द्रनाथ अश्क, पृ. 168
44. हिंदी साहित्य का दूसरा इतिहास – डॉ. बच्चन सिंह
45. उपनिवेश में स्त्री, पृ. 169
46. उपनिवेश में स्त्री, पृ. 175
47. उपनिवेश में स्त्री, पृ. 230
48. आओ पेपे घर चलें, पृ. 35
49. आओ पेपे घर चलें, पृ. 72
50. औरत अस्तित्व और अस्मिता – डॉ. अरविंद जैन, पृ. 62
51. औरत अस्तित्व और अस्मिता – डॉ. अरविंद जैन, पृ. 65
52. प्रभा खेतान और उनका साहित्य – परवीन मल्लिक, पृ. 281
53. बाज़ार के बीचःबाज़ार के ख़िलाफ़, 'भूमंडलीकरण और स्त्री के प्रश्न', पृ. 60
54. बाज़ार के बीचःबाज़ार के ख़िलाफ़, 'भूमंडलीकरण और स्त्री के प्रश्न', पृ. 209
55. साँकलों में कैद क्षितिज, पृ. 1
56. साँकलों में कैद क्षितिज, फ्लैप
57. साँकलों में कैद क्षितिज, भूमिका
58. साँकलों में कैद क्षितिज, भूमिका
59. साँकलों में कैद क्षितिज, पृ. 9
60. साँकलों में कैद क्षितिज, भूमिका
61. साँकलों में कैद क्षितिज, पृ. 14
62. साँकलों में कैद क्षितिज, पृ. 26
63. साँकलों में कैद क्षितिज, पृ. 28
64. साँकलों में कैद क्षितिज, पृ. 40
65. साँकलों में कैद क्षितिज, पृ. 43
66. साँकलों में कैद क्षितिज, पृ. 50
67. साँकलों में कैद क्षितिज, पृ. 59
68. साँकलों में कैद क्षितिज, पृ. 64
69. साँकलों में कैद क्षितिज, पृ. 67
70. साँकलों में कैद क्षितिज, पृ. 72

71. साँकलों में कैद क्षितिज, पृ. 79
72. साँकलों में कैद क्षितिज, पृ. 88
73. साँकलों में कैद क्षितिज, पृ. 91
74. साँकलों में कैद क्षितिज, पृ. 97
75. साँकलों में कैद क्षितिज, पृ. 106
76. साँकलों में कैद क्षितिज, पृ. 115
77. साँकलों में कैद क्षितिज, पृ. 126
78. साँकलों में कैद क्षितिज, पृ. 131
79. साँकलों में कैद क्षितिज, पृ. 136
80. साँकलों में कैद क्षितिज, पृ. 139
81. साँकलों में कैद क्षितिज, पृ. 139
82. एक और पहचान,भूमिका
83. एक और पहचान, पृ. 12
84. एक और पहचान, पृ. 20
85. एक और पहचान, पृ. 14
86. एक और पहचान, पृ. 23
87. सीढ़ियाँ चढ़ती हुई मैं, पृ. 43
88. एक और पहचान, पृ. 24
89. एक और पहचान, पृ. 28
90. एक और पहचान, पृ. 27
91. एक औरं पहचान, पृ. 36
92. एक और पहचान, पृ. 33
93. एक और पहचान, पृ. 40
94. एक और पहचान, पृ. 41
95. एक और पहचान, पृ. 47
96. एक और पहचान, पृ. 48
97. एक और पहचान, पृ. 60
98. एक और पहचान, पृ. 63
99. एक और पहचान, पृ. 04
100. प्रभा खेतान और उनका साहित्य – परवीन मलिक, पृ. 49

द्वितीय अध्याय

प्रभा खेतान के उपन्यासों में परिवेश

"मनुष्य द्वारा जीने के लिए किया जाता संघर्ष रचना में किस हद तक वास्तविक है, इसे साबित करने के लिए हर समर्थ लेखक जीवन और रचना के परिवेश से जोड़कर अपने दायित्व और रचना धर्म का निर्वाह करता है।"[1]

प्रभाजी के उपन्यासों से गुजरते हुए महसूस होता है कि परिवेश ही उनके लेखन की आधारशिला है। वे परिवेश से प्रेरणा पाकर युगीन सत्य से हमें रूबरू करवाती हैं।

प्रभाजी के उपन्यासों में शहरी संस्कृति का चित्रण प्रायः अधिक हुआ है। एक मात्र उपन्यास 'पीली आँधी' में ग्रामीण परिवेश की खूब झलक दिखाई देती है। प्रभाजी का जीवन कलकत्ता, दिल्ली, मुंबई, हांगकांग, अमेरिका, लंदन इत्यादि स्थानों से जुड़ा रहा है। 1987 से 1999 तक के अपने उपन्यास रचनाकाल के सभी उपन्यास अपने परिवेश का सजीव चित्रण करते हैं। 'आओ पेपे घर चले', 'एड्स', 'अग्निसंभवा' में विदेशी परिवेश है। तो 'छिन्नमस्ता', 'अपने-अपने चेहरे', 'तालाबंदी' एवं 'स्त्रीपक्ष' महानगरीय परिवेश के इर्द-गिर्द बुने गए हैं। 'पीली आँधी' ग्रामीण समस्याओं से पलायन कर शहर की ओर रोजी-रोटी कमाते मारवाड़ियों के जीवन की संघर्षमय दास्तान है। यह बड़ी अजीब बात है कि लेखिका ने आज तक राजस्थान का अपना गाँव (सुजान गढ़) नहीं देखा। लेकिन 'पीली आँधी' पढ़ते समय हम यह जरा भी अनुमान नहीं लगा सकते कि लेखिका ने कोरी कल्पना से गाँव का वह सटीक वर्णन किया होगा।

इसके अलावा समकालीन परिस्थितियों का व्यापक एवं गहन प्रभाव भी प्रभाजी के लेखन पर पड़ा। जिसमें राजनीतिक, सामाजिक, आर्थिक, धार्मिक, सांस्कृतिक आदि सभी कुछ समाविष्ट है।

1. राजनीतिक : प्रभाजी के किसी भी उपन्यास के केंद्र में राजनीति नहीं है। वे राजनीतिज्ञ कथाकार हैं भी नहीं। परंतु आज के जीवन में यह तत्त्व (राजनीति) इस कदर छाया है इसने सभी को ग्रस लिया है कि इससे बचकर कोई जीवन जिया नहीं जा सकता है, न ही कोई रचना हो सकती है। अस्तु, प्रभा खेतान में भी इसी सहज अनिवार्यता के चलते राजनीति आयी है जो उपन्यासों का न कारण बनती है न परिणाम।

परंतु परिस्थिति व गति का प्रमाण तो बनती ही है।

'पीली आँधी' उस समय की कहानी है जब भारत ब्रिटिश उपनिवेशवाद का शिकार था और राजस्थान परिवहन सिंचाई और शिक्षा से वंचित था। वहाँ की जनता सामंती अत्याचारों से परेशान थी। राजा रजवाडे विलासी बनकर प्रजा को लूट रहे थे। किसी की न संपदा सुरक्षित थी न इज्जत-आबरू। बनियों के परिवार उनके आतंक से बचने के लिए बंगाल, बिहार पहुँचकर अपना भाग्य गढ़ने का प्रयत्न कर रहे थे। इन बातों का खुलासा गाँव की राजनीति में चित्रित हुआ है।

'अग्नि संभवा' में चीन की राजनीतिक समस्या को पात्र वुंग के माध्यम से बताया गया है। चीन पर अमेरिका, हांगकांग एवं रूस का दादागिरी के साथ गोरी जाति के शोषण की तथा पीपल्स रिपब्लिक आफ चाइना के टूटते ख्वाबों का वर्णन है। चीनी क्रांति गोर्बाचेव कम्युनिस्ट निरंकुशता सूडो जनतांत्रिक अलगाववाद इत्यादि का उदाहरण देकर प्रभाजी ने चीन की राजनीतिक उठापटक का ब्यौरा कभी पात्र वुंग के पत्रों के माध्यम से तो कभी वीडियो फिल्म द्वारा दिया है। प्रभाजी स्पष्ट रूप से उस क्रांति को समझा पाने में असफल रही हैं। उनकी उपन्यास नायिका आई.वी. के संघर्ष की अनूठी दास्तान है। लगता है 60 पृष्ठों के उपन्यास में 12-13 पृष्ठ इस राजनीतिक परिवेश से निकाल भी दिए जाएँ (जिन्हें 1-2 पृष्ठों में समेटा जा सकता है।) तो मूल कथानक को कोई फर्क नहीं पड़ता।

'आओ पेपे घर चलें' में दक्षिण अफ्रीका में गोरों के आतंक की समस्या को उठाया है। नीग्रो श्वेत जाति से नफरत करते हैं कही एकांत में श्वेत महिला मिलते ही उस पर बलात्कार करने से बाज नहीं आते। रंगभेद के आधार पर श्वेतों-अश्वेतों में बँटे अफ्रीकी समाज में गोरों के हिस्से सुख-सुविधा और संपन्नता आती है तो अश्वेतों के हिस्से हीनता का अंकन सूक्ष्मता से किया गया है।

'स्त्रीपक्ष' में इंदिरा गाँधी द्वारा लगाई इमरजेंसी, उनकी हत्या, राजीव गाँधी का प्रधानमंत्री बनना, नक्सल आंदोलन, बंगाल में वामपंथ की सरकार बनने से आतंकवाद की कमी, राजीव गाँधी की हत्या, नरसिंह राव की कमजोर आँकड़ोंवाली सरकार की मजबूती से बनने का वर्णन, मनमोहन सिंह की उदारीकरण की नीति पर बहस है। ये तमाम राजनीतिक बातें कथानक को आगे बढ़ाने में स्पेस का काम करती हैं। एक उदाहरण :

'स्त्रीपक्ष' की वृंदा का विवाह टूटने की कगार पर था। माँ ने और सास ने उससे कुछ काम करने की सलाह दी सिलाई-कढ़ाई या और कुछ नहीं तो बुटिक ही खोल लो। इस बातचीत के समाप्त होते ही प्रभाजी का पैराग्राफ — "यह 1992 का दिसंबर का महीना था और इसी महीने में बाबरी मस्जिद को तोड़ा गया था एक भारी बदलाव की आशंका से वृंदा सहम उठी।"[2]

'एड्स' उपन्यासिका में प्रभाजी के अमेरिका प्रवास के दौरान प्लेन में यादों के

धुँधलके में "1990 के खाड़ी-युद्ध में कितने लोग मरे, कितने का नुकसान हुआ, रेत की आँधी में कोई देख नहीं पाया। नेपम बनाने वालों ने पहले नेपम बेचा फिर उसका प्रयोग सिखाया और बाद में खुद नेपम बरसाया। यह युद्ध क्यों ? साधारण पुरुष और विशिष्ट पुरुष। साधारण सिपाही मरता हुआ। विशिष्ट पुरुष दुनिया की सुर्खियों में चमकता हुआ। चाहे बुश हो या सद्दाम अपने-अपने देश की जनता के भाग्य विधाता, ये लोग हैं इनकी अमरावती का सिंहासन कभी खाली नहीं हो सकता। कभी नहीं। लड़ते रहेंगे, हमेशा नेपम नर्व गैस गोला बारूद बरसते रहेंगे। लड़ाई पहले पारंपरिक थी, फिर परंपरा के विकास में एक और कड़ी की तरह जुड़ गई।"[3]

इसी उपन्यास में प्रभाजी उद्योग के सिलसिले में देश-विदेश जाती हैं, उपन्यास में वे वैश्विक धरातल पर व्यापार की राजनीति पर प्रकाश डालते हुए कहती हैं — "तुम चाहे अमेरिकन हो या जर्मन, तुम सब एक हो। वही गोरी चमड़ी वाले लुटेरे। दुनिया को दहलाकर रख दिया। तुम्हें अपने लिए सब कुछ चाहिए। तुम इस धरती की पचहत्तर प्रतिशत ऊर्जा खा जाते हो और ऊर्जा की बचत कैसे की जाय, हमारे जैसे गरीब देशों को सिखाने चले आते हो।"[4]

युद्ध की राजनीति से अमेरिका के बाजार में भयंकर मंदी थी कोई कुछ खरीद नहीं रहा। प्रभाजी चिंतित हैं कि आर्डर न मिलने से उनकी फैक्ट्री को कितना नुकसान होगा।

इस प्रकार प्रभाजी ने राष्ट्रीय-अंतरराष्ट्रीय स्तर पर चलने वाली राजनीति को अपने कथ्य में विश्लेषित कर युद्ध की विभीषिका, हिंदू-मुस्लिम संघर्ष सत्ता परिवर्तन इत्यादि सामयिक विषयों का विवेचन संजीदगी के साथ किया है।

2. सामाजिक : राजनीति यदि प्रभाजी के साहित्य का प्रमाण भर है तो सामाजिक परिवेश उनके कथा-संसार का प्रमुख नियामक है। समाज में ये स्थितियाँ न होतीं तो ये उपन्यास न लिखे जाते या लिखे जाते तो ऐसे न होते।

'आओ पेपे घर चलें' में अमरीकी औरत के जीवन के सच को उकेरा गया है। सत्तर वर्षीय आईलिन दो मृत पति और पाँच प्रेमियों की यादों से जीवन का एकाकीपन काट रही है। उसका एकमात्र प्रिय कुत्ता पेपे है जिससे वह अपने दिल की बात कहती है। भोग-विलास में डूबी अमरीकी औरत भीतर से कितनी अकेली असहाय और पीड़ित है इसका चित्रण उपन्यास में गहरी संवेदनशीलता से किया गया है। इससे गुजरते हुए लगता है कि विश्व संदर्भ में नारी की स्थिति भारत की नारी से भिन्न नहीं है। इस प्रकार वैश्विक धरातल पर पारिवारिक विघटन, उच्चवर्गीय जीवन के अंतर्विरोध, बाहर और भीतर के जीवन का तनाव, नकली जिंदगी, पति-पत्नी की टकराहट रोते-बिलखते बच्चे, डॉलर कमाने की भूख से उत्पन्न संवेदनशून्यता की पीड़ा व दर्द का अनुभव प्रभाजी ने बड़ी ही खूबसूरती से किया है। 'एड्स' उपन्यासिका में पत्नी और दोस्त की बेवफाई और उससे उत्पन्न एड्स बीमारी से ग्रस्त लाचार पत्नी की पीड़ा और शर्मिंदगी

को लेखिका ने बड़ी गहराई से प्रस्तुत किया है, पति का पत्नी प्रेम अनूठा है। इस प्रेम के एहसास के साथ-साथ उसे यह भय भी सता रहा है कि कहीं उसे यह खतरनाक एड्स की बीमारी न लग जाए। इसी भय के कारण वह किसी अन्य स्त्री से जुड़ नहीं पाता। रिश्तों की ऐसी ईमानदारी पर प्रभाजी कहती हैं : "मन किया कि उसके चेहरे को दोनों हथेलियों में भर लूँ मगर ? नहीं मुझे उस पर दया नहीं आयी। बस एक स्त्री की चाहत थी तब मुझे समझ में आया कि उससे समाज ने जिंदा रहने का हक छीन लिया है, और उसकी कब्र का स्थान भी निश्चित कर दिया गया है। वह कहीं नहीं जा सकता। न केवल समुद्र के रेतीले किनारे न सीपियों के मुँह पर फैली हुई झाग और न खुली हुई आँखों से सूनी आँखों से निहारती हुई कँटीली झाड़ियाँ... नहीं किसी को उसकी जरूरत नहीं। पीड़ा बस चारों और केवल नंगी पीड़ा का जंगल है। लेकिन क्यों ? और उसके पास तो तेजधार वाला चाकू है जिससे वह सब कुछ काट सकता है फिर भी अपनी पीड़ा क्यों नहीं काट पाता ?"[5]

'अग्निसंभवा' में चीनी समाज को बतलाने की चेष्टा की है। स्त्री की स्थिति और उसके संघर्ष परिवार की टूटन एवं रोजगार से देश छोड़कर हांगकांग में रोजी-रोटी कमाने निकली नायिका आई.वी. के माध्यम से चीनी महिला के आत्मसम्मान और स्वाभिमान की सच्चाई का अंकन किया है।

'छिन्नमस्ता', 'अपने-अपने चेहरे', 'तालाबंदी', 'पीली आँधी', एवं 'स्त्रीपक्ष' उपन्यासों में मारवाड़ी समाज में आनेवाले परिवर्तनों से उत्पन्न संघर्ष और पीड़ा का चित्रण है। मारवाड़ी संयुक्त परिवार के उद्योगपतियों का आंतरिक जीवन, टूटते संयुक्त परिवार, पिता-पुत्र, पति-पत्नी और पारिवारिक संबंधों में तनाव का बखूबी वर्णन प्रभाजी ने किया है। भौतिक समृद्धि एवं संवैधानिक अधिकार ने मारवाड़ी स्त्री की जीवनशैली को परिवर्तित कर दिया है। आर्थिक सुरक्षा की माँग करती यह स्त्री अपनी पारंपरिक जीवन शैली से निजात पाना चाहती है। शिक्षा के प्रसार-प्रचार ने उसे एक नवीन दृष्टि प्रदान की है। अब उसकी दुनिया अचार, पापड़, मूँगोड़ी, सिलाई-कढ़ाई तथा तीज त्यौहार तक सीमित नहीं है। वह अपनी अस्मिता की खोज में घर से निकल पड़ी है।

बहुविवाह का विरोध, अनमेल विवाह, दहेज विरोधी, कानून परिवार नियोजन के कानून से वह बावस्ता है इन सबका प्रभाव उसके चिंतन एवं रहन-सहन पर गहराई से पड़ता है। सामंतकालीन अत्याचार के खिलाफ वह मोर्चा (पीली आँधी) लेकर डटी है। इसके अतिरिक्त मजदूर निम्नवर्ग (छिन्नमस्ता, तालाबंदी) गरीबी, बेरोजगारी, बढ़ती जनसंख्या की समस्या, वृद्धावस्था से उत्पन्न समस्या (पीली आँधी) की सामाजिक पृष्ठभूमि प्रभाजी के उपन्यासों के केंद्र में है। विवाह का परिवर्तित रूप इतना विकृत हो गया है कि समाज के खोखलेपन का प्रमाण बन गया है। 'अपने-अपने चेहरे' की रीता, 'पीली आँधी' की बड़ी भाभी इन बंधनों से छटपटा रहे हैं। उनके लिए विवाह उत्तरदायित्व के नाम पर बच्चों के पैरों की बेड़ी बनकर रह गया है।

3. आर्थिक परिवेश : प्रभाजी के दो मुख्य विषय हैं सेक्स एवं अर्थ। इन दो धुरियों पर उनके लगभग सभी उपन्यास चक्कर लगाते हैं। मार्क्सवादी विचारधारा से प्रभावित प्रभाजी एक ऐसे समाज का निर्माण करना चाहती हैं जहाँ समाजवाद हो। न कोई गरीब न कोई अमीर। मालिक नौकर के बीच एक मानवीय रिश्ता रहे। प्रभाजी के उपन्यासों में व्यापारिक सौदेबाजी के बीच भी एक इंसानी रिश्तों की गूँज-अनूगूँज सुनाई पड़ती है। इसका कारण शायद बचपन से ही आर्थिक अभाव को झेलकर बड़ी हुई प्रभाजी को अर्थ की महत्ता का भान हो गया था। उनके हृदय में सदैव शोषितों के प्रति एक करुण भावना रही जिसे हम तालाबंदी के श्याम बाबू के मजदूर हितों में, छिन्नमस्ता की प्रिया में दाई माँ के प्रति, 'पीली आँधी' की सोमा में चंद्रा के प्रति देख सकते हैं।

'आओ पेपे घर चलें' की आइलिन शोषित प्रभा को अपने घर में पनाह देती है और गाहे-बगाहे उसकी मदद भी करती है। विदेशी धरती पर जितना डॉलर कमाओ उतना ही कम है परंतु होशियार व्यक्ति वही है जो 50 डॉलर को 50 लाख में परिवर्तित करने की कला जानता है। ये गुर उसे आइलिन एवं कैथी सिखाती है।

'पीली आँधी' में प्राकृतिक प्रकोप के कारण पड़े अकाल से उत्पन्न महँगाई, गरीबी का वर्णन किया गया है। राजस्थान में वैसे भी पानी की कमी है। प्यास बुझाने के लिए लोग गन्ने गंडेरी चूस लेते या दो घूँट छाछ पीकर गला तर कर लेते। राजस्थान के बनिये अधिक पैसा कमाने के लिए घर में खुशहाली, गाँव में दान-दहेज हेतु दिसावरी को निकल पड़ते। इस तरह अपने प्रदेश को सुख समृद्ध करने हेतु व्यापारी अपने गाँव कस्बों से दूरदराज सालोंसाल भटकते हुए धन की तिजोरियाँ लिए अपने घर पहुँचते हैं।

1835-50 के बीच का काल छपनिया का अकाल के नाम से जाना जाता है इसका वर्णन प्रभाजी ने एक मात्र 'पीली आँधी' में किया है। मारवाड़ी समाज का अपनी पूरी जीवंतता के साथ ऐतिहासिक परिप्रेक्ष्य में उस युग का सामाजिक एवं आर्थिक चित्रण प्रस्तुत किया है। किसान मजदूरों के प्रति सहानुभूति, जिसे हम प्रेमचंद के कथा-साहित्य में देखते हैं, लगभग वैसा ही भाव प्रभाजी के उपन्यासों में दिखलाई पड़ता है। शोषण की यथार्थ दृष्टि के साथ-साथ उस शोषण के प्रति विद्रोह एवं एक नवीन समाज की परिकल्पना प्रभाजी का इष्ट है, जहाँ भूखों कोई न मरे, अर्थ का अभाव न हो।

4. धार्मिक परिवेश : भारतीय हिंदू समाज जन्म से लेकर मरण तक धार्मिक संस्कारों से जकड़ा हुआ है। परिवर्तन के दौर में जहाँ राजनीतिक, सामाजिक, आर्थिक मान्यताओं में बदलाव आया है तो भला धर्म इससे अछूता कैसे रह सकता है। प्रभाजी सीमोन बोउवार से प्रभावित हैं इसीलिए धर्म के प्रति उनकी कोई विशेष रुचि नहीं है। प्रायः उनकी नायिकाएँ धार्मिक कर्मकांड से दूर रहती हैं। पूजा-पाठ, व्रत, उपवास की चर्चा 'पीली आँधी' एवं 'अपने-अपने चेहरे' में की गई है। 'अपने-अपने चेहरे' की मिसेज गोयनका मंगलवार का व्रत करती है। इतना मात्र संकेत प्रभाजी ने किया है।

उन्हें मंदिर जाने या प्रार्थना आरती करते नहीं देखा, हाँ भागवत का पाठ सुनकर उन्हें अवश्य शांति मिलती है किंतु इसका आयोजन वे अपने घर पर कभी नहीं करतीं। सहेलियों के यहाँ से जब इस तरह के पाठ का बुलावा आता है तो प्रसाद लेने पहुँच जाती हैं। 'पीली आँधी' की सोमा बी.ए. पास है उसे ये कर्मकांड (पूजा-पाठ) ढकोसले लगते हैं। ब्याह के बाद ताई सास के आदेश पर वह करवा चौथ का व्रत करती है लेकिन निर्जला नहीं सुबह उठते ही उसे चाय चाहिए। ताई सास की नाराजगी की उसे परवाह नहीं। उपन्यास में करवा चौथ की पूरी कथा का वाचन विस्तार से किया गया है। करवा चौथ व्रत के महत्त्व को बताया गया है, कहनेवाले सुनने वालों को हुंकारा भरने वालों को अपने सारे परिवार को ताई जी कह रही थी – "हे चौथ माता जैसा साहूकार की बेटी को सुहाग दिया वैसा सुहाग सबको देना।"[6]

'आओ पेपे घर चलें' की प्रिया गले में सोने की चैन में हनुमानजी का लॉकेट डाले रहती है। जब भी विपत्ति आती वह हनुमान जी का स्मरण मात्र करती।

'तालाबंदी' के श्याम की माँ अपने बेटे की सफलता हेतु प्रार्थना करती : "हे मेरी सती दादी मेरा लंगड़िया बाबा हनुमानजी थे साग चालियो, मेरे लाल की थेई रक्षा रक्षा करेगा।"[7]

प्रभाजी के उपन्यासों में मारवाड़ी जाति के धार्मिक कांडों में — गाँव में भागवत बचवाना, भंडारा करना, ब्रह्मपूरी एवं हेडी करवाने के रिवाज एवं बड़े बुजुर्ग के स्वर्गवास पर सात गाँव के लोगों को बुलाकर ब्रह्मपूरी (श्राद्ध) करवाने का वर्णन मात्र 'पीली आँधी' उपन्यास में आता है।

विदेशी पृष्ठभूमि में लिखे उपन्यास 'आओ पेपे घर चलें', 'एड्स', 'अग्निसंभवा' के विदेशी लोग किसी काम को ऊपर वाले के भरोसे नहीं छोड़ते। ये लोग परिश्रम में विश्वास रखते हैं। काम ही उनकी पूजा है किसी भी प्रकार कामचोरी नहीं है। चर्च जाकर पूजा करना अपने त्यौहारों को पूरे सम्मान के साथ मनाना कायदे-कानूनों को मानने में यह लोग भारतीयों से अधिक दृढ़ निश्चयी हैं। 'अग्निसंभवा' की चीनी महिला 'आई. वी.' वैचारिक मतभेद के बावजूद 25 दिसंबर क्रिसमस दिवस पर अपनी भारतीय सहेली प्राफा को 'मेरी क्रिसमस' कहना नहीं भूलती। 'आओ पेपे घर चलें' की सत्तर वर्षीय आइलिन ने इकत्तीस दिसंबर को सुबह से ही सजना शुरू कर दिया। 1 जनवरी नया साल का उनके धर्म में विशेष महत्त्व है। "उसने अपनी लटें अलग-अलग रंगों में रंगीं। दस उँगलियों के नाखूनों में दस रंग की नेल पालिश। साथ में घूमने छोटा स्पैनियल जाएगा। टॉमी के भी बाल रंगे गये।"[8]

प्रभाजी को वह डिजनी लैंड ले गई वहीं खाना खाया। रात को आठ बजे से पटाखों का शोर शुरू हुआ। प्रभाजी ने भारत में कभी ऐसी दीवाली नहीं देखी थी। आइलिन की जिद थी रात बारह बजे तक जागना होगा, नये साल का स्वागत करेंगे। "आइलिन ने सारे घर की बत्तियाँ जला दीं और रेकार्ड चला दिया।"[9]

वह प्रभा के साथ डांस करने लगी। रात ढाई बजे तक वह शैंपेन पीती रही। सड़क पर चहल-पहल थी। हर अजनबी हैप्पी न्यू इयर बोल रहा था। प्रभाजी ने इसका विस्तृत विवरण इस एक मात्र उपन्यास में दिया है। 'एड्स' में किसी धार्मिक अनुष्ठान की चर्चा नहीं है।

5. सांस्कृतिक परिवेश : संस्कृति मनुष्य व समाज के बाहरी व्यक्तित्व से इतर एक अंतश्चेतना होती है और इसे समझना खास तौर पर साहित्य के परिप्रेक्ष्य में नितांत आवश्यक है। यही संस्कृति मनुष्य को जानवर से अलग करती है। बाबू गुलाबराय ने संस्कृति के विषय में कहा है : "संस्कृति शब्द का संबंध संस्कार से है जिसका अर्थ है संशोधन करना उत्तम बनाना।"[10]

वहीं हजारी प्रसाद द्विवेदी संस्कृति के विषय में लिखते हैं : "आर्थिक व्यवस्था, राजनीतिक संगठन, नैतिक परंपरा और सौंदर्य बोध को तीव्रतर करने की योजना ये सभ्यता के चार स्तंभ हैं पर इन सबके सम्मिलित प्रभाव से संस्कृति बनती है।"[11]

इन दोनों विद्वानों के मतानुसार एक खास बात समझ में आती है कि संस्कृति में परिष्कार और परिमार्जन ही वे मूल तत्त्व हैं जो इसे सभ्यता से अलग करके मौलिक स्वरूप में स्थापित करते हैं। संस्कृति जैसी शाश्वत प्रक्रिया का अर्जन समाजीकरण द्वारा ही संभव है।

प्रभाजी के उपन्यासों के परिवेश में विदेशी एवं भारतीय संस्कृति की झलक देखते ही बनती है। भारतीय संस्कृति का अखंड भंडार ग्राम ही है। ग्रामीण संस्कारों में आज भी संस्कृति के रूप देखे जा सकते हैं। लेकिन नगरों से प्रक्षेपित सभ्यता के कारण वहाँ की संस्कृति का मौलिक रूप क्षत-विक्षत होने लगा है। ग्लोबल दुनिया के धक्कों से एक नवीन संस्कृति सिर उठा रही है। प्रभाजी के उपन्यासों में इन परिवर्तनों को देखा जा सकता है।

1. विदेशी सांस्कृतिक परिवेश : 'आओ पेपे घर चलें', 'अग्निसंभवा', 'एड्स' इन तीनों उपन्यासों का ताना-बाना अमेरिका, हांगकांग कोरिया की धरती पर बुना गया है। स्वाभाविक है कि उस परिवेश में गूँथे इन उपन्यासों के कथानक उस परिवेश से अछूते कैसे रहते। 'आआ पेपे घर चलें' विदेशी भूमि की जिंदगी है जो हमारे समक्ष वहाँ की दौड़ती भागती फास्ट लाइफ पर प्रकाश डालती है। अमेरिकी समाज का प्रत्येक स्त्री-पुरुष सुबह से शाम तक अपनी रोटी कमाने के चक्कर में तेज भाग रहा है। रफ्तार की कमी मानो असफलता का सूचक है। सत्तर वर्षीय आइलिन सौ की स्पीड से गाड़ी चलाती है। गाड़ी चलाते-चलाते वह अपने बालों को सँवार लेती है, क्लिप लगाती है, गालों पर क्रीम पफ फेरना नहीं भूलती। चालीस वर्षीय मरील की फुर्ती भी देखते ही बनती है। ब्यूटी क्लिनिक में स्त्रियों के साथ पुरुष भी काम करते हैं। विदेशों में ब्यूटी क्लिनिकों की एक पूरी दुनिया है। जिसमें लाखों लोग रोजी-रोटी कमा रहे हैं। स्टेटस सिम्बल के लिए 'एड्स' की कुकु भी पाँच लाख रुपये खर्च करने पर फेस लिफ्टिंग

करने वियाना जाने का विचार कर रही है। व्यक्तिगत दु:खददों के लिए किसी के पास वक्त नहीं है। कुकु का पति शराब के नशे में धुत्त होकर कुछ समय के लिए अपना दुख भूल जाता है। सुबह फिर काम पर जाने के लिए तरोताजा हो जाता है। 'अग्निसंभवा' की आई.वी. अपने काम में इतनी मस्त है, व्यस्त है कि खाना-पीना भी भूल जाती है। महत्वाकांक्षी इतनी है कि दिन के 18 घंटे काम करके भी वह खुश नहीं। ताजा खाना और स्वाद इनके लिए उतना जरूरी नहीं। आइलिन सप्ताह में तीन बार खाना बनाती बाकी के दिनों में फ्रिज से ठंडा खाना निकालकर गर्म कर लेती। विटामिन, प्रोटीन की कमी ये लोग गोलियाँ खाकर पूरी कर लेते हैं। पति के साथ खूँटे से बँधकर रहने की संस्कृति इनकी नहीं है। परित्यक्ता मरील अपने पति के लिए कहती है : "भाग गया साला किसी 20 बरस की लड़की को लेकर। कोर्ट का दरवाजा खटखटाने पर आज कल हजार डॉलर महीने भेजता है। बास्टर्ड।"[12]

तलाकशुदा क्लारा ब्राउन का विवाहित डॉ. डी के साथ प्रेम संबंध है जो वहाँ की संस्कृति में अनैतिक नहीं है। इसीलिए उन समाजों में नैतिकता का ढिंढोरा नहीं पीटा जाता। दुराव-छिपाव से कुकृत्य नहीं होते।

'आओ पेपे घर चलें' की कैथी और 'एड्स' की कुकु के लिए पति का घर सँभालना उनके जीवन का लक्ष्य न होकर पति को परेशान करना है। पति के विषय में कैथी के विचार – "बिना परेशान किए उसके पौरुष का दर्प नहीं टूटेगा।"[13]

सत्तर वर्षीय आइलिन के व्यक्तित्व के बारे में प्रभाजी कहती हैं : "कद पाँच फीट के करीब, इकहरा बदन, लाल बया का घोंसला, सर पर कानों में सोने के बड़े-बड़े कुंडल, गले में सोने की आठ-दस रकम की लड़ियाँ, बायीं हथेली की चारों उँगलियों में अँगूठियाँ, दायें हाथ में केवल मध्यमा में तीन नग, गले में सुर्ख लाल स्कार्फ, झुरियों से भरे चेहरे के ऊपर दो दिपदिपाती नीली आँखें मस्कारा और काजल से भरी हुई।"[14]

यदि भारतीय सत्तर वर्षीय महिलाएँ ऐसा करें तो बूढ़ी घोड़ी लाल लगाम की उपाधि पा जाएँ। विदेशी संस्कृति में टूटते परिवारों को जोड़ने के लिए कोई हंगामा नहीं है। 'एड्स' का नायक पत्नी की बेवफाई से नाराज नहीं है। वह उसे माफ कर देता है। 'अग्निसंभवा' का शिव बीमार पत्नी को छोड़ देता है। लेकिन वह कुछ नहीं कहती। 'अग्निसंभवा' की आई. वी. अपनी सारी कड़वाहट भुलाकर अपने बॉस मि. शिव के बेटे को गोद ले लेती है। विदेशी संस्कृति का वर्णन प्रभाजी ने बारीकी से किया है। नए वर्ष की पार्टी, डांस, शैंपेन, मनोरंजन के नाम पर ड्रामा शो इत्यादि का वर्णन उनके जीवन मूल्यों की परिभाषा और जीवनदर्शन की झलक दे जाता है।

भारतीय संस्कृति : प्रभाजी ने शहरी एवं ग्रामीण दोनों संस्कृतियों को अपने कथानक में समाहित किया है। ग्रामीण परिवेश एकमात्र उपन्यास 'पीली आँधी' में वर्णित है अन्यत्र नहीं।

गाँवों में मनाए जाने वाले उत्सव त्यौहार में हमारी संस्कृति जीवित है। विवाह

के अवसर पर सास अपनी बहू को सिल्क के घाघरे, पीले पोमचा लहरिया, सतरंगियाँ ओढ़नी जिस पर कारचोबिले का काम होता, बेलबूटी लगी होती, रंग-बिरंगी अंगियों की बाँहों में चौड़ा गोठ किनारा रहता। चढ़ावी सच्चे मोतियों का हार बोरला, लाल चूड़ा, सोने मीने की पघेली, जड़ाऊ नथ देकर बींदणी का स्वागत किया जाता। लोक गीत गाये जाते। घर में यदि कोई वृद्ध मरता तो उसका श्राद्ध खूब धूमधाम से किया जाता। पूरा उत्सव-सा समां बँध जाता। सात गाँव के लोग जीमने आते। दाहकर्म से लेकर तेरहवें दिन तक सारे कारज सांस्कृतिक पक्ष को उजागर करते हैं। मारवाड़ी बनिये दिसावरी से लौटते तो कुएँ खुदवाते जिस दिन पहली बार कुएँ में पानी निकलता तो सारा गाँव उमड़ आता। सूखे रेगिस्तान में जल की धारा अमृत के समान होती और लगड़ियाँ बाबा के नाम पर राती जुगा होता।

'पीली आँधी' में इसका वर्णन है। "चूरमें का प्रसाद किया गया.... कोई दो सौ आदमियों को तो जीमने बुलाया गया था। कुएँ की सारण ढालू रखी गई ताकि बेचारे बैलों को मेहनत कम पड़े।"[15]

"कुएँ के पास की बाड़ी में हरी साग सब्जी होती। रानी दादी तो बिचारी जात की भंगन ठहरी, कभी कुएँ के ऊपर नहीं चढ़ी, नीचे बनी खोलों से ही पानी ले जाती या फिर खास बना गढ़ाइयों में ही अपनी पीतल की चमकती हुई गोल कलसी डुबाती। सवेरे-सवेरे माली काका पानी खींचने के लिए बैलों को जोत देते और भजन गाते। सुनकर मन निहाल हो जाता। शाम को हेली के पिछवाड़े सारा गाँव जमा हो जाता। मेला लग जाता।"[16]

इन छोटी-छोटी खुशियों के अतिरिक्त अनेक ऐसे कारण हैं जो लोकाश्रित हैं जिन्हें सही-गलत के पचड़े में पड़े बिना निभाना होता है। ऐसे कितने ही लोकाचार ग्रामीण संस्कृति के परिचायक हैं। जैसे किसी जलसे में रानी साहिबा ने सेठानी के गले में पड़ा सच्चा मोती का सतलड़ा हार देखकर पूछ लिया "कहाँ से मँगवाया है।" इसका तात्पर्य यही है कि रानी साहिबा की नजर उस हार पर है और मन मार कर सेठजी उस सतलड़े हार को रानी साहिबा के नजराने में भिजवा देते।

इसके अतिरिक्त टोने-टोटके रूढ़ियों का उल्लेख हम न करें तो सांस्कृतिक परिवेश अधूरा रह जाएगा। 'पीली आँधी' के माधो के ब्याह के तीसरे फेरे में बीनणी बेहोश होकर गिर पड़ी। पंडित जी का मंत्र आधा ही पढ़ा गया। औरतों ने उसे घेर लिया उसे मिरगी का दौरा पड़ा था। मुँह से झाग निकल रहे थे लेकिन उसकी बीमारी छिपाने के लिए लड़की वाले ने कहा – "बिनणी को नजर लग गई।"[17]

किसी ने पूछा मुँह से झाग क्यों निकल रहा है। यह सुनते ही लड़की की माँ ने रोना शुरू कर दिया। अरे मेरी छोटी पर जिठानी ने टोटका कर दिया रे.. ऐसा घर वर तो किसको सुहाता है और वह तो ढाका में रहती है। काला जादू जानती है।"[18]

तब एक जोर से कड़कती हुई आवाज थी : "जा पूछ तेरी सगी से, बींद की

माँ बनकर बैठ गई, भूल गई मुझे एकदम भूल गई। 19 और फिर इस नाटक की समाप्ति एक लाल ओढ़ना और तिल देकर की गई। ये कुसंस्कार और अज्ञानता ग्राम जीवन के अविभाज्य पहलू हैं।

शहरी संस्कृति : 'छिन्नमस्ता', 'अपने-अपने चेहरे', 'तालाबंदी', 'स्त्रीपक्ष' इन चारों उपन्यासों का परिवेश महानगरीय है।

प्रभाजी ने अपने इन उपन्यासों में जिस शहरी संस्कृति को लिया है उसके साथ पूरा न्याय किया है। पाठक को कभी नहीं लगता वहाँ कुछ छूट गया है या उसने उस मिट्टी की गंध को नहीं महसूस किया है। सभी उपन्यासों में परंपरावादी, रूढ़िवादी समाज, मारवाड़ी समाज को कथा का आधार बनाया गया है। 'पीली आँधी' में कंटेट कथावस्तु वही है मात्र परिवेश भिन्न है।

'तालाबंदी' उपन्यास में लेखिका हमें घर की चार-दीवारी से उठाकर व्यापार की दुनिया में ले जाती है। श्याम बाबू निम्न वर्ग के हैं और उस समाज की दयनीयता और मालिकों के प्रति हाँ जी हाँ जी चापलूसी स्पष्ट झलकती है। पिता ताउम्र मालिक की जी हजूरी कर मर गए। श्याम बाबू दो कमरों में रहना नहीं चाहते वे सोचते हैं — बरामदे को चौका बनाया हुआ था। पाखाना, नहानघर सब साँझे के। बाड़ी में रात-दिन आपस में किच-पिच बच्चों की चिल्ल पों। [20]

यही घर उनके परिवार की स्थिति एवं परिवेश को व्यक्त करता है। श्याम बाबू ने अपनी लगन से इस गरीबी से उबरकर एक ऐसे घर का निर्माण किया जो उनकी संपन्नता के अनुकूल था। परंपरावादी भारतीय घरानों में यूँ भी बेटों का अस्तित्व अधिक महत्त्व रखता है। श्याम बाबू पैदायशी रईस नहीं थे। रईसी उनके खून में नहीं थी। वे देख रहे थे मारवाड़ी घरों में भाइयों के झगड़ों में टूटते व्यापारिक संबंध इसीलिए उन्होंने अकेले ही व्यापार करने की ठानी। अपने मैनेजर अजित से वे कहते हैं कि — "मुझे सर सर कहने वाला चमचा नहीं चाहिए, शार्गिद चाहिए।"[21] इसी संस्कारजन्य विनम्रता के कारण श्याम बाबू ने उन्नति की लेकिन इसके विपरीत उनका बेटा पप्पू पूरी तरह व्यावहारिक और यथार्थवादी है। वह इसी उम्र में समझता है कि उसकी बुआ और उसका बेटा एक स्वार्थ के लिए बाप के इर्द-गिर्द चक्कर लगा रहे हैं। अपने बेटे के बदलते मूल्यों के मूल में श्याम बाबू उसे करोड़पति के अकेले बेटे के रूप में तसव्वुर करते हैं। इस प्रकार तालाबंदी का सांस्कृतिक जगत, परंपरागत घराने से व्यावसायिक जगत की यात्रा करता हुआ अव्यवस्था में व्यवस्था की ओर लौटता है। फैक्ट्री को बचाने के लिए ही फैक्ट्री पर तालाबंदी का बोर्ड लगाकर व्यापारिक जगत की दाँव-पेंच को दर्शाता है। इस तरह प्रभाजी इस उपन्यास में नवीन सामाजिक व सांस्कृतिक मूल्यों की स्थापना करने में सफल हुईं।

'छिन्नमस्ता', 'अपने-अपने चेहरे', 'स्त्रीपक्ष' उपन्यासों के संयुक्त परिवार में स्त्रियों के बनते बिगड़ते रिश्तों की टकराहटों की दास्तान है। 'छिन्नमस्ता' भारतीय रूढ़िग्रस्त

समाज की सच्ची तस्वीर प्रस्तुत करता है। उच्च मध्य वर्ग की स्त्री का अपनी अस्मिता को बचाए रखने का बोल्ड प्रयास प्रभाजी ने किया है। मासिक धर्म रूढ़िवादी संस्कृति में एक अपवित्र कृत्य समझा जाता है। प्रिया अपनी बहन सरोज के साथ मिलकर इस छुआछूत के विरुद्ध आवाज उठाती है। यह प्रिया का दूसरा विद्रोह था अपने ससुर की दूसरी पत्नी और बेटी को स्वीकारना क्योंकि उसने बचपन में ही अपनी दूसरी मामी को दूसरी औरत होने की यंत्रणा को भोगते देखा था। हमारी संस्कृति दूसरी औरत रखने का निषेध करती है।

प्रिया का तीसरा विद्रोह पति की अमानवीयता से बार-बार प्रताड़ित होकर व्यवसाय की दुनिया में कदम रखना था। हमारे समाज में हमारी संस्कृति में स्त्री के उत्कर्ष से जलनेवाला सबसे पहला प्राणी उसका पति ही होता है। इन सामाजिक विकृतियों को, सांस्कृतिक बनावटों को तोड़-मरोड़कर प्रिया ने अपना नया जीवन शुरू किया। मनचाहा मुकाम हासिल किया। इस प्रकार प्रभाजी ने अपने उपन्यासों में सांस्कृतिक संदर्भों के एक विस्तृत फलक के चित्रण द्वारा समाज से एक नजदीकी रिश्ता स्थापित करने की चेष्टा की है।

संदर्भ

1. आज की हिंदी कहानी – डॉ. धनंजय वर्मा, पृ. 66
2. 'स्त्रीपक्ष', जनसत्ता सबरंग 6 जुलाई 2000, पृ. 20
3. 'एड्स', 'आज' पूजा वार्षिकांक, पृ. 65
4. 'एड्स', 'आज' पूजा वार्षिकांक, पृ. 65
5. 'एड्स', 'आज' पूजा वार्षिकांक, पृ. 84
6. पीली आँधी, पृ. 185
7. तालाबंदी, पृ. 23-24
8. आओ पेपे घर चलें, पृ. 63
9. आओ पेपे घर चलें, पृ. 64
10. भारतीय संस्कृति की रूपरेखा – बाबू गुलाबराय, पृ. 3
11. अशोक के फूल – डॉ. हजारीप्रसाद द्विवेदी, पृ. 81
12. आओ पेपे घर चलें, पृ. 24
13. आओ पेपे घर चलें, पृ. 133
14. आओ पेपे घर चलें, पृ. 10
15. पीली आँधी, पृ. 7
16. पीली आँधी, पृ. 7
17. पीली आँधी, पृ. 60
18. पीली आँधी, पृ. 60
19. पीली आँधी, पृ. 61
20. तालाबंदी, पृ. 21
21. तालाबंदी, पृ. 15

तृतीय अध्याय

प्रभा खेतान के उपन्यासों में नारी जीवन

अपनी सहज सरल शैली में प्रभाजी ने 'नारी' की चिरपरिचित छवि और उसमें आए परिवर्तन की संभावनाओं का विस्तृत विवेचन अपने उपन्यासों में किया है। भारत ही नहीं अपितु विदेशी स्त्री के साथ जुड़ी महानता की अवधारणा को समाविष्ट किया है जो वस्तुतः आरोपित है, तथा वह स्त्री की पृथक् (स्वतंत्र) पहचान में भी बाधक है। प्रभाजी के अनुसार इस स्थिति के लिए निरक्षरता, आर्थिक पराधीनता और समाजीकरण की प्रक्रिया उत्तरदायी है, और शायद यही कारण है कि प्रभाजी ने अपने साहित्य में औरत की परंपरागत छवि के परिवर्तन पर बल दिया है। उनके उपन्यास में नारी विद्रोह खुलकर सामने आया है। प्रभाजी कहती हैं "अकसर सोचती हूँ कि औरत अपने बारे में ऐसा कुछ लिखे जिसे किसी पुरुष ने अभी तक न लिखा हो। क्या लिखना चाहिए? मैं अब भी नहीं समझ पा रही हूँ ऐसी कोई स्पष्ट विचारधारा मेरे पास नहीं है। किंतु जानती हूँ स्त्री के अनुभवों की अभिव्यक्ति कुछ विशेष और अलग रंगों और रेखाओं की पहचान है। कम-से-कम कुछ तो ऐसा अखोजा रहा है जिसे केवल औरत ही खोज सकती है।" ऐसे अखोजे, अलिखित, अबूझे नारी जीवन के कौन से सत्य हैं, जिन पर लेखिका ने बेबाक कलम चलाई है, आइए हम उन्हें उपन्यासों के नारी जीवन में खोजें।

पारिवारिक संदर्भ

प्रभाजी के अधिकतर उपन्यासों में संयुक्त परिवार का चित्रण है। संयुक्त परिवार जहाँ पर आर्थिक सत्ता एवं उत्तराधिकारी से उत्पन्न हुई कई समस्याओं के बावजूद परिवार बचे हुए हैं। भले ही अंदर-ही-अंदर अलग हो जाने की तीन-पाँच चल रही हो। लेकिन सत्ताधारी पुरुष के संपत्ति पर वर्चस्व होने के कारण स्त्रियाँ आपस में कटुता, वैमनस्यता तथा घरेलू दमघोंटू वातावरण में रहने को विवश है। वैभव के पहाड़ तले ये महिलाएँ और अधिक रुपया बटोरने की लालसा में सारे मानवीय रिश्तों को तोड़ती लूट और खसोट करती हैं। यहाँ तक कि मृत शरीर के पहने गहने कपड़ों को उतारने में संकोच

नहीं करती है। नारी के इन्हीं विविध पारिवारिक रूपों का हम यहाँ विवेचन करेंगे।

(1) **माँ :** नारी के विभिन्न रूपों में माँ का रूप सर्वाधिक गौरवशाली रहा है। बिना मातृत्व के हर नारी स्वयं को अपूर्ण महसूस करती है। माँ बनकर उसके जीवन में पूर्णता आती है। संतति को जन्म देना, उसका पालन पोषण प्यार से करना, हर स्थिति में उसकी रक्षा करना यह मातृत्व के गुण हैं। वात्सलमयी त्यागमयी माँ का यह पारंपरिक रूप अब तक के उपन्यासों में दृष्टिगोचर होता रहा है क्योंकि लिखने वाले प्रायः पुरुष थे लेकिन अब हमारे समाज में बदलाव आया है, स्थितियाँ बदली हैं। स्त्रियाँ आत्मनिर्भर हो रही हैं। माँएँ भी बदली हैं, अब वे बेटियों के साथ रहने लगी हैं। बेटियाँ माँ की देखभाल कर रही हैं। बेटे वैसा आदर, सम्मान और देखभाल नहीं कर रहे जैसा बेटियाँ कर रही हैं और यही कारण है कि बेटियों के लिए भी अब अच्छी माँएँ होने लगी हैं। प्रभाजी के अब तक के अंतिम उपन्यास 'स्त्री पक्ष' की माँ ऐसी है। पारंपरिक माँ बेटों के लिए वात्सल्यमयी होती थी लेकिन बेटियों के लिए नकारात्मक। बेटियों की बलि पर ही वह बेटों को कुछ देती थी जीवन में। बेटी को लिखने-पढ़ने की सुविधा मिले, उसकी परीक्षा चल रही हो तो उसका ध्यान रखा जाए इन सब पर प्रायः माँओं का ध्यान नहीं जाता था। उनके खान-पान पर ज्यादा तवज्जो नहीं दी जाती थी। उन्हीं की कीमत पर बेटों को लाड़-प्यार-दुलार और सेवा मिलती रहती थी और माँ बेटों की माँ कहलाकर गर्व भी महसूस करती थी। लेकिन स्थितियाँ बदली हैं कहानी 'जिंदगी और गुलाब के फूल' इसका उदाहरण है, माँ बेटी की तरफ हो जाती है। उपन्यासों में इसका वर्णन देरी से आया है। यह माँ का आधुनिक रूप है या आधुनिक दृष्टि है जो जीवन में उभरकर आयी है। प्रभाजी के उपन्यासों में माँ के दो रूप दिखलाई पड़ते हैं। उन्हीं दो अलग-अलग रूपों में हम उनकी व्याख्या करेंगे।

लेकिन इसके साथ ही प्रभा खेतान के उपन्यासों में ममता भरी ऐसी स्त्रियों के चित्रण प्राप्त होते हैं जिन्होंने किसी और के बच्चे को मन से प्यार किया तथा पालन-पोषण कर अपना जीवन सार्थक किया है, मसलन, 'पीली आँधी' की ताईजी और 'छिन्नमस्ता' की दाई माँ। ताईजी को बच्चों को जन्म देने का सौभाग्य प्राप्त नहीं हुआ लेकिन उन्होंने ही अपने देवर जेठ के बच्चों को सच्चा वात्सल्य दिया। दाई माँ के चार बच्चे थे। वह पति की मृत्यु के बाद अपने चारों बच्चों को छोड़कर मिस्टर अग्रवाल के घर आया की नौकरी करती है। प्रिया के लिए इतना प्रेम उमड़ा कि स्तनों में दूध उमड़ आया। उपेक्षित प्रिया को माँ का दुलार दाई माँ से ही मिला।

(क) बेटी की माँ : 'छिन्नमस्ता' की कस्तूरी अपनी बड़ी बेटी सरोज के भविष्य के लिए चिंतित है, वह दुबली-पतली है। आए दिन उसे बुखार, सर्दी जुकाम हो जाता है तो झट से डॉ. गांगुली को बुलाकर दिखाती, उसे फलों का रस, दूध, घी नियमित देती। इसके विपरीत अपनी पाँचवीं बेटी प्रिया के प्रति उसकी दुर्भावना देखते ही बनती है। बात-बात पर उसे डाँटना, बोकी, माटा, मिलिट्री घोड़ा कहना आम बात थी। बीमार

पड़ने पर डॉक्टर नहीं बुलाया जाता। दाई माँ के बार-बार आग्रह पर कस्तूरी कहती : "तो क्या करूँ? तेरी बेटी तो घोड़े-सी मजबूत है। ठीक हो जाएगी। मुफत में आते हैं क्या डॉक्टर गांगुली ? फीस नहीं लगती ?"[1] कस्तूरी रूढ़िवादी भारतीय माँ का प्रतिरूप है, प्रिया उसकी पाँचवीं बेटी थी। प्रिया के जन्म को वह अपनी पराजय समझती है। उसके होने के बाद से ही वे बीमार रहने लगी थी। तीन महीने तक वह बिस्तर से नहीं उठ सकी थी। उस जमाने में गर्भाशय के ऑपरेशन की सुविधा नहीं थी। पुत्र पाने की लालसा में जोर जबरदस्ती मातृत्व उस पर थोपा गया था। हमारे समाज में भ्रूण हत्या पाप समझा जाता है लेकिन बेटी के प्रति क्रूर अमानवीय व्यवहार की मनाही नहीं है। लेकिन कस्तूरी का चरित्र अद्‌भुत है। पति की मृत्यु के बाद सदा बीमार रहनेवाली कस्तूरी पूरा घर सँभाल लेती है। बेटे-बेटियों वाले परिवार को सँभाल लेती है, पति की हत्या का बदला नहीं लेना चाहती, अनावश्यक कोर्ट-कचहरी में रुपये फूँकने से क्या फायदा ? डॉ. मधु सिंधु कहती हैं : "14 नौकरों वाले परिवार को वह वैसे ही चलाती है जैसे कुछ हुआ ही न हो। रहन-सहन में कोई परिवर्तन नहीं करती, न नौकरों की संख्या कम करती है।"[2] दस लाख रुपये और हीरों के बल पर वह खाली जमीन पर मकान बनवाकर किराये पर चढ़ा देती है। अपनी बेटियों का ब्याह ठाठ से करती है। वार त्यौहार नेकचार में बक्से भर-भर कर सामान भेजती है। खुद फटी साड़ी को थेगली लगाकर पहनती है। ऐसी माँ को इस बात की कसक है कि लोग उसे देवी नहीं मानते।

'छिन्नमस्ता' की तिलोत्तमा की एकमात्र पुत्री नीना जर्मन लड़के से विवाह कर जर्मनी चली जाती है। तिलोत्तमा को इस बात का दुःख है कि उसने विदेशी लड़के का चुनाव क्यों किया ? लाख मनुहार के बावजूद तिलोत्तमा बेटी के साथ जर्मनी नहीं जाती।

'आओ पेपे घर चलें' की तलाकशुदा मरील अपनी बेटी से नफरत करती है। कारण हजार डॉलर से घर नहीं चलता। वह लारा से कहती है : "तब चली जाओ उस बास्टर्ड के पास। तुम उसकी बेटी हो ना।" लारा घर छोड़कर जाना चाहती है ऐसे में मरील उसे पुलिस में खबर कर कस्टडी में रहना पड़ेगा की धमकी दे देती है। मरील को अपनी दोनों बेटियों से लगाव नहीं है। बाहर लोगों के सामने हँसती हुई जवान दिखती हुई मरील बेटियों के सामने बेतरह हाँफती-हारती हुई कम शेरनी की तरह दहाड़ती हुई बाँह मरोड़कर जमीन पर पटक लात घूँसे से बात करती है। इसी उपन्यास की हेल्गा अपने देश किम्बूत जाना चाहती है वह अपने को घर और बच्चों से जोड़ना नहीं चाहती। उसके अनुसार औरत महज भूमिकाओं का एक सिलसिला है और वह अपने देश के लिए कुछ कर एक महत्त्वपूर्ण भूमिका निभाना चाहती है। वह अपने बच्चों के मुख से निवाला छीनकर अपने देश भेजेगी क्योंकि उसके बच्चों को तो उनके पिता खिला सकते हैं, वे भूखे नहीं मरेंगे। इस तरह एक देशभक्त स्त्री अच्छी माँ बनना नहीं

चाहती । विदेशी परिवेश के इन उपन्यासों में प्रभाजी ने माँ का क्रूरतम रूप दिखाया है, यह स्वाभाविक भी है क्योंकि उस परिवेश में स्त्री स्वयं के लिए जीना चाहती है, किन्हीं भूमिकाओं में बँधकर नहीं ।

'अग्निसंभवा' उपन्यास की आई.वी. की सास उसकी पुत्री को चावल का माँड़ पिलाकर मार डालती है, पता चलने पर आई.वी. बहुत रोती बिलखती है लेकिन सास का उत्तर "तुम्हारी तो एक बेटी मारी गयी और वह भी धीरे-धीरे । मेरी तो पहली बेटी को तुम्हारा ससुर पोखर में डुबो आया था । किसान के घर भला बेटी की क्या जरूरत? उन दिनों चीन के हमारे इलाके में भयंकर अकाल पड़ा हुआ था । पाँच साल में तुम्हारे ससुर ने मेरी दो बेटियों को ऐसे ही मार डाला ।" आई.वी. यह सुनकर चुप हो जाती हैं ।

'अपने-अपने चेहरे' की श्रीमती गोयनका एवं 'छिन्नमस्ता' की कस्तूरी को अपनी बेटियों का ससुराल छोड़कर पीहर चले आना नहीं सुहाता । कस्तूरी समझा-बुझाकर प्रिया को ससुराल भेज देती है लेकिन श्रीमती गोयनका को इसमें सफलता नहीं मिलती । वह कहती है : "रीतू थोड़ा देखकर अनदेखा कर । इस तरह से तेरा घर बन जाता । अकेली बहू है, करोड़ों की बात है । अरे, प्यार का उफान कब तक रहता है । और, ऐसी छिनाल औरतों से भला कोई प्यार करता है ।"[3] मिस्टर गोयनका चाहते थे कि उनकी पत्नी अपने हिस्से का घर और जेवर बेटी रीतू को दे दे लेकिन वे ऐसा कर अपनी बेटे बहुओं को नाराज करना नहीं चाहती । 'छिन्नमस्ता' की प्रिया पीहर से घर लौटकर अपना स्वतंत्र घर बसाती है लेकिन उपन्यास के अंत तक रीतू कोई निर्णय नहीं ले पाती ।

मातृत्व यद्यपि नारी के लिए गौरवपूर्ण है लेकिन जब किसी विवशता वश मातृत्व स्थगित करना पड़ता है तो स्त्री की पीड़ा अवर्णनीय होती है । 'स्त्री पक्ष' की वृंदा का पति दो बच्चों से खुश है तीसरी संतान नहीं चाहता, ऐसे में वृंदा को गर्भपात करवाना पड़ता है ।

प्रभाजी के उपन्यासों में माँ का सर्वाधिक वर्णन देखने को मिलता है । यहाँ हम उन्हीं बेटे बेटी के माँ के रूपों का वर्णन करेंगे जिन्हें प्रभाजी ने अधिक फोकस किया है ।

(ख) बेटे की माँ : 'दूधो नहाओ और पूतो फलो' आशीर्वाद की पंक्तियाँ नारी जीवन में पुत्र के महत्त्व को प्रतिपादित करती हैं । पुत्र प्राप्ति के लिए तथा उसके दीर्घायु होने के लिए कई व्रत उपवास अक्सर महिलाएँ करती नजर आती हैं । क्षमा शर्मा के अनुसार, "मर्द की सत्ता बनी रहे इसकी कामना भी स्त्री को ही करनी है ।"[4] प्रभाजी के उपन्यास में बेटे की माँ का रूप बेटी की माँ से अलेदा दृष्टिगोचर होता है । 12 वर्षीय संजू (छिन्नमस्ता) और कुलदीपक (अपने-अपने चेहरे) को छोड़कर जब प्रिया (छिन्नमस्ता) रीतू टिंकू (अपने-अपने चेहरे) पीहर लौट आती हैं तब कस्तूरी एवं श्रीमती

गोयनका अपनी बेटियों को यही सलाह देती हैं कि 10 साल में तुम्हारा बेटा बड़ा हो जाएगा। वह तुम्हारी देखभाल करेगा ये कर देगा वो कर देगा। थोड़ा गम खाओ और ससुराल में बनी रहो। लेकिन यथार्थ यह है कि ये सब्जबाग हर माँ देखती हैं या उसकी अपनी माँ द्वारा दिखाये जाते हैं कि तुम बेटे की माँ हो आगे जाकर बेटा ही तुम्हारी सेवा करेगा पर ऐसा होता नहीं है। अंत में उनके लिए कोई कुछ नहीं करता। रीतू अपने बेटे को अपने पास रखना चाहती है, उसके बिना वह जीना नहीं चाहती। पति कुणाल ने उसे अपने वश कर रखा है, टिंकू अपनी माँ को जेलेस पर्सन समझता है, वह कहता है : "मैं नहीं रहूँगा तुम्हारे साथ तुम मुझे मारती हो, डैड से लड़ती हो, तुम्हारे कारण डैड घर में खाना नहीं खाते, तुम्हारे कारण डैड घर छोड़कर चले गये"। 5 वह जानता है पिता के पास पैसा है। सुख-सुविधाएँ हैं। माँ उसे कुछ नहीं दे सकती। लेकिन प्रभाजी ने अपनी मौलिक सोच को डालकर प्रिया को एक मनोवैज्ञानिक किस्म की रुग्ण माँ बनने से बचा लिया है। प्रिया भी संजू को लेकर रोती कलपती है लेकिन वह जानती है कि कोर्ट कचहरी में जाने से बेटा भले उसे मिल जाएगा। पर तब लड़ाई झगड़े के मानसिक द्वंद्व को उसके साथ-साथ बेटा भी झेलेगा, वह तनाव से गुजरेगा। ऐसे में उसके व्यक्तित्व में अलग तरह की हीन ग्रंथि पनपेगी। प्रभाजी ने वैधानिक ढंग से इसका हल यूँ निकाला कि प्रिया व्यापार में व्यस्त रहेगी। दो कमरों के छोटे-से फ्लैट में बेटे की देखभाल कौन करेगा ? वहाँ कम-से-कम उसकी दादी माँ है। नौकर चाकर हैं। सब सुख-सुविधाएँ हैं। इस तरह प्रिया ने हर तरह से अपने बेटे का हित देखा और उसे छोड़कर चली आई। हालाँकि ये सारा हित उपन्यास में बताया नहीं गया है जो कि प्रभाजी को बताना चाहिए था कि छह साल बाद बालिग बेटा बाप के पास वापस जाएगा तब वहाँ एडजस्ट नहीं हो पाएगा ? अभावों में पलकर उसकी मानसिक बुनावट अलग होगी। पिता तो माँ का विरोधी है ही। ऐसे में बेटे का हित इसी में है कि वह अभी से वहीं बना रहे, ताकि उसके समूल विकास में किसी प्रकार की बाधा न आए।

'छिन्नमस्ता' की कस्तूरी अपने बेटे को श्रवण कुमार समझती है। अनुचित लाड़-प्यार से उसे बिगाड़ती है जाने अनजाने ढील देती रहती है। उसकी गलतियों को दूसरों पर मढ़ देती है। इसके विपरीत छोटे बेटे को हरदम डाँटती है। संतान के प्रति कभी-कभी क्रोध भी माँ की ममता का ही एक रूप है। एक दिन नाराज होकर छोटा बेटा घर छोड़कर चला जाता है तो माँ चिंता करने लगती है। हनुमान जी को सवा मन का दाल चूरमा का प्रसाद और राणी सतीजी के लिए चूड़ा चुनरी का चढ़ावा और न जाने कौन-कौन सी मनौतियाँ मान चुकी थी। पुत्र के लौटते ही चीख उठी : "तू कहाँ था चांडाल। बिना बोले सुबह का निकला हुआ अब आया है।"[6]

'पीली आँधी' की सुराणा जी की माँ बेटे की हत्या की खबर सुनकर कुएँ में कूद जाती है। 'अग्निसंभवा' की आई.वी. पुत्र वुंग की हत्या के बाद उसके पत्रों को सँभालकर रखती है, उन्हें पढ़-पढ़ कर रोती है। बेटे के गम को भुलाने के लिए मिस्टर

शिव के बेटे को गोद ले लेती है उसे वही प्यार व स्नेह से पालती है। जैसे कि वही वुंग हो। अपने मातृत्व के खालीपन को वह इस तरह से भरती है।

इसके अलावा 'अपने-अपने चेहरे' के प्रमिला, स्मिता, 'पीली आँधी' की लता, सोमा, मोहन की पत्नी, निमली बाई, ताईजी, 'स्त्री पक्ष' की वृंदा की सास आदि ऐसी माँएँ है, जो अपने बेटों के लिए चिंतित हैं। उनके आगे-पीछे घूमती हैं। उनकी देखभाल में कोई कमी न रहे, इसका पूरा ध्यान रखती हैं। उन्हें इतनी अहमियत देती हैं कि वे बेटे बचपन से तानाशाही करना सीख जाते हैं। माँ के प्रति तिरस्कार का भाव रखते हैं। अपने अहम् और घमंड में फूलकर वे नैतिकता और मर्यादा का अतिक्रमण करते हैं। वे माँ के आँचल की छाँह व उसकी ममता को भूल जाते हैं। इसका घृणिततम उदाहरण 'पीली आँधी' के साँवरमल के इस वाक्य में देखा जा सकता है। "चुप रहो रांड। नहीं तो तुम्हारा झोंटा पकड़कर घर से बाहर कर दूँगा।"[7] निःसंतान ताईजी ने देवर के बेटे-बेटियों को माँ की तरह पाला-पोसा। उसी का फल उन्हें इन अपमानजनक शब्दों से मिला। लगभग सभी उपन्यासों के बेटे अपनी माँ के प्रति आदर व श्रद्धा का भाव नहीं रखते हैं। थोड़ा-बहुत जो कहीं दिखलाई पड़ता है वह भी दिखावा और सामाजिकता भर है, उससे अधिक नहीं।

माँ के रूप का चित्रण करते हुए प्रभाजी ने स्त्री हृदय की कोमलता, सहिष्णुता, विशालता और उदारता का वर्णन किया है तथा साथ-साथ आज के आधुनिक युग के जीवन की विडंबना से आई उदासीनता को गहराई से उकेरा है।

यह दूसरा पक्ष प्रभाजी के कथा-साहित्य में अपेक्षाकृत ज्यादा भी है और यह स्त्री जीवन के प्रति उनकी तटस्थ बेबाक और यथार्थ दृष्टि के कारण है।

बेटी :- 'पढ़िए गीता, बनिए सीता
फिर उन सब में लगा पलीता
किसी मूर्ख की बन परिणीता,
निज घर-बार बसाइए।'

रघुवीर सहाय की उपर्युक्त पंक्तियाँ प्रभाजी के उपन्यासों की अधिकतर बेटियों पर लागू होती हैं। प्रभाजी के प्रायः सभी उपन्यास संयुक्त परिवारों के इर्द-गिर्द बुने गये हैं, जहाँ बेटियाँ सुख-सुविधाओं के बीच भेदभाव पूर्ण वातावरण में पलती-बढ़ती हैं। अच्छी शिक्षा एवं दहेज देकर अच्छे घरानों में ब्याह दी जाती हैं। बेटी का रिश्ता जहाँ माँ के लिए बोझ भरा होता है, वहीं पिता के लिए उत्तरदायित्व का बोध कराता है। पुत्री के हृदय में भी माता-पिता के प्रति जितनी भावना, सहानुभूति और प्यार होता है, प्रायः पुत्र के मन में उतना नहीं होता। माँ-बाप की पीड़ा को बेटी अधिक गहराई से महसूस कर सकती है।

प्रभाजी के उपन्यासों में बेटियों के दो रूप दिखलाई पड़ते हैं : (1) आज्ञाकारी (2) विद्रोही।

(1) आज्ञाकारी : मारवाड़ी संयुक्त परिवार में जब लड़की होश सँभालती है, तो अपने को कई औरतों से घिरा पाती है। चाची, ताई, माँ, भाभी, आया इत्यादियों के बीच उनका पालन होता है। इन औरतों के पास कोई अधिकार, स्वतंत्र विचार नहीं होते। न चाहते हुए भी ये लड़कियाँ कई सामाजिक दबावों के बीच दब्बू या डरी-सहमी चुप्पी भरा जीवन जीते हुए बढ़ती हैं। घर के पुरुषों के बीच तो उनकी घिग्घी बँध जाती है। ऐसे में यथास्थिति के आगे घुटने टेकना उनकी मजबूरी होती है। वे सोचती हैं कि ससुराल जाकर अपने सभी सपनों को पूरा करेगी, लेकिन यह भ्रम भी जल्दी ही टूट जाता है।

'छिन्नमस्ता' की प्रिया अपने पिता की लाड़ली और भाग्यलक्ष्मी है। उसके जन्मते ही घर में कारोबार में लाभ ही लाभ हो रहा है। ज्योतिष के अनुसार यह बालिका मेधावी है। खूब नाम रोशन करेगी। लेकिन दुर्भाग्यवश पिता का साया नौ वर्ष की उम्र में ही उठ गया। माँ की उपेक्षा और तिरस्कार से प्रिया के मन में हीनग्रंथि ने जन्म लिया। साँवले रंग की प्रिया कद काठी में बड़ी बहन से भी बड़ी दिखती थी। सुंदर भाई-बहनों में दाँत आगे निकले, काली, धम-धम कर चलती। प्रिया को बोकी, भाटी, मिलिट्री घोड़ा, विशेषणों से विभूषित किया जाता। माँ के दुलार को तरसती प्रिया कमरे की देहरी के पास घंटों खड़ी रहकर झाँकती। इस उम्मीद में कि माँ भीतर बुला लेगी। अपने पास सुला लेगी। प्यार करेगी। लेकिन ऐसा कभी नहीं हुआ। यौवन के उभारों को दबाने के लिए माँ ने इतनी छोटी समीज सिलकर दी कि प्रिया उसे पहनकर साँस भी नहीं ले पाती। माँ की दुत्कार का ही फल था कि बड़े भाई ने साढ़े नौ वर्ष की प्रिया के साथ बलात्कार किया। अन्य भाई-बहन भी उसे चिढ़ाते, कभी उसे पानी के हौज में फेंक देते, तो कभी उसकी चोटी रेलिंग से बाँध देते। कभी उसके फ्राक से हाथ पोंछ लेते। सीमोन बाउवार के अनुसार "ज्यों-ज्यों पुत्री बड़ी होती है माँ के मन में अवसाद बढ़ता जाता है हर साल माँ तो स्वास्थ्य और यौवन में घटती जाती है जबकि हर वर्ष बालिका का शरीर बढ़ता और विकसित होता जाता है, इसलिए लड़की के पहले मासिक धर्म के समय कुछ माताएँ अधिक दुःखी हो जाती हैं, उन्हें शिकायत-सी रहती है कि लड़की भी अब पूर्ण स्त्री बन जाएगी। वह लड़की को घर में रखना चाहती है। वह उसे बेढंगे वस्त्र पहनाती है, उसके बाहर जाने और साज श्रृंगार पर बेहद क्रुद्ध हो उठती है।" बड़े भाई के कुकृत्य के कारण प्रिया को दस वर्ष की उम्र से ही पीरियड्स शुरू हो गये। डरते हुए माँ से कहा तो भयानक विस्फोट हो गया – "मरण जोगी। आज ही होना था....? कल तेरे बाबूजी की बरषोदी (वार्षिकी) है। ताई चाची सब आएँगी, और ताई की गिद्ध दृष्टि से कुछ छिप नहीं सकता। सल्लो, यह तो साढ़े दस की उमर में ही चौदह की लगने लगी।"[8] प्रिया सोचती मेरा अपराध क्या है अम्मा ? पीरियड्स के दौरान तीन-चार दिन अलग व्यवस्था कर दी जाती। खून से सने कपड़े छत पर धोने पड़ते। भाई-बहन उसे 'हे अछूत कन्या' संबोधित करते। प्रिया का सिर

शर्म से झुक जाता। प्रिया का बचपन यातनाओं से भरा था। माँ के सामने वह कभी नहीं रोती। राँची के हुंडस फाल पर पिकनिक करने जाते समय कस्तूरी ने प्रिया को अपने पास इसलिए बैठाया कि सरोज और बिल्लू ऊधम मचाएँगे और तंग करेंगे। प्रिया दब्बू है, चुपचाप बैठी रहेगी। कस्तूरी अपनी नर्स राधा से आराम से गप्पें मार सकेगी। प्रिया को प्यास लग रही थी पर उसकी बोलने की हिम्मत नहीं हो रही थी। सुसू जाना था लेकिन वह चुप कर गई। तभी उसे जोरों की उबकाई के साथ उल्टी हो गई। वह भी माँ के ऊपर, घृणा और जुगुप्सा का भाव माँ के चेहरे पर था। नर्स राधा कस्तूरी के कपड़े बदल रही थी, कुल्लियाँ करवा रही थी। गाड़ी साफ हो रही थी। कस्तूरी के निर्देशानुसार यूडी क्लोन का छिड़काव गाड़ी में हो रहा था परंतु प्रिया की ओर किसी का ध्यान नहीं गया। संपन्न परिवार की बेटी होते हुए भी प्रिया को अच्छे भोजन (महँगे फल, सब्जी, मिठाई) से वंचित रहना पड़ता। कुरूप बेटी को देखकर माँ अकसर सोचती 'हे राम जी इसकी नैया कौन-सी घाट पर लगेगी'? और प्रिया सोचती कि नहीं शादी के बाद कोई शोषण नहीं करेगा उसे आम की चूसी हुई गुठली की तरह कोई नहीं फेंकेगा यही स्वप्न देख वह पीहर से विदा हुई। प्रायः बेटियाँ विदा के वक्त खूब रोती हैं लेकिन प्रिया की आँखों में आँसू नहीं थे। उसे लगा चलो बाबा नरक से छुट्टी मिली।

'स्त्री पक्ष' की वृंदा का बचपन भी प्रिया की भाँति उपेक्षित रहा। उसके पिता भाई को अधिक प्यार करते। माँ उसे बोझ समझती। बात-बात पर उसे डाँटती। नौकर के चिकोटी काटने पर उसने माँ से कुछ कहना चाहा। सारी बातें सुनकर माँ ने वृंदा को घुड़की पिलाई। माँ के अनुसार वृंदा यदि थोड़ी पकी होती, यों दुपट्टा उघाड़े इधर-उधर नहीं टहला करती तो भला उस मरे की क्या ताकत थी ? यदि औरत के साथ कुछ गलत घटता है तो इसके लिए वह स्वयं जिम्मेदार है। वृंदा को यह सुनकर बेहद दुःख होता वह निराश होकर अपने आपसे कह बैठती – नहीं मुझे कोई प्यार नहीं करता। वृंदा विवाह नहीं करना चाहती थी वह किसी आश्रम या मठ में रहना चाहती थी लेकिन माँ के अनुसार, "आश्रम के पिंजड़े में बंद होने से तो अच्छा है कि तू पति के घर पर रहे। पति रूपी पुरुष से अधिक सुरक्षा भला और कौन दे सकता है ?" वृंदा अकेले रहकर सहज मानवीय जिंदगी हासिल करना चाहती थी लेकिन आज्ञाकारी बेटी बनकर सुमित से उसने विवाह कर लिया जो आगे जाकर तलाक पर समाप्त हो गया। 'स्त्री पक्ष' की रीया माँ के प्रेमी को पिता सा आदर देती है। वृंदा आर्जव जब कमरे में होते तो रीया उठकर अपने कमरे में चली जाती, वह माँ से कहती, "माँ आर्जव अंकल हमारे साथ क्यों नहीं रहते।"

रीया की बात सुनकर वृंदा सन्नाटे में भाग के आ गई। अपनी बेटी से वह कुछ कह न सकी। जिन चीजों को वह ढक कर चल रही थी उसका आभास उसके बच्चों को हो गया था।

प्रभाजी के अन्य उपन्यासों में जैसे 'तालाबंदी' की पुष्पा, 'पीली आँधी' की सोमा,

सरोज चंद्रा, संगीता में आज्ञाकारी बेटियों का रूप दृष्टिगोचर होता है।

(2) विद्रोही : प्रभाजी ने आज्ञाकारी बेटियों के साथ बदलते हुए परिवेश में बेटियों के विद्रोह को भी मुखरित किया है। मारवाड़ी परिवारों में पढ़ी-लिखी बेटियाँ पारंपरिक तरीके से जीना नहीं चाहतीं। अब वे जस का तस स्वीकारने से इनकार करती हैं । उनका अपने जीवन के प्रति रवैया बदल रहा है । ऐसे में ये विद्रोही बेटियाँ माता-पिता के नाक में दम कर देती हैं। कुछ अभिभावक उनकी भावनाओं को समझकर उनका साथ देते हैं। कुछ रोते-कलपते उस विद्रोह पर आँसू बहाते हैं । 'छिन्नमस्ता' की प्रिया का वैवाहिक जीवन टूटने के कगार पर था। वह पति का घर छोड़कर पीहर आ जाती है। वह माँ से कहती है, "मैं यहाँ रहने आई हूँ।" माँ ने कुढ़ते हुए कहा, "तू जब से जन्मी तब से ही मेरी छाती पर मूँग दल रही है... मैंने तो तुझे इस घर से विदा कर दिया। अब मेरे घर में तेरी जगह नहीं है । बात मानकर सीधे नरेन्द्र के पीछे-पीछे चलो ।"[9] विद्रोही प्रिया इन सबके बावजूद पति का घर छोड़ देती है । इसी उपन्यास की 'नीना' मिस्टर अग्रवाल एवं तिलोत्तमा की नाजायज संतान है । माता-पिता चाहते हैं कि वह ब्याह कर ले । लेकिन वह अपने पैरों पर खड़ा होना चाहती है । वह अपने पिता से नफरत करती है । उसे अपनी माँ के सिंदूर के लाल रंग में थोड़ी कालिख लगी नजर आती है । वह सोचती है, "जिंदा रहने के और अपनी लड़ाई स्वयं लड़ने के लिए यह जरूरी हो जाता है कि हम अपमान और वंचना को भी याद रखें।"[10] उसे महीने के महीने पिता का रुपये दिये जाना पसंद नहीं अपने पिता को वह बुजदिल इनसान कहकर सख्त नफरत करती है । 'अपन-अपने चेहरे' की रीतू का विद्रोह पूरी तरह उभरकर नहीं आता है । पति के अन्यत्र संबंधों के कारण वह पीहर आ जाती है। माँ ने कहा, "मेरे घर में जगह नहीं । रहना है तो ससुराल में रह नहीं तो कुएँ में पड़।"[11] सुनकर भी वह ससुराल नहीं लौटती । उसे पिता का सहयोग मिलता है इसीलिए वह माँ एवं भाई-भाभियों से नहीं दबती । लेकिन स्वयं कोई काम करने की बात नहीं सोचती । वह बड़े बाप की बेटी है । पीहर में हक से रहना चाहती है । माँ के ज्यादा समझाने-बुझाने पर आत्महत्या की धमकी देकर रोने लग जाती है । इस तरह रीतू का विद्रोह उसके जीवन के खालीपन को रुदन से भर देता है ।

'आओ पेपे घर चलें' की एडिना एक विवाहित व्यक्ति से प्रेम करती है । पिता चाहते हैं कि वह या तो उस व्यक्ति को छोड़ दे या विवाह कर ले । एडिना ऐसा कुछ नहीं करती । माँ ने वसीयत में दस लाख डालर और गहने एडिना के नाम लिखे लेकिन एडिना ने उसे अस्वीकार कर दिया और कहा, "जो माँ-बाप मेरी भावनाओं की कद्र नहीं कर सकते, जिनकी निगाहों में मेरे लिए सम्मान नहीं, उनसे न मुझे संबंध रखना है और न ही उनके पास जाना है ।"[12]

इसी उपन्यास की लारा खुले आम हिप्पी लड़कों के साथ घूमती है । माँ के डाँटने पर वह माँ के प्रेमियों की संख्या गिना देती है । मरील की दूसरी बेटी नैन्सी भी अपनी

माँ से नफरत करती है। बदचलन माँ के कारण उनके डैड ने घर छोड़ दिया। यह एक ऐसा परिवार है, जहाँ किसी को किसी से लगाव नहीं है।

यह मनोवैज्ञानिक सत्य है कि "बच्चों को सबसे बड़ा खतरा माता-पिता से ही रहता है। वयस्कों की मानसिक विकृति घुटन और मनोग्रंथि का मुख्य कारण पारिवारिक जीवन में ही निहित होता है। अपने पारिवारिक जीवन से कलंकित परेशान वयस्क कभी भी अपनी संतान के प्रति स्वस्थ दृष्टिकोण नहीं अपना पाते। वे निराश और विकृत मनःस्थिति के साथ ही अपनी संतान के साथ व्यवहार करते हैं। विशेषकर माँ में आत्मपीड़ा जनित परपीड़कता के भाव रहे तो बेटी में भी अपराध की भावनाएँ आ जाएँगी। ऐसी लड़की आगे चलकर अपनी संतानों के प्रति ऐसा ही व्यवहार करेगी।"[13] 'छिन्नमस्ता' की प्रिया अपने नौ वर्षीय बेटे संजू को छोड़कर व्यापार करने विदेश चली जाती है।

'अपने-अपने चेहरे' की रमा अपना घर छोड़कर मिस्टर गोयनका से संबंध बनाती है दोनों मिलकर व्यापार करते हैं। अलग-अलग रहते हैं मिस्टर गोयनका विवाहित है। उनके तीनों बच्चों को रमा पढ़ाती है, उनका मार्गदर्शन करती है। लेकिन पूरे उपन्यास में माँ का घर छोड़ते समय के विद्रोह का कोई संकेत स्पष्ट नहीं है।

2. बहन : माँ के बाद स्त्री जीवन का कोमल पक्ष बहन के रूप में दिखलाई पड़ता है। बड़ी बहन माँ की भाँति स्नेह रखती है तो छोटी-सी बहन-भाई के सम्मुख छोटी सी बच्ची बन दुलार चाहती है। प्रभाजी के उपन्यासों में संयुक्त मारवाड़ी परिवारों में इन दोनों रूपों का वर्णन मिलता है। इसके साथ-साथ भाई द्वारा बलत्कृत असुरक्षित बहन का चित्रण भी हुआ है। शायद प्रभाजी प्रथम लेखिका हैं, जिन्होंने भाई के कुकृत्य का वर्णन किया है। हिंदी उपन्यासों में भी भाई द्वारा बहन के साथ कई बार बलात्कार का वर्णन देखने को नहीं मिलता। प्रभाजी के शब्दों में "सवाल उठता है कि, स्त्री जब यौन उत्पीड़न पर कुछ कहना चाहती है तो पुरुष व्यवस्था इसका विरोध क्यों करती है? व्यवस्था इतना आतंकित क्यों होती है?"[14] 'छिन्नमस्ता' की प्रिया (9 वर्षीय) के साथ उसके भाई ने बलात्कार किया। पिता की मौत के बाद माँ के लाड़-दुलार ने उसे उच्छृंखल बना दिया था। जब भी पत्नी मायके जाती बड़े भैया प्रिया के सामने पैंट खोलकर खड़े हो जाते। कभी-कभी प्रिया अपने को बचा पाने में सफल होती। इसी वजह से प्रिया को साढ़े नौ वर्ष की उम्र में पीरियड्स शुरू हो गए। प्रिया अपने ही घर में असुरक्षित महसूस करती थी। उसे सुरक्षा की जरूरत थी, ताकि कोई उसे बड़े भैया से बचा ले। प्रिया के लिए वे रातें कष्टकर होतीं, जब बड़ी भाभी बीमार होती और बड़े भैया, सरोज एवं प्रिया के कमरे में सोते। रात को चुपके से रेंगकर वे प्रिया के पास आ जाते। एक रात उत्तेजना में उन्होंने जोर की चिकोटी काटी दाँत गड़ाए। प्रिया उठकर बरामदे में दाई माँ के पास जाकर सो गई। दाई माँ सब कुछ जानती थी लेकिन प्रिया से किसी से कुछ ना कहना कह टाल जाती। यह सिलसिला 12 वर्षों तक चला। प्रिया बी.ए. फाइनल में थी। साहस कर उसने छत की रेलिंग से कूद

कर आत्महत्या करने की धमकी बड़े भैया को दे डाली। तब जाकर बड़े भैया ने बाबूजी की सौगंध खाते हुए अब ऐसा कुकृत्य न करने की कसम खायी। परिणामस्वरूप मिला घृणा और तिरस्कार। प्रिया को फीस के पैसे नहीं दिए जाते। छोटी-छोटी जरूरतों के लिए उसे मुहताज होना पड़ता। परंतु प्रिया को अब घर सुरक्षित लगने लगा। प्रिया की बहन सल्लो दीदी और अजय भैया भी उससे नफरत करते थे। उसे अपने साथ नहीं खिलाते। वे मिलकर उसे दंतोली, दाई माँ की बेटी, प्रिया की बच्ची बांस की खपच्ची कहकर चिढ़ाते। कभी उसे पानी के हौज में डुबो देते, तो कभी उसकी चोटी रेलिंग से बाँध देते। भाई-बहनों के सच्चे स्नेह से प्रिया सदैव वंचित रही। यही कारण था कि वह दाई माँ की बेटी चमेलिया तथा उसके मित्र खेदरखा के साथ खेलती, गुड्डे-गुड़िया का ब्याह रचाती। यह सब देखकर सल्लो दीदी कहती, "अम्मा अपनी प्रिया की सगाई खेदरखा से कर दो उपले पाथा करेगी" विलायती वाकी टाकी के साथ सल्लो दीदी खेलती प्रिया को कपड़े की गुड़िया दाई माँ बनाकर देती। इस भेदभाव के लिए प्रिया की माँ जिम्मेदार थी, जिसने कभी प्रिया को प्यार-दुलार नहीं दिया।

बड़ी होने पर वही सल्लो दीदी प्रिया की आर्थिक स्थिति को देखकर दुःखी हो जाती है और रुपये देकर मदद करना चाहती है। लेकिन स्वाभिमानी प्रिया इनकार कर देती है। बचपन में बलात्कार जैसे कुकृत्य करने वाला भाई प्रिया के ससुराल से पीहर आने पर बहनोई से कहता है : "क्या बोलूँ नरेन्द्र बाबू? हम लोगों का सर नीचा हो गया। समाज में हम लोग मुँह दिखाने लायक नहीं रहे। बेटियाँ तो हमारी और भी हैं। कौन ले जाएगा... बुआ के पीछे भतीजियाँ, लोग-बाग तो यही कहेंगे।"[15अ] बड़े भैया गाहे-ब-गाहे नरेन्द्र से रुपया उधार लेते थे, इसीलिए उसकी खुशामद करना जरूरी था।

'पीली आँधी' में प्रभाजी ने संयुक्त परिवार में भाई-बहनों के आत्मीय रिश्तों पर प्रकाश डाला है। विधवा बहन रेखा को दोनों भाई अपने घर में मान-सम्मान के साथ रखते हैं। लेकिन उसकी बेटी के ब्याह में खुलकर खर्च करना नहीं चाहते। बड़ी ताईजी को खुश करने के लिए छोटी बहू अपनी ननद की बेटी के दहेज में अपना रुपया लगाकर उसे धूमधाम से बिदा करती है। इसके विपरीत 'अपने-अपने चेहरे' की रीतू पति का घर छोड़कर पीहर आती है तो भाई (दोनों) नाराज हो जाते हैं। यहाँ स्पष्ट है कि परंपराओं को तोड़नेवाली बहन-भाइयों और बहनों को पसंद नहीं। वे उनसे तब तक रिश्ता रखते हैं, जब तक उनकी तथाकथित इज्जत दाँव पर न लगाएँ।

'स्त्री पक्ष' के भाई बहनों में गहरा प्रेम है। पिता के घर छोड़ जाने पर वे और अधिक करीब हो जाते हैं। दोनों मिलकर माँ का ध्यान रखते हैं। यहाँ तक कि दोनों माँ के प्रेमी आर्जव को अपना लेते हैं।

'तालाबंदी' की बहन पुष्पा माँ की देखभाल कर भाई का दिल जीतना चाहती है। अपने बेटे को भाई साहब के पास काम सिखाने पर लगा देती है। भाई यह सब कुछ जानते हुए भी चुप है। वह जानते हैं कि पुष्पा मतलबी है, लेकिन माँ के कारण

वह चुप रहते हैं। पुष्पा मीठी-मीठी बातें कर भाइयों की चापलूसी करती है। यहाँ प्रभाजी ने संबंधों में आए परिवर्तनों के लिए आर्थिक पक्ष को जिम्मेदार ठहराया है। दुनिया अर्थ की धुरी पर घूम रही है और रिश्ते भी।

'आओ पेपे घर चलें' की नैन्सी लारा एवं एलिजा कैथी ऐसी बहनें हैं जो एक-दूसरे से स्नेह रखती हैं, लेकिन एक सीमा तक। नैन्सी लारा के हिप्पी बन जाने पर उसे नहीं रोकती। उनका अपना जीवन है जहाँ किसी की रोकटोक का कोई अर्थ नहीं। एलिजा के तलाक पर कैथी बहुत दुःखी होती है वह कहती है : "एलिजा मेरी सबसे अच्छी बहन है, प्रभा हमारे परिवार में कोई भी औरत सुखी क्यों नहीं ? ममा ने आत्महत्या कर ली। आंटी एडिना का प्यार असफल रहा और अब एलिजा। एलिजा इन्वेस्टेडहर सेल्फ टोटली। इतना टूटकर किसी को चाहना कि अपना कहने लायक कोई चीज न बचे, कहकर चुप हो जाती है।"[15ब]

3. पत्नी : स्त्री जीवन में पत्नी की भूमिका अत्यंत महत्त्वपूर्ण होती है। वैवाहिक जीवन का निर्वाह पत्नी पति के सहयोग से ही करती है। प्रभाजी के उपन्यासों में पत्नी के तीन रूप दृष्टिगोचर होते हैं। (1) आदर्श (2) पारंपारिक (सहनशील) और (3) विद्रोही। आदर्श पत्नी में 'पीली आँधी' की पद्मावती, माधो सिंह की प्रथम बदसूरत पत्नी राधा, निमली, 'छिन्नमस्ता' की कस्तूरी एवं श्रीमती अग्रवाल आती हैं। ये ऐसे जोड़े हैं जो अपने दांपत्य जीवन से संतुष्ट हैं तथा दोनों एक-दूसरे से प्रेम करते हैं। परंपराओं का पालन करनेवाली पति के अन्यत्र संबंधों को सहने वाली हैं। 'आओ पेपे घर चलें' की एलिजा, 'छिन्नमस्ता' की श्रीमती अग्रवाल, 'अपने-अपने चेहरे' की श्रीमती गोयनका, 'पीली आँधी' की बड़ी भाभी एवं चित्रा परपंराओं का पालन करनेवाली पत्नियाँ हैं। विद्रोही पत्नियों में 'छिन्नमस्ता' की प्रिया, 'अपने-अपने चेहरे' की रीतू, 'पीली आँधी' की सोमा, 'अग्निसंभवा' की आइवी एवं 'स्त्री पक्ष' की वृंदा है जो पति के दुर्व्यवहार को सहने से इनकार कर घर छोड़ देती है। आइए इनकी अलग अलग विवेचना करें।

(1) आदर्श जोड़ी : 'स्त्री पक्ष' की वृंदा डॉ. सुमित से विवाह कर खुश है, वह चाहती है कि पति खूब पढ़े और वह उसके साथ-साथ आज्ञाकारी पत्नी बनकर रहे। सुमित भी वृंदा की खूब देखभाल करता है, घर का खर्च चलाने के लिए वृंदा छोटी-मोटी नौकरी कर सुमित की चिंताओं को कम करती। कभी कोई डिमांड नहीं करती। सुमित भी उसकी भावनाओं का आदर करता है। 'पीली आँधी' की माधोसिंह की पहली पत्नी (बदसूरत) होने पर भी पति का प्यार पाती। मिरगी से पीड़ित पत्नी के लिए माधो सिंह हमेशा चिंतित रहता। वह अपनी चाची से कहता है कि खाना बनाने के लिए महाराज रख ले। लेकिन प्रभाजी ने इस चरित्र को (पत्नी रूप को) उपन्यास में रू-ब-रू चित्रित नहीं किया है। महज माधो सिंह के कथनों के आधार पर यह संकेत मिलते हैं कि दोनों एक-दूसरे से जुड़े हुए हैं। पद्मावती माधोसिंह की दूसरी पत्नी थी। अपने से कम उम्र की पद्मावती के प्रति माधोसिंह का इतना प्रेम था कि जीते जी आधी पाती उसके

नाम लिख दी। वे कैंसर से पीड़ित थे जानते थे कि भतीजा साँवर पद्मावती को रुपयों का मुहताज कर देगा। पत्नी के मना करने पर बोले, "पद्मावती तुम सुंदर हो। बहुत सुंदर। तुम्हारा शरीर ही नहीं मन भी सुंदर है"। 16 कस्तूरी, इसी उपन्यास की सुरानाजी की पत्नी निमली और राधा भी अपने-अपने पतियों से प्रेम व सम्मान पाती हैं। 'छिन्नमस्ता' की कस्तूरी की किसी बात को टालना उसके पति के लिए संभव नहीं है। हंडरूफाल पर पिकनिक मनाने गए पति के पैर पर चोट लगते ही कस्तूरी परिवार सहित कलकत्ता लौट आती है। वह कहती है, "हो गई मेरी तो मौज भाई जी, इनको तो मैं अभी कलकत्ता लेकर जाऊँगी कहीं पैर की हड्डी में खोट रह गया तो ?"

'एड्स' उपन्यास का नायक अपनी पत्नी सोफिया से बेहद प्रेम करता है। दोनों एक दूसरे के करीब हैं। लेकिन जिगरी दोस्त के साथ पत्नी के संबंधों के कारण सोफिया को एड्स की बीमारी हो जाती है। नायक नियमित रूप से अस्पताल में उसे देखने जाता है। पत्नी शर्मिंदा है, दोस्त भी। नायक ने अपना टेस्ट करवाया। उसे यह बीमारी नहीं है। वह अपनी पत्नी से इतना प्रेम करता है कि अब किसी और से विवाह या प्रेम करना नहीं चाहता। पत्नी की एक भूल को वह क्षमा कर देता है।

(2) **पारंपरिक सहनशील पत्नी :** अनपढ़, कम पढ़ी-लिखी स्त्रियाँ जो पति की मार खाकर सिर झुकाए पति के अन्यत्र संबंधों को नजर अंदाज कर पातीं। पति के प्यार को तरसती रहती हैं और त्यागपूर्ण जीवन जीने को मजबूर हैं ऐसी ही है 'आओ पेपे घर चलें' की एलिजा, पति डॉ. डी. के. अन्यत्र प्रेम संबंधों से परेशान। वह चाहे तो तलाक लेकर मुआवजा ले सकती है। परस्त्री गमन का चार्ज लगाकर उसके कैरियर को चौपट कर सकती है। मगर वह जानती है ऐसा करने पर वह अपने पति का प्यार नहीं पा सकती। वह हक की लड़ाई नहीं लड़ना चाहती। वह चाहती है पति का प्रेम जो उसके नसीब में नहीं है। इसीलिए चुपचाप डॉ. डी. के. तलाक के कागजात भेजने पर दस्तखत कर देता है और आत्महत्या का प्रयास भी करती है।

'छिन्नमस्ता' की श्रीमती अग्रवाल जानती है कि उनका पति देर रात घर क्यों लौटता है ? उसका एक और घर भी है तथा उस स्त्री से संतान भी। वह बिना किसी विरोध के अपना मन शॉपिंग में लगाती। दिन में तीन-चार बार साड़ियाँ बदलती, मैचिंग की चूड़ियाँ, मैचिंग की चप्पल। इसी में अपना समय व्यतीत करती। अपने बेटे के आगे पीछे घूमती। कूटनीति से काम लेती है – बेटा वश में तो पति भी। यह सोचकर खुश हो जाती है।

'पीली आँधी' की साँवर की पत्नी पति के अन्यत्र संबंधों से दुःखी होकर आत्महत्या करने की सोचती है पर बच्चों की खातिर वह उन संबंधों को स्वीकार करके त्यागपूर्ण जीवन जीती है। शिकायत का कोई शब्द मुँह पर नहीं लाती। इसी उपन्यास की चित्रा पति प्रोफेसर सेन की गर्भवती प्रेमिका सोमा के घर आ जाने पर घबड़ाती, रोती-कलपती नहीं अपितु सोमा की देखभाल बड़ी बहन की तरह करती है। उसकी जचगी का पूरा

काम करते हुए कोई विद्रोह प्रकट नहीं करती, वह सोमा के बच्चे को अपना नाम देती है ताकि वह नाजायज न कहलाये। चित्रा सोचती है कि जब प्यार ही न रहे तब इस व्यवस्था को ढोने से क्या फायदा और इसीलिए वह सुजित एवं सोमा के बीच से हट जाती है।

'अपने-अपने चेहरे' की श्रीमती गोयनका औरत को पैरों तले दबी हुई घास समझती है। पुरुष के कदम उठे नहीं कि वापस वह अपनी पीठ सीधी करके उठ खड़ी होगी वह पति की प्रेमिका से दोस्ती करती है। पति से कहती है : "मैं पूछती हूँ कि आप उससे शादी क्यों नहीं कर लेते ? पर हिम्मत होनी चाहिए। हाँ मैं तलाक, वलाक नहीं देने की। राजा पांडु की दो पत्नियाँ कुंती और माद्री कैसे मिलकर रहती थीं। क्या पता, सहन किसने किया।?"[17] पति चाहकर भी उसे तलाक नहीं दे पाता वह सोचता है कि गँवार और बेपढ़ी-लिखी औरत जाएगी कहाँ ? और चुटकी भर सिंदूर की ताकत पर श्रीमती गोयनका ने पति की प्रेमिका को झेला।

'अग्निसंभवा' की शिव की पत्नी कैंसर से पीड़ित है। पति ने उसे मायके भेज दिया। पति की बेवफाई पर उसे अफसोस है। वह चुपचाप मौत का इंतजार करती है। 'स्त्री पक्ष' की पड़ोसन ने पति के अत्याचार से तंग आकर आत्महत्या कर ली। सभी जानते थे कि पति रोज उसे पीकर पीटता था। सास के ताने उसे अलग से सुनने पड़ते थे। इसी उपन्यास की चाची जानती है कि उसके पति ने एक मुसलमानी को रखा है। चाची सती से अपने सुहाग की भीख माँगती, रोज पूजा करती लेकिन चाचा कभी चाची के पास नहीं सोते।

इस तरह प्रभाजी ने अपने उपन्यासों में पति परायणा स्त्री को घर की देहरी में रहकर रोते-कलपते पति के अत्याचारों को सहते दिखाया है, जिन्हें घर छोड़ने का साहस नहीं वे आत्महत्या में अंतिम उपाय ढूँढती हैं।

(3) **विद्रोही पत्नी :** पतिव्रता स्त्री से भिन्न कुछ अन्य प्रकार के चरित्र भी हैं, जो समर्पित पत्नी की भूमिका अदा न कर सकीं और पति से अलग हो गईं या तलाक ले लेती हैं। इसके कारण अनेक हैं। 'छिन्नमस्ता' की प्रिया व्यापार करना चाहती है। पति को यह पसंद नहीं। उसके बिजनेस ट्रिप को अकेले मौज करने की आदत कहता है। पत्नी के आफिस जाने पर कहता है : "श्रृंगार-पटार करो रंडियों सी जाकर ऑफिस में बैठो"। प्रिया से वह नौकरों की तरह हिसाब माँगता, बेटे को छीन लेने की धमकी, घर से निकालना, रिजर्व बैंक को पत्र लिखकर बिजनेस बंद करने की धमकी आदि से प्रिया आहत हुई और उसने पति का घर छोड़ दिया। पति ने बेटा नहीं दिया। प्रिया जानती थी कि जिस तरह वह बेटे को बनाना चाहती है वह उससे नहीं होगा वह मातृत्व को अतिभव्यता करके नहीं देखती। वह जानती है बेटा पिता से ज्यादा प्रभावित है वह माँ का प्यार दे सकती है पर अपने विचार नहीं क्योंकि उसके अपने विचार में पिता सही है माँ गलत।

'अपने-अपने चेहरे' की रीतू पति के अन्यत्र सम्बन्धों के कारण पति का घर छोड़कर पीहर आ जाती है। कुणाल पैसेवाली घर की स्त्री से प्रेम करता है। वह एक बच्चे की माँ है, कुणाल दोनों से संबंध बनाए रखना चाहता है लेकिन रीतू को स्वीकार नहीं।

'अग्निसंभवा' की आई. वी. शराबी पति को छोड़कर चीन से हांगकांग भाग जाती है। अपने बेटे को किसी मित्र के घर छोड़ देती है। बाद में उसे हॉस्टेल में रख देती है।

'पीली आँधी' की सोमा मातृत्व की चाहत में नपुंसक पति गौतम को छोड़कर प्रोफेसर सेन के घर चली जाती है।

इसके अलावा 'एड्स' उपन्यास की कुकु 10 वर्षों से बार-बार पति श्वार्ज का घर छोड़ने की धमकी देती है पर उसका विद्रोह गुब्बारे की हवा की तरह फुस हो जाता। असल में वह क्या चाहती है उसे खुद खबर नहीं। वह उन स्त्रियों का प्रतिनिधित्व करती है जिन्हें खाने-पहनने ऐश करने का शौक तो होता ही है साथ-साथ कभी-कभी पति से पंगा लेकर अपने जीवित होने का एहसास करने का भी। बिना किसी लकीर या झुर्रियोंके वह वियेना जाकर 5-7 लाख खर्च कर फेस लिफ्ट करवाना चाहती है, क्योंकि पाँच साल के बाद डाक्टर की फीस चौगुनी हो जाएगी। वह जानती है कि तलाक के बाद उसकी स्थिति क्या होगी ? यह स्टेटस यह मौज शौक कुछ भी नहीं हो सकता। वह कंपनी के शेअर की मालकिन है पर कमाता तो श्वार्ज है। श्वार्ज कंपनी की चीफ डिजाइनर इरीना से प्रेम करता है। महीने के 25 दिन वे साथ-साथ बिजनेस टूर पर होते हैं। पत्नी के चिड़चिड़े स्वभाव के कारण वह कम-से-कम समय घर पर रहना चाहते हैं। केवल 5 दिन भी कुकु पति से सीधे मुँह बात नहीं करती। वह अपनी जिंदगी के बीच बाधा बनकर खड़ी हो जाती है और बाकी जिंदगी की चट्टान तोड़ने में हाथों को लहूलुहान करती है।

'छिन्नमस्ता' की जूडी पेशे से साइकेट्रिक हैं। पति को वह मित्र और सहयोगी अधिक समझती है। इस प्रकार प्रभाजी ने पत्नी के दोनों रूपों को चित्रित किया है। पारंपरिक पति परायण रूप के साथ-साथ स्त्री स्वातंत्र्य की भावना से समन्वित स्वतंत्र चेतना से निर्णय लेनेवाली पत्नी के स्वरूप को भी वे वाणी देती हैं। इस प्रकार प्रभा खेतान ने इन रूपों का चित्रण करके पत्नी रूप का समग्र अंकन कर दिया।

दूसरी औरत (सौतन) :

'गृहणी जाती हार दाँव
संपूर्ण समर्पण करके
जयिनी रहती बनी अप्सरा
ललक पुरुष में भरके'।

'दिनकर' की ये पंक्तियाँ स्त्री-पुरुष के आकर्षण और शाश्वत एवं नैसर्गिक सत्य की ओर संकेत करती हैं। इसी आकर्षण का परिणामतः सृष्टि के क्रम का नैरंतर्य

है। इसी आकर्षण से उपजता है प्रेम। स्त्री जिससे प्रेम करती है, उसी की जीवन भर बनकर रहती है। पुरुष ऐसा नहीं कर पाता। उसका स्वभाव नित नई अप्सराओं को पाना चाहता है। जब तक हासिल नहीं करता, पीछे-पीछे भागता है, पा लेने पर किसी और की तरफ मुड़ जाता है। प्रभाजी का प्रिय विषय है दूसरी औरत की कहानी। प्रायः यह माना जाता है कि दूसरी औरत पत्नी की जगह हड़प लेती है। लेकिन सच्चाई इसके विपरीत है। "विवाह के सतही प्रमाणपत्रों के अभाव में दूसरी स्त्री को न तो समाज की सहानुभूति मिलती है, न कानून की मदद। पत्नी के मुकाबले दूसरी औरत हमेशा से समाज में घृणा की पात्र है। साहब की रखैल और उनके बच्चों की माँ होने के बावजूद वह सारे सामाजिक और कानूनी अधिकारों से वंचित है।"[18]

प्रभाजी के सभी उपन्यासों में बहुविवाह प्रथा तथा दूसरी औरत को मिलने वाले दूसरे दर्जे से उत्पन्न विद्रोह का चित्रण है। तीन पीढ़ियों से यह सिलसिला चल रहा है। 'छिन्नमस्ता' की प्रिया के नाना की दो पत्नियाँ थीं। दूसरी औरत से उन्होंने विवाह नहीं किया था। बस ऐसे ही वह उनके पास रहती थी। पूरा परिवार उसे छोटी नानी कहकर संबोधित करता। लेकिन उपेक्षा के साथ। प्रिया के दोनों मामा ने दोनों नानी जी को बराबर का सम्मान किया बिना भेदभाव के। इसी परंपरा का निर्वाह किया छोटे मामा ने दूसरी मामी लाकर जो उनसे तीस वर्ष छोटी थी। संतानेच्छा के कारण वह उसे खरीदकर लाए थे। दुबली-पतली छरहरी बदन की फैशनेबल छोटी मामी को ब्याह के बावजूद परिवार में सम्मान नहीं मिला। उसके चरित्र को लेकर घर पर अकसर चर्चा हुआ करती थी। अपनी ननद से उसने कहा : "मुझे क्यों लाए थे आपके भाई बच्चा पैदा करने ही ना ? तो जनकर पटक दिया। बच्चे क्या मेरे कहलाए। कैलाश जी तो आज भी बड़ी माँ के हाथ से खाता है, उन्हीं के पास सोता है। मेरे साथ तो बाहर जाने में शरम आती है। कहता है तुम मेरी भाभी लगती हो माँ नहीं।"[19] इसी उपन्यास की तिलोत्तमा कलकत्ता हाईकोर्ट के प्रसिद्ध बैरिस्टर शुभेन्द्रु सेन की पुत्री है। अंग्रेजी में बी.ए. ऑनर्स है। अपने से उन्नीस वर्ष बड़े विवाहित पुरुष से प्रेम करती है और मंदिर में जाकर विवाह कर लेती है। पीहर वाले उससे नाता तोड़ लेते हैं। यह असामाजिक संबंध वह निभाती है। पति की मृत्यु पर वह अकेली ही आँसू बहाती है। बाबूघाट जाकर चूड़ियाँ तोड़ती है। सिंदूर पोंछ नहा लेती है। ताउम्र अपनी बेटी नीना से लांछित होती है। नीना ने माँ के उदार मन और सरल समर्पण को अनुचित ठहराया। मिसेज अग्रवाल वार त्यौहार पति को खुश रखने के लिए सौतन तिलोत्तमा के घर फल मिठाई भेजती रहती। इसी उपन्यास की प्रिया पति की प्रेमिका को रोता-बिलखता देख नहीं सकती। उसे अपने कमरे में ले आती है। उसके प्रति सहानुभूति और दया दिखलाने का यह अंदाज प्रभाजी का ही हो सकता है।

'पीली आँधी' की एंग्लो-इंडियन 'रोज' को साँवरमल मकान खरीदकर देता है। महीने के पचास हजार रुपये उसके खर्च के लिए अलग से तय कर रखे हैं। इसका

विरोध करनेवाले सुराणाजी स्वयं विधवा पद्मावती से प्रेम करते हैं।

वे साँवर को रोकते हैं, लेकिन उनकी अंतरात्मा उनको कचोटती है : "और मेरा मन मुझे चाबुक मारते हुए कह रहा था। क्या इन दिनों तुम स्वयं भी होश में हो – क्या तुम्हारे मन ने यह नहीं चाहा था कि अच्छा है छोटे बाबू यदि कलकत्ते में ही रहें, मौज शौक में व्यस्त रहें।" फिर स्वयं का मूल्यांकन यूँ करते हैं : "पन्नालाल प्रेम और वासना में फर्क है तुम उससे प्रेम करते हो" रोज सौत बनकर सुखी है तो निमली (सुराणा की पत्नी) को लेकर लेखिका ने कुछ संकेत नहीं दिये हैं। वह अपनी मालकिन पद्मावती को अपनी बड़ी बहन समझती है। दोनों में अच्छी खासी दोस्ती है। इसी उपन्यास की सोमा प्रोफेसर सेन से प्रेम करती है। उसके बच्चे की माँ बनने वाली है। पति का घर छोड़कर वह प्रोफेसर सेन के घर आ जाती है। सेन की पत्नी चित्रा सब कुछ जानकर शांत रहती है। सोमा स्वयं को अपराधी महसूस करती है। तब चित्रा कहती है "चुप! अपराध बोध से ग्रसित होकर बच्चे को बड़ा मत करना। जो कुछ भी घटा, वह नया तो नहीं। मैं भी तो किसी अन्य पुरुष के प्रेम में पड़ सकती थी। इसमें तुम्हारा क्या दोष है?"[20] सोमा के साथ चित्रा आठ महीने रही – एक दोस्त, एक बहन की तरह। सोमा के पुत्र-जन्म के बाद वह चली गई। उसने सोमा के बेटे को कानूनी तौर पर गोद ले लिया। चित्रा उदार है। लेखिका ने सोमा और चित्रा के रूप में आधुनिक स्त्री का जो उदाहरण दिया है, वह असाधारण और नया है।

'अपने-अपने चेहरे' की रमा मिस्टर गोयनका से प्रेम करती है जो उससे बीस वर्ष बड़े हैं। मिस्टर गोयनका भीरू प्रकृति के हैं, वे समाज से डरते हैं। रमा मानती है कि विवाह, पति, घर, बच्चे आदि से परे भी स्त्री का अस्तित्व है। विवाहित पुरुष से प्रेम कर वह दूसरी औरत बन जाती है। समाज की नजरों से गिर जाती है। गोयनका के बच्चों को माँ की तरह प्रेम करती है। उसका व्यापार सँभालती है लेकिन सार्वजनिक समारोहों में श्रीमती गोयनका को जो सम्मान मिलता है, रमा को नहीं। दूसरी औरत की पीड़ा को हर समय झेलती रमा सोचती है। "वह प्यार तो एक बार करती है बस एक बार। एक ही पुरुष से। कभी शादी से पहले, कभी शादी के बाद। इसके बाद तो वह अपने आपको झेलना सीखती है।" क्योंकि "हर प्यार की उम्र हुआ करती है कभी वह कुछ क्षण तो कभी सप्तर्षि का घेरा बनता है। लेकिन खत्म जरूर होता है। प्यार शाश्वत नहीं। कम-से-कम जैविक धर्म पर आधारित स्त्री-पुरुष का प्यार तो नहीं।"[21] अपनी सौत को श्रीमती गोयनका छोटी बहन की तरह प्यार देती। वह रमा के अहसानों को कभी नहीं भूलती। वह इस बात से परिचित है कि इतने बड़े बिजनेस एम्पायर को खड़ा करने में रमा का बहुत बड़ा हाथ है। बाप-बेटों के झगड़ों में रमा अहम भूमिका अदा कर समझौते करवाती तथा घर टूटने नहीं देती। छोटे बेटे को तो रमा ने पाला-पोसा। अपने इन्हीं गुणों के कारण रमा ने श्रीमती गोयनका के दिल में ऐसी जगह बनाई कि वह (गोयनका) अपने पति से कहती, "क्यों जी, आप इसका

कोई ख्याल क्यों नहीं रखते ? क्या आपकी कोई जिम्मेदारी नहीं है इसके प्रति ?.... आप ऐसा रूखा व्यवहार करेंगे ना तो उस बेचारी का मन ही टूट जाएगा। वह आपको प्यार नहीं कर पाएगी।"[22] श्रीमती गोयनका अपने तीनों बच्चों को रमा आंटी के पास भेजती। रमा का माधुर्य और बचपना श्रीमती गोयनका को अच्छा लगता। मिस्टर गोयनका, रमा और वे तीनों मिलकर खाना खाते तो उसे लगता कि वे अपनी बेटी के साथ बैठी हैं। इस तरह लेखिका ने यहाँ बहु विवाह प्रथा का समर्थन कर ऐसे समाज की कल्पना की है, जहाँ दो स्त्रियाँ बहनों की तरह एक छत के नीचे रह सकें सौत बनकर नहीं।

आधुनिक स्त्री को यह पसंद नहीं। 'स्त्री पक्ष' की वृंदा का पति सुनीता से प्रेम करता है और वृंदा को तलाक देकर उससे विवाह कर लेता है। ऐसे में वृंदा दूसरी औरत बन जाती है। सुनीता हर पल भयभीत रहती है कि कहीं सुमित वृंदा के पास न लौट आए। बच्चों का घर आना भी उसे पसंद नहीं। कहीं बच्चों के बहाने वृंदा सुमित को उससे छीन तो न लेगी यही भय उसे हर पल सताता। ब्याहता बनकर भी वह सुकून न पा सकी। बाद में वृंदा आर्जव से प्रेम करने लगती है और समस्या का समाधान आसानी से हो जाता है।

'आओ पेपे घर चलें' की मिसेज डी. अपनी सौत क्लारा ब्राउन से परेशान है। उसे डिप्रेशन के दौरे पड़ते हैं। अपने घर को दूसरी औरत से बचाने के लिए तमाम उपाय करती है। इन सबके बावजूद वह विफल हो जाती है। अंततः तलाक के कागजातों पर दस्तखत कर देती है। प्रभाजी ने दूसरी औरत को पढ़ी-लिखी स्मार्ट महत्वाकांक्षी बताया है, वहीं ब्याहता को गँवार पारंपरिक विचारों वाली, बीमार, थुलथुल देहवाली रेखांकित किया है। लगता है दूसरी औरत पुरुष की खोज है। लेकिन दूसरी औरत के संपूर्ण जीवन की कथा एक भयंकर देवता के लिए अपना आनंद खुशी और प्रेम न्यौछावर कर देने तक सीमित रहती है। ऐसा क्यों इसका कोई स्पष्ट संकेत उपन्यासों में नजर नहीं आता।

4. सास बहू : भारतीय समाज में सास का स्थान महत्त्वपूर्ण होता है और मारवाड़ी संयुक्त परिवार में तो सास का स्थान अत्यधिक महत्त्वपूर्ण होता है। वह गृहस्वामिनी होती है और गृहलक्ष्मी के रूप में बहू का स्वागत करती है। स्नेह, अनुराग, ममता उँड़ेलकर वह बहू से बेटी-सा रिश्ता निभाती है। ममतामयी माँ बन जाती है। कभी-कभी बहू के अपने अधिकार क्षेत्र में हस्तक्षेप करने से कठोर जरूर बन जाती है परन्तु क्रोध शांत होते ही दोनों के बीच सौहार्दपूर्ण रिश्ते फिर कायम हो जाते हैं। प्रभाजी के उपन्यासों में सास बहू के रिश्ते (संबंध) अत्यंत मधुर हैं थोड़े से अपवाद को छोड़कर।

'छिन्नमस्ता' की कस्तूरी ने चौथी बेटी को जन्म दिया यह खबर सुनकर उसकी सास उसे देखने कमरे में नहीं जाती है। बच्ची जन्म के बाद कस्तूरी को तीन महीने तक ब्लीडिंग होती रही। बड़े-से-बड़े डॉक्टर आते, पर कोई फायदा नहीं। यह सब

देखकर सास बेटे से कहती है : "साँवर भाया तेरा तो सारा रुपिया लुगाई के ऊपर खर्च होवे जाव । म्हे भी तो सात सात पैदा किया — इकई ज्यादा नखरों हू ति जिन्तो सहारगो बित्तो ही या नखराली नार तने नचावेगी।"[23] यह सुनकर कस्तूरी जलभुन गयी। उसने सास के घर जाना ही कम कर दिया ।

इसके विपरीत कस्तूरी की बहुएँ उसके आगे-पीछे घूमती अम्माँ यह खा लीजिए, अम्माँ आज क्या बनाना है ? दवा की शीशी लेकर सिरहाने खड़ी रहतीं । कभी पैर दबातीं कभी सिर । वे दो मिनट भी अकेली नहीं रहती । पलंग के सिरहाने कॉलिंग बेल लगवा ली थी । जब तब बेल बजाकर वह अपनी बहुओं को बुला लेतीं । बहुएँ भी सास की जी हुजूरी में खड़ी रहतीं । अम्मा बड़े बेटे को ज्यादा प्यार करती थी । छोटी बहू को फुसलाकर सिंगल डायमंड की लौंग और चवन्नी बराबर हीरे की अँगूठी उतरवाकर उसने तिजोरी में रखवा दी और चाबी बड़ी बहू को दे दी । छोटा बेटा कमाता नहीं इसीलिए छोटी बहू को वे ज्यादा दबाती डाँटती । बेचारी बहू भी मारे डर के कुछ कह नहीं पाती।

इसी उपन्यास की प्रिया की सास बहू को बहुत चाहती है । दूध का गिलास लिये उसके पास खड़ी रहती है, उसके ऑफिस जाने का समर्थन करती है । बेटे के व्यापार न करने की जिद के कारण वह बहू को समझाती है वह चाहती है कि किसी तरह बेटे का घर बस जाए ।

प्रिया को अपनी सास का व्यवहार नकली लगता । सौतेली सास तिलोत्तमा प्रिया को सदैव अपनी माँ की तरह लगी उसकी आत्मीयता से वह अभिभूत थी । घर छोड़ने पर वह तिलोत्तमा के साथ ही रहने लगी ।

'पीली आँधी' की वृद्धा सास अपनी बहुओं को खूब लाड़ करती है । चौदह बरस की छोटी बिनणी के पैरों में चाँदी की बिछिया और चाँदी का कड़ा देखकर ठंडी आहें भरती । वह पुराने दिनों को याद करती, जब वो पैरों में सोने के कड़े पहनती थी। बड़ी बहू की बीमारी से चिंतित वैद्यजी से वह कहती है : "महाराज कोई दवा तो दीजिए — आप क्या नहीं कर सकते अमावस की रात को चमामच पूरणमासी में बदल सकते हैं ।"[24] वृद्धा सास बहू राधा की संतान के लिए लँगड़िया बाबा से मनौती माँगती ।

इसी उपन्यास की अनुशासन प्रिय ताई जी पढ़ी-लिखी बहू सोमा के नाश्ते में टोस्ट खाने की जिद पर कहती है : "चुपचाप जो बना है खा लो समझी बीणनी। यहाँ सब अलग-अलग कानून नहीं चलेगा और कल से ठीक आठ बजे नहा-धोकर पूजा करके नीचे डाइनिंग रूम में आ जाना ।"[25] मजबूरन सोमा को सुवाली अचार और दूध का नाश्ता करना पड़ा लेकिन उसका विद्रोह करवा चौथ के दिन फूट पड़ा । सोमा ने ताईजी से पूछा इतने नियम आचरण के बावजूद आप कैसे विधवा हो गई ।"[26] सुनकर सास चुप हो गई । करवा चौथ की पूजा कर रात को सोमा ताईजी के पैर लगने गई तो ताईजी ने उसे सुहागन बड़ी भाभी के पैर छूने की सलाह दी । सोमा को अपनी गलती का अहसास

हो गया उसके बाद में ताईजी से माफी माँगी और देहरादून अंग्रेजी माध्यम से पढ़ी सोमा ताईजी के हर इशारे पर अपनी जान देने को आतुर हो उठी। ताईजी कठोर नजर आती थीं लेकिन हृदय के किसी कोने पर ममता का अथाह सागर था । सोमा उसी वात्सल्यमयी ममता भरी ताईजी के आँचल में सुकून पाने लगी। एक वक्त था कि यह घर उसे दकियानूसी और दमघोंटू लगता था लेकिन ताईजी की ममता ने उसे घर में खुशी से जीना सिखा दिया ।

संयुक्त परिवार में गहनों को लेकर प्रायः लड़ाई-झगड़े होते हैं । लता अपनी सास से नाराज है, उसने सोमा को हीरे के कंगन और बड़ा हार दिया (चढ़ाया) इसकी भरपाई वह जब तब घर की चाँदी या सोने की पुरानी चीजें यह कह बेचती कि इनका डिजाइन पुराना है । कम दाम बताकर रकम सास को लौटा देती । असल में वह चीजें न बेचकर अपने पीहर में रखवा देती । जरा-सा शक करने पर वह सास को जली कटी सुनाती।

बड़े बाबू माधोसिंह ने दो बड़े हीरों के सेट पत्नी पद्मावती और छोटे भाई की पत्नी के लिए बनवाए थे । शादी के समय पद्मावती ने लता को फेरे में एक सेट चढ़ाया था । घर की परंपरा थी कि सभी जेवर पद्मावती के पास रहते थे । लता वाला सेट सोमा के विवाह पर चढ़ाया गया ।अपना बेशकीमती हीरों का सेट यूँ ही सोमा के पास जाते देखकर लता बौखला गयी । आखिर एक दिन उसका विद्रोह फूट पड़ा । सास से उसने कहा : "हमारे माँ-बाप सोचेंगे कि बेटी के पास बीस लाख का गहना है और यहाँ कुछ भी अधिकार नहीं । गहना दिखाकर उनसे आप दहेज ऐंठते हैं ।"[27] इस घटना के बाद सासजी ने बीस लाख का हल्का सेट बनवाकर लता को दे दिया और सोमा से बोलीं, पाँती करवाने चली थी, ले करवा ले पाँती, वे अँगूठा दिखाते हुए बोली।

ऐसे में परिवार की शांति बनाए रखने के लिए ताई सास सब कुछ जानते हुए भी चुप रहतीं । वह सोमा के लिए अपने गहने छुपाकर रखती जातीं । मरणोपरांत वे अपने सारे गहने अपनी वसीयत में सोमा के नाम कर गईं । प्रभाजी के अनुसार संयुक्त परिवार में गहनों कपड़ों का बँटवारा सास-बहू के रिश्ते पर निर्भर करता है । यही कारण होगा कि यह रिश्ता जितना मीठा है, उतना ही तीखा भी ।

गहने गाठें कपड़े लत्ते भी रूपवती बहू को ही चार चाँद लगाते हैं, ऐसे में सास के मन में ईर्ष्या ही जगाते हैं । इसी उपन्यास की राधा बाई अपनी रूपवती बहू पद्मावती को देखते ही जलभुन गई । "ऐसा रूप झरोखे से झाँके तो चील झपटकर ले जाएँ ।" उस पर मीठी आवाज सोने पर सुहागा । राधा बाई ने उसे बैठने के लिए बोरा दिया । खाने के लिए मोटे-मोटे रोट, पीने के लिए काली चाय ।

साथ आये हुए बक्सा को यह कहकर टांड पर रखवा दिया कि गरीब बाप ने क्या दहेज दिया होगा । रात को जब कमरे में सोने गयी तो साँवर के बच्चे मोहन और रेखा को भेज दिया। दोनों को अगल-बगल सुलाकर पद्मावती सो गई । सास सोचती है यह तो स्वर्ग की अप्सरा है । इसके कामिनी जादू से कोई बच नहीं सकता । घर में अब

वह किसी की क्या चलने देगी ? नौवें महीने तो बेटा तैयार फिर मेरे साँवर के टाबरों को माधो थोड़े ही पूछेगा ?

गरीब पद्मावती ने इसे विनम्रता से स्वीकार किया। अपनी सेवा से सास का दिल जीत लिया।

'अपने-अपने चेहरे' की श्रीमती गोयनका बड़ी बहू से डरती है। उसमें पहनने-ओढ़ने, घर सँभालने का शऊर नहीं हैं। दोनों बहुएँ मिलकर घर का सारा काम निपटाती हैं। अपनी इस कमजोरी के कारण वह बहुओं को कभी हीरे के कान के बाले देती हैं तो कभी कुछ अन्य वस्तुएँ देकर उनकी खुशामद करतीं। सास मुट्ठी में है यह देखकर दोनों बहुएँ भी सास की तारीफ के पुल बाँधती। यहाँ रिश्ता लेन-देन के बीच चक्कर काटता है।

प्रायः हर सास जल्दी से दादी बनना चाहती है। लेकिन 'स्त्री पक्ष' की वृंदा की सास वृंदा के गर्भवती होने पर रुपये पकड़वाते हुए अजीब निगाहों से देखकर कहती है : "संयम तो औरत को ही रखना पड़ता है, ऐसे हर नौवें महीने बच्चे पैदा करोगी तो हो चुकी मेरे बेटे की डाक्टरी पढ़ाई।"[28]

इस तरह प्रभा ने यहाँ आधुनिक सास को चित्रित किया है जो वक्त के साथ-साथ चलती है। उन्हें अपने बेटे के कैरियर की ज्यादा चिंता है। दादी तो देर सवेर बन ही जाएगी।

5. देवरानी-जेठानी : राजस्थानी लोकगीतों में प्रसिद्ध गीत 'देराणी जैठाणी मिल बाजूँ बंध गुंथियों' की पंक्तियाँ देवरानी जेठानी के आपसी रिश्ते की मधुरता को ध्वनित करता है। संयुक्त परिवार में घरेलू कामकाज निपटाती दोनों ही बहनों से भी ज्यादा करीब होती हैं। ससुराल के हर दुख-सुख की वे साझी होती हैं। ऐसे में उनका रिश्ता जहाँ पारंपरिक रूढ़िवादी होता है वहीं मानवीय भी।

'पीली आँधी' की पद्मावती निःसंतान है। अपनी देवरानी के हर वर्ष बच्चे पैदा करने पर ईर्ष्या नहीं करती। हर जचकी पर बड़े प्यार से टोपले की सिलाई करती। झबले बनाती। अजवाईन साफ कर सोंठ पीसकर दूशामूल की पुड़िया तैयार करती। देवरानी के छहों टाबरों की वह माँ बन गई।

ससुराल में कदम रखते ही सोमा को जेठानी लता ने बड़ी ही आत्मीयता से नियम कानून से परिचित करवाया। सुबह आठ बजे नहा-धोकर मंदिर जाकर नीचे डाइनिंग टेबल पर आना। नाश्ते के बाद घर के लोग दफ्तर चले जाते हैं। 1-1 महीने भंडारघर को सँभालने की जिम्मेदारी बहुओं पर रहती है। अपनी-अपनी पारी पर भंडार घर से महाराज को घी, तेल, नापकर देना। महाराज को खाने का मेनू पकड़वाना, जिसमें सुबह लंच में सूखी सब्जी, आलू की और एक सब्जी हरी रसेवाली दाल, चावल, फुलके और रायता, सलाद बस। दस बजे से एक बजे तक गद्दी वाला कमरे में ताई जी के सामने बैठकर सिलाई करनी पड़ती। एक बजे से घर में लोग जीमने आते सबको खिला-

पिलाकर एक घंटा आराम करने के बाद से पाँच तक वही सिलाई-कढ़ाई। कभी दर्जी आ गया तो कभी सुनार, कभी शॉपिंग का काम निकल आया, लेकिन शाम छह बजे नहा-धोकर सज-सँवरकर नीचे ताईजी के पास बैठ जाना पड़ता है। शाम का नाश्ता नीचे वहीं गद्दीवाले कमरे में करते हैं। रात का खाना ठीक आठ बजे खा लेना पड़ता है। नौ बजे सब अपने-अपने कमरे में। हाँ एक-एक बहू की पारी बँधी होती है कि ताईजी को रात में सुलाकर अपने कमरे में सोए, सुलाने से मतलब है, दूध, दवा देना, पैर दबाना।

शुरुआती कुछ महीने सोमा और लता में आपसी प्रेम था। परंतु बाद में ताईजी के सोमा से अधिक प्रेम करने के कारण लता को सोमा से ईर्ष्या होने लगी और खटपट का कारण बनी।

'अपने-अपने चेहरे' की प्रेमा की देवरानी स्मिता उससे ईर्ष्या करती थी। घर में प्रेमा का राज चलता था। वह पार्टियों के आयोजन करती। बड़े-बड़े होटलों से खाना मँगाती। लोग पूछते तो खुद ने बनाया कहकर वाहवाही लूटती। ये सारे गुर स्मिता को नहीं आते थे। इसीलिए स्मिता मन ही मन कुढ़ती रहती।

6. ननद भाभी : देवरानी-जेठानी जैसे बहनों की तरह रहती हैं, वहीं भारतीय समाज में ननद भाभी का रिश्ता भी बहन या सखी समान होता है। ननद को भाभी से लगाव होता है। वह उसे अपनी माँ ही समझती है। घर के अन्य लोगों से वही परिचय का सेतु बनती है। प्रभाजी ने अपने उपन्यासों में ननद भाभी के सख्य भाव एवं वात्सल्य भाव का चित्रण किया है। कहीं पर ईर्ष्या भाव भी दिखलाई पड़ता है।

'तालाबंदी' की पुष्पा अपनी भाभी से बड़ा स्नेह रखती है। जब कभी पुष्पा को मायके बुलाया जाता उसकी आवभगत होती। प्रायः माँ अपनी बीमारी में ही उसे बुलाती। सुमित्रा जानती थी कि पुष्पा की नजर माँ के धन पर है। तिजोरी की चाबी पुष्पा के कमर में लटकती। कम से कम उसमें पाँच दस लाख की चाँदी तो होगी ही। सुमित्रा इसकी शिकायत करती पति से, तो श्याम बाबू उसे नजरअंदाज कर देते। पन्ने की अँगूठी माँ ने पुष्पा को दे दी। यह सब होता रहा, परंतु सुमित्रा के लिए सहन करने के अलावा कोई विकल्प नहीं था।

'छिन्नमस्ता' की नीना तो अपनी भाभी प्रिया की सखी बन गयी। नीना सौतेली (सपत्नी) सास की बेटी थी। नीना अपनी माँ तिलोत्तमा के साथ अलग रहती थी। मिस्टर अग्रवाल के घर उनका आना जाना नहीं था। इसीलिए भाई के ब्याह पर भी वह शामिल न हो सकी। प्रिया की माँ की हिदायत थी कि रंडियों रखैलों को लेकर बारात में न आवे। संजू के जन्म के बाद प्रिया अपने पुत्र को लेकर तिलोत्तमा से मिलने गयी। तब नीना उसे देखते ही लिपट गई। उसने कहा, "भाभी आप शादी के बाद बहुत निखर आई हैं।" पता चला कि वह छिपछिपाकर अपने भैया भाभी को देखने शादी वाले दिन गई थी। उसका यह प्रेम देखकर प्रिया की आँखों में आँसू झलकने

लगे। दोनों गले मिलकर रो पड़ीं। प्रिया ने उसे आगे पढ़ने की सलाह दी तो नीना ने बताया कि वह शादी नहीं करना चाहती। खुद अपने पैरों पर खड़ी होकर जीना चाहती है। उसे पिता का हर माह घर खर्च देना नहीं सुहाता। प्रिया के लिए नीना उसकी बहन, दोस्त सब कुछ थी। वह नीना के भविष्य के लिए चिंतित थी। लेकिन वक्त का रुख बदला। प्रिया को ही अपना घर छोड़ना पड़ा और वह दो कमरे के फ्लैट में आकर रहने लगी। नीना अपनी माँ के साथ प्रिया से मिली। नीना ने कहा कि भाभी क्या आज से मैं आपके काम में मदद कर सकती हूँ ? भाभी आप मुझे अपनी बहन, दोस्त, बेटी कुछ भी मान लीजिए। मैं जान दे दूँगी पर आप पर आँच नहीं आने दूँगी।[29] दोनों ने मिलकर व्यापार शुरू किया। नीना प्रिया का दायाँ हाथ बन गई। सबसे बड़ा सहारा। एक दिन अचानक सैंतीस वर्षीय नीना ने बिजनेस पार्टनर हाफयैन के बेटे से विवाह कर देश छोड़ जर्मनी जाने का फैसला किया। वह अपनी माँ को अपने साथ जर्मनी ले जाना चाहती थी लेकिन माँ के इनकार से वह रो पड़ी। उसने कहा, "भाभी, माँ का उदास चेहरा मुझे अपराधी क्यों बना रहा है ?" माँ को नहीं पसंद है, ठीक है मैं शादी नहीं करती। प्रिया ने सास की जिम्मेदारी लेते हुए उसे बिदा कर दिया।

कुछ समय बाद नीना दस महीने के प्यारे बच्चे को लेकर भारत लौटी। माँ उससे कुछ न कुछ शिकायत करती। बेटियाँ तो पराया धन होती हैं। नीना रो पड़ती है। "भाभी मम्मी मुझे बार-बार अपराधी क्यों साबित करना चाहती है ? जो मुझे चाहिए था, वह मैंने हासिल किया। मैं सच में बहुत सुखी हूँ।" प्रिया यह सुनकर आश्वस्त हो जाती है। इस तरह ससुर एवं पति को जो रोल अपनी पुत्री, बहन के लिए अदा करना था, उसे प्रिया ने सहर्ष निभाया माँ बनकर, बहन बनकर, एक अच्छी सखी बनकर।

7. सेविका : दाई माँ के रूप में ये ऐसा चरित्र है कि शीर्षक सार्थक लगता है। मारवाड़ी संयुक्त परिवार में हर स्त्री की अलग से सेविका होती है, जिसे आया कहकर बुलाया जाता है। 'छिन्नमस्ता' में दाई माँ वफादार सेविका है। दाई माँ के चार बच्चे हैं। चमेलिया, छेदी, मंगल और भोला। तीन वर्ष के भोला को छोड़कर वह पति के देहांत के बाद प्रिया के घर दाई माँ बनकर आ जाती है। मासूम प्रिया के लिए ऐसा स्नेह उमड़ा कि स्तनों में दूध उतर आया। प्रिया के सारे काम दाई माँ करती। उसे नहलाना, कपड़े बदलवाना, चोटी बनाना, खाना खिलाना, स्कूल भेजना, सारी जिम्मेदारी दाई माँ की थी। प्रिया की माँ एवं भाई-बहनों का भेदभाव भरा व्यवहार देखकर दाई माँ बौखला उठती।

नौ वर्षीय प्रिया की पैंटी में खून के धब्बे देखकर दाई माँ चिंतित हो गई थी। प्रिया के सारी घटना बताने पर वह प्रिया को कलेजे से लगाकर रो पड़ी। दाई माँ की ममता ने मानो जमी हुई बर्फ की डली को खौलते हुए पानी में डाल दिया। प्रिया से उसने कहा : "सुन बिटिया, हमरा कहा मान और जिंदगी में ई सब बात कभी किसी से जिन कहियो, अपने पति परमेसर से भी नहीं, अउर सब समय हमार साथ रहो। ना

बिटिया हम तोहके छोड़कर कहीं नहीं जाऊ।"[30]

प्रिया दाई माँ को अपनी माँ ही समझती थी। एक बार जब दाई माँ अपने बच्चों से मिलने गाँव चली गई तो प्रिया ने रो रो कर पूरा घर सिर पर उठा लिया। न खाना खाया, न दूध पिया। आखिर में हारकर पिता ने दाई माँ को लेने गाड़ी भेजी। प्रिया के अनाथ असहाय बचपन का सहारा थी दाई माँ। बीमार होने पर प्रिया के लिए डॉक्टर नहीं बुलाये जाते। दाई माँ रात-रात भर प्रिया के सिरहाने पर बैठकर गीले कपड़े की पट्टियाँ बदलती। आत्मालाप करते हुए बड़बड़ाती "का जानी बहूजी का आपन ई बेटी पर तनिको ममता नहीं।"[31] अम्माँ के गुस्से का शिकार प्रायः प्रिया को ही बनना पड़ता। उसे कभी-कभी शक होता कि वह दाई माँ की कोख से पैदा हुई है या अम्माँ के।

बड़े भाई साहब के कुकृत्यों से परेशान एक रात प्रिया दाई माँ के बिस्तरे पर लेट गई दाई माँ ने उसे छाती से लगा लिया और कहा : "कल हम बहूजी से बात करब।"32 प्रिया के मना करने पर वह इतना भर कह पायी : "अरे राक्षस! अरे कसाई! अपन माँ बहन को तो छोड़ दे... कोठा नाहीं है...." प्रिया को अपनी माँ का लाया हुआ एक खिलौना याद नहीं आता पर दाई माँ हर मंगलवार को काली मंदिर जाती, उसके लिए पेड़े लेकर आती। प्रिया की जिंदगी में प्यार का एक खूँटा था जो सदा एक ही जमीन में वहीं का वहीं गड़ा रहता। आँधी, पानी, धूप और धूल बिना किसी शिकवे और शिकायत के वह था दाई माँ का खूँटा। जब भी वह अपने देश से आती उसकी पोटली में खिलौने की पिटारी, जरी के चुटीले, जौ का सत्तू सब कुछ सहेजकर वह प्रिया को देती।

जैसे-जैसे प्रिया बड़ी होती गई उसे दाई माँ और अपने वर्ग के बीच की लंबी खाइयों और खंदकों का पता चला। दाई माँ 65 वर्ष की हो चुकी थी। मोतियाबिंद पक गया था। कमर झुक गई थी। अब वे काम करने लायक नहीं रहीं। 15 नौकरों के परिवार में कोई न कोई नौकर दाई माँ को छेड़ देता तो वह गालियों की बौछार शुरू कर देती। कभी-कभी तो बेलन चिमटा लेकर लछमनियाँ के पीछे कभी रामु के। यह सब देखकर प्रिया की माँ ने दूसरी नौकरानी कृष्णा को रख लिया था। इस घर में दाई माँ का भविष्य सिकुड़ता जा रहा था उसके प्रेम और सेवा समर्पण का इस घर में कोई प्रतिदान नहीं था। वह हवनकुंड की समिधा बनकर जीवन को होम करती रही और एक दिन खाने-पीने में किए प्रिया के प्रति भेदभाव को बरदाश्त न कर बेटे मंगल को बुलवाकर चल पड़ी। विदाई की वेला में प्रिया ने अपने गले की चैन उसे देनी चाही लेकिन उसने कहा : "हम माँ होकर बिटियाँ की चीज लेऊब ? हमो पाप नाहीं लागि हैं।"[33]

बड़े भाई साहब के दूसरे विवाह पर जब प्रिया और उसके परिवार के अन्य सदस्य दाई माँ से मिलने उसके गाँव गए तब दाई माँ को कुछ दिखलाई नहीं दे रहा था, उसकी बहू ने प्रिया से बताया "माई दिन-रात प्रिया की बात करती रहती है और आप जो कभी-

कभी रुपया भेजती रही न, ऊ सब जमा करके रखी हैं। कहती हैं हम अपन बिटिया का विवाह में बनारसी जोड़ा लेकर जाऊब।"[34] लेकिन अफसोस वह सालभर बाद ही इस अरमान को दिल में लिए गुजर गई। उसकी मौत की खबर पा प्रिया को लगा अब वह पूरी तरह अनाथ हो गई। एक मात्र दाई माँ का व्यक्तित्व ही 'छिन्नमस्ता' में नायिका के इर्द-गिर्द इस तरह घूमता-सा दृष्टिगोचर होता है कि लगता है लेखिका ने प्रिया के व्यक्तित्व को सँवारने में....माँ के स्थान पर एक सेविका (दाई माँ) की महत्त्वपूर्ण भूमिका को बतलाने की चेष्टा की है। इस प्रकार प्रभाजी ने सेविका का चित्रण करते हुए दाई माँ को सहृदय, ईमानदार, स्वाभिमानी और विद्रोही बतलाया है।

8. सखी : मारवाड़ी संयुक्त परिवार में सहेलियों के लिए कोई जगह नहीं परिवार की बहुएँ हो या बेटियाँ अपनी किसी सहेली के घर आ जा नहीं सकतीं। प्रभाजी ने 'पीली आँधी' उपन्यास में ताईजी के मुँह से कहलवाया है। भायली घर खायली, खावगी घर खुआवगी। [35] उनके अनुसार हँसी-मजाक बातचीत जो भी करो अपने परिवार में देवरानी-जेठानी, ननदों के बीच अपने कुटुंब में रहो। लेकिन किसी दूसरे परिवार की बहू को सखी दोस्त बनाओगी तब फिजूल पंचायती होगी ऐसी भायलियाँ (सहेलियाँ) लगा बुझाकर घर खा जाती हैं। सोशल सर्कल बढ़ाना है तो घर की किसी सदस्या के साथ सिनेमा जाओ, घूमो- फिरो। शायद यही कारण रहा होगा प्रभाजी के उपन्यासों में मात्र दो ही सहेलियों के चित्रण देखने को मिलते हैं एक है जूडी 'छिन्नमस्ता' की दूसरी है निमली बाई 'पीली आँधी' की। जूडी फिलिप की पत्नी है। फिलिप प्रिया का बिजनेस सहयोगी। जूडी साइकेट्रिस है लेकिन सारी भूमिकाओं से परे वह प्रिया की हमदर्द है। वह उसके दर्द को समझती है। वह कहती है : "एक तुम ही नहीं जो दुःख पा रही हो, हर औरत के अपने दर्द के तहखाने हैं।"[36] और उन तहखानों में कैद दर्द से मुक्ति पाने के लिए वह प्रिया को डायरी लिखने का सुझाव देती है। "प्रिया तुम डायरी लिखती रहो। औरत आज भी मूक है उसके आँसुओं को दुनिया देखती है उसके हिस्टीरिया के दौरे उसके चीखने-चिल्लाने पर लोग कानों पर हाथ रख लेते हैं। उसकी शिकायत भरी निगाहों को देखकर भी पुरुष अनदेखा कर जाता है। मगर शब्दों का अपना इतिहास होता है और यदि ये छप जाएँ तब क्या उनकी यों उपेक्षा करना संभव होगा ? जब लिखोगी तो अपने जैसी हजारों लाखों के साथ संवाद स्थापित कर पाओगी। तुम्हें क्या पता कि तुम्हारे शब्दों को पढ़कर कौन-कौन अपने घावों को सहलायेगा ? किस औरत की गूँगी जबान बोल उठेगी। हाँ-हाँ यह सच है, बिल्कुल सच है।"[37] प्रिया ने लिखना शुरू किया उसे काफी संबल मिला। जूडी से वह कहती है : "शायद ये दोस्तियाँ न रहतीं तो मैं कब की एक खारी औरत हो जाती और अपने घरौंदे में कैद।"[38]

'पीली आँधी' की निमलीबाई पन्नालाल सुराणा की पत्नी थी। माधोसिंह मरते समय सुराणाजी को कोलियारी का मैनेजर बना गए थे। साथ ही आधी पाती अपनी पत्नी के नाम कर गए थे। सुराणाजी और पद्मावती का परस्पर विश्वास एवं प्रेम था।

यह देखकर सांवरमल ने सुराणाजी की हत्या करवा दी। उसके बाद से पद्मावती ने निमली को सदैव अपने पास रखा। बहन और सखी-सा स्नेह दिया। निमली पद्मावती का दायाँ हाथ थी। घर में शादी ब्याह समारोह हो निमली दौड़-दौड़कर काम करती। किसी खास विषय पर बात चल रही हो, पद्मावती उसकी राय पूछती। चंदा के विवाह में सोमा से रुपए उधार लेकर धीरे-धीरे चुकाने की राय निमली ने ही पद्मावती को दी थी। पद्मावती की मृत्यु के बाद उसकी अंतिम इच्छा के अनुसार ताईजी के गहने कपड़े सब सोमा को मिलने चाहिए थे। लेकिन घर वाले इसके लिए तैयार नहीं थे। सच्ची दोस्त की भूमिका निभाते हुए निमली ने सोमा तक वे सभी चीजें पहुँचायीं, यह अलग बात थी कि सोमा ने उसमें से कुछ भी नहीं लिया।

मनुष्य जीवन में संपर्क में आने वाला हर व्यक्ति कुछ न कुछ दे जाता है। प्रभाजी के स्त्री संसार में 'अपने-अपने चेहरे' की एक आरती है, जो पहले रमा के दफ्तर में स्टेनो थी। बीच में वह दूसरी कंपनी में काम करने चली गयी। लेकिन आरती ने अपनी गुरु भक्ति की दक्षिणा उस समय चुकायी, जब कंपनी से रिटायर होकर वह रमा के पास रहने चली आयी। वह रमा दीदी की देखभाल करना चाहती थी। उसने रमा की पूरी गृहस्थी सँभाल ली। रमा सोचती, "आरती पिछले जन्म में मेरी क्या थी ? माँ, सगी बहन या दोस्त ?" रमा ने बहुतों का जीवन बनाया था। विभा, जमुना, आरती और भी न जाने कितनी बेनाम स्त्रियाँ। रमा सोचती "क्या यही मेरा परिवार है।"

इस प्रकार प्रभाजी ने अपने उपन्यासों में स्त्री के तमाम रूपों का चित्रण किया है। कहीं किसी भूमिका में स्त्री की कमजोरियों का वर्णन है तो कहीं उसे कसूरवार ठहराया है। विवशता, पीड़ा, मानसिक दुःख और असुरक्षित जीवन जीते हुए उनकी सभी स्त्रियाँ व्यवस्था के मोहरे बनकर कभी समझौते करती हैं तो कभी विद्रोह और कभी मानवी बनकर सहज आत्मीय समर्पण से दूसरों को अपनों से ज्यादा स्नेह की छाया देकर एक नवीन संसार को साकार करती हैं।

प्रेम एवं काम संबंध

प्रेम का रिश्ता मन की कोमल भावनाओं से होता है। स्त्री-पुरुष के बीच मधुर मिलन के क्षणों में प्रेम अभिव्यक्त होता है। प्रेम का स्वरूप विशाल है। बायरन ने कहा है : "पुरुष का प्रेम पुरुष के जीवन का एक हिस्सा भर होता है। लेकिन स्त्री का तो यह संपूर्ण अस्तित्व ही है।"[39] इस तरह प्रेम शब्द का अर्थ स्त्री-पुरुष के लिए अलग-अलग भी होता है। विवाहपूर्व स्त्री प्रेम करती है तो कहीं दिल में पति की कामना होती है। पति जो प्यार करनेवाला हो, सहृदय हो, विवाह पूर्व पुरुष प्रेम करता है तब वह विवाह के बारे में नहीं सोचता। उसके लिए प्रेम किसी मापदंड में नहीं बँधता इससे स्पष्ट है कि स्त्री एवं पुरुष की प्रेम विषयक भावनाओं का उद्वेलन समान नहीं है। सीधे शब्दों में कहा जाए तो स्त्री के लिए प्रेम हृदय की अतल गहराइयों से जुड़ी अनुभूति होती

है, तो पुरुष के लिए समय काटने का जरिया। सार्त्र ने कहा है प्रेम में जिसे समर्पण आत्मसमर्पण कहते हैं वह आत्मपीड़न के सिवा कुछ नहीं।

प्रभाजी के उपन्यासों में प्रेम समर्पण से शुरू होकर पीड़ित होता हुआ जीवन के ठोस धरातल पर खड़ा होकर व्यावसायिक बन जाता है, जहाँ आकर्षण समाप्त हो भी जाए तो हार्दिकता बनी रहती है। इसके पश्चात अन्यत्र प्रेम संबंधों के प्रति परहेज नहीं रहता। कहीं मानसिक जुड़ाव है, कहीं शारीरिक घनिष्ठता। हार्दिक प्रेम में अधिक समय, विचार, ध्यान लगाना पड़ता है। जीवन की आपाधापी में किसे फुर्सत है कि इतनी गहराई से डुबकी लगाए। आइए हम देखें कथाकार प्रभाजी ने किन कोणों से इसे देखने-परखने की कोशिश की है।

विवाहपूर्व प्रेम विधायक कारण

1. दैहिक आकर्षण : साँवली ऊँची कदकाठी की प्रिया (छिन्नमस्ता) को सुंदर लड़के अच्छे लगते। असीम उसी के कॉलेज में 'भालो छेले' की खास विशेषता वाला लड़का था। इस विशेषण के अनुसार वह किसी डॉक्टर, बैरिस्टर या आइ.ए.एस. का लड़का हो। उसे बीड़ी सिगरेट नहीं पीना चाहिए, लड़कियों के चक्कर में नहीं, मृदुभाषी देखने में खूबसूरत और मेधावी। विश्वविद्यालय में प्रथम या द्वितीय स्थान पानेवाला। प्रायः प्रिया असीम के साथ गप्पें मारते हुए लाइब्रेरी से घर लौटती। एक दिन बारिश में दोनों रिक्शे में हिचकोले खाते-खाते एक दूसरे के करीब आ गए। "असीम के हाथ मेरे कंधों को कसते जा रहे थे उन्माद....?"[40] इस घटना के बाद असीम प्रिया से प्रेम करने लगा जबकि प्रिया को देवदासवाली लिजलिजी भावुकता से बेहद चिढ़ थी क्योंकि प्रिया को अपने औरतपन से चिढ़ थी। रूमानी कल्पनाएँ करना शादी के सपने देखना उसे बकवास लगता। लेकिन क्षण भर का ही उन्माद सही, उसने असीम के सामने समर्पण तो किया। यह उस दैहिक आकर्षण का ही परिणाम था।

'स्त्री-पक्ष' की वृंदा को कॉलेज के सब लड़के बंदर लगते थे। उसका मन करता सबके माथे पर तबला बजा आए। लेकिन अनीस को देखा तो देखती रह गयी। दोस्ती प्यार में बदली और शरीर के बीच में आते ही वृंदा पीछे हट गई। विवाह का वादा टूट गया। अनीस को दूसरी लड़की से इश्क हो गया जो उसके साथ किसी भी हद तक जा सकती थी, जो प्रायः दोस्तों के सामने कहती थी : "यदि मन मिल जाएँ तो शरीर को क्यों सँजोना ? कुँवारापन कोई संपत्ति तो है नहीं कि उसे इतना सँभालकर तौलकर सात तालों में बंद रखा जाए ?"[41] यहाँ उस लड़की के लिए आकर्षक प्रेमी होना जरूरी है, जिससे हर वक्त धुकधुकी लगी रहे कि कोई उसे चाहता है।

2. मैत्री-भाव : आकर्षण से शुरू होकर प्रेम प्रायः मैत्री भाव में परिवर्तित हो जाता है। 'अपने-अपने चेहरे' की रमा राजेन्द्र से प्रेम करती है। राजेन्द्र के बच्चों की टीचर बनकर इंटरव्यू देने जब पहुँची तो पहली नजर में ही दोनों में प्रेम के अंकुर फूटे।

छह-सात महीने बाद वह सेक्रेटरी बनकर व्यापार सँभालने लगी। दोनों करीब आ गए। रमा सोचती, "क्या स्त्री-पुरुष में दोस्ती नहीं हो सकती ?" प्रभाजी के शब्दों में, "भारतीय सामंती पुरुष की नजरों में औरत के तीन रूप हैं – पत्नी, रखैल और वेश्या।" शायद वे स्वयं भी इसी रूप में स्त्री को देखते हों, पता नहीं या फिर उनकी चेतना का धरातल रूपांतरित हो रहा हो ? मगर चौथा रूप एक स्वतंत्र स्त्री का भी है जो पारस्परिकता का संबंध चाहती है, जो अपनी समूची मानवीय गरिमा के साथ पुरुष के साथ मानवीय संवाद चाहती है। यह हमारे सामाजिक क्षितिज पर उगता हुआ अलग-अलग किस्म का सितारा है। इसकी कोटि अलग है। भारतीय समाज ने इस सितारे को अभी पहचाना नहीं और न ही वैज्ञानिकों ने इसका विश्लेषण किया धरती पर इन सितारों की रोशनी पहुँचने में हजारों साल लग गए। रोशनी तो अब पहुँची है। अब यह जलता-बुझता नहीं, न टूटकर धरती पर आ गिरेगा, यह अपने संपूर्ण स्वरूप में एक स्थायी चमक लिए अपनी औकात से तमस के अँधियारे को दूर करने का प्रयास कर रहा है। इसे हम पारंपरिक नाम दे भी नहीं सकते वैज्ञानिकों को इस चौथी कोटी की स्त्री नामक प्राणी के लिए कोई नयी संज्ञा खोजनी होगी कोई नया नाम देना होगा।"[42]

रमा से विवाह न कर पाने के कारण राजेन्द्र स्वयं को गुनहगार समझते हैं। अपनी तसल्ली के लिए वे नए ट्रस्ट बनाते। सभी में रमा को ट्रस्टी बनाते हैं। धरम खाते में हर जगह रमा का नाम रहता है। रमा सोचती, "क्या परिवार वालों को मुझ पर इतना विश्वास है.... क्या राजेन्द्र के बाद कोई मेरे पास झाँकने भी आएगा ? या ट्रस्ट से रिटायरमेंट के कागजों पर सही करना होगा.... फिर राजेन्द्र मुझे जोड़ते क्यों हैं ? ही लव्स यू। ओह प्यार...। इस एक शब्द के साथ कितने हजार साल की परंपरा जुड़ी है ? और स्त्री ? इससे इतनी सम्मोहित क्यों हो जाती है, कि जब प्यार चुक भी जाए तब भी खाली जगह में कल्पना के रंग भरती रहे। सड़े और उबाऊ पच्चीस साल के इस संबंध को क्या नाम दूँ – प्यार, ऑबसेशन आदत ?"[43] प्रभाजी जानती हैं कि हर प्यार की उम्र होती है प्रेम शाश्वत नहीं वह मरता जरूर है लेकिन मित्रता कभी खत्म नहीं होती। वे कहती हैं, "प्यार मत खोजो, हर प्यार का अंत ज्वालामुखी का बहता लावा होता है – दोस्ती खोजो जहाँ ईमानदारी हो, छल नहीं जहाँ कोई संवाद स्थापित करने का इच्छुक हो, जहाँ पारस्परिकता हो दोस्ती बड़ी अनमोल चीज है और बहुत कम औरतों को मयस्सर होती है क्योंकि जन्म से लेकर आज तक तुमने केवल प्यार खोजा है, दोस्ती नहीं, दोस्ती में एक-दूसरे के प्रति स्वीकृति का भाव होता है, तमाम पारस्परिकता और बराबरी के बावजूद एक-दूसरे की मानवीय कमजोरियों के लिए क्षमा का नाम दोस्ती है। दोस्ती प्यार से ज्यादा ऊँची भावना है, क्योंकि कोई किसी का दावेदार नहीं रहता। बहुत बार कुछ दोस्तियाँ अतीत हो जाती हैं कुछ वर्तमान की भीड़ में खो जाती हैं, मगर कई बार खोया हुआ दोस्त वापस लौट आता है बिना किसी शिकवे-शिकायत के और अधिक अपना होकर।"[44]

शायद यही कारण था रमा और राजेन्द्र के बीच मैत्रीभाव सदैव रहा। दोनों अपने कामों में अत्यधिक व्यस्त रहते थे दिन में एक घंटा भी मुश्किल से साथ रह पाते हो। व्यस्तताजन्य दूरी को दोनों सहज भाव से स्वीकारते। वे नहीं जानते कि इस दोस्ती का परिणाम अच्छा होगा या बुरा। दोस्ती शर्तों पर नहीं टिकती। परिवेश के साथ नहीं बँधती। बस इसकी केवल एक माँग है ईमानदारी। एक-दूसरे के साथ पूरी ईमानदारी। प्यार है तब भी कह दो, घृणा है तो वह भी स्वीकार लो। दो व्यक्तियों में सही संवाद होता रहे, इससे अच्छी स्थिति और क्या हो सकती है ? दोनों अपने जीवन के खालीपन को भरकर जीते हैं, क्योंकि दोनों की अब अन्यथा कोई गति नहीं।

3. **विवाह के लिए प्रेम :** 'स्त्री-पक्ष' की सुनीता विवाहित डॉ. सुमित से प्रेम करती है और उसे विवाह करने के लिए बाध्य करती है। सुमित वृंदा को तलाक देकर उसकी इच्छा पूरी करता है। 'आओ पेपे घर चलें' की क्लारा ब्राउन डॉ. डी से प्रेम विवाह कर लेती है। 'अग्निसंभवा' का वॉग लियेना से प्रेम करता है। दोनों अँगूठियाँ बदल लेते हैं। वॉग क्रांतिकारी है। वह चाहता है गर्भवती लियेना उसकी माँ आइ. वी. के पास चली जाय पर वह नहीं मानती। अपने प्रेमी पति को अकेला छोड़ना नहीं चाहती। इस प्रकार प्रभाजी ने भारतीय परिवेश में विवाहित पुरुषों द्वारा कुँवारी लड़की से प्रेम विवाह का उदाहरण प्रस्तुत किया है। लेकिन कुँवारी लड़की का विवाहपूर्व प्रेम का प्रतिदान विवाह की परिणति तक दिखलाई नहीं पड़ता शायद इसके कारण मारवाड़ी परिवारों में लड़कियों का जल्दी ब्याह कर दिया जाना रहा होगा।

विवाहपूर्व के अतिरिक्त 'पीली आँधी' उपन्यास में विवाहेतर प्रेम प्रसंग भी आता है जिसमें दैहिक आकर्षण के साथ-साथ मित्रता एवं विवाह की इच्छा सम्मिलित है। लेकिन अनूठा त्रासद प्रेम प्रसंग बन जाता है त्रासद इस अर्थ से कि प्रेमी की हत्या करवा दी जाती है।

सबसे तरल, सबसे मानवीय, सबसे कोमल और निहायत सच्चा प्रेम प्रसंग है पद्मावती और सुराणा जी का प्रेम। प्रभाजी ने स्त्री जीवन की अनूठी प्रेम कथा लिखी है। यह ऐसा प्रेम प्रसंग है जिसमें आँसुओं से भीगे आँचल में मन के सारे भावों को पिरो कर अपनी यादों के सहारे पद्मावती जीती है। प्रभाजी ने बीसवीं सदी के अंतिम दशक में पुरुष वर्चस्ववाले मारवाड़ी परिवार में पद्मावती जैसी सती दिखने वाली महिला के संयत प्रेम का वर्णन बड़ी ही संजीदगी से किया है। पन्नालाल सुराणा के डायरी के माध्यम से प्रभाजी ने पद्मावती और सुराणाजी की प्रेम कहानी रची है। प्रभाजी का कवि मन यहाँ दृष्टिगोचर होता है। घर की मालकिन पद्मावती से प्रेम करने का साहस होता भी है तो सुराणाजी 'मर्यादा में रहो' सोचकर चुप हो जाते हैं। डॉ. शिवकुमार मिश्र के अनुसार, "उनका मन सागर की लहरें, जिस तरह चट्टानों पर सिर पटक-पटक कर पछाड़ खाते हुए वापस लौटती हैं, उसी तरह उनके मन के आवेग फूटकर बहते जिन मर्यादाओं में वे बँधे हैं, उनके तहत उस आवेग की सीमा के भीतर समेटे रहना, निश्चय

ही गहरे मनोयोग की अपेक्षा रखता है।"[45] विधवा पद्मावती गरिमामयी स्त्री की भूमिका बखूबी निभाती है। अपने संस्कारों को बरकरार रख परंपराओं और समाज प्रदत्त मर्यादाओं में रहकर वह अपनी निजता को उभार पाने का साहस करती है। बेसब्रा पन्नालाल सारे बाँध तोड़कर उफानकर बह उठने को आतुर है। कभी-कभी लगता है वह पद्मावती को पूरी तरह समेट लेंगे लेकिन प्रभाजी ने बड़ी चतुराई से उनके प्रेम की वासना को अनियंत्रित नहीं होने दिया है। ऐसा किसी नैतिकता के चलते नहीं किया होगा वरन जीवन की यथार्थ स्थितियों में ऐसा ही हुआ होगा और उसी की सच्ची तस्वीर लेखिका ने बतलाने की चेष्टा की है। कुछ उदाहरण :

"सुराणाजी आप मुझे इतना प्यार नहीं दीजिए कि मैं बड़े बाबू को भूल जाऊँ ?" (276)

"मैंने उससे कहा, क्या हम कहीं भाग चलें ?" (277)

"सुराणाजी मैं विधवा हूँ किसी पराये पुरुष का ख्याल भी गलत है ना।" (278)

"आह! वह भरी हुई डाल-सी झुक आई थी मय बनकर प्यासे होठों पर बरस रही थी ?"...

"मैं बस एक चीज चाहती हूँ बिलकुल गोपनीयता.... देखिए हम दोनों का परिवार है। हम इतना बड़ा जोखम कैसे उठा सकते हैं ?" (279)

"उसके युवा शरीर और अपनी भूख पर मैं स्वयं लज्जित हूँ।" (280)

"आज एक बार बस एक बार यह चुनरी ओढ़ लो यह श्रृंगार कर लो यह नथ पहन लो मैं तुम्हारा वही रूप देखना चाहता हूँ।" (280)

"मैं पत्नी को तलाक देकर तुमसे शादी करना चाहता हूँ।" (295)

"मेरा तो और कोई नहीं है सुराणा जी.... एक आपके अलावा और कोई नहीं।"

प्रभाजी के अनुसार प्रेम एक महज भावना है पर उससे भी ऊँची भावना करुणा है। आपसी प्रेम के दौरान कारुण्य की भावना को प्रोत्साहित करना होगा क्योंकि प्रेम केवल देह के स्तर पर नहीं होता। प्रेम के दौरान व्यक्ति अपनी सीमाओं को लाँघ जाता और इस प्रक्रिया के दौरान स्त्री जो कुछ भी छोड़ती है, उसे त्याग कहा जाता है। मगर विडंबना तो यह है कि किसी भी व्यक्ति के मन में यदि अपने अधिकारों के प्रति अत्यधिक सजगता होगी तो व्यवहार में असंतुलन और रूखापन आना स्वाभाविक है। अतः स्त्री-पुरुष के संबंध का आधार केवल प्रेम नहीं बल्कि करुणा भी है।

विवाह : एक ओवर डेटेड संस्था

प्रभाजी के अनुसार विवाह एक ओवर डेटेड संस्था है। आनेवाले युग में इसका महत्त्व कम से कम हो जाएगा। स्त्री जितनी अधिक मानवी होगी, अधिकार संपन्न होगी, उतना ही वह विवाह के बंधनों को तोड़ना चाहेगी, क्योंकि सामाजिक विकास के साथ उसके जीवन में पुरुष की भूमिका कम से कमतर होती जाती है। पैसा कमाना, परिवार चलाना, संतानोत्पत्ति के साथ उस संतान का भरण-पोषण यदि सभी कुछ स्त्री को ही

करना है तो उसके जीवन में पति की भूमिका नहीं के बराबर होती जाती है, स्त्री पुरुष का साथ खोजेगी। एक दोस्त चाहेगी, पर अपने विवाहित जीवन में उसका शासन नहीं स्वीकारेगी। अपने उपन्यासों में उन्होंने जमकर इस बात को बार-बार दुहराया है। ऐसे में दांपत्य प्रेम की भावना महज दोस्ती की भावना से उपजेगी। लेकिन लेखिका के उपन्यासों में जहाँ स्त्री को पूरे अधिकार नहीं मिले हैं, वह आर्थिक रूप से स्वतंत्र नहीं है, वहाँ पर वह पुरुष के दर्प और अधिकार के कारण पुरुष के मालिकाना व्यवहार से उत्पीड़ित होती हुई दृष्टिगोचर होती है। ऐसे में घर की विवशता के कारण वह पति से प्रेम करती हुई दिखायी देती है, पर करती नहीं। अलगाव की स्थिति में भी घर टूटते नहीं। क्योंकि विवाह का कोई पर्याय नहीं है।

कथाकार प्रभाजी द्वारा चित्रित ऐसे दांपत्य जीवन की झाँकी में आइए हम खोजें कि प्रेम कहाँ खो गया है और अलगाव के कारण क्या हैं। जैसा ये जोड़े समझते हैं।

1. **कलहपूर्ण जीवन :** 'अपने-अपने चेहरे' के राजेन्द्र गोयनका का बेमेल विवाह था। पत्नी अनपढ़ थी उन्होंने कोशिश की कि थोड़ा पढ़-लिख जाए लेकिन कामयाबी नहीं मिली। सरला इतनी फूहड़ थी कि कोई काम सलीके से नहीं कर सकती थी। न नौकरों से काम लेना वह जानती थी। ऐसी स्थिति में जरा-जरा सी बात पर घर में कलह होती रहती। पूरे दिन सोफे पर पड़े रहना और ऊँची आवाज में पति तथा नौकरों से बात करना उन्हें बेहद प्रिय था। न साड़ी पहनने का शऊर था न गहनों की समझ। सरला जानती है पति को दार्जिलिंग की चाय पसंद है वह जान बूझकर उसे अलमारी में रखकर चाबी अपने पास रख लेती। देरी से चाय मिलने पर पति चीखे-चिल्लाये तो उन्हें बड़ी खुशी मिलती, गुड मार्निंग बैड मार्निंग में बदल जाती। बाथरूम में न तौलिया होता न साबुन। न मनचाहा सफारी सूट। पति की नाराजगी पर वे फ्रिज की तरह ठंडी होकर चुपचाप सुन लेती। शादी के चालीस साल बाद भी उसे पति की पसंद-नापसंद का पता नहीं। पूछ-पूछकर खाना बनवाती। मन पसंद सब्जी का नाम बताने पर महँगाई का रोना रोने लगती और ऊँची आवाज में रुपये माँगने लगती। राजेन्द्र सोचता इस औरत से माथा लगाना बेकार है। सुबह से चख-चख शुरू हो जाती बेचारा रोज एक एस्प्रीन की गोली खाता। पति के घर से बाहर जाते ही सरला सुख की साँस लेती। ऐसी संवेदन शून्य स्त्री से प्रेम की कामना करना या प्रेम करना भला कैसे संभव है।

2. **रुटीन जीवन :** 'छिन्नमस्ता' के नरेन्द्र को पत्नी नहीं एक सेक्रेटरी की जरूरत थी। वह आए दिन पार्टी देता, प्रिया को लिस्ट पकड़वा देता, इन सबके यहाँ वक्त से कार्ड पहुँच जाने चाहिए। पार्टी की मीनू लिस्ट पर घंटों बहस करता। प्रिया दौड़-दौड़ कर हर काम करती भर-भर फूल सजाती। हमेशा मेज पर नई क्राकरी, एपल पाई, सूफले टार्ट ढूँढ़-ढूँढ़ कर लेकर आती। नई डिशों को बनाने में घंटों समय बिताती। पार्टी के दो दिन पहले आयोजन की तैयारी और पार्टी वाले दिन सोलह घंटे की मेहनत

और नरेन्द्र के स्वर में अनुरोध के बदले आदेशों की गर्जना रहती । यह सब बरदाश्त करते हुए प्रिया को पति का प्यार नसीब नहीं हुआ । वह इस रुटीन जीवन की रिक्तता को प्यार से भर सकती थी, लेकिन नरेन्द्र सेक्स को ही प्यार की संज्ञा देता । दोनों के फर्क की समझ को वह प्रिया की फिलॉसॉफी कहकर टाल जाता और एक दिन प्रिया को लगा कि वह नरेन्द्र की पत्नी है या सेक्रेटरी या नौकरानी ।

3. फिगर समस्या : बेडौल व्यक्ति से प्रेम करना मुश्किल होता है, क्योंकि मोटापा दैहिक आकर्षण को कम कर देता है जिसके साथ चौबीस घंटे का साथ हो वहाँ फिगर समस्या के कारण अनबन चलती रहती है। पुरुष कितना ही बेडौल हो वह 36-26-36 की स्त्री चाहता है। 'अपने-अपने चेहरे' का राजेन्द्र अपनी सेहत का ख्याल रखता है ऊँची कद काठी के मि. राजेन्द्र खाने में परहेज रखते हैं। उम्र से कम लगते हैं। उनकी पत्नी सरला कद की ठिंगनी और मोटी है। पति ने कई बार टोका लेकिन डाइटिंग में विश्वास नहीं करती। खाती है तो खाती चली जाती है। वे कहती हैं : "कौन-सा मुझे ब्याह करना है मेरी नैया तो पार लग गई ।"[46] पचास की उम्र में वह साठ की लगती है। घुटनों में दर्द रहता है, उठ-बैठ नहीं सकती, पर वजन नहीं घटाती उनकी बेटी रीतू का भी शादी के बाद यही हाल था। पति कुणाल उसे 'मोटी बदसूरत अनस्मार्ट' [47] कहकर उससे कतराता। कुणाल को रति अग्निहोत्री जैसी प्रेमिका मिलने में रीतू के मोटे होने का, अनाकर्षक दिखने का बहुत बड़ा हाथ था ।

'पीली आँधी' की सोमा को पतली कमर वाला गौतम पसंद नहीं था। उसके अनुसार उसके 'मैनली लुक्स' नहीं थे। माता-पिता के जबरदस्ती विवाह करवाने पर सोमा का वैवाहिक जीवन सुखी न हो सका। शारीरिक सौंदर्य का दांपत्य जीवन में महत्त्वपूर्ण स्थान होता जा रहा है, इस बात की पुष्टि 'आओ पेपे घर चलें' के हेल्थ क्लब में देखी जा सकती है जहाँ महिलाएँ चर्बी उतारने के लिए क्या कुछ नहीं करतीं ।

4. काम संबंधों का ठंडापन : दांपत्य संबंधों की आधारशिला काम संबंध है। कई स्त्री-पुरुष रुचिगत भिन्नता के कारण रोज लड़ते-झगड़ते हैं, परंतु रात को बिस्तर पर सारे झगड़े खत्म हो जाते हैं। कुछ विद्वानों का मत है कि सेक्स से प्रेम उपजता है कुछ विद्वान प्रेम से सेक्स की तरफ जाने की बात करते हैं। आचार्य रजनीश के अनुसार, "मनुष्य कभी काम से मुक्त नहीं हो सकेगा, काम उसके जीवन का प्राथमिक बिंदु है ।"[48] इससे स्पष्ट है कि स्त्री-पुरुष दोनों के लिए काम अत्यावश्यक है यदि इन संबंधों में ठंडापन हो तो दूरियाँ बढ़ जाती हैं।

'स्त्री-पक्ष' का डॉ. सुमित पहली ही रात पत्नी को चरम पर नहीं पहुँचा सका उसका सारा यौन व्यापार एकतरफा था। वृंदा को लगा धीरे-धीरे सब ठीक हो जाएगा। एक दिन उसने पति से पूछा, "क्या हम एक रात में दुबारा सेक्स नहीं कर सकते?"[49] पति ने इनकार कर दिया नहीं मेरी तो सारी शक्ति ही खत्म हो जाएगी। 'छिन्नमस्ता' की प्रिया और 'पीली आँधी' की सोमा के भी पति से संतुष्ट कामसंबंध नहीं बन सके

और इसका प्रभाव उनके वैवाहिक जीवन पर पड़ा।

5. बीमारी : स्त्री को बचपन से ही पुरुष की सेवा करना, घर की देखभाल करने की शिक्षा दी जाती है। स्त्री यदि बीमार पड़े तो पुरुष पति उसकी देखभाल नहीं करता। रोगीली स्त्री से दूर ही रहता है कभी-कभी तो वह उसे त्याग भी देता है। प्रभाजी के उपन्यासों की स्त्रियाँ अकसर बीमार रहती हैं। ब्लडप्रेशर कभी ऊपर तो कभी नीचे, डिप्रेशन की शिकायत है तो कभी मोटापे की समस्या। तमाम डॉक्टर और दवाइयों के बीच उनका वैवाहिक जीवन हिचकोले खाता। 'स्त्री-पक्ष' की वृंदा गर्भावस्था के पूरे दिनों में उठ-बैठ नहीं पाती। मुश्किल से खाना बनाती लेकिन पति बात-बात पर उसे डाँटता। कभी उसकी मदद नहीं करता उसे हिकारत से घूरता। वृंदा को लगता कि सुमित मानसिक रोगी है और वह स्वयं शारीरिक। इसी अमानवीयता के कारण दोनों के बीच अलगाव बढ़ता गया।

'अग्नि संभवा' उपन्यासिका का मिस्टर शिव पत्नी के कैंसर ग्रस्त होते ही उसे अपने बच्चों समेत मायके भेज देता है। वह व्यावहारिक है एवं महत्वाकांक्षी भी। उसे अपने प्रमोशन की पड़ी है वह अपना पूरा समय अपने कैरियर को देना चाहता है। पत्नी का क्या आज मरी कल दूसरी आ जाएगी।

6. तीसरे की उपस्थिति : दिलफेंक पति को कितना बरदाश्त किया जा सकता है इसका उदाहरण 'स्त्री-पक्ष' का सुमित है। उसकी प्रेमिकाएँ नित नई होती थीं। पत्नी वृंदा परेशान रहती समझौते भी करती, शिकायतें भी। लेकिन इन सबके बावजूद वृंदा को सुमित ने तलाक दे दिया। 'अपने-अपने चेहरे' का कुणाल पत्नी रीतू को उसके अन्यत्र संबंधों पर कुछ कहने पर (विरोध करने पर) गाली गलौज पर उतर आता। वह पत्नीत्व के अधिकारों की दुहाई देने पर उसे कहता : "देख लिया तुम्हारा पत्नीत्व जब तक मैंने तुम्हें प्यार दिया, तुम्हारे हर इशारे पर नाचता रहा, तुम पत्नीत्व का फर्ज अदा कर रही थीं, प्यार जता रही थीं और जरा-सा लकीर से क्या हटा कि तुम्हारा असली चेहरा सामने आ गया।"[50] रीतू उसे छोड़कर मायके चली आती है। उसने अपनी माँ को जीवन भर दूसरी औरत को झेलते देखा था। वह अपने जीवन में वही इतिहास दुहराना नहीं चाहती थी। 'एड्स' की सोफिया अपने पति के खास दोस्त से प्रेम करती है। पति से अलगाव का कोई कारण लेखिका ने नहीं बतलाया है। इन संबंधों के कारण उसे एड्स की बीमारी हो जाती है और उसे अपने पति से अलग होकर अस्पताल में भर्ती होना पड़ता है।

7. स्त्री स्वातंत्र्य-बोध : प्रभाजी के उपन्यासों में विचारों के दो ध्रुवीकरण दृष्टिगोचर होते हैं। एक पितृसत्ता की सुविधा सुरक्षा तो दूसरी स्त्री की अपनी मानवीय गरिमा की चाह। ये दोनों विरोधाभास साथ-साथ नहीं चल सकते। यह नहीं हो सकता कि पुरुष को सभी प्रकार की सुविधाएँ मिलती रहे और वह श्रेष्ठ कहलाएँ (घिनौने कृत्यों के बावजूद) और स्त्री भोग्या बनकर रोती-बिलखती रहे। प्रभाजी के स्त्री पात्र जिंदगी को

जीना चाहते हैं और अपनी पहचान बनाने की अंधी जिद में, मार्ग में आनेवाली हर बाधा को तोड़कर आगे बढ़ते हैं। स्त्री-स्वातंत्र्य की इसी भावना को उपन्यास के पुरुष पात्र सहन नहीं कर पाते, उन्हें आज 21वीं सदी में भी घरेलू किस्म की महिला चाहिए। जो वक्त पड़ने पर कुछ देर के लिए आधुनिकता का नकाब ओढ़ ले बाद में वे उन्हें अपनी लाठी से हाँक लें।

'छिन्नमस्ता' की प्रिया अपना व्यक्तित्व अपनी एक पहचान बनाना चाहती है। धनाढ्य परिवार की होने पर भी प्रिया बचपन से ही पैसों की मुहताज रही। बात-बात पर उसकी माँ "पैसा क्या फोकट में आता है ?"[51] का ताना देती। महँगे फल, सब्जी उसकी थाली में नहीं परोसे जाते। एक समय ऐसा आया कि उसने घरवालों से पैसे लेने बंद कर दिए। अपनी कॉलेज की फीस भी उसने सहेली से उधार लेकर भरी। आर्थिक निर्भरता उसका स्वभाव बन गया।

ससुराल का वातावरण भी लगभग वैसा ही था। नरेन्द्र उससे नौकरों की तरह हिसाब माँगता। वह बड़ा बिजनेस मैन था अमरीका जाकर हजारों रुपए की शॉपिंग करता। मन लगाने के लिए प्रिया यदि कुछ किताबें खरीदती तो उसे इंटेलेक्चुअल शो ऑफ कहकर उसका मजाक उड़ाता और कहता : "बेकार पैसा फूँकती हो, क्यों नहीं नेशनल लाइब्रेरी से लाकर पढ़ती। इन किताबों के कारण कमरे की शक्ल और बिगड़ गई है।"[52] ये सभी बातें प्रिया को आर्थिक निर्भर बनने के लिए प्रेरित करतीं।

नरेंद्र की ताश पार्टियाँ, हिलते हुए शरीर, चाटपकौड़े, नाश्ते की सजी हुई प्लेटें, शिवास की खुलती हुई बोतलें, फूहड़ मजाक और चुटकुले केवल सेक्स के ऊपर अर्थात उसका जीवन शराब, ताश खाना और औरत से ऊपर उठता ही न था। इस वातावरण में प्रिया का जी उचाट हो जाता वह अपने को इसमें एडजस्ट नहीं कर पा रही थी, यह उसका संसार नहीं था। वह चाहती थी नरेन्द्र उससे बात करे, छुट्टी के दिन कहीं दूर घूमने जाएँ, अच्छा-सा संगीत सुनें, किसी आर्ट गैलरी में जाएँ लेकिन पति के स्वभाव की भिन्नता के और आदेशों की जिंदगी में वह शो पीस बनकर रह गयी थी।

अपनी अलग पहचान बनाने के लिए उसने व्यापार करना शुरू किया। पति नरेन्द्र ने प्रिया की इस उद्दाम महत्वाकांक्षा को सेक्सुअल फ्रस्ट्रेशन का नाम दिया। प्रिया ने पूरी तरह मन लगाकर व्यापार को बढ़ाया। उसकी सफलता से चिढ़कर नरेन्द्र ने कहा : "जब देखो बिजनेस, कल कस्टमर आ रहे हैं तो आज सैम्पल बँधवाने में ही फैक्टरी में रात के दस बज गए। फिर रात को साली फोन की घंटी बजती रहती है, घर न हुआ पागलखाना हो गया।"[53] फिर भी प्रिया ने अपना काम नहीं रोका फ्यूडल सामंतवादी मानसिकता वाला पति अपनी पत्नी की सफलता से ईर्ष्या करने लगा। उसके सामने ब्रीफकेस उलटकर कहा : "तुम्हें रुपये चाहिए ना। बोलो कितने रुपये? लाख, दस लाख, करोड़ रुपये।"[54] लेकिन प्रिया को खैरात नहीं चाहिए थी। आज व्यवसाय ही उसकी आइडेंटिटि है। यह दिन-रात की विदेशों की उड़ान यही उसकी जिंदगी के कैनवास

को बड़ा करती है । नित्य नए लोगों से मिलना-जुलना जीवन के कार्य जगत को समझना यही उसका उद्देश्य है। अब उसे न पति की जरूरत है न बेटे की । ईमानदार पत्नी और अच्छी माँ बनकर वह जान गयी थी कि वफादारी, प्यार, समर्पण ये शाब्दिक भ्रम है । इन शब्दों के जाल में स्त्री युगों से अपनी कुर्बानी देती रही है । बड़े घर की बहू-बेटी होने के बावजूद वह दर्द पीड़ा के खौलते पानी में उबलती रही है । इन सारे अपमानों का बदला वह लेती है । इंडिया टुडे में उसका फोटो छपता है – 'ए ग्रेट बिजनेस इंटरप्राइजेज मिसेज प्रिया' यही उसकी उपलब्धि है और पहचान भी।

8. मातृत्व की चाह : भारत में आज भी विवाह को मातृत्व के साथ जोड़कर देखा जाता है । निःसंतान जोड़े प्रायः घर के किसी बच्चे को गोद ले लेते हैं क्योंकि वह पूँजी का उत्तराधिकारी विवाह संस्था से जुड़ा है । संयुक्त परिवार में पराये खून का क्या काम । 'पीली आँधी' उपन्यास की सोमा निःसंतान है । पति गौतम पुजारी भैया एवं ड्राइवर की कुसंगति में यौन जीवन की अप्राकृतिक गलियों में भटक रहा था । उसके पास पौरुष के नाम पर पत्नी सोमा को देने के लिए मार-पीट, गालियों के अतिरिक्त कुछ नहीं था । सोमा कुछ पढ़ी-लिखी आधुनिक विचारों की संस्कारी युवती थी। रूँगटा परिवार में वैभव की चकाचौंध के अतिरिक्त कुछ न था । दकियानूसी परंपराओं को ढोती सास, ननद एवं जेठानियों के बीच सोमा स्वयं को अकेला महसूस करती । माँ-बाप ने रईसी ताकझाँक देखकर उसे यहाँ बाँध दिया था । धीरे-धीरे उसी की दैहिक अतृप्ति, वैचारिक असामंजस्य ने उसे विद्रोही बना दिया । सोमा मातृत्व को जीवन का अंतिम लक्ष्य मानने लगी । पति से उसे संतान हो नहीं सकती थी । वह बंगाली शिक्षक सेन से वैचारिक स्तर में एक होकर धीरे-धीरे उससे प्रेम करने लगी । फिर शारीरिक स्तर पर भी एक होते देर ना लगी । रुँगटा परिवार की मान प्रतिष्ठा को ठेंगा दिखाकर वह प्रोफेसर सेन के घर चली जाती है । कानूनन रुँगटा परिवार की बहू गौतम की पत्नी होते हुए वह विवाहित सुजित का चुनाव करती है । गौतम से प्रताड़ना एवं शीरीरिक दंड पाकर भी वह गर्भपात के लिए राजी नहीं होती । अंततः गौतम उसके बच्चे को स्वीकार कर लेगा कहकर एक अच्छे पति की भूमिका निभाने की चेष्टा करता है । फिर भी वह उसे रोक नहीं पाता । यदि गौतम से उसे संतान हो जाती तो शायद इस सड़ती विवाह संस्था में सोमा मर-खप जाती लेकिन वह मानवीय गरिमा के साथ जीना चाहती है, समझौता करना नहीं चाहती और वह अपने विकल्प की कीमत चुकाने को तैयार भी थी ।

9. विवाहेतर प्रेम संबंध : विवाहेतर प्रेम संबंध प्रायः सभी उपन्यासों में दिखलाई पड़ते हैं लेकिन विवाहेतर संबंधों में प्रेम सारे विवेचन, मनन, चिंतन के बाद लगता है । चार पति ऐसे हैं जो अपनी पत्नी के अलावा किसी दूसरी स्त्री से प्रेम करते हैं और एक स्त्री हैं जो अपने पति के अलावा दूसरे पुरुष से प्रेम करती है ।

1. **मिस्टर गोयनका :** सुंदर, ऊँची कद काठी के स्मार्ट व्यक्ति, बी.ए. पास

घर के खाते पीते परिवार के बड़े सुपुत्र मिस्टर राजेन्द्र गोयनका को ठिंगने कद की साँवली पत्नी मिली। सुहाग रात से ही उदास रहने लगे। पत्नी पिछड़ी हुई घरेलू किस्म की महिला थी। वह जानती थी कि पति उसे पसंद नहीं करते। फिर भी उसने कोशिश नहीं की। न उसका मन पढ़ने में लगता न घरेलू कामों में। पारंपरिक शादियों में अनमेल जोड़े जीवन भर एक दूसरे को ढोने पर विवश होते हैं। संयोग से रमा गोयनका के बच्चों की टीचर बनकर आई। संभ्रांत घराने की बाईस वर्षीय पढ़ी-लिखी उस नवयुवती को देखकर मिस्टर गोयनका चौंक गए। प्रथम परिचय में ही उसे चाहने लगे। उसकी स्मार्टनेस, शालीनता, सौम्यता पर फिदा हो गए। "वे सोचते रहे मारवाड़ी लड़की कलकत्ता शहर में उसका खुलापन और एक हमारी श्रीमतीजी हैं... किसी बात का शऊर नहीं।"[55] दोनों एक-दूसरे से प्रेम करने लगे। रमा अब उनका व्यापार सँभालने लगी। इस प्रेम संबंध को मिस्टर गोयनका ने मरते दम तक निभाया। लेखिका ने यहाँ अनमेल विवाह से उत्पन्न तनावों का वर्णन करते हुए बतलाने की चेष्टा की है कि यदि योग्य साथी ना मिले तो अन्यत्र मनपसंद साथी मिलने पर वह प्रेम प्रसंग स्थायी रूप ले लेता है जो स्वाभाविक भी है यहाँ मिस्टर गोयनका दोषी नहीं हैं वे युगीन परिस्थितियों के शिकार हैं और उससे निजात पाने के लिए अवसर मिलने पर वे अपने मन के भाव रमा के साथ बाँटकर हँसी खुशी जीवन जीना चाहते हैं। जो किसी भी जीवन का सत्य हो सकता है।

2. **सुराणा :** पन्नालाल सुराणा सेठ माधोसिंह के मुनीम थे। माधोसिंह को सुराणाजी पर बहुत भरोसा था। अपनी असमय मृत्यु को करीब देखकर उन्होंने पत्नी पद्मावती की जिम्मेदारी उन पर सौंपी। पत्नी उनसे बहुत छोटी थी। उसके लिए वे व्यापार में आधी पाती लिख गए थे। मरते समय पत्नी से कह गए थे कि कभी मुश्किल आए तो सुराणाजी पर ही विश्वास करना। यही कारण रहा कि सुराणाजी अपनी मालकिन की ज्यादा चिंता करते, उसे कोई कष्ट न पहुँचे इस बात का ध्यान रखते। बड़े बाबू के स्वर्गवास के बाद पद्मावती अकेली हो गई थी पढ़ी-लिखी थी नहीं कि पढ़ने में ध्यान लगाती। घर से बाहर कोई दुनिया नहीं थी। उसकी अपनी संतान भी नहीं थी। देवर के बच्चों को हृदय से लगाकर बड़ा करना ही उसके जीवन का उद्देश्य था।

पद्मावती सुराणाजी का रिश्ता था तो नौकर मालिक का। लेकिन रोज-रोज हिसाब-किताब देखने वे आपस में मिलने लगे। किसी रोज सुराणाजी कोठी न पहुँचे तो पद्मावती का जी बेचैन होता था। यदि पद्मावती बारजे में न दिखे या बगीचे का चक्कर न लगाए तो सुराणाजी का मन छटपटाता था। एक दिन पद्मावती ने कह ही दिया कि "कोठी आ जाया करें बुलावें की बाट न जोहें।" सुराणाजी को बड़े बाबू की नसीहतें याद थीं। "अपनी बहूजी का ख्याल करना मैं इसको तुम्हारे हाथ में सौंपकर जा रहा हूँ इसका कोई हक न दबा ले।"[56] देवर साँवरमल के गलत रास्ते जाने पर तिजोरी खाली होने लगी और सुराणाजी पद्मावती की चिंताएँ बढ़ने लगीं। सच ही कहा है दुःख मनुष्य

को करीब ले आता है, घर, परिवार की जिम्मेदारियों को निभाते दोनों कब करीब आकर प्रेम की डोर में बँध गए कि पता ही नहीं चला। प्रभाजी ने बड़ी खूबसूरती से इस प्रेम में देह को आने नहीं दिया है। यह प्लेटोनिक प्रेम है, जिसकी पूर्णाहुति सुराणाजी की हत्या से होती है। साँवरमल को पद्मावती और सुराणाजी के संबंधों का पता शायद चल गया था या वे अपने व्यक्तिगत मामलों में सुराणाजी की दखलअंदाजी से नाराज थे इसीलिए गुंडों को कहकर सुराणाजी को जलते हुए कोलिपीट में फेंकवा दिया, न रहेगा बाँस न बजेगी बाँसुरी। इसकी खबर सुराणाजी को भीखन ने दी थी पर वे भागे नहीं, वे कायर नहीं थे। धीरे से अपनी अलमारी से चुनरी निकाली, जिसे कभी उन्होंने पद्मावती को पहनाया था। "अपनी डायरी और चुनरी पत्नी को सौंप निर्दोष मूक बधिर पत्नी निमली के सरल समर्पण को याद कर और सफेद साड़ी में लिपटी पद्मावती की आँखों के आँसू याद कर अलविदा कहकर चल पड़े। इस प्रेम कथा से गुजरते हुए कहीं भी पाठक को विवाहेतर प्रेम की अनैतिकता का अहसास नहीं होता है, यह अमर प्रेम गाथा है।

३. **डॉ. सुमित :** 'स्त्री-पक्ष' उपन्यास की डॉ. सुमित की पत्नी वृंदा की उम्र के साथ-साथ शिकायतें बढ़ती जा रही थीं। सुमित सुबह निकलता, देर रात घर लौटता न बच्चों को घुमाने ले जाता न वृंदा से अधिक बात करता। शिकायत करने पर कहता: "तुम्हारे पास यह फ्लैट, गाड़ी, बच्चे सभी कुछ तो हैं। मैं जो कुछ कमाता हूँ, तुम्हारे हाथ में रखता हूँ। मैं कौन-सा मौज-शौक करता हूँ। अब और तुम्हें क्या चाहिए, मेरी समझ में नहीं आता।"[57] सुमित की इधर-उधर मुँह मारने की आदत से वृंदा परेशान थी सुमित के अनुसार पति-पत्नी के रिश्ते में एक अनकहा साझा होना चाहिए, यदि वह पत्नी और बच्चों को ताउम्र सँभालकर रखता है तो इसके एवज में थोड़ी-बहुत छूट तो उसे मिलनी चाहिए। पर वृंदा जानती थी यह थोड़ी नहीं बहुत छूट है। पड़ोसन देविका के साथ सुमित के शारीरिक संबंध भी हैं। देविका ने जब नया फ्लैट खरीदा और चली गयी तो सुमित के संबंध सेक्रेटरी सुनीता से बन गए। वह चाहता था कि वृंदा बच्चों के साथ वैसे ही रहे जैसी रहती थी और वह सुनीता से शादी कर दोनों को साथ रखे, जैसा चलता है वैसा चलता रहे। लेकिन वृंदा को सुमित का यह प्रस्ताव मंजूर नहीं था। सुमित सुनीता से अधिक प्रेम करता था इसीलिए वृंदा को तलाक देकर वह सुनीता से विवाह कर लेता है। लेखिका ने यहाँ बहुविवाह की समस्या को उठाया है। पूरे उपन्यास में नानी, मामी, सास, जेठानी सभी ने सौतों को सहा है वृंदा अगर सुमित के प्रस्ताव को मान लेती तो जीवनभर खुशी से पति के साथ रह सकती थी। परंतु, वृंदा भी चित्रा की भाँति जहाँ प्रेम नहीं वहाँ हक से क्यों रहना सोचकर दोनों के बीच से हट जाती है।

4. **प्रोफेसर सेन और सोमा :** सोमा और पीली आँधी का प्रोफेसर सेन रुँगटा परिवार की छोटी बहू सोमा को पढ़ाने घर जाता था। पढ़ते-पढ़ाते दोनों एक-दूसरे के

करीब आए। सोमा जानती है कि सेन विवाहित है और उनको एक बेटी भी है। इस अवैध संबंध को दुनिया नहीं स्वीकारेगी। सुजित भी यह स्वीकारता है कि कभी वह चित्रा से प्रेम करता था, लेकिन आज वह सोमा से प्रेम करता है। फिर भी सलाह यही देता कि सोमा पति गौतम के साथ रहे। यहाँ प्रभाजी ने पुरुष पात्र को कमजोर बताया है परंतु जब सोमा अपना ससुराल छोड़कर सेन के घर आ जाती है तब सुजित चौंक जाता है। लेखिका ने यहाँ चित्रा को आधुनिक नारी के रूप में प्रस्तुत किया है। पति की भयंकर भूल को स्वीकार, उसका घर छोड़कर चले जाना कितना मुश्किल रहा होगा, इसका संकेत तक लेखिका ने नहीं दिया है। मात्र त्यागमयी आदर्श स्त्री जो अपनी बेटी को लेकर इसलिए चल पड़ी कि पति उससे प्यार नहीं करता। इसमें आधुनिक स्त्रीं के स्वाभिमान को दिखलाना प्रभाजी का इष्ट रहा होगा। सुजित के लिए यह प्रेम पत्नी की दी हुई सौगात था। उसके लिए सारी मुश्किलें आसान हो गईं। यदि चित्रा विरोध करती कोर्ट कचहरी में जाती तब शायद सुजित सोमा को न स्वीकारता। वह पहले ही सोमा को गौतम के पास रहने के लिए कह रहा था। लेखिका ने यहाँ चित्रा के द्वारा स्त्री स्वाभिमान को रेखांकित करने की चेष्टा की है।

प्रभाजी के अन्य उपन्यासों में विवाहेतर संबंध अनेक हैं लेकिन प्रेम नहीं। केवल देह की भूख है जिसे हम काम-संबंधों के अंतर्गत देखेंगे।

काम संबंध

"प्रेम एक बार होता है, जब मरता है, तो मर जाता है अमर तो वासना है। जो चाहे खंडित होकर गिरे चाहे तृप्त होकर गिरते न गिरते रक्त बीज की तरह नया जीवन पाकर फिर उठ खड़ी होती है।"[58] अज्ञेय का यह कथन जीवन में काम के महत्त्व को प्रतिपादित करता है। प्रभाजी के उपन्यासों में काम संबंधों का मनोवैज्ञानिक तरीके से सूक्ष्म विवेचन हुआ है। उनके अनुसार, "स्त्री-पुरुष के संबंधों में देह केंद्रीयता पर एकल आग्रह का परिणाम अंतर्विरोधों के हल में नहीं बल्कि और उलझाव में ही निकलता है।"[59] इस एकल आग्रहों के कारण ही लगभग सभी वैवाहिक जोड़े काम संबंधों की अतृप्ति से पीड़ित नजर आते हैं। काम संबंधों को प्रभाजी ने दो प्रकारों में बाँटा है। (1) सहज काम संबंध और (2) असहज काम संबंध।

1. **सहज काम संबंध :** मनोवैज्ञानिक दृष्टि से स्त्री-पुरुष में काम भावना का विकास क्रमशः बचपन से ही होने लगता है। बचपन से आरंभ होने वाले काम भाव का अति विकास या अल्पविकास व्यक्ति के अंतःकरण का सूत्र बन जाता है। बचपन में प्यार न मिलने पर बाँहों में भरकर लय होने की इच्छा अतृप्त दर्दनीय चाह एक अभिशाप की तरह ग्रस्त करती है। 'छिन्नमस्ता' की प्रिया तथा 'स्त्री-पक्ष' की वृंदा का बचपन भेदभाव [illegible] था। प्रिया नौ वर्ष की आयु में भाई द्वारा कुकृत्य से भयभीत रहती थी तो वृंद बलात्कार से बचकर पुरुषों से नफरत करती थी। दोनों ही प्रेम एवं विवाह

नहीं करना चाहती थी तथा सेक्स से घृणा करती थी। ठंडी औरत बनकर वे पुरुषों से बदला लेना चाहती थी। परंतु प्रिया को प्रोफेसर का निमंत्रण मिला तो उसके पीछे-पीछे उसके घर चल पड़ी और सहज देह ने अपना धर्म निभाया उस दिन प्रिया को कोई ग्लानि महसूस नहीं हुई न ही जुगुप्सा। पुरुष का स्पर्श इतना मादक होता है, इतना सुखद वह इतना कमनीय, इतना आकर्षक हो सकता है इसे पहली बार प्रिया ने महसूस किया क्योंकि दोनों ने चाहत के सहज भाव से काम संबंधों का आनंद लिया था। यही कारण रहा कि बाद में भी प्रिया सप्ताह में दो-तीन दिन प्रोफेसर के घर जाती और दोनों में उत्तेजना प्रेम से उद्वेलित होकर काम संबंध बनते। दोनों प्रेममय सहज भाव से एक-दूसरे में डूबे रहते।

'स्त्री-पक्ष' की वृंदा को पार्टी के बाद आर्जव घर छोड़ने आया। कॉफी पीने-पिलाने के बहाने आर्जव रुक गया। बस जरा-सी अँगुलियाँ छू गई थीं... सोई प्यास जग गई थी और कुछ क्षणों में वे दोनों एक-दूसरे में कुछ खोज रहे थे। खोजे हुए दोनों के शरीर कुछ और अधिक आपस में गुँथ गए, कुछ उसी तरह जैसे बल खाती हुए लता लिपट जाती है पेड़ के तने से। उनके चेहरे पास-पास थे, उनकी आँखें टटोल रही थीं एक-दूसरे को, उनके होंठ स्वाद चख रहे थे एक-दूसरे का, वे दोनों ही भूखे थे, बेहद भूखे... भूख की यह तृप्ति वृंदा को चरम सुख दे रही थी। वृंदा को लगता वह धरती के उन नए-नए पहाड़ों को, पठारों को नदियों और समुंदर को खोज पा रही है जिसकी उसने कभी कल्पना भी नहीं की थी। वृंदा को लगा कि उसका शरीर हल्की गुनगुनी लहरों पर तैर रहा है, क्या इसे ही सुख कहते हैं... और यह सुख अब तक नहीं मिला था। कभी नहीं विवाह के इतने वर्ष बाद भी वह क्यों प्यासी रह गई थी। रात-भर आर्जव और वृंदा बातें करते रहे कहते हुए सुनते हुए आर्जव उसकी पसंद-नापसंद के बारे में पूछ रहा था... कि वह बचपन में कैसी थी... कितनी भोली, कितनी मासूम और आज भी बिलकुल वैसी की वैसी कैसे बनी रह गयी। वृंदा को आश्चर्य हुआ था आर्जव कैसे इतनी बातें पूछ रहा है... क्या पुरुष को भी इन बातों में रुचि हो सकती है। वृंदा सुनाती रही अपनी कथा। वह पूरी तरह समर्पित थी पूरी तरह उसकी थी, वह केवल संवेदना थी। एक वही संवेदना थी जिसे वह इतने दिनों से खोज रही थी।

दो बड़े बच्चों की माँ वृंदा को अपने इस कर्म पर कोई अफसोस नहीं। यह उसके जीवन का पहला निष्पाप अनुभव था। आर्जव उससे पाँच साल छोटा था, वह स्वयं अड़तीस की थी। इन सहज आत्मीय काम संबंधों की परिणति वृंदा और आर्जव के विवाह का कारण बनी। अब तक के आखिरी उपन्यास 'स्त्री-पक्ष' में आकर प्रभा खेतान ने काम संकेतों का कुछ खुला चित्रण किया है अन्यथा उनके पहले के उपन्यासों में काम संबंधों के चित्र नहीं होते थे, वे संकेतों पर चलते थे, समझ में आते थे।

2. **असहज काम संबंध :** भारतीय मनीषा में संतान उत्पत्ति हेतु ही काम संबंध

बनाये जाने की अवधारणा थी। इन्जॉय (आनंद) के लिए काम संबंधों की शुरुआत आधुनिक पीढ़ी की देन है। जनसंचार माध्यमों से सेक्स खुलकर सामने आया है, इसीलिए स्त्रियों के मन में देह की भूख का उठना स्वाभाविक है। प्रभाजी के उपन्यासों में जहाँ तीन-तीन पीढ़ी की कथा का ताना-बाना बुना गया है, उसमें प्रथम दो पीढ़ियों में वही पारंपरिक काम संबंध (एकतरफा) चित्रित है परंतु तीसरी पीढ़ी तक आते-आते लेखिका ने नायिका की देह भूख का (अतृप्ति या तृप्ति का) स्पष्ट संकेत किया है। असहज काम संबंध तीन रूपों में दिखलाई देते हैं। (1) दैहिक (2) भौतिक (3) पाशविक, तीनों की विवेचना इस प्रकार से है :

(1) **दैहिक :** वैसे तो काम संबंध के किसी भी प्रकार में देह तो आवश्यक रूप से जुड़ी रहती है परंतु यहाँ दैहिक असहज काम संबंधों से तात्पर्य है एकतरफा यौन व्यापार। इन संबंधों में प्रायः स्त्रियाँ दांपत्य कर्तव्य समझकर सहयोग देती हैं। इसका यह अर्थ नहीं कि स्त्रियों की कामेच्छा शक्ति कम है। वह अपनी तथा पति की कामनात्मक शक्ति से परिचित है। इसीलिए वह अपनी कामेच्छा को नियंत्रण में रखकर सो जाती है। उसकी इच्छा के अनुसार उसे पति से कुछ मिलने वाला नहीं है। इस तरह के संबंधों की ऊब से कुंठा का जन्म होता है तथा काम विकृतियाँ भी इसी का परिणाम होती हैं।

घटिया साहित्य पढ़कर या ब्लू फिल्में या तस्वीरें देखकर काम संबंधों में कई पति धक्कामुक्की और ढेलपेल को आदर्श समझ उसी प्रकार की घटिया हरकतें करने लगते हैं इसमें स्त्री को आनंद मिलने के बजाय वेदना का अनुभव होता है। 'छिन्नमस्ता' की प्रिया पति के साथ दैहिक रूप से जुड़ नहीं पाती। उसका अतीत इसका एक कारण है। दूसरा यह है कि वह पति से सब कुछ कहना चाहती है : "नरेन्द्र मैं कुँवारी नहीं — मैं पहले ही टूट चूकी हूँ। हर पुरुष ने मुझे चोट मारी है आहत किया है। मेरा घायल मन... नरेन्द्र हम जीवन साथी हैं... मैं तुमसे सब कुछ कहना चाहती हूँ.... एक पूरी बेबाकी ईमानदारी के साथ।"[60] लेकिन पति सुनता नहीं दाई माँ की हिदायतें भी उसे पति से कहने से रोकतीं। शायद वह कह देती और नरेन्द्र सुन लेता उसके अतीत को चला लेता तो प्रिया पति से खुलकर मिल पाती। प्रिया इन सारे दबावों के बीच पति से सहज संभोग नहीं कर पाती। यह संबंध बड़ा जटिल है, जहाँ मन का योग मेल ना हो केवल हवस के लिए किया गया संबंध प्रिया को अरुचिकर लगता। नरेन्द्र बीस मिनट में अपनी भूख मिटाकर सो जाता। हनीमून में वह रात-दिन, वक्त बेवक्त अपनी हवस मिटाता। प्रिया को प्यार भरा स्पर्श चाहिए था जो उसे पति से कभी नहीं मिला। न्यूयॉर्क में प्रिया को भी नरेन्द्र ने ब्लू फिल्में दिखाईं। सेक्स की जीवंत कलाबाजियों का भौंडा प्रदर्शन देखकर प्रिया का जी भन्ना जाता। होटल लौटकर नरेन्द्र की वही वहशी उत्तेजना एक-एक कर प्रिया के अंगों को निस्पंद बना देती। प्रिया को ये क्रियाएँ सर्कस की भाँति लगतीं। वह पति को समझाती "एक दिन देख लिया हो गया ना।"[61अ]

परंतु नरेन्द्र को देखे बिना आनंद ही नहीं आता वह इन चीजों का आदी हो चुका था।

'छिन्नमस्ता' की कस्तूरी और मिस्टर गुप्ता के संबंध भी एकतरफा ही रहे होंगे वे हर दो वर्ष में बच्चे पैदा करती, अकसर बीमार रहा करती थी कि वे संबंध भी दैहिक स्तर पर ही टिके होंगे। प्रिया की सास और ससुर में भी दूसरी औरत को लेकर ही दीवार खड़ी थी। ऐसे में मिस्टर अग्रवाल के अपनी पत्नी से एकतरफा संबंध ही हो सकते हैं, इन्हें हम सहज की कोटि में नहीं रख सकते।

'अपने-अपने चेहरे' की श्रीमती गोयनका के पति राजेन्द्र अपनी सेक्रेटरी रमा को पसंद करते हैं। पूरे उपन्यास में उनके काम संबंधों की व्याख्या संकेतों से की गई है। श्रीमती गोयनका को केवल इस बात की खुशी है कि पति रात को उनके पास सोते हैं। ब्याह के समय उनकी उम्र 15 वर्ष की थी और बीस वर्ष की होते-होते वे तीन बच्चों की माँ बन गई थी। पहली ही रात पति ने उसे नापसंद कर दिया था। उनके काम संबंध महज संतान प्राप्ति के लिए किए गए प्रयासों से अधिक कुछ नहीं थे।

'स्त्री-पक्ष' की वृंदा को सुमित कभी चरम पर न ले जा सका। सुमित के अनुसार वह ठंडी औरत थी। अपनी पत्नी को छोड़कर वह कभी उषा महाजन के पास भागता कभी देविका कभी सुनीता। उसकी इन्हीं आदतों से परेशान होकर वृंदा उससे कभी जुड़ नहीं पाई। एक कारण यह भी था कि बचपन से ही वृंदा के मन पर सेक्स को लेकर गलत धारणाएँ बन गई थीं। एक बार पिता की अलमारी में उसने नंगी तस्वीरें देख ली थीं। उन औरतों ने केवल मौजे पहन रखे थे। पुरुषों के हाथों में चाबुक था। इन तस्वीरों को देखकर वृंदा पुरुषों के वहशीपन से चिढ़ती थी। सुमित जब भी उसके पास आता उसकी नजर उस चाबुक पर ठहर जाती और इस तरह वे दोनों कभी सामान्य संबंध नहीं बना पाए। हर संभोग के बाद वृंदा बाथरूम में जाकर हस्तमैथुन करती या फिर शावर खोलकर नहाती अपने अंग-प्रत्यंगों को निहारती, अपने उभारों को स्वयं सहलाती।

'पीली आँधी' का गौतम समलैंगिकता की गलियों में भटक चुका था उसे पुजारी और ड्राइवर ही अच्छे लगते। पत्नी सोमा को वह शारीरिक चोट ही पहुँचाता। देर रात तक वह मित्रों के साथ व्यतीत करता। अपनी इन्हीं बुरी प्रवृत्तियों के कारण गौतम सोमा को संतान सुख नहीं दे सका, उनमें असहज संबंध बने रहे।

'तालाबंदी' का श्याम बाबू व्यापार में इस कदर डूबा है कि पत्नी के साथ सोने की इच्छा ही नहीं रही। संयुक्त परिवार में घर गृहस्थी के झमेलों में उसकी पत्नी उतना खुल नहीं पाती। वही पाँच-सात मिनट का कर्म-कांड, ऐसे में कोई भी पुरुष ठंडा हो सकता है। श्याम सोचता है कि व्यापार का झमेला सलटे तो वह पत्नी को स्विट्ज़रलैंड घुमाने ले जाए। विदेशों में सुमित्रा थोड़ी खुलती है अपने बुढ़ापे के चोले को थोड़ा ढीला छोड़ती है। इसके विपरीत सुमित्रा पति की थकान को दूर करने के लिए उसे निमंत्रण देती है। "प्यार किये कितने दिन हो गए पता है। चलो तुम्हारी माँग पूरी कर

देते हैं।"[61ब] लेकिन बँटा हुआ मन, तनाव में टूटा आदमी क्या कर सकता है ? चेष्टा ही तो मगर चेष्टा करने से पत्नी की माँग पूरी की जा सकती है।

इस प्रकार लेखिका ने काम संबंधों की जटिलता पर प्रकाश डाला है सहज काम संबंध प्रेम की गली से गुजरते हैं। दांपत्य संबंधों में काम संबंधों की भूमिका कई कारणों से जटिलतम होती है, प्रायः पति पुरुष का अहम् या एकाधिकार के कारण वह पत्नी को चरम पर नहीं ले जा पाता। कभी-कभी स्त्री के मन की ग्रंथियों के कारण वे इस आनंद से वंचित रहती हैं। कभी रुटीन जीवन और जीवन की आपाधापी में शरीर इतना बेजान हो जाता है कि इस आनंद में भी आनंद नहीं चाहता।

(2) **भौतिक :** प्रभाजी के उपन्यासों में कॉलगर्ल या वेश्यावृत्ति का चित्रण प्रायः देखने को नहीं मिलता एक मात्र उपन्यास 'अग्निसंभवा' में वेश्यावृत्ति का संकेत मिलता है। मारवाड़ी संयुक्त परिवारों को इस तरह कोठों पर जाने की मनाही हो या वे इसे सार्वजनिक अपमान के अंतर्गत समझकर इस वृत्ति से दूर रहते हों। लेकिन पारिवारिक संबंधों में अनैतिक संबंध फलते फूलते हैं। 'पीली आँधी' की पुष्पा का अपनी चचेरी बहन के पति के साथ संबंध है। उसे खुश रखती है बदले में मोहन कुमार केमिकल फैक्ट्री की एजेन्सी पुष्पा के पति दिनेश को देते हैं। पति को पोजीशन और पैसा मिले इसके लिए पैसा ऐंठने के लिए पुष्पा अपनी बहन की भावनाओं को ठेस पहुँचाकर उसकी मौजूदगी में मोहन कुमार के साथ रिश्ते बनाती है। एक दिन दिनेश मोहनकुमार को फैक्ट्री में छः लाख की देनदारी का हिसाब दिखा देता है। पुष्पा पति की उन्नति पर खुश है। मोहन कुमार अपनी कमजोरी के आगे मजबूर है।

'छिन्नमस्ता' का नरेन्द्र खाने-पीने खेलने का शौकीन है। पिता की रखैल से चिढ़ने वाला नरेन्द्र हर छह महीने में सेक्रेटरी बदलता। कामकाजी महिलाओं को पोजीशन के साथ बॉस का साथ और साइड इनकम होती रहे तो क्या बुराई है ? परंतु ऐसा सब करते हुए एक सेक्रेटरी उससे दिल लगा बैठी। तब उसने कहा, "बोलो कितना रुपया लेकर जान छोड़ोगी।"[62] इससे स्पष्ट है कि नरेन्द्र रुपयों के दम पर लड़कियों के साथ ऐश करता था।

भौतिक काम संबंधों में स्पष्ट दो ही उदाहरण दिखाई देते हैं अन्य भी हैं परंतु उनकी चर्चा शोषण के अंतर्गत की जाएगी।

(3) **पाशविक (घृणित) :** अपनी मानवीय संवेदनाओं को भुलाकर पशुत्व की तरह बलात्कार करनेवाले काम संबंधों को घृणित ही कहा जा सकता है। दो देह के बीच एक का स्पष्ट इनकार और दूसरे का प्रतिशोध लेने के लिए या स्वयं उसे पाने के लिए किया हुआ कृत्य प्रभाजी के दो उपन्यासों में दिखलाई पड़ता है। 'आओ पेपे घर चलें' में नीग्रो श्वेत जाति से नफरत करते हैं, कहीं एकांत में श्वेत महिला मिलते ही उस पर बलात्कार करने से बाज नहीं आते। ऐसा ही एक वर्णन प्रभाजी ने उपन्यास में बतलाने की चेष्टा की है। घृणा की चरम परिणति घृणा ही हो सकती है, परंतु लेखिका

ने बलात्कार को बचाने के लिए नीग्रो की सहायता का परिचय दिया है। रंगभेद के आधार पर श्वेतों-अश्वेतों में बँटे अफ्रीकी समाज में गोरों के हिस्से सुख सुविधा और संपन्नता आती है तो अश्वेतों के हिस्से हीनता। प्रभा के न्यूयार्क यात्रा में मिलनेवाला नीग्रो बहुत ही मददगार और हमदर्द इनसान था। श्वेत कैथी को देखकर भड़कने वाले नीग्रो का समूह इस बात का परिचय देता है कि वह काले लोग अपनी जिल्लत का प्रतिशोध प्रत्येक गोरों से लेना चाहते हैं और यह प्रतिशोध इतनी भयानक परिणति तक पहुँच चुका है कि उसे देखकर जिंदादिल और बहादुर कैथी भी विक्षिप्त हो जाती है। कई दिनों तक वह उस स्थिति की भयावहता में जीती है। लेकिन प्रभा के कारण वह बच गई थी।

परंतु 'छिन्नमस्ता' की प्रिया जीवन भर भाई साहब के किए हुए बलात्कार से मुक्त नहीं हो पाती। थप्पड़ मारकर चिकोटी काटकर बड़े भाई साहब नौ वर्षीय प्रिया के साथ जोर जबरदस्ती करते। यह सिलसिला 12 वर्षों तक चला। प्रभाजी ने जन्म से लेकर मृत्यु तक पग-पग पर स्त्री जिस यौन उत्पीड़न को झेलती है ऐसे घृणित बलात्कार को स्वयं पर ओढ़कर विवेचित किया है। स्त्री कहीं भी सुरक्षित नहीं है न घरों में न सड़कों पर।

शोषण और संघर्ष

प्रभाजी के उपन्यास स्त्री मुक्ति और यातना की लंबी दास्तान हैं। उनके स्त्री पात्र अपने परिवेश में जीवन की जद्दोजहद से जूझते-लड़ते कभी लहूलुहान होते, तो कभी उसी लड़ाई का एक हिस्सा बनकर संघर्ष में विजय हासिल करते दिखलाई पड़ते हैं। शोषण और संघर्ष की यात्रा बड़ी कष्टकर है। शोषण दो रूपों में उभरकर आया है। स्त्री द्वारा स्त्री का शोषण और पुरुष द्वारा स्त्री का शोषण एवं स्त्री द्वारा पुरुष का शोषण। इन तीन रूपों को चार भागों में विभक्त किया गया है। (1) श्रम का शोषण, (2) आर्थिक शोषण (3) सेक्स का शोषण (4) रिश्तों का शोषण।

(1) श्रम का शोषण : श्रम का उचित मूल्य न मिले उसे हम श्रम का शोषण कहते हैं। 'आओ पेपे घर चलें' की मरील मिसेज डी के घर में वार्डरोब मैनेजर है। प्रभा उसके अधीन काम करती है। मरील प्रभा को अतिरिक्त कढ़ाई का काम देती। प्रभा आधी रात तक जाग-जागकर ब्लाउज पर बेल-बूटों को काढ़ती। उन कढ़े हुए ब्लाउज को मरील 200 डालर में बेच देती और प्रभा को मात्र 20 डालर मिलते।

'छिन्नमस्ता' की दाई माँ प्रिया की देखभाल के लिए नियुक्त की गयी थी। गाहे-ब-गाहे उससे घर के अन्य काम भी करवाए जाते। एक बार दाई माँ ने तपते बुखार में उठकर सबके लिए खाना पकाया। ऐसी कर्मठ महिला के घर से यदि कोई मिलने आता तो उसे शरबत पिलाने की मनाही थी। जीवन के अमूल्य तीस वर्ष उसने अपनी सेवा से कस्तूरी के घर में बिता दिये। परिणामस्वरूप उसे निंदा के अतिरिक्त कुछ

न मिला। प्रिया के प्रति दुर्व्यवहार देखकर जब वह घर छोड़कर जाती है तब उस घर की महिलाएँ खुश होती हैं। न जाते समय उसे कोई रोकता है न कुछ रुपये या कपड़े लत्ते देकर उसका धन्यवाद ही प्रकट किया जाता है। हाँ प्रिया अपनी सोने की चेन उतारकर दाई माँ को देना चाहती है, जिसे दाई माँ अस्वीकार कर देती है। उसका जीवन हवन कुंड में स्वाहा होता समिधा के समान था।

इसी उपन्यास के मिस्टर अग्रवाल के घर का पुराना नौकर ठाकरा पच्चीस साल की नौकरी पूरी कर रिटायर्ड होकर अपने घर जा रहा था। बचपन में नरेंद्र को गोदी में खिलाया था उसने। मात्र 1000 रुपये देकर नरेंद्र ने उसे विदा किया। हजारों रुपये यूँ ही फूँक देने वाले नरेंद्र के मन में मानवीय संवेदना का अभाव था। गिव एंड टेक का हिसाब था। जब तक नौकर काम करता है उसे कम-से-कम तनख्वाह दो रिटायर्ड होने पर पेंशन का कोई प्रावधान नहीं। सूखी बख्शीश के कुछ रुपये वह भी मालिक की मर्जी पर दिए तो दिए न दिए तो कोई दावेदारी नहीं।

'पीली आँधी' उपन्यास में पापड़ बँटनेवाली महिलाओं को सौ पापड़ बेलने पर तय रकम दी जाती। यदि गलती से भी दो पापड़ एक साथ बेल दिये जाते तो पैसे काट लिये जाते। पूरा दिन गर्मी में पापड़वालियाँ पापड़ बँटतीं। न उन्हें पानी के लिए पूछा जाता न चाय के लिए। गिनकर लोई दी जाती और गिनकर पापड़ लिये जाते। बेटियों के ससुराल एवं अफसरों के यहाँ कई सेर पापड़ यूँ ही उपहार स्वरूप दिये जाते। लेकिन खटकर काम करनेवाली महिलाओं के प्रति कोई सहानुभूति नहीं होती।

'अग्नि संभवा' की आई.वी. (चीनी) चमड़े की फैक्ट्री में काम करती थी। सुबह आठ बजे से रात आठ बजे तक काम करने पर मुश्किल से उसे महीने में चालीस-पचास डॉलर मिलते थे। उसका काम इतने कम डॉलरों से नहीं चलता था। कई बार ओवर टाइम करना पड़ता। वहाँ भी दाम घटाकर ही दिये जाते।

इस प्रकार प्रभाजी ने श्रम के शोषण को वैश्विक धरातल से जोड़कर यह बतलाने की चेष्टा की है कि शोषक और शोषित वर्ग पूरे विश्व में व्याप्त है यह महज भारत की समस्या नहीं है।

(2) **आर्थिक शोषण :** प्रभाजी के उपन्यासों में संयुक्त परिवार एवं व्यापार जगत का वर्णन प्रायः अधिक हुआ है। परिवार में कमानेवाला एक व्यक्ति और खाने वाले दस। उसकी कमाई दूसरों के घर जा रही है जो इसके लिए कोई श्रम नहीं करते वे केवल अपना फायदा भर देखते हैं। बड़े व्यापारी छोटे व्यापारी को समय पर माल न पहुँचाने पर या अन्य छोटी-मोटी गलतियों पर कीमतें बढ़ाकर आर्थिक शोषण करते। कुछ उदाहरण स्त्री स्वातंत्र्य के नाम पर आर्थिक शोषण के भी हैं जैसे 'आओ पेपे घर चलें' की कैथी आर्थिक स्वतंत्रता को जीने की पहली शर्त मानती है। पति ब्रैडी उसे कमाने नहीं भेजते। कैथी के अनुसार बाहरी दुनिया में काम कर स्त्री चेतना मजबूत होती है। इसके लिए वह पति के दनादन पैसे खर्चती। मस्ती मारती। दोस्तों का जमघट

लगाती ताकि इससे तंग आकर पति ब्रेडी उसे नौकरी करने दे । लेकिन पति का आर्थिक शोषण कर भी वह अपने मकसद में कामयाब न हो सकी और उसने ब्रेडी को छोड़ दिया । ब्रेडी सब कुछ लुटाकर भी पत्नी को न पा सका ।

दान दहेज के शोषण के अन्य उदाहरण में 'पीली आँधी' की सोमा भी आती है । तीन बेटियों के पिता श्री अग्रवाल को अपनी बड़ी बेटी सोमा का विवाह इसलिए गौतम से करना पड़ा कि उनके पास दहेज के लिए मोटी रकम नहीं थी । मारवाड़ी परिवारों में जहाँ बेटे नहीं होते उन घरों की बेटियों का विवाह मुश्किल से होता है । सोमा के भाई नहीं था । पढ़ी-लिखी सोमा को गौतम पसंद नहीं आया लेकिन पिता का आग्रह था कि कम दहेज में जो भी उसे मिले स्वीकार कर लेना चाहिए और फिर गौतम करोड़पति था । फिर भी लड़केवालों ने बीस लाख की जगह बाईस लाख मिस्टर अग्रवाल से खर्च करवाया । दहेज का सामान ताई सास को पसंद नहीं आया ।

इसी उपन्यास में माधोसिंह की मृत्यु के बाद कोलियारी का सारा काम सुराणाजी देखते। पूरा हिसाब-किताब लेन-देन करते । भाई साँवरमल को पैसा उड़ाना खूब आता था । भाई की कमाई हुई दौलत और मुनीम सुराणा की मेहनत पर साँवर पचास हजार महीने रोजी को देता उसके लिए कोठी भी खरीदी । सुराणा ने जब कुछ कहना चाहा तो उसकी हत्या करवा दी । वह अपनी ताईजी का हिस्सा भी हड़पना चाहता था । संयुक्त परिवार में स्त्रीधन पर भी पुरुष की गिद्ध दृष्टि की ओर संकेत कर प्रभाजी यह बतलाने की चेष्टा कर रही हैं कि स्त्री कितनी परवश है उसके हाथ में न बेटे हैं न धन न अपनी तरह से जीने की आजादी ।

'अपने-अपने चेहरे' के मिस्टर गोयनका के दोनों बेटे पिता की कमाई पर ऐश करते हैं। हिसाब माँगने पर आना-कानी करते । वे पिता की दोस्त रमा के कारण पिता का आर्थिक शोषण कर रहे थे । पत्नी भी बेटों की तरह मिस्टर गोयनका से जब-तब छोटी-मोटी बात को लेकर रुपयों की माँग करती। गोयनका की बहन अपना इलाज करवाने भाई के घर आना चाहती है । इस अवसर का फायदा उठाते हुए श्रीमती गोयनका घर खर्च के रुपयों के अतिरिक्त दस हजार रुपयों की माँग यह कहते हुए करती हैं कि दूध फल, सब्जी क्या फोकट में आता है? अपनी बहुओं के सामने अच्छी बनी रहने के लिए वे उन्हें हीरे के झुमके बनाकर देती और इस तरह बेचारे गोयनका आये दिन लाखों रुपये देकर भी अपने घर में परायों-सा व्यवहार पाते । न उन्हें समय पर चाय मिलती न दवा न मनपसंद भोजन ।

अपना शोषण करवा रहे गोयनका प्रेमिका का आर्थिक शोषण करते । वह उनका पूरा व्यापार सँभालती भाग दौड़कर ऑर्डर लाती और गोयनका के एकाउंट में रुपये जमा हो जाते । जिन रुपयों की वह हकदार थी उन्हीं रुपयों से गोयनका का परिवार पलता ऐश करता और ठूँगती रह जाती रमा । दूसरी औरत बनकर वह अपना हक कैसे जता सकती थी । जब गोयनका की बेटी ससुराल से पीहर आ जाती है और पति

के अन्यत्र संबंधों के चलते वह दुबारा ससुराल जाना नहीं चाहती तब गोयनका चाहकर भी अपना हिस्सा बेटी को नहीं दे पाते क्योंकि दोनों बेटे और पत्नी एक तरफ हो जाते हैं। ऐसे में वे रमा से ही रीतू को व्यापार करवा देने की बात कहते हैं उन्हें यह एहसास हो जाता है कि वे बेटी के लिए कुछ नहीं कर पाएँगे और वे अच्छी तरह जानते थे कि एक रमा ही है जो इस समस्या में उनका साथ देगी।

'स्त्री पक्ष' की वृंदा ने तलाक में जो तय रकम पति सुमित से माँगी थी वह उसे नहीं मिली। मिलता है केवल घर और हर माह केवल पाँच हजार की रकम। वह भी शर्तों पर कि यदि वह दुबारा विवाह करेगी तो यह घर उसे छोड़ना पड़ेगा। इसी उपन्यास की उषा महाजन का पति सटोरियों के आगे बड़ी रकम हार जाता है जिसकी भरपाई उषा महाजन अपने गहने बेचकर करती है। इन सबके बावजूद वह दुबारा वही गलती दोहराता है और सारा कर्ज उषा महाजन यहाँ-वहाँ से पैसों का जुगाड़ कर रुपये चुकाती है और फिर नौकरी करना शुरू कर देती है।

'स्त्री पक्ष' के तांत्रिक बाबाजी महिलाओं को फुसलाकर उनसे मनमानी फीस वसूल करते हैं। उनकी ख्याति इतनी थी कि पढ़ी-लिखी समाज की महिलाएँ भी तांत्रिक बाबाजी के परामर्श लेने पहुंच जातीं और घंटों कतार में खड़ी होकर गंडे, ताबाज़, पत्थर की अँगूठियों के दाम चुकातीं। कभी-कभी चुटकी भर भस्म देकर बाबाजी हजारों रुपये कमा लेते। मन चाहा फल न पाने पर जब वे शिकायत करतीं तब बाबाजी कहते - – "तुम्हारी जन्म कुंडली में विष योग है इसलिए तुम्हें पति सुख नहीं मिल रहा। अब की शिवरात्रि पर व्रत रखना और शिवजी पर एक भारी सोने का सर्प बनवाकर चढ़ा देना तुम्हारा काम हो जाएगा।"[61क]

'एड्स' की कुकु के हाथों में छेद है। घूमना-फिरना, अच्छा भोजन, शॉपिंग करना उसकी आदत है। पति उसकी फिजूलखर्ची से परेशान है लेकिन वह है कि हजारों डालर खर्च कर पति को दुःख पहुँचाकर खुश होती। पत्नी को खुश रखने के लिए वह और अधिक कमाने की तीन-पाँच करता।

'अग्निसंभवा' की आई. वी. का पति दिन-रात लाल किताबें लिए विश्व शांति की बातें करता रहता, कॉमरेड, पार्टी का वरिष्ठ सदस्य होने के नाते कम्युनिस्ट किचन में उसका पेट भर जाता और आये दिन शराब के नशे में आई. वी. को पीटता था। वह रात-दिन खटती रहती कि कहीं से थोड़े पैसे मिल जाएँ इसके लिए रात को जाग-जागकर कपड़े सिलती रहती लेकिन सारे पैसे शराब में उड़ा देता।

इस प्रकार प्रभाजी ने यह बताने की चेष्टा की है कि आज सभी रिश्ते अर्थ की धुरी पर घूम रहे हैं। जो जितना स्मार्ट है लूट सकता है दूसरों का धन या अपनों की दौलत वही इनसान आज के युग में फिट है बाकी के लोग तो माधो और रमा की तरह अपना शोषण करवाकर भावनाओं में आँसू बहाकर जीवन जी रहे हैं और रिश्तों की गरिमा को बनाए रखकर संतोष कर लेते हैं। ये दो पात्र इस बात का संकेत करते

हैं कि दुनिया में आज भी रिश्ते इतने बेमानी नहीं हुए हैं।

3. सेक्स का शोषण : काम संबंधों में इसकी विस्तार से चर्चा कर चुके हैं। यहाँ संकेत भर है तथा जो कुछ छूट गया है उनका वर्णन दिया जा रहा है। 'छिन्नमस्ता' की प्रिया प्रोफेसर के निमंत्रण को उसका प्यार समझ बैठी और उसके पीछे-पीछे उसके घर चल पड़ी। दोनों में काम संबंध बने अनेक बार यह सिलसिला चला। एक दिन प्रोफेसर की पत्नी ने दरवाजा खोला तब प्रिया को सारी बातें समझ में आ गईं। प्रोफेसर ने प्रिया का दैहिक शोषण कर उसे धोखा दिया है।

'अग्निसंभवा' की आई. वी. प्रभा को हांगकांग के पुराने रेडलाइट एरिया में ले जाती है वह बताती है कि वियतनाम युद्ध खत्म होने के बाद उस एरिया की कॉल गर्ल्स जिन्हें पूसी कैट कहा जाता है उनसे मिलने कई अमेरिकन हर साल आते। उनके बच्चे भी हुए हैं। जब युद्ध जोरों पर था एक एक जहाज से दस हजार सैनिक उतरते थे। पोर्ट के ऊपर दलाल खड़े रहते थे। टैक्सी ड्राइवर आई. वी. जिस पैसेंजर को लाती थी उसके बदले में मदाम चुन शुई भर पेट खाना खिलाती और एक आराम देह बिस्तर। सैलानी सुबह चार से पहले नहीं निकलता और आई. वी. का टैक्सी का मीटर चालू रहता। रात में दो सौ डॉलर की कमाई। टैक्सी के मीटर के दो सौ डॉलर देनेवाला सैलानी कॉल गर्ल को पचास डालर भी नहीं देता।

'पीली आँधी' का गौतम अपने ड्राइवर से संबंध रखता था। कभी-कभी वह पुजारी भैया से भी काम चला लेता। इस अनैतिक संबंध से इनकार की हिम्मत दोनों को नहीं थी क्योंकि इससे नौकरी के अतिरिक्त अन्य सुविधाओं से वंचित होने की संभावना थी। मजबूरन ड्राइवर और पुजारी भैया गौतम के इशारे पर नाचते थे। इसी उपन्यास के कुँवर मानसिंह राजा-रजवाड़ों की बिगड़ी संतान थे। शराब पीना, कामुक जीवन बिताना ही उनके जीवन का सार था। घाड़ौतियों के साथ मिलकर वे कभी-कभी व्यापारियों को लूटते और बणिये की लुगाई को उठाकर ले जाते। ठाकुर के बेटे और अंग्रेज हाकिम सभी की मिली भगत थी। कहीं कोई पुकार या फरियाद नहीं पहुँचती। न्याय की गुहार, किससे करें ? इस प्रकार प्रभाजी ने इस बात पर प्रकाश डाला है कि ठाकुर, जमींदार, राजा रजवाड़े और अंग्रेजी सरकार सभी मिलकर गाँव कस्बों की निरीह महिलाओं के सेक्स का शोषण करते। कुछ महिलाएँ इस हादसे से जीवन भर उबर नहीं पातीं तो कभी कुछ महिलाएँ आत्महत्या का मार्ग अपनातीं।

4. रिश्तों का शोषण : शोषण की प्रक्रिया में प्रभाजी ने सर्वाधिक रिश्तों की गहराई में पड़ताल करते हुए यह खोजने का प्रयास किया है कि मानवीय संबंधों में सर्वाधिक छलावा, कपट, बेईमानी चलती है। प्रत्येक रिश्ता कुछ देता है तो एवज में बहुत कुछ छीन भी लेता है। वह रिश्ता फिर पति-पत्नी का हो या पिता-पुत्री, भाई-बहन या पारिवारिक के अतिरिक्त दोस्ती का हो। प्रायः इस छलावे से स्त्री आहत होती है। क्योंकि स्त्री हर रिश्ते की गरिमा को शिद्दत से बनाये रखना चाहती है। ऐसे में कई बार तो उसे

अपने ठगे जाने का अहसास भी नहीं होता। होता भी है तो स्त्री के त्याग आदर्श के तमगे तले वह स्वीकार कर लेती है। कभी विद्रोह करती है तो दबा दी जाती है। प्रभाजी की कुछ स्त्रियाँ इन नकली रिश्तों से बाहर निकल पाने में सफल हुई हैं। आइए हम यहाँ उन रिश्तों के शोषण की झाँकी देखें।

प्रभाजी ने मानसिक रूप से स्त्री शोषण को बखूबी उकेरा है। शारीरिक शोषण करने पर उसकी मरहम पट्टी हो सकती है लेकिन भावनात्मक शोषण एक निजी संदर्भ है, जिसमें आत्महत्या का मार्ग भी अपनाया जा सकता है। 'आओ पेपे घर चलें' की एलिजा अपने पति से बेहद प्रेम करती है। उसे खोना नहीं चाहती। अपने वैवाहिक जीवन को बनाए रखना चाहती है। डॉ. डी. अपनी पत्नी की भावनाओं की कद्र नहीं करते। वे एलिजा के समर्पण प्रेम का फायदा उठाकर उसे अधिक रुलाते हैं। वे क्लारा ब्राउन से प्रेम करते हैं। पत्नी के सामने उसके साथ नृत्य करते वे एलिजा को अधिक ठेस पहुँचाना चाहते हैं, वे देखना चाहते हैं कि उसकी चुप्पी, चीखें उसकी पीड़ा की पराकाष्ठा कितनी गहरी है। "क्लारा ब्राउन डॉ. डी. की बाँहों में खिल उठी थी, मिसेज डी. मुस्कराने के सारे प्रयासों के बावजूद लारेन्स की बाँहों में रोती हुई सी लगी।"[63]

पति को क्लारा ब्राउन के साथ स्विमिंग पुल में डूबकी लगाते देखकर वह फूट-फूट कर रो पड़ती।

शोषण का एक और उदाहरण इसी उपन्यास की सत्तर वर्षीय आईलिन है। आईलिन जो न जाने जिंदगी के हाथों ठगी गई है या खुद के हाथों वह हमेशा ठगी-सी जान पड़ती है। अपने आस-पास उसने कई भ्रम पाल रखे हैं। प्रभाजी से वह कहती हैं : "मैं गले पड़ी हूँ ना ? मेरा, मेरा ही प्यार बिकाऊ है सबके लिए मुझे ही करना है।"[64] दो पतियों और पाँच प्रेमियों की श्रृंखला में वह अपने पहले पति को सर्वाधिक याद करती है। उसे भावनात्मक संबल की आवश्यकता है। अपने उम्र से छोटे प्रेमी रोजर का रात भर जागकर फोन की प्रतीक्षा करना इस बात से अनभिज्ञ रहना कि रोजर उसकी बीमारी (कैंसर) के बारे में जानकर उसकी जिंदगी से दूर जा चुका है। अपने परिवार के साथ रह रहा है ये सभी बातें भावनात्मक शोषण का संकेत करती हैं। हाँ प्रत्यक्ष संकेत उपन्यास में नहीं मिलता। पूरी-पूरी रात आईलीन सो नहीं पाती अपने बिस्तर में वह पेपे (कुत्ते) को सुलाती है। उसे अपना बेटा कहती है उसकी पूरी दुनिया पेपे में सिमटी हुई है। शायद वह इस सत्य से परिचित है कि उसका कोई नहीं है पेपे के अलावा। तभी वह आदमी में जानवर और जानवर में आदमी को खोजती है।

'छिन्नमस्ता' की प्रिया स्वतंत्र व्यवसाय करना चाहती है। पति नरेंद्र को यह पसंद नहीं। वह पत्नी को घर के सामान का ही दर्जा देता जो चुपचाप घर में पड़ी रहे। पिता के देहांत के बाद तो वह और भी स्वतंत्र हो गया था। लड़कियों को घर पर लाने लगा। प्रिया ने यह भी बर्दाश्त किया। उसने अपना कमरा ही अलग बना लिया। हर तरह के समझौते के बावजूद नरेंद्र की तानाशाही कम नहीं हुई। प्रिया की महत्वाकांक्षा

और व्यापारिक सफलता से उसे इतनी ईर्ष्या हुई कि चुपचाप सारी प्रापर्टी और प्रिया के गहनों को अपने नाम करवा लिया। प्रिया इतना विश्वास करती थी कि नरेंद्र पर उसे कभी शक नहीं हुआ। यह तो उसे तब पता चला जब उसे नरेंद्र ने तलाक देने की धमकी दी और यह भी बता दिया कि इस घर से उसे कुछ मिलने वाला नहीं। "ज्यादा बकझक करने पर व्यापार भी बंद करवा दूँगा क्या लगता है? जरा-सा रिजर्व बैंक को एक चिट्ठी भर की देर है।" प्रिया पर मानो बिजली गिर पड़ी। हे राम कोई इतना भी नीचे गिर सकता है? इतना नीचे? कुएँ की भी कोई जमीन होती है पर नरेंद्र की नीचता अंतहीन है बिना किसी जमीन के।

कटे पंख की चिड़िया-सी वह फड़फड़ाने लगी इतना बड़ा धोखा। प्रिया को लगा कि नरेंद्र के साथ उसके संबंध बड़े नेगेटिव रूप ले चुके हैं। दोनों एक-दूसरे को मारने पर उतारू हो रहे थे। ऐसे में प्रिया ने अपने बेटे संजू को भी अपने साथ लेने का विचार छोड़ दिया। उसने सोचा कि संजू को भी पिता के संस्कार मिले हैं। यूज एंड थ्रो वाली फिलॉसॉफी यहाँ भावनाओं की गूँज-अनूगूँज का दूर-दूर तक कोई संकेत (आसार) नज़र नहीं आता और प्रिया इस पारंपरिक स्त्री (पत्नी, माँ) रूप को तिलांजलि दे घर से निकल पड़ी। उसे ऐसे घर में नहीं रहना जहाँ पति पुरुष उसके स्त्री धन के अधिकारों को भी दबा लें और पत्नी से ऐसे छल-कपट के बाद चाहे कि वह आज्ञाकारिणी पत्नी, माँ की भूमिका निबाहे। प्रिया कहती है कि "औरत महज भूमिकाओं का सिलसिला नहीं है।"[65]

इसी उपन्यास की तिलोत्तमा लोरेन्टो कॉलेज से अंग्रेजी में बी.ए. ऑनर्स है। लेकिन दुर्भाग्यवश अपने से 19 वर्षीय बड़े विवाहित पुरुष के प्रेमजाल में फँसकर सब कुछ छोड़-छाड़कर मंदिर में जाकर शादी कर लेती है। माता-पिता हमेशा के लिए उससे नाता तोड़ लेते हैं। इस असामाजिक संबंध को वह जीवन भर निभाती है। उसका सिंदूर नहीं चमकता उसमें कालिख पुती हुई है। तिलोत्तमा का भावनात्मक शोषण कर मिस्टर अग्रवाल अपने परिवार में रहते हैं। कुछ घंटे तिलोत्तमा के साथ बिताते हैं। हर माह कुछ रुपये देकर निजात पाते हैं। उनकी एक संतान नीना है। जिसे वे समाज के सामने बेटी कहकर नहीं पुकार सकते। इस नाजायज संबंध के प्रति नीना की हिकारत देखते ही बनती है। लेकिन तिलोत्तमा चुपचाप प्रेम के नाम पर इस शोषण को झेलने पर विवश है।

इसी उपन्यास की कस्तूरी बड़े घर की बेटी है, पति की हैसियत उतनी नहीं। वह अपनी बेटी को ऊँचे घराने में देना चाहती है। भाई की सलाह पर बड़े खानदान में ब्याहने के चक्कर में अपनी बेटी सरोज का ब्याह कुरूप काले लड़के से कर देती है। भाई-बहन की भावनाओं को समझते हुए यह सलाह देता है लेकिन पाँच हीरे वाले घराने की बहू बनकर सरोज को कभी सुख नहीं मिला। एक अन्यत्र उदाहरण कस्तूरी की छोटी मामी है, जिसे बड़ी उम्र वाले पति को स्वीकारना पड़ता है क्योंकि वह गरीब

है। शादी ब्याह के मामलों में रिश्तेदार अहम भूमिका निभाते हैं और इस प्रकार ताउम्र ये संबंध भावनाओं के नाम पर जार-जार रुलाते हैं।

'पीली आँधी' की राधा चाची माधो की दूसरी पत्नी को देखते ही रह जाती है। वह सोचती है कि संतान होने पर उसके बेटे साँवर के बच्चों का महत्त्व कम हो जाएगा। वह इस बात से भली-भाँति परिचित है कि माधो मेहनती है कमाऊ पूत है और उसका बेटा उड़ाऊ है। यदि माधो का परिवार बस गया तो साँवर की हैसियत में कमी आ जाएगी। आज माधो उसे माँ की तरह पूजता है। कल हो सकता है कि वह अलग हो जाए। ऐसे में राधा चाची को अपने निकम्मे बेटे के घर रहना होगा। यही सब सोचकर वह सुहागरात को माधो के कमरे में साँवर के बेटे-बेटी को भेज देती है और पद्मावती से बड़े प्यार से कहती है अब तुम ही इनकी माँ हो। बड़े उम्र के माधो और छोटी उम्र की पद्मावती को साथ-साथ रहने का मौका ही नहीं मिला और वो निःसंतान रही। यही सब राधा चाची का कमाल था। पद्मावती ताउम्र यह जान ही न पाई कि चाची सास की मिठास का राज क्या था?

इसी उपन्यास की श्रीमती कपूर श्री अग्रवाल से प्रेम करती है। खुले आम उनके साथ घूमती है। मिस्टर अग्रवाल उसे इतना चाहते हैं कि किसी बात से इनकार नहीं कर पाते। उनकी बड़ी बेटी सोमा का रिश्ता ऊँचे खानदान में करवाने का श्रेय श्रीमती कपूर को ही जाता है। ठीक-ठाक परिवार की पढ़ी-लिखी सोमाके ऊँचे खानदान की बहू बनती है लेकिन आगे जाकर यह विवाह टूटने की कगार पर आ जाता है।

सोमा की ताई सास को विधवा रेवा की बेटी की शादी की चिंता थी। बेटा मोहन और राजू केवल शादी में भात भरने की रस्म अदायगी करेंगे। शादी का पूरा खर्च नहीं उठायेंगे। ताईजी को रेवा की सास से उम्मीद थी कि वे अपनी पोती के विवाह पर कुछ रकम देगी। पर ऐसा कुछ नहीं हुआ। ऐसे में सोमा ने ताई सास को खुश करने के लिए अपनी जमा रकम चार लाख रुपये और हीरे का सेट देकर ननद रेवा की बेटी चंद्रा का विवाह करवाया। ताईजी बहुत खुश हुई। वादे के अनुसार, वह रुपया ब्याज सहित सोमा को लौटाना था। पर सोमा जानती थी कि दोनों जेठों के चलते उसे अपनी रकम नहीं मिलेगी और हुआ भी यही। ताईजी के मरणोपरांत उनकी इच्छानुसार जो कुछ सोमा को धन गहने मिलने चाहिए थे मुश्किल से मिले। लेकिन सोमा ने ही अस्वीकार कर दिया। क्योंकि उसने ताई सास की भावनाओं की कद्र कर रिश्ता निभाया था। लेकिन उसकी भावनाओं की कद्र घर के अन्य लोगों के मन में नहीं थी। यहाँ तक की पति गौतम भी उसे ताईजी की मदद करने से रोकता रहा।

रेवा की सास पोती के ब्याह में जान बूझकर कुछ देना नहीं चाहती। रेवा विधवा होते ही अपने गहने लेकर पीहर आ गई थी। आज उसकी बेटी ब्याहने लायक हो गई थी पर दादी को पोती के ब्याह की कोई चिंता नहीं थी। उसे लगता है कि रेवा के

पीहर वाले बड़े पैसे वाले हैं। ऐसे में वह अपनी जेब क्यूँ खाली करे। ताई सास से वह कहती है कि इतने ऊँचे घर (खानदान) में चंद्रा का ब्याह क्यूँ कर रही हो? वह विधवा औरत किस बेटे के आगे हाथ फैलाए ?

'स्त्री पक्ष' की वृंदा तीसरी बार गर्भवती होती है। पति सुमित उसे गर्भपात का आदेश देता है। लेकिन वह बच्चा चाहती है। ऐसे में सुमित उसे महँगाई का वास्ता देकर प्यार से फुसलाता है। वृंदा मान जाती है। गर्भपात कराते ही जब घर लौटती है तो सुमित को मुस्कराते हुए नई गाड़ी के सामने खड़ा पाती है। सुमित व्यावसायिक वृत्ति का था। वह रिश्तों को माप तौल कर बनाता है।

इन सभी नारी पात्रों के अतिरिक्त कुछ ऐसे पात्र भी हैं जिन्हें अपने शोषण की अनुभूति तक नहीं होती। जीवन की हर घटना को ये स्त्रियाँ भाग्य में यही बदा है समझकर चुपचाप स्वीकार लेती हैं। इनमें प्रमुख हैं – 'अपने-अपने चेहरे' की छोटी बहू स्मिता, 'पीली आँधी' की बड़ी भाभी और चाची तथा 'स्त्री पक्ष' की उषा महाजन।

संघर्ष

प्रभाजी के उपन्यासों में शोषण के साथ-साथ स्त्री संघर्ष की अभिव्यक्ति हुई है। इन संघर्षों में नारी जीवन के भावनात्मक संबंधों को ईमानदारी से जीने की जिजीविषा के तहत उत्पन्न संघर्षों का वर्णन किया गया है। यह सच है कि प्रभा जी के उपन्यासों में एक खास एलीट वर्ग की नारी गाथा है फिर भी उस उच्चवर्ग की स्त्रियाँ भी अपने अस्तित्व से बेखबर नहीं हैं। प्रभाजी के शब्दों में "संस्कृति संस्था और धार्मिक सुविधाएँ अभिजात स्त्रियों को अधिक मिली हैं किंतु इन्हीं सुविधाओं ने कहीं उनकी चेतना को और अधिक जड़ीभूत भी बना दिया है। अपनी कुलीनता के नशे में वे बेहोश हैं। भारतीय मर्यादा की गलबहियाँ उन्हें बार-बार व्यवस्था के सम्मोहन की ओर धकेलती हैं तथा अपनी खुद की पीड़ा की नग्नता को देखने-समझने के बजाय वे पुरुषों द्वारा प्रदत्त पीड़ा के रस में ही पगी रहती हैं।"[66अ] इसके बावजूद लेखिका के उपन्यास की स्त्रियाँ अपने शोषण का विरोध अपने तरीके से (सुविधा) करती हैं कुछ चौंकाने वाले सत्य इन संघर्षों में देखे जा सकते हैं।

अपने पहले उपन्यास 'आओ पेपे घर चलें' की प्रभा भारतीय परिवेश में पली-बढ़ी। स्टूडेंट एक्सचेंज प्रोग्राम के तहत ब्यूटी थैरेपी का डिप्लोमा लेने अमेरिका जाती है। उच्च मध्यमवर्ग की प्रभा आर्थिक स्वतंत्रता के विषय में कहती है : "औरत की स्वतंत्रता उसके पर्स पर निहित है।"[66ब] मारवाड़ी परिवार में स्त्री की स्थिति से वह परिचित है। सैद्धांतिक रूप से भले उन्हें बड़े-बड़े आसनों पर बिठाया जाता है लेकिन व्यावहारिक रूप में ऐसा नहीं है। आर्थिक स्वतंत्रता को अपना उद्देश्य बनाकर प्रभा विदेशी धरती की अनजानी गलियों में खुद को स्थापित करने के लिए निकल पड़ती है। यहाँ आते ही रुपयों का अवमूल्यन हो जाने से चौपड़ा दंपत्ति उसे घर से निकालने की सोच ही

रहे थे कि आईलिन उसे अपने घर पनाह देती है। कुछ महीनों के बाद वह मरील, कैथी, हेल्गा इत्यादि महिलाओं के घर शरण पाकर अपना डिप्लोमा हासिल कर लेती है। इस बीच उसे कई अग्नि परीक्षाओं से गुजरना पड़ता है। पैसों के अभाव में रातभर जाग कर वह कढ़ाई का काम करती है। गाहे बगाहे आँखों में उमड़ते आँसुओं को पीती। कल अच्छे दिन आएँगे यही सोच कर वह विदेशी धरती पर संघर्ष करती रही। शाकाहारी होने के कारण कई बार भूखी रही। किंतु इस संघर्ष ने उसे नई दिशा दी। विदेश में रहकर उसने जाना कि आर्थिक स्वतंत्रता केवल भारतीय स्त्री की ही नहीं विदेशी स्त्री की मूलभूत आवश्यकता है। क्योंकि पुरुष दासता से निकलने की भी यही पहली शर्त है।

प्रभाजी का दूसरा उपन्यास 'तालाबंदी' का नायक श्याम बाबू स्वयं प्रभाजी ही है। उपन्यास में मुख्य रूप से फैक्ट्री मिल मजदूरों व श्रमिकों के संघर्ष को मुखरित किया गया है। श्याम बाबू फैक्ट्री मालिक है। मजदूर एवं मालिक के रिश्ते को वे अच्छी तरह से समझते हैं। सीटू नामक यूनियन से साँठ-गाँठ कर वे अपनी फैक्ट्री चला रहे हैं। अत्यधिक महत्वाकांक्षी श्याम बाबू मार्क्सवाद पढ़कर लेबर पॉलिसी के राज को समझना चाहते हैं। ट्यूशन रखकर मार्क्सवाद के सिद्धांतों को बारीकी से समझते हैं। लेकिन सिद्धांतों का व्यावहारिक रूप देने से वे गलत हो गये। यूनियन लीडर शेखर बाबू पर वे शक करने लगे। और इसी भूल का परिणाम फैक्ट्री तालाबंदी के कगार पर पहुँच गई। फैक्ट्री को बचाने के लिए यूनियन की मदद लेनी पड़ी यह तमाम हालात व्यावासायिक जगत में यथार्थ को पूरी तरह उजागर करते हैं। बुर्जुआ और सर्वहारा मार्क्स के ये दो ग्रुप जरूर हैं। समाजवाद मार्क्स का नारा हो सकता है। लेकिन यथार्थ में मालिक और मजदूर में फासले तो होते ही हैं। ये दूरियाँ आपस में भ्रांतियों और टकराहट को जन्म देती हैं। प्रभाजी का यहाँ मालिक मजदूरों को आमने-सामने होकर बात करना देश में राम-राज लाने जैसा सुखद स्वप्न लगता है। अमीरी-गरीबी के बीच मानवीय संवेदना की गठजोड़ है तो व्यावसायिक सफलता के परचम लहराये जा सकते हैं। 1989 में लिखे इस उपन्यास में आज प्रभाजी के सफलतम व्यवसायी होने का राज छुपा हुआ है।

अपने सर्वाधिक चर्चित उपन्यास 'छिन्नमस्ता' की कस्तूरी पति की असमय मौत से रोती-बिलखती नहीं। "हमेशा बीमार रहनेवाली कस्तूरी शेरनी बनकर दहाड़ उठती है। नहीं व मरे नहीं उन्हें मार डाला गया, मेरा घर उजाड़ने वालो तुम भी तड़प-तड़प कर मरोगे।" वह श्राप देकर चुप नहीं हो जाती अपना मानसिक संतुलन बनाए रखती है। डॉ. मधु सिंधु के अनुसार – "वह कोर्ट कचहरी में पैसा फूँकना नहीं चाहती। वह रुपयों के अभाव में न बड़े बाजार में जाकर रहती है न नौकरों की संख्या कम करती है। न रहन-सहन में परिवर्तन करती है। अपने आँसुओं को पोंछकर दस लाख रुपये और हीरों के बल पर बगल वाली जमीन पर इतना बड़ा मकान बनवाती है कि

दस हजार रुपये महीना किराया आने लगता है।"67 स्वयं थिगुली लगाकर साड़ी पहनती है लेकिन बेटियों के ससुराल दहेज, खिचड़ी जैसे नेगचार में बक्से भर-भर कर सामान भेजती। कस्तूरी यदि मजबूत न बनती तो देवर उसका हिस्सा दबा लेते। उसने जीवन संघर्षों में कभी हार नहीं मानी।

प्रिया बचपन से विद्रोहिणी थी उसे विद्रोहिणी बनाने के मूल में अनेक अत्याचारों का योगदान था। बड़े भाई के बार-बार बलात्कार करने से प्रिया के मन में घृणा का उफान उठता। जैसे-जैसे प्रिया बड़ी होती है यह उफान आत्महत्या के दृढ़ निश्चय में बदल जाता है। लेकिन बड़े भाई ने बचा लिया और बाबूजी की सौगंध दुबारा ऐसा न करने के वादे के साथ प्रिया के जीवन की काली रातें खत्म होती हैं। विवाह के बाद इन्हीं दुःखों को भूलने के लिए आईडेंटिटी पाने के लिए प्रिया व्यापार शुरू करती है। वह कहती हैं : "मैंने दुःख झेला है, पीड़ा और त्रासदी में झुलसी हूँ। जिस दिन मैंने त्रासदी को ही अपने होने की शर्त समझ लिया, उसी दिन, उस स्वीकृति के बाद, मैंने खुद को एक बड़ी गैरजरूरी लड़ाई से बचा लिया। कुछ के प्रति यह मेरा समर्पण था। सारे जुल्मों के सामने सलीब पर लटकते मैंने पाया कि पूरी जिंदगी की चुनौतियों का सामना करने के लिए तैयार हूँ।"[68] रोज नये लोगों से मिलना उसके जीवन के कैनवास को बढ़ाता। पुत्र का प्रेम भी अब उसे न बाँध पाया। "वह जान चुकी है कि औरत को ईमानदारी, वफादारी, प्यार और समर्पण के शाब्दिक भ्रम में रखा जाता है ताकि वह इन्हीं में खोई रहे कभी इस गुफा से निकल न पाए, युगों से चली आ रही, इन परंपराओं का पालन करती रहे।"[69] इन मरे हुए सड़े हुए संबंधों को प्रिया फेंक देना चाहती है। वह मुक्त होना चाहती है। उसे आकाश चाहिए। खुला आकाश। वह चिड़िया की तरह पंख फैलाकर बहुत दूर तक उड़ना चाहती है। उसे अब जमीनी रिश्ता अपने भ्रमजाल में बाँध नहीं सकता। कई बार टूटी है। प्रिया ऊँचे कुल की बेटी बहू होने के बावजूद छली गई है। बोका, भाटी, भंगन, गधी के संबोधनों की हीन भावना से मुक्त होकर बाह्य जगत में अपना प्रभुत्व जमाती है। यह व्यापार सम्मान उसे एक नई पहचान देते हैं। इंडिया टुडे में उसका फोटो छपता है। 'ए ग्रेट बिजनेस इंटरप्राइजर मिसेज प्रिया' मानों यह सम्मान माँ, सास, भाई-बहनों, पुराने मित्र आदि से मिले सारे अपमानों का प्रतिशोध है।

पति के व्यापार बंद करवाने की धमकी पर प्रिया का उत्तर – "मेरा व्यापार तो... मैं इनकम टैक्स, सेल्स टैक्स, एक्साइज तुम्हारे सारे बखेड़ों का खुले बाजार में भंडा फोड़ूँगी और देखती हूँ कि तुम कैसे बचते हो ? हाँ थाने में एफ.आई.आर करके आई हूँ और अगर मैं मर भी गई नरेंद्र तो इतना समझ लेना, तुम और तुम्हारा अग्रवाल हाउस साबुत नहीं बचेगा।"70 इस तरह प्रिया अपनी दयनीय स्थितियों से मुक्त हो जाती है।

'नीना' अपनी लड़ाई खुद लड़ती है। वह जानती है कि वह अवैध संतान है।

समाज में उसकी पहचान नहीं। लेकिन वह कभी कुंठाग्रस्त नहीं होती। वह जानती है कि अपने पैरों पर खड़े रहने वाली स्त्री का कहीं भी निरादर नहीं होता। इसीलिए वह जल्दी से नौकरी करना चाहती है ताकि पिता के टुकड़ों पर न पलना पड़े। ग्रैण्ड होटल में इंटीरियर पर्सनल मैनेजर की पोस्ट पर उसकी नियुक्ति हो जाती है। बाद में वह प्रिया के कामों में भी हाथ बँटाती है।

शोषित तो दाई माँ का चरित्र भी उपन्यास में है। अपने चार बच्चों को छोड़कर वह प्रिया के घर में नौकरी करती है। पूरी ईमानदारी से वह बच्ची का पालन-पोषण करती है। लेकिन उसे प्रिया के अतिरिक्त कोई मान-सम्मान नहीं देता।

'अग्नि संभवा' की आई.वी. चीनी महिला है। गोरी जाति से नफरत करती है। उनसे बदला लेना चाहती है क्योंकि चीन के सत्ताधारी गोरी जाति की चापलूसी करते हैं। यही कारण है कि चीनी क्रांति सफल नहीं हो पाती। गोरे अफसरों के साथ मिलकर चीनी शासक अपनी ही जनता को कुचल रहे हैं। ऐसी ही क्रांति में उसका एकमात्र पुत्र 'वुंग' मारा गया। हांगकांग में लगी व्यापार प्रदर्शनी में वह प्रभा के साथ श्रीमती जो सेफ का कार्ड लगाकर गोरी जाति का प्रतिनिधित्व कर सम्मान पाती है। बीच-बीच में उन लोगों को गालियाँ देकर अपनी भड़ास निकालती है। भावनात्मक एवं शारीरिक शोषण का बदला मानो वह इस प्रकार ले रही थी। धीरे-धीरे अपना काम बेहद ईमानदारी से करते हुए वह (शिव) अपने बॉस की हेरा-फेरी का भंडा फोड़कर एक दिन ब्रांच मैनेजर बन जाती है। ऐसी अद्‌भुत जीवट वाली महिला का संघर्ष पूरे उपन्यास में देखते ही बनता है।

'अग्निसंभवा' की एक महिला (अनाम) का पति कंपनी में काम करते हुए मर गया। कंपनी हर्जाने के रूप में पाँच हजार डॉलर देने का वादा कर रही थी। लेकिन उस महिला ने होटल की मुँडेर पर खड़ी होकर धमकी दे डाली कि यदि 20 हजार डॉलर नहीं दिये गये तो वह ऊपर से कूदकर आत्महत्या कर लेगी। पूरे दिन यह तमाशा रहा, लोगों की भीड़ लग गई, वह महिला ऊपर मुँडेर पर खड़ी होकर बार-बार गिरने की धमकी दे रही थी। पुलिसवालों ने उसे मनाया पर वह नीचे नहीं उतरी आखिर पुलिसवालों ने कंपनी सरकार से बात कर उस महिला को 20 हजार डॉलर देने का वादा किया तब वह खुशी-खुशी नीचे उतर गई।

अपने अधिकारों के प्रति सचेत होकर यदि वह यह कदम न उठाती तो उसे मात्र पाँच हजार डॉलर में ही संतोष करना पड़ता। प्रभाजी ने चीनी महिला के जीवन संघर्षों को यहाँ बखूबी बतलाने की चेष्टा की है।

'पीली आँधी' की पद्मावती 13 वर्ष की उम्र में अपने से दुगनी उम्र के पुरुष के साथ गरीबी के कारण ब्याह दी गई। जीवन भर वह निःसंतान रही। चाची सास के अन्याय दोगले व्यवहार को सहती रहती। देवरानी के 6 बच्चों की माँ बनकर उनकी देखभाल आया की तरह करती रही। पद्मावती को जब साँवर 'रांड' संबोधन से पुकराता

है तब सारा भ्रम टूट कर उसे पानी पानी कर देता है। संबंधों के इस मायावी सरोवर में उसे एक बूँद प्यार-सम्मान की नहीं मिलती। उसे लगता है उसका पूरा जीवन व्यर्थ चला गया। वह कहती है : "अरे कुछ तो शरम करो, कुछ तो मेरी ममता का ख्याल करो।"[71अ] इसी उपन्यास की नायिका सोमा को ताई सास और निमली की ममता विद्रोह करने से न रोक सकी। प्रोफेसर सेन से वह मन और विचार से एक होकर वह शरीर से भी जुड़ गई। उसे बच्चा चाहिए, जो पति नहीं दे सकता। वह रुँगटा परिवार की मान मर्यादा, सामाजिक लोकोपवाद की चिंता छोड़कर कानूनन गौतम की पत्नी होते हुए भी सुजीत के दिए गर्भ को धारण करती है। पूरे परिवार की प्रताड़ना और पति से मिली शारीरिक एवं मानसिक यंत्रणा पाकर भी वह गर्भपात से इनकार कर देती है। अंत में रुँगटा परिवार को छोड़कर वह सुजीत के घर चली जाती है। सुजीत के बच्चे को जन्म देती है और स्कूल में नौकरी कर खुशी से अपना जीवन बिता रही है। एक ओर था, सोमा के लिए एक ऐसा जीवन जहाँ धन की कोई कमी नहीं, ऐशो आराम, गाड़ी, बंगला, हीरे मोती, आराम ही आराम, वह पद्मावती की तरह रह सकती थी लेकिन मातृत्व के अभाव के कारण सोमा ने दूसरा जीवन जीना चाहा, जहाँ थी मानवीय संवेदना, पति का प्यार, संतान और उसने वही संघर्ष का रास्ता चुना, जिसे प्यार की मिठास कम कर देती है।

सुजीत को छोड़कर चित्रा अपनी बेटी को लेकर चली जाती है लेकिन लेखिका ने बाद में क्या हुआ होगा इसका कोई संकेत नहीं दिया है। पर हम यह मानकर चलें कि छोड़ी हुई ब्याहता पत्नी को बंगाली समाज में भी मान सम्मान क्या मिला होगा। क्योंकि बंगाली समाज की ही तिलोत्तमा मिस्टर अग्रवाल की दूसरी पत्नी बनकर रहती है, उसे बंगाली समाज में मान्यता नहीं मिलती। ऐसे में कयास ही लगाया जा सकता है कि चित्रा ने अपना और बेटी का पालन-पोषण किन तकलीफों एवं संघर्षों से गुजरकर किया होगा।

पन्नालाल सुराणा की पत्नी निमली अपनी मालकिन ताई जी की अंतिम इच्छा को पूरा करने के लिए क्या-क्या पापड़ बेलती है। इसका वर्णन उपन्यास में देखा जा सकता है। अंतिम साँस लेती ताई जी की बहन सरीखी मित्र निमली उनकी हर बात मानती आई थी, ऐसे में धन के लालची घर के अन्य सदस्यों के बीच वह अपने कर्तव्य को बखूबी निभाती है। गाड़ी लेकर सोमा को घर लिवा लाती है। मरती हुई ताईजी के मुँह में गंगा जल पिलाती, यह सब देखकर गौतम कह उठा : "मेरी यह समझ में नहीं आता कि एक मरती हुई बुढ़िया की सनक को इतना महत्त्व क्यों दिया गया। निमली ने जवाबी हमला किया "गौतम बाबू आप तो अपनी बूढ़ी माँ को देखने कमरे में कभी फटके ही नहीं।"[71ई] यह सुनते ही गौतम को इतना गुस्सा आया कि वह बड़ी माँ के साथ निमली बाई को भी ठिकाने लगा दे। पर वह चुप हो गया वह जानता था कि निमली बाई के पास स्टेट की चाबी है जो मरते समय ताईजी ने सोमा को देने

के लिए दी थी। मरने से पहले ताईजी ने वकील को बुलाकर अपनी सभी चीजें सोमा के नाम कर दी थीं। वह कागज निमली ने सँभालकर अपने पास रखा था। वह जानती थी कि घर के लोग अब यह नहीं चाहेंगे कि सोमा को कुछ मिले। लेकिन स्वामिभक्त निमली ने बहादुरी से वकील और पंचायत का डर दिखाकर सबकी बोलती बंद कर दी।

'अपने-अपने चेहरे' की रमा अपने पिता की उम्र के मिस्टर गोयनका को प्रेम करने लगी। लेकिन जल्द ही उसे अपनी भूल का अहसास हुआ वह सोचती "मैं क्या हूँ राजेंद्र के संदर्भ में.....? अपने पैरों पर खड़ी स्वावलंबी स्त्री...? प्रेमिका की भूमिका कुछ समय के लिए होती है। आजीवन कोई उसी भूमिका में नहीं रह सकता। प्रेम पैदा होता है, दोपहर की धूप की तरह तपता है और फिर शाम की छाया बन जाता है। धीरे-धीरे रात होने लगती है। होता आया है यही स्वाभाविक है नहीं, स्वाभाविक कुछ भी नहीं कम से कम मेरे जीवन में... यह कैसी जिंदगी मैं जी रही हूँ। मैं छोड़ क्यों नहीं देती ? मेरा परिचय क्या है ? इस उम्र में ? किसकी पत्नी, किसकी माँ ? किस घर की बहू ? मैं न सधवा, न विधवा। अपनी ही आत्म तस्वीर इतनी धुँधली क्यों लगती है और कितने खूबसूरत तरीके से कोई धीरे से माँग में स्याही उँड़ेल जाता है। मेरे उजले ललाट पर स्याही मल देता है। मेरे ममता के आँचल में पैबंद गिनने लगता है।"[72] समाज में इस तिरस्कार से वह भयभीत नहीं होती अकेली रहती है वह इस बात से परिचित है कि यदि वह मिसेज गोयनका बन भी गई तब भी जीवन को नयी अर्थवत्ता नहीं दे पाएगी। एक बँटा हुआ आदमी उसे क्या दे देगा वह सोचती "वह तो मुझसे ताकत लेकर अपनी गृहस्थी का जुआ खींचता है। पर क्यों ? इजाजत मैंने ही दी गलती मेरी है दोषी मैं हूँ..... मैं खुद इस पुरुष को छोड़ने का निर्णय तो ले ही सकती हूँ।"[73]

रमा राजेंद्र को छोड़ देती है। 'स्त्री पक्ष' की वृंदा को पहले पति से निरादर मिला उससे उत्पन्न अहम उसे जीने नहीं देता। दुबारा विवाह करने के पश्चात वह अपने बुटिक के कामों में व्यस्त थी खुश भी क्योंकि आज उसके रुपयों से घर चलता है। आर्जव की इनकम ना के बराबर है। अचानक आर्जव को मुंबई में एक बड़ी कंपनी का पेंटिंग का काम मिलता है। वह पत्नी वृंदा से सब कुछ छोड़ कर मुंबई साथ चलने के लिए कहता है लेकिन वृंदा को लगता है कि आज संघर्षों के बाद जिस मुकाम पर वह खड़ी है उसे छोड़ दे क्यों ? महज प्यार के लिए नहीं उसके लिए काम ज्यादा महत्त्वपूर्ण है। कैरियर ज्यादा बड़ा है, प्रेम क्या है ? वह तो होता है और मर जाता है। इस तरह हम देखते हैं कि वृंदा जैसी कैरियर को प्रेम करने वाली स्त्रियों के घर परिवार नहीं होते हैं, होते हैं महज चार-दीवारों के मकान जहाँ वे सुविधाओं के बीच में अपनों को तरसती हैं और इसे ही संघर्ष का नाम दे देता हैं। प्रभाजी के तमाम उपन्यास की नायिकाएँ काम में व्यस्त प्रेमी पति बच्चों से दूर आरती, वृंदा एवं जमुना

हरिया जैसे नौकरों के बीच अपने मकान में रहकर उसी को अपना परिवार मानकर खुश हैं इससे लगता है यही उनका वैकल्पिक समाज है।

संदर्भ

1. छिन्नमस्ता, पृ. 51
2. महिला उपन्यासकार डॉ. मधु सिंधु पृ. 44
3. अपने-अपने चेहरे, पृ. 173
4. स्त्रीत्ववादी विमर्श – समाज और साहित्य क्षमा शर्मा, पृ. 36
5. अपने-अपने चेहरे, पृ. 118-119
6. छिन्नमस्ता, पृ. 63
7. पीली-आँधी, पृ. 300
8. छिन्नमस्ता, पृ. 49
9. छिन्नमस्ता, पृ.172/173
10. छिन्नमस्ता, पृ.145
11. अपने-अपने चेहरे, पृ.91
12. आओ पेपे घर चलें, पृ. 117
13. स्त्री उपेक्षिता – सीमोन बाउवार, पृ. 252
14. महिला उपन्यासकार – डॉ. मधु सिंधु, पृ. 52
15. (अ) छिन्नमस्ता, पृ. 163
    (ब) आओ पें पे घर चलें, पृ. 146
16. पीली आँधी, पृ. 111
17. अपने-अपने चेहरे, पृ. 46
18. औरत अस्तित्व और अस्मिता है – डॉ. अरविंद जैन, पृ. 57
19. छिन्नमस्ता, पृ. 57
20. पीली आँधी, पृ. 257
21. अपने-अपने चेहरे, पृ. 126
22. अपने-अपने चेहरे, पृ. 181
23. छिन्नमस्ता, पृ. 32
24. पीली आँधी, पृ. 9
25. पीली आँधी, पृ. 175
26. पीली आँधी, पृ. 183
27. पीली आँधी, पृ. 202
28. स्त्री पक्ष – सबरंग जनसत्ता, 1999 पृ. 20
29. छिन्नमस्ता, पृ. 179
30. छिन्नमस्ता, पृ. 18
31. छिन्नमस्ता, पृ. 11
32. छिन्नमस्ता, पृ. 127
33. छिन्नमस्ता, पृ. 128
34. छिन्नमस्ता, पृ. 127

35. पीली आँधी, पृ. 213
36. छिन्नमस्ता, पृ. 187
37. छिन्नमस्ता, पृ. 213
38. छिन्नमस्ता, पृ. 66
39. स्त्री उपेक्षिता – सीमोन बाउवार, पृ. 331
40. छिन्नमस्ता, पृ. 24
41. स्त्री पक्ष – जनसत्ता सबरंग, 7 मार्च 1999, पृ. 72
42. हंस – अगस्त 1989, पृ. 84
43. अपने-अपने चेहरे, पृ. 75
44. हंस – सितंबर 1996, पृ. 59
45. पल प्रतिपल – सितंबर से दिसंबर 2000 (डॉ. शिवकुमार मिश्र), पृ. 237
46. अपने-अपने चेहरे, पृ. 62
47. अपने-अपने चेहरे, पृ. 6
48. संभोग से समाधि तक, ओशो, पृ. 17
49. स्त्री पक्ष – जनसत्ता सबरंग, पृ. 27
50. अपने-अपने चेहरे, पृ. 115
51. छिन्नमस्ता, पृ. 49
52. छिन्नमस्ता, पृ. 154
53. छिन्नमस्ता, पृ. 7
54. छिन्नमस्ता, पृ. 10
55. अपने-अपने चेहरे, पृ. 18
56. पीली आँधी, पृ. 54
57. स्त्री पक्ष – जनसत्ता सबरंग, जनवरी 1999, पृ. 44
58. शेखर एक जीवनी – अज्ञेय, पृ. 224
59. स्त्री उपनिवेशवाद, पृ. 159
60. छिन्नमस्ता, पृ. 133
61. (अ) छिन्नमस्ता, पृ. 152
    (ब) तालाबंदी पृ. 77
62. (अ) छिन्नमस्ता, पृ. 60
    (ब) स्त्री पक्ष, जनसत्ता सबरंग, जून 1999, पृ. 21
63. आओा पेपे घर चलें, पृ. 52
64. आओा पेपे घर चलें, पृ. 55
65. छिन्नमस्ता, पृ. 87
66. (अ) औरत अस्तित्व और अस्मिता – डॉ. अरविन्द जैन, पृ. 63
    (ब) आओ पेपे घर चलें, पृ. 25
67. महिला उपन्यासकार डॉ. मधु सिंधु पृ. 44
68. छिन्नमस्ता, पृ. 10
69. महिला उपन्यासकार डॉ. मधु सिंधु, पृ. 47
70. छिन्नमस्ता, पृ. 176
71. (अ) पीली आँधी, पृ. 239

(ब) पीली आँधी, पृ. 131

(क) पीली आँधी, पृ. 131

72. अपने-अपने चेहरे, पृ. 75

73. अपने-अपने चेहरे, पृ. 75

चतुर्थ अध्याय

प्रभा खेतान के उपन्यासों में सामाजिक सरोकार एवं जीवन दृष्टि

प्रस्तुत अध्याय में दो आयामों पर चर्चा अभिप्रेत है। सामाजिक सरोकार एवं जीवन-दृष्टि।

सामाजिक सरोकार से प्रभाजी के उपन्यास दो धरातल पर टिकते हैं। यथार्थ दृष्टि एवं वैकल्पिक समाज। इन्हीं दोनों के परिप्रेक्ष्य में विवेचन करते हुए यहाँ स्पष्ट करने का प्रयत्न होगा कि जो कुछ प्रभाजी के दृश्य जगत में हो रहा है – यानी यथार्थ दृष्टि और दूसरे यह कि उनकी दृष्टि में वह समाज कैसा होना चाहिए – अर्थात् वैकल्पिक समाज। कहना होगा कि दोनों ही प्रमुख रूप से उनके उपन्यास लेखन में उभरकर सामने आये हैं।

(क) प्रभा खेतान की यथार्थ दृष्टि

प्रभाजी का मूल यथार्थ स्त्री से संबंधित है जिसे हमने नारी चित्रण वाले अध्याय में विश्लेषित किया है। नारी के अलावा यथार्थ का अंकन जिस पर प्रभाजी की तेज नजर पड़ी है जो सामाजिक, भौतिक, पारिवारिक रिश्तों से निकले हैं मनुष्य की विद्रूपता का कारण बने हैं। ऐसे यथार्थ वर्णन को यहाँ वर्णित करना हमारा अभिप्रेत है। इन्हें हम तीन भागों में विभाजित करते हैं।

1. **सामाजिक यथार्थ :** भारत की सबसे सफल व्यापारी जाति मारवाड़ी है। भारत की अर्थव्यवस्था के आधुनिक क्षेत्र की आधी से अधिक संपत्ति पर राजस्थान के उत्तरी भाग के मारवाड़ियों का नियंत्रण है। टॉमस ए टिब्बर्ग के अनुसार, "मारवाड़ी अन्य उच्चवर्गों के मुकाबले थोड़े कम शिक्षित हैं सामाजिकता में अधिक रूढ़िवादी हैं। लेकिन वे रुढ़िवादी परंपरागत व्यापारी समाज के उद्योग में अपना सिक्का जमा लेते हैं। अपनी जाति की निष्ठा जैसी सामाजिक व्यवस्था में, दिसावरी के लिए निकल पड़ते हैं, यह जाति जोखिम उठानेवाली व दूरदर्शी होती है।"[1] इस जीवन के यथार्थ के कई चित्र अपने पूरे प्रामाणिकता के साथ प्रभा खेतान के उपन्यास साहित्य में मौजूद हैं। 'पीली

आँधी' उपन्यास के सुजानगढ़ के व्यापारी देश छोड़कर दिसावरी करते हुए भारत के कोने-कोने में जाकर व्यापार करते दो-तीन सालों बाद जब घर कमाकर लौटते तो कमाई का दसवाँ हिस्सा दान में दे देते उनकी फरमाइशी हुक्म का पालन करते। इस प्रकार दोहरी गुलामी को झेलकर सामाजिकता का निर्वाह करते।

यह 1835-40 का समय था, अँग्रेजी प्रभुत्व स्थापना के बाद बीकानेर में अशांति व अव्यवस्था कम नहीं हुई। अँग्रेजी नियंत्रण की स्थापना से पूर्व जागीरदार राज्य में अशांति फैलाए हुए थे, किंतु वे अपनी निजी आर्थिक हितों की सुरक्षा के लिए इस बात का ध्यान रखते थे कि व्यापारियों के काफिले सुरक्षापूर्वक उनकी जागीर से गुजर जाएँ। इस नियंत्रण के पश्चात जागीरदारों की राजनीतिक क्षेत्र में लूट पर भी उन पर कोई उत्तरदायित्व नहीं आता था और बहुधा वे अपनी आर्थिक स्थिति को सुधारने के लिए इन व्यापारिक काफिलों के लुट जाने की अनदेखी करते अथवा परोक्ष रूप में ऐसी गतिविधियों को प्रोत्साहित करते थे।

डॉ. गिरिजाशंकर के अनुसार – "19वीं सदी के उत्तरार्द्ध में इस स्थिति के बारे में सुजानगढ़ एजेन्सी रिपोर्ट से ज्ञात होता है कि बड़े-बड़े धाडवी भिवानी आदि मुख्य स्थानों में अपने गुप्तचर रखते थे जो अपने गिरोह के मुखिया को गुप्त रूप से सूचित करते रहते थे कि आज अमुक स्थान के लिए अमुक माल लदा है जिसमें वे लोग उन मार्गों पर पहुँचकर व्यापारियों का माल लूट लेते थे।"[2]

प्रभाजी की पैनी नजर इस पर पड़ी है। 'पीली आँधी' का "कुँवर मानसिंह अपने बचपन के भायले रामेश्वर को लूटकर उसकी हत्या कर देता है और हत्या के बाद रामेश्वर के भाई किशन को हिदायत देता है किसी के सामने मुँह खोला तो माँ कसम तेरी औलाद तक को नहीं छोड़ूँगा।"[3]

प्रभाजी ने 19वीं सदी के अंतिम दशक से आजादी के बाद तक के समय से निष्क्रमण किए हुए व्यापारी के संघर्ष और उनकी उच्च श्रेणी के संपन्न व्यापारी बन जाने के यथार्थ को भी रेखांकित किया है। उपन्यास का माधो बाबू कम मुनाफा कड़ी मेहनत और कम खर्च के आधार पर कड़े से कड़े व्यापारिक संघर्ष में भी विजयी हो जाते। कंधे पर कपड़ों के थान लेकर बेचने निकलते। म्हाली चाचा जैसा पात्र हमेशा उनकी सहायता करता। बाँसे में रोटी खाना, उधार का लेन-देन भी चलता। अत्यधिक धनी और सफल हो जाने के पश्चात ये व्यापारी बड़े उद्योगपति बनने की अपेक्षा अपने राज्य में वह सम्मान और प्रतिष्ठा प्राप्त करने के इच्छुक दिखायी पड़ते। जो वहाँ बड़े जागीरदारों और ठिकानेदारों को उपलब्ध था। डॉ. एस. एम. जैन के अनुसार, "वे अपने धन का प्रयोग राजा के निकट आने, सामाजिक प्रतिष्ठा प्राप्त करने, पैरों में सोने के जेवर पहनने आदि के लिए करते थे। शादी अथवा गमी में राज्य के महाराजा का उनकी हवेली पर जाना उनके लिए बड़े सम्मान की बात थी।"[4]

ठीक ऐसा ही यथार्थ वर्णन प्रभाजी ने 'पीली आँधी' में किया है : "तुम गुरुमुखदास

रुँगटा की पोते की बहू हो। दादाजी तो रतनगढ़ में रहते थे, अफीम का बहुत बड़ा व्यापार था। जब मालवा, अजमेर, मिर्जापुर की गाड़ियों से मुनीम गुमाश्ते लौटते तो दादाजी बीकानेर महाराज के लिए अशर्फियों से भरा चाँद का थाल नजराने में ले जाते। एक बार तो रुपये की चौकी बनाकर महाराज को उस पर बैठाया गया था। दादाजी ने महाराज का तिलक किया इक्कीस तोपों की सलामी दी गई और नजराने में वे सारे नोटों की गड्डियाँ पेश की गई थीं।"[5]

इसी उपन्यास में अँग्रेजी सरकार सुराजियों के चक्कर में दो-तीन मारवाड़ी युवकों को पकड़कर ले गई। एक किसी भारी पैसे वाले मारवाड़ी के यहाँ बम के गोले मिले। बारुद की पेटियाँ मिली। ऐसे में नाथूराम ने कहा : "हम बाणिये की सरासर गलती है। अँग्रेजी राज के कारण हमने पैसा कमाया उसके कारण तो हम यहाँ प्रवास में टिके हैं राजा से बैर नहीं लेना चाहिये।"[6]

यह सुनकर माधो बाबू को बहुत बुरा लगा। वे गाँधीवादी विचारों वाले शील बाबू के अनुयायी थे। बदलते परिवेश में अंग्रेजों या जमींदार राजा की भी खुशामद करना उन्हें पसंद नहीं था। लेकिन मजबूरी थी। क्रांतिकारियों ने लाल बिसेसर लाल की हत्या कर दी। माधो इस राजनीति की दाँव-पेंच समझता जा रहा था। यह भी समझ रहा था कि राजनीति से दूर नहीं रह सकता है। छोटे भाई साँवर को वह यही शिक्षा देता कि गरीबी का कोई साथ नहीं देता और रुपये से बड़ी कोई चीज नहीं। अपने फायदे के लिए अफसरों से जल्दी मिलना हो तो अरदली को चवन्नी की रिश्वत दो काम झट से हो जाएगा। सफल व्यापारी के सभी नुस्खों से माधो चित-परिचित था।

इ'तालाबंदी' के श्याम बाबू ने बचपन से ही अपने पिता को बड़ी दयनीयता से सेठों के यहाँ मुनीमी करते हुए देखा था। वे इस यथार्थ से इतने परिचित थे कि वे सेठों से भयंकर नफरत करने लगे। स्वयं को सुखी करने के लिए तथा घर का स्तर ऊँचा उठाने के लिए उन्होंने माधो की तरह स्वतंत्र व्यवसाय शुरू किया। धन को कमाना ही उनका पहला और आखिरी लक्ष्य बन गया। लेकिन जिन्हें वे धन से सुखी बनाना चाह रहे थे, उन्हीं लोगों से (माँ, पत्नी, बेटा) से दूर होते गए। इस यथार्थ को प्रभाजी ने बखूबी उकेरा है कि एक व्यक्ति के मन की पीड़ा जो कहीं गहरे में हो उसकी सोचों में, उसकी चेतना में जिस दुनिया जहान का निर्माण करती रहती है। एक दिन जब व्यक्ति उस दुनिया को जरूर पा जाता है, परंतु पिता पुत्र के जनरेशन गैप के कारण पुत्र अपने पिता को उसी दयनीय स्थिति में पाता है। जिससे कभी श्याम बाबू अपने पिता को देखते रहे थे।

2. भौतिक यथार्थ : अर्थ की धुरी पर हर रिश्ता टिका है। इसका विस्तृत विवेचन आर्थिक शोषण में किया गया है। यहाँ पुरुषों की दुनिया में हो रही आर्थिक उठापठक का यथार्थ चित्रण करना हमारा अभिप्रेत है। 'पीली आँधी' के किशन बाबू अपने भतीजे माधो की शादी किसी अच्छे घराने में करने की सोच रहे थे। ऐसा करने

से दहेज भी मिलेगा और व्यापार करने में मदद भी। यही कारण था कि माधो सिंह को दस वर्षीय काली और मिरगी से पीड़ित बालिका के साथ बाँध दिया गया। दहेज में खूब रकम मिली। लेकिन माधो को इस अनमेल विवाह से दुःख के अलावा कुछ न मिला। किशन बाबू इतने से ही संतुष्ट नहीं हुए उन्होंने जल्दी ही अमीर बनने के चक्कर में माधो की कमाई से फाटका करना शुरू किया। इस चक्कर में गद्दी के सारे रुपये मिनटों में ही खत्म हो गए और ऊपर से कर्जा हो गया। माधो ने कुछ नहीं कहा। पिता तुल्य चाचा को वह कोई दुःख देना नहीं चाहता था। किशन बाबू को सदमा लगा और वे पागल हो गए और उन्होंने एक दिन आत्महत्या कर ली। पीछे छोड़ गए बहुत बड़ा कर्जा। जिसे माधो ने अथक मेहनत से धीरे-धीरे चुकाया।

'छिन्नमस्ता' के बड़े भाई साहब अपने बहनोई नरेंद्र से जब तब पैसा माँगते और अपना घर चलाते। उनकी अय्याशी के चलते उन्हें हर दम पैसों की कमी रहती वे इस बात से भली-भाँति परिचित थे कि बहनोई उन्हें कभी इनकार नहीं करेगा। अपने छोटे भाई के हिस्से का मकान और जेवर भी उन्होंने अपने नाम करवा लिये थे। इन सब अत्याचारों के बावजूद छोटा भाई सब कुछ सह कर चुपचाप रहता।

'छिन्नमस्ता' के मिस्टर अग्रवाल ने सारी जिंदगी अथक मेहनत कर पैसा कमाया। कोठी, बंगला एवं बड़ा व्यापार खड़ा किया। पुत्र नरेन्द्र ने पिता के अन्यत्र संबंधों के कारण सारी संपत्ति खुद के नाम करवा ली। मिस्टर अग्रवाल अपनी एक गलती के कारण घर में दाने-दाने को मुहताज हो गए। वे चाहकर भी दूसरी स्त्री तिलोत्तमा की कोई मदद न कर पाते। अपने ही घर में उन्होंने नौकर जैसी यथार्थ स्थिति को झेला।

3. पारिवारिक यथार्थ : प्रभाजी के उपन्यास प्रायः संयुक्त परिवारों की व्यथा कथा है। प्रायः घर के मुखिया का लोग आदर सम्मान करते हैं, लेकिन कई बार यह मात्र दिखावा ही होता है। 'पीली आँधी' का राजू और उसकी पत्नी लता यह चाहते हैं कि सारे खानदान का धन उनकी मुट्ठी में आ जाय।

सभी जानते थे कि एक से एक कीमती चीजें कैसे धीरे-धीरे राजू के तीनों कमरों की शोभा बनते चले गए। झाड़-फानूस बर्मा टीक के एंटीक फर्नीचर, ईरानी गलीचे, पुरानी दीवाल घड़ी, सीढ़ियों के पास रखे हुए बड़े-बड़े चाइनीस पोर्सलिन के आदमकद फ्लावर वॉस। एंटिक को राजू भैया और लता भाभी पुराना है कूड़ा है, यह भी कोई टेस्ट हुआ हटाओ इसे कहकर अपने ससुराल भिजवा देते। भैया ड्राइंग रूम को फिर से नया बनवा लेते। सोने-चाँदी का पाँच सेर वाला पनडब्बा उठाने से हाथ में दर्द होता है का बहाना बनवाकर लता ने अपने भाई के घर भिजवा दिया और उसकी एवज में दो हलके डिब्बे बनकर आ गए। उस डिब्बों की चाँदी में खोट थी और फूलों में असली सोने का काम भी नहीं था, पूछने पर लता रोना-धोना शुरू कर देती। यथार्थ का पारिवारिक रूप इस तरह सामने आता है।

इसी उपन्यास में ताई जी की मौत पर तीनों बेटे मोहन, राजू और गौतम ताईजी

की अंतिम इच्छा का मान नहीं रखना चाहते। ताईजी मरते समय अपनी दौलत सोमा के नाम कर गई थी, लेकिन तीनों बेटों की नजर उस पर है वे किसी भी तरह यह साबित करना चाहते हैं कि ताईजी ने बेहोशी में या पागलपन की सनक में ऐसा किया होगा। जब उनकी दाल निमली बाई के सामने नहीं गली, तब मोहन भाई साहब सोमा को पटाने को कहते हैं : "देखो तुम्हारा सामान है। अब उसको लेकर तुम्हारा मन जिसको दो। तुम एक मिनट के लिए ठंडे दिमाग से जरा-सी महीन बात समझकर देखो। बड़ी माँ को हम लोगों से भी प्यार था। मेरी फैक्ट्री घाटा दे रही है। गाँव की उधारी है भीतर ही भीतर सब अलग हो गये हैं। बस बड़ी माँ के कारण चौका एक था। अब वह भी ऊपर नीचे हो जाएगा। राजू के तो धन बरस रहा है। फिर भी उसकी लुगाई रुपये के लिए हाय-हाय करती रहती है। और गौतम का हाल तुम जानती ही हो। वह लायक होता तो तुम घर छोड़ कर क्यों जातीं।"[7]

यहाँ पारिवारिक दाँव-पेंच चल रहा है, हर व्यक्ति परिवार के भीतर लूट-खसोट की राजनीति कर रहा है। कहने को संयुक्त परिवार है। लेकिन वास्तविकता यह कि अपनी सामर्थ्य भर हर सदस्य दूसरे का हक मारकर स्वयं जीतने की फिराक में लगा हुआ है। सोमा समझ जाती है कि बड़े भाई साहब उसे अपना हक इसीलिए देना चाहते हैं ताकि उनकी दर्दनाक कथा सुनकर सोमा स्वेच्छा से ताई जी द्वारा दिए गए अपने हिस्से को बड़े भाई साहब को दे दे।

(ख) वैकल्पिक समाज

प्रभा खेतान के औपन्यासिक संसार से गुजरते हुए हमें कुछ संकेत मिलते हैं कि प्रभाजी के वैकल्पिक समाज की रूपरेखा क्या है। 21वीं सदी में वे किस तरह के समाज की परिकल्पना करती हैं। आइए देखें उनका वैकल्पिक समाज है कैसा ?– तो उपन्यासों की गवाही में प्रभाजी के वैकल्पिक समाज की तस्वीर के आधारभूत तत्त्व हैं – परिवार, मित्र, प्रेम, स्त्री-स्वातंत्र्य और उनसे बनता समाज। इन्हें हम क्रमशः देखेंगे।

1. आदर्श परिवार : प्रभाजी के आदर्श परिवार की अवधारणा परिवार में स्त्री की स्थिति विषयक चिंतन से जुड़ी है। उसी सांसत से बार-बार विचलित हुई है। अतः उसे दूर करके ही इच्छित समाज का परिवार बन सकता है। अतः उनके आदर्श परिवार की शर्तें ऐसी हैं। प्रभाजी चाहती हैं कि एक ऐसा आदर्श परिवार हो जहाँ बेटी के जन्म पर माँ की रुलाई न फूटे। बेटी को जन्म से पहले ही भ्रूण हत्या से खत्म न कर दिया जाय। (संदर्भ छिन्नमस्ता और स्त्री पक्ष) परिवार में 'स्त्री' बच्चा पैदा करने की मशीन न मानी जाय। बेटे-बेटी के लालन-पालन में कोई भेद न हो। कुपोषण से बेटियाँ न मरें या न बीमार हो। (छिन्नमस्ता, स्त्री पक्ष) गर्भधारण करने न करने की पूरी छूट पत्नी को दी जाय। घरेलू काम करती महिलाओं को घर खर्च में अतिरिक्त मेहनताना के रूप में मोटी रकम हर माह दी जाय। (वृंदा – स्त्री पक्ष) काम-काजी पत्नी के साथ

मिलकर पति घरेलू कार्यों में उसका हाथ बँटाए। सोमा-सुमित ('पीली आँधी'), जूडी-फिलिप (छिन्नमस्ता) पत्नी के साथ काम संबंधों की असंतुष्टि पर संवाद की स्थिति हो ताकि वैवाहिक जीवन सुचारु रूप से चलता रहे। (संदर्भ छिन्नमस्ता, स्त्री पक्ष)।

प्रभाजी ने एक नए परिवार की परिकल्पना 'छिन्नमस्ता' उपन्यास के माध्यम से प्रस्तुत की है। जहाँ प्रिया अपने अस्तित्व की तलाश में अपने पति और पुत्र को छोड़कर चल देती है, वहीं प्रिया अपने ससुर की अवैध संबंधों से उत्पन्न संतान और अपनी सौतेली सास को भी पनाह देकर नये आदर्श परिवार की स्थापना करती है और नीना का विवाह करवाकर अपने सामाजिक दायित्व का निर्वाह भी करती है।

2. मित्रता का मानक : प्रभाजी दोस्ती में ईमानदारी को महत्त्व देती हैं जहाँ छल न हो कपट न हो। जहाँ कोई संवाद स्थापित करने को इच्छुक हो जहाँ पारस्परिकता हो। ऐसी दोस्ती बड़ी अनमोल चीज है और बहुत कम औरतों को मयस्सर होती है। क्योंकि स्त्रियों ने बचपन से ही प्यार खोजा है दोस्ती नहीं। दोस्ती में एक दूसरे के प्रति स्वीकृति का भाव होता है। तमाम पारस्परिकता और बराबरी के बावजूद एक-दूसरे की मानवीय कमजोरियों के लिए क्षमा का नाम दोस्ती है। दोस्ती प्यार से ऊँची भावना है। क्योंकि कोई किसी का दावेदार नहीं रहता, बहुत बार दोस्तियाँ अतीत हो जाती हैं। कुछ वर्तमान की भीड़ में खो जाती हैं। मगर कई बार खोया हुआ दोस्त वापस लौटकर आता है बिना किसी शिकवे व शिकायत के और अधिक अपना दोस्त होकर। ऐसी दोस्ती है — जूडी फिलिप के साथ प्रिया की।

3. प्रेम की अवधारणा : प्रभाजी का मानना है कि प्रेम एक महज भावना है। पर उससे भी ऊँची भावना है करुणा। आपसी प्रेम के दौरान कारुण्य की भावना को प्रोत्साहित करना होगा। क्योंकि प्रेम केवल देह के स्तर पर नहीं होता। प्रेम के दौरान व्यक्ति अपनी सीमाओं को लाँघ जाता है और इस प्रक्रिया में स्त्री जो कुछ भी छोड़ती है उसे त्याग कहा जाता है। मगर विडंबना तो यह है कि किसी भी व्यक्ति के मन में यदि अधिकारों के प्रति अत्यधिक सजगता होगी तो व्यवहार में असंतुलन और रूखापन आना स्वाभाविक है। अतः स्त्री-पुरुष के संबंध का आधार केवल प्रेम नहीं करुणामय भी होना जरूरी है। (संदर्भ — साक्षात्कार के दौरान) अपनी इसी बात का प्रतिपादन उनकी तिलोत्तमा (छिन्नमस्ता), चित्रा (पीली आँधी) एवं रमा (अपने-अपने चेहरे) के प्रेम प्रसंग में देखते ही बनता है।

तिलोत्तमा विवाहित पुरुष से प्रेम कर विवाह भी कर लेती है। अपने प्रेम के प्रतिरूप संतान को जन्म देती है। तमाम सामाजिक विरोधों के बावजूद वह इस रिश्ते की गरिमा को बनाए रखती है। रमा भी विवाहित पुरुष से प्रेम करती है, लेकिन विवाह को बंधन मानती है। वह प्रेम में विवाह का हो जाना जरूरी नहीं समझती, लेकिन उसका प्रेम शायद विवाह या संतान के अभाव में भरे हुए गुब्बारों की तरह फुस्स हो जाता है। धीरे-धीरे कम होता जरूर है लेकिन प्रेमी के प्रति कारुण्य की भावना में

कमी नहीं आती। विवाहिता चित्रा पति से अत्यधिक प्रेम करती है। लेकिन पति के अन्यत्र प्रेम संबंधों के कारण अपनी बच्ची को लेकर पति को छोड़कर चली जाती है। वह सोचती है कि जब प्यार ही नहीं तो जोर जबरदस्ती किसलिए। इस प्रकार सोमा व सुजित के बीच से हटकर वह अपने आदर्श प्रेम का प्रदर्शन करती है।

निष्कर्ष यह कि प्रभाजी का वैकल्पिक समाज विशुद्ध प्रेम पर टिका होगा, जो पैसा सुख-सुविधा, दिखावा, रस्म-रिवाज आदि सब कुछ से मुक्त हो।.... जो घर, परिवार प्रेम से बना और उसी से बसा होगा।

नारी जीवन में स्वातंत्र्य बोध : इसका विस्तृत विवेचन तीसरे अध्याय में किया गया है। यहाँ संक्षेप में, प्रभाजी के अनुसार स्वतंत्रता का अर्थ बेलाग हो जाना नहीं है। स्वतंत्रता, कर्तव्य एवं दायित्वबोध के लिए ही आती है। स्त्री अगर अपनी स्वतंत्रता चाहती है, तो उसे अपने कर्तव्य और दायित्व बोध का भी उतना ही ज्ञान होना चाहिए इसीलिए स्त्री स्वतंत्रता की आदर्श स्थिति क्या हो ? इसके बारे में सोचना होगा। आज तक स्त्री ने अपनी जितनी भी स्वतंत्रता हासिल की है, वह संघर्ष करके ही हासिल की है। प्रभाजी के स्त्री पात्र सोमा (पीली आँधी), रमा (अपने-अपने चेहरे) और प्रिया (छिन्नमस्ता) अपनी प्रतिभा और संकल्प शक्ति से एक नई शक्ति और चुनौती के रूप में उभरती है। ये तीनों स्त्रियाँ रूढ़ समाज से टकराकर अपने को भावात्मक स्तर पर लहूलुहान करते हुए अपने अस्तित्व को नये सिरे से परिभाषित करती हैं। सोमा मातृत्व की चाहत में विवाहित पुरुष के साथ बिना विवाह कर अपना घर बसाती है तो रमा स्त्री स्वातंत्र्य का सहारा लेकर विवाहित पुरुष से जुड़ती है। लेकिन कुछ समय बाद अपनी गलती का अहसास होते ही वह अन्य मित्रों के साथ अपनी शामें बिताती है। लेखिका ने इसका संकेत मात्र दिया है, स्पष्ट कुछ घोषित नहीं किया। अस्तित्ववादी लेखन के कारण प्रभाजी के नारी पात्र स्त्री स्वातंत्र्य की दिशा पर चल पड़ते हैं लेकिन प्रेम एवं स्वातंत्र्य के बीच द्वंद्व चलता रहता है। प्रभाजी खुद कन्फ्यूज्ड हैं। प्रिया और रमा सब कुछ हासिल कर लेने के बाद जीवन में खालीपन को गहराई से महसूस करती हैं वे पुरुष का साथ चाहती हैं लेकिन वह साथ कैसा हो इसे परिभाषित करने में प्रभाजी असफल रही हैं।

नया समाज : वैधानिक और अवैधानिकता से परे जो हो वही प्रभाजी का नया समाज है। समाजवाद हमारे देश का नारा हो। जहाँ पर श्याम बाबू सरीखे व्यापारी (तालाबंदी) अपने मजदूर मित्रों से संवाद स्थापित करें। सर्वहारा वर्ग और बुर्जुआ वर्ग के बीच दीवार न हो। मजदूरों के हितों को ध्यान में रखकर व्यापारी खुद भी मुनाफा कमाएँ और श्रमिकों के घर चूल्हा भी जलता रहे।

स्त्री पुरुष की स्थिति समान हो। स्त्री श्रम को उचित दाम मिले (संदर्भ — अग्निसंभवा) स्त्री से बलात्कार करने वाला पुरुष खुला साँड़ बनकर न घूमे (छिन्नमस्ता)। मानव निर्मित कानूनों का मातृत्व के साथ कोई हस्तक्षेप न हो। प्रसव से लेकर बच्चे

के लालन-पालन तक स्त्री अपने बच्चे की प्राकृतिक संरक्षिका हो। स्त्री ऐच्छिक मातृत्व से वंचित न रहे। प्रसव संतान का लालन-पालन गौरवशाली है किन्तु स्त्री को अपने इस किये गये श्रम की कीमत मिले। वह महज मशीन बनकर न रह जाये। उसके गर्भ पर पुरुष का कानून तथा सामाजिक रूप से अपना नियंत्रण न रहे। वंश माँ के नाम से चले। स्त्री स्त्रष्टा की भूमिका निभाए। जैसे पीली आँधी की नि:संतान ताईजी अपने देवर के छह बच्चों की माँ बनकर गर्व महसूस करती है। आई. वी. (अग्निसंभवा) मिस्टर शिव के बेटे को गोद लेकर मातृत्व की भूमिका अदा करती है तथा साथ ही सामाजिक दायित्व बोध का निर्वाह भी करती है।

अपने लगभग सभी उपन्यासों में प्रभाजी ने विवाह को ओवर डेटेड संस्था माना है। उनके अनुसार आनेवाले समाज में स्त्री अधिक मानवी होगी। उतनी ही अधिक अधिकार संपन्न होगी। वह विवाह के बंधनों को तोड़ना चाहेगी (सोमा, चित्रा, वृंदा)। क्योंकि सामाजिक विकास के साथ उसके जीवन में पुरुष की भूमिका कम से कमतर होती जाएगी। पैसा कमाना, परिवार चलाना, संतानोत्पत्ति के साथ संतान का भरण-पोषण यदि सभी कुछ स्त्री को करना है तो जीवन में पति की भूमिका नहीं के बराबर होती जाएगी। स्त्री पुरुष का साथ खोजेगी, एक दोस्त चाहेगी पर अपने विवाहित जीवन में उसका शासन नहीं स्वीकारेगी।

(ग) प्रभा खेतान की जीवन-दृष्टि

प्रभाजी के लेखन में यथार्थ दृष्टि एवं वैकल्पिक समाज के व्यावहारिक चिंतन में एक सैद्धांतिक पक्ष भी कार्यरत है। इसे हम जीवन-दृष्टि कहना चाहते हैं जो उनके अध्ययन एवं चिंतन से बनी है। इस प्रकार उनकी मूल वैचारिकता दर्शन से जुड़ती है। दर्शन शास्त्र से उनकी संसक्ति सर्जनात्मक स्तर पर है। उन्होंने अस्तित्ववाद को अपने ढंग से चुना है। दर्शन को साहित्य से अलग नहीं किया। वे सार्त्र से प्रभावित हैं। उनका अस्तित्ववाद प्रभाजी के एकांत क्षणों का साक्षी है। प्रभा खेतान संभवतः एकमात्र लेखिका हैं, जिन्होंने अस्तित्ववादी सिद्धांतों का अध्ययन मनन कर उसमें सिद्धांतों पर विशेषकर, अस्तित्ववादी दार्शनिक ज्यांपाल सार्त्र पर दो पुस्तकें लिखी हैं। जिनमें उनके जीवन और सिद्धांतों की बातें विस्तार से की हैं। एडलर कामू पर भी 'वह पहला आदमी आल्बेयर कामू' लिखकर उनके विचारों से हिंन्दी पाठकों को परिचित करवाया है। 'स्त्री उपेक्षिता' जैसी जटिल पुस्तक का अनुवाद कर स्त्री-विमर्श की अनूठी धरोहर का परिचय दिया है। परवीन मलिक के अनुसार, "वे स्वयं अस्तित्ववाद में गहरे पैठ कर हताशा, निराश और विसंगतियों के बीच अपने अस्तित्व रूपी मोती को चुनकर ले आती हैं।"[8] उनके कथा-साहित्य में इसकी छाप देखते ही बनती है।

प्रभाजी आर्थिक स्वतंत्रता को जीने की पहली शर्त मानती हैं। स्त्री अस्तित्व की पहचान के लिए उसकी जेब भरी होना अत्यावश्यक है। 'आओ पेपे घर चलें' की प्रभा,

'अग्निसंभवा' की आई.वी., 'एड्स' की कुक्कु, 'पीली-आँधी' की सोमा एवं चित्रा, 'अपने-अपने चेहरे' की रमा, 'छिन्नमस्ता' की प्रिया और नीना आर्थिक स्वतंत्रता हासिल करने के लिए युद्ध स्तर पर क्रियाशील हो जाती हैं।

कुछ स्त्री पात्र हैं जो जीवन की कड़वी सच्चाईयों का मुकाबला न करने पर आत्महत्या करने की सोचती हैं लेकिन करती नहीं। उनमें प्रमुख हैं 'स्त्रीपक्ष' की वृंदा और उसकी अनाम पड़ोसन, 'छिन्नमस्ता' की प्रिया, 'अग्निसंभवा' की अनाम स्त्री, 'पीली-आँधी' की बड़ी भाभी, 'अपने-अपने चेहरे' की रितु, 'एड्स' की नायिका इत्यादि। एकमात्र 'आओ पेपे घर चलें' की मिसेज डी तलाक की काली छाया में जीवित न होकर आत्महत्या का प्रयास करती है, लेकिन बच जाती है। पुरुष पात्रों में 'पीली-आँधी' के माधो सिंह के चाचा आत्महत्या करते हैं।

प्रभाजी की नायिकाओं का संसार अपने 'स्व' की पहचान का संसार है। जीवन की तमाम बाधाओं के बीच वे टूटकर, बिखर नहीं जातीं। अपने 'स्व' का स्थापन ही उनका परम लक्ष्य है। इस अस्तित्व की गरिमा को बचाये रखने में उनका प्रयास सार्थक है। इस प्रयास में वे समाज से भी जुड़ी हैं। 'छिन्नमस्ता' की प्रिया अपने अस्तित्व की स्थापना कर उपेक्षिता सौतेली सास और ननद का सहारा बनती है। इस प्रकार वह समाज के प्रति अपनी प्रतिबद्धताओं का पालन भी करती है। इसी उपन्यास का नौकर ठाकरां एवं दाई माँ के प्रति प्रिया द्वारा दिये गए रुपये और मदद स्त्री की मानवीय गरिमा को और ऊँचा उठाते हैं। अपने अस्तित्व के प्रति जागरूक होने का यह कतई अर्थ नहीं है कि स्त्री महज अपने को स्वतंत्र समझकर अपने लिए ही जीये।

'अपने-अपने चेहरे' की रमा, गोयनका की बेटी के ससुराल से पीहर लौट आने पर व्यापार करवाने में उसकी मदद करती है, इसका संकेत भर उपन्यास में मिलता है। रमा विवाहित गोयनका से प्रेम करती है। प्रभाजी ने बतलाने की चेष्टा की है कि यदि स्त्री अपने अस्तित्व के प्रति सचेत हो तो अकेली भी रह सकती है। बिना प्रेमी, पति व संगी-साथी के और समाज के प्रति अपने अवदान को भी ईमानदारी से निभा सकती है।

आईलिन, आई.वी., प्रिया, सोमा, वृंदा, रमा आदि नायिकाएँ स्वयं को पूरी तरह से साबुत बचाकर संभावनाओं के नये क्षितिज तलाशती हैं। वे जीवन के प्रति आस्थावान हैं। पूर्वाग्रहों का विरोध कर नवीन जीवन मूल्यों को स्थापित करती हैं। प्रभाजी अपने नायिकाओं से यह कहलवाती हैं कि जिंदगी इतनी रहमदिल नहीं हुआ करती और इसलिए पूरी ताकत के साथ वे जीवन की समस्याओं से रूबरू होने को तत्पर हैं। ग़ालिब की तरह एक खास अंदाज में।

प्रभाजी सिमोन तथा सार्त्र से अत्यधिक प्रभावित हैं। प्रभाजी के उपन्यासों से गुजरते हुए लगता है कि सिमोन एवं प्रभाजी के जीवन में काफी समानताएँ हैं। सिमोन और प्रभाजी दोनों ने दर्शन शास्त्र की पढ़ाई की, दोनों ने ही दर्शन शास्त्र एवं उपन्यास पर

पुस्तकें लिखीं, दोनों ने विवाह संस्था को नकारा। उपन्यास, स्त्री-विमर्श और आलोचना के क्षेत्र में दोनों की बहुत-सी पुस्तकें प्रकाशित हुईं। सिमोन की आत्मकथा के चार खंड प्रकाशित हुए हैं, लेकिन प्रभाजी के पाठक उनकी आत्मकथा का बेसब्री से इंतजार कर रहे हैं।

साक्षात्कार के दौरान प्रभाजी ने बताया कि 'स्त्री उपेक्षिता' जैसी कठिन पुस्तक का अनुवाद कर ही वे स्त्री-विमर्श के कुछ अनसुलझे प्रश्नों के हल ढूँढ़ पाईं। शायद इसी का परिणाम है उनकी दो चर्चित पुस्तकें 'उपनिवेश में स्त्री' और 'बाज़ार के बीच बाज़ार के खिलाफ भूमंडलीकरण और स्त्री के प्रश्न'। प्रभाजी ने इन पुस्तकों में यह बतलाने की चेष्टा की है कि उपनिवेश में स्त्री कहाँ खड़ी है और उसे कहाँ खड़ा होना चाहिए। नारीवाद को वे एक जीवन दर्शन के रूप में प्रतिपादित करती हैं। स्त्री-पुरुष को साथ-साथ जीते हुए जीवन संघर्षों में अपनी विशिष्ट पहचान बनानी होगी। यह इतना आसान न भी हो लेकिन असंभव भी नहीं है। प्रभाजी कहती हैं, "परिवार तो अब भी स्त्री की सबसे मजबूत जमीन है" वे स्त्री के सांस्कृतिक चौखटे को तोड़कर स्त्री की यथार्थ उपस्थिति चाहती हैं, जिसमें वह या तो निष्क्रिय बनी हुई है या सक्रिय चुड़ैल। इस बात की पुष्टि उनके उपन्यास के नारी पात्रों में देखते ही बनती है।

जीवन की तमाम विसंगतियाँ प्रभाजी की नायिकाओं को बल साहस प्रदान करती हैं। वे समझौते के लिए पुरुष पात्र के पास गिड़गिड़ाती नहीं, अपितु अपना रास्ता खुद तय करती हैं। अपने अस्तित्व की पहचान की ललक में प्रभाजी की संपूर्ण चेतना और करुणा अंततः अस्तित्व की जागरूकता का बिगुल बन जाती है। उनके नारी पात्र अपने स्व की स्थापना के लिए आपको अपने साथ चलने के लिए मजबूर करते हैं। पुरानी सड़ी-गली मान्यताओं को छोड़कर एक नवीन सामाजिक व्यवस्था को बनाने के लिए कृत संकल्प है। एक अनूठी बात की ओर लेखिका ने संकेत किया है कि इस नयी व्यवस्था के सामने पुरुष भी उतना ही निरीह लाचार है जितना कि स्त्री। इसे मिस्टर अग्रवाल, मिस्टर गोयनका, मिस्टर गौतम, मिस्टर शिव आदि पात्रों में देखा जा सकता है।

कुल मिलाकर इस प्रकार हम कह सकते हैं कि सदी के अंतिम दशक की महत्त्वपूर्ण लेखिका प्रभा खेतान ने अपने उपन्यासों में सामाजिक, आर्थिक वस्तुस्थिति को स्थापित करने की चेष्टा की है। उनके सामने मुख्य रूप से स्त्री अस्मिता का यथार्थ बोध है, लेकिन स्त्री संदर्भ जैसे आर्थिक पहलुओं पर भी उन्होंने गहराई से प्रकाश डाला है। इस संदर्भ में वे स्त्री को एक नई दिशा देने में सफल ही हुई हैं। इस तरह प्रभाजी ने अपने विशिष्ट अंदाज से हिन्दी साहित्य में पदार्पण किया है।

अपनी रचनाओं से वे अपनी अलग पहचान बनाने में सफल हुई हैं। साथ ही वे किसी साहित्यिक खेमे से जुड़ना पसंद नहीं करती। ईमानदारी से वे अपने लेखन, चिंतन और व्यापार के कामों को पूरा करती हैं।

संदर्भ

1. मारवाड़ी समाज व्यवसाय से उद्योग तक, टॉमस ए टिम्बर्ग, पृ. 26
2. मारवाड़ी व्यापारी, डॉ. गिरिजा शंकर, पृ. 22
3. पीली आँधी, प्रभा खेतान, पृ. 19
4. मारवाड़ी व्यापारी, डॉ. गिरिजा शंकर, प्राक्कथन,
5. पीली आँधी, प्रभा खेतान, पृ. 5
6. पीली आँधी, प्रभा खेतान, पृ. 77
7. पीली आँधी, प्रभा खेतान, पृ. 153
8. प्रभा खेतान और उनका साहित्य, परवीन मलिक, पृ. 282

पंचम अध्याय

प्रभा खेतान के उपन्यास की भाषा

भाषा और भाव में बड़ा ही घनिष्ठ संबंध होता है। भाव में परिवर्तन के साथ-साथ भाषा में परिवर्तन जरूरी हो गया है। उसे बुद्धिपूर्वक लाने की जरूरत नहीं पड़ती। वह स्वयं में परिवर्तित हो जाती है। उसमें भावों की ऊँचाई या गहराई तक पहुँच जाने की शक्ति होती है, क्योंकि भाषा ही भाव है।

साक्षात्कार के दौरान प्रभा जी कहती हैं : "मेरी भाषा में कमजोरी है। शैली मेरे पास नहीं है, क्योंकि मैं लिटरेचर की स्टूडेंट नहीं हूँ।"

वे भाषा बनाती नहीं हैं, चुनती नहा हैं, भाषा के प्रति असावधान हैं जैसा कि उन्होंने स्वीकारा है कि वे लिटरेचर की स्टूडेंट नहीं है। वे साहित्यिक प्रयुक्ति की भाषा पर ध्यान नहीं देतीं। जैसा मन में आता है वैसा लिखती हैं। भाषा अनौपन्यासिक नहीं है लेकिन औपन्यासिक शैक्षणिक भी (अकादमिक) नहीं है। शास्त्रीयता है ही नहीं। अध्ययन के लायक नहीं है। व्यावहारिक है परंतु जैसी भी है भाषा तो है और इसी में व्यक्त हुआ है, पूरा इतना महत्त्वपूर्ण साहित्य। अतः हम अपने मान्य भाषिक मानदंडों के तहत इसका अध्ययन करने का प्रयास करेंगे।

प्रभाजी के उपन्यासों की भाषा को देखने से पता चलता है कि उनके उपन्यासों की कथा की तरह उनकी भाषा भी भिन्न तरह की है और ऐसा होना पूर्ण रूपेण स्वाभाविक है। प्रभाजी की भाषा में भावों के अनुरूप अभिव्यक्त करने की ऊँचाई तक उठ खड़ी होने की गजब की शक्ति है। सांख्य दर्शन के अनुसार, जिस प्रकार पुरुष के संपर्क में आते ही प्रकृति में गति आ जाती है और सृष्टि की रचना प्रारंभ हो जाती है, उसी प्रकार भावों का स्पर्श पाते ही भाषा अपना रूप स्वयं प्रकट करने लगती है। आइए प्रभाजी के भाषा के वैशिष्ट्य की झलक देखें।

1. स्वाभाविकता और सहजता : प्रभाजी की भाषा में भी उनके उपन्यासों की तरह ही स्वाभाविकता और सहजता है। उनके वाक्य छोटे-छोटे चलते पर मानो, फूल बिखेरते लगते हैं। 'देखन में छोटे पर घाव करें गंभीर' जैसे वाक्य उनके साहित्य की जान है। एक उदाहरण द्रष्टव्य है – "यह डायरी.... पत्नी को सँभला देना है... निर्दोष

मूक बधिर सी मेरी पत्नी, सरल समर्पण के अलावा जिसने कुछ नहीं जाना हम लोग कब तक ऐसी सतियों की प्रथा को जिंदा रखेंगे ।" और वह जो सफेद साड़ी में लिपटी हुई... आँसू भरी आँखों से कह रही थी... "सुराणाजी आपके कहने से चुनडी तो मैंने ओढ़ ली, लेकिन माँग कैसे भरूँ ? सुराणाजी सिंदूर का दाग इतनी जल्दी तो मिटेगा नहीं ।"[1]

"कोई शब्द विशिष्ट के रूप में रूढ़ नहीं होता बल्कि शब्दों का वैशिष्ट्य संदर्भानुसार **प्रयोग** सापेक्ष्य होता है। जो शब्द किसी संदर्भ में विशिष्ट होगा, दूसरे में सामान्य भी हो जाएगा ।"

2. प्रतीक, बिंब एवं संकेत : डॉ. विमल कुमार के अनसुार अर्थसंदर्भ व्यंजित करने की शक्ति अर्जित करनेवाला कोई अप्रस्तुत या शब्द प्रतीक है । प्रभाजी ने प्रसंगानुकूल प्रतीकों, बिंब एवं संकेतों का सहारा लेकर उपन्यासों की संवेदना को संप्रेषित करने की चेष्टा की है । ये भाषा के उपकरण उनकी कल्पना को पाठक के साथ बड़ी सरलता से जोड़ देते हैं । 'आओ पेपे घर चलें' उपन्यास में प्रतीक संकेत, बिंब सब मिलकर एक हो गये हैं । "जिंदगी इतनी रहम दिल नहीं हुआ करती ।" तब प्रभाजी उसे खोजती आई थीं । जिमी, कार्ला, टॉमी और पेपे की जमघट के बीच वह आईलिन को खोज नहीं पाईं । उनके बीच बैठी आईलिन कुत्तों को सीरियल खिला रही थी प्रभा को देखते ही वह बोली है यीसू इस लड़की को सद्बुद्धि दे यह आदमी में जानवर और जानवरों में आदमी को देखना सीखे ।"[2]

उस रात बिस्तर में अपनी देह के प्रति यह पूरी तरह समर्पित था । उसकी कनपट्टियों पर आग दहक रही थी । उसका रेशा-रेशा कुछ चाह रहा था जो उसे उपलब्ध नहीं हो सकता था।[3] यहाँ वृंदा की यौन भावना उमड़ने का संकेत है । प्रभाजी के लगभग सभी उपन्यासों में सांकेतिकता का बेहद सटीक प्रयोग किया गया है । 'छिन्नमस्ता' में प्रिया का स्वप्न – "सपने में स्वयं को एक बड़े कमरे में बंद पाती है। वहाँ कोई उसकी ओर झपटता है । वह एक छलाँग में कमरे से बाहर लाबी में पहुँच एक्जिट की घुमावदार दस मंजिलों की सीढ़ियाँ एक मिनट में पार कर लेती है । लगता है मानों सीने को कोई रस्सियों से बाँध रहा हो । फिर आगे एक स्विमिंग पूल नहीं, गंगा नहीं... नहीं पद्मा में पहुँच जाती है । जहाँ उसे एक चार वर्ष की डूब रही छोटी-सी लड़की दिखती है और प्रिया उसे तैरना सिखा देती है ।"[4] यह स्वप्न जहाँ प्रिया के अतीत की ओर संकेत करता है, वहाँ उसे महाशक्ति के रूप में दूसरों को डूबने से बचानेवाली के रूप में प्रस्तुत करता है ।

3. चित्रात्मकता : प्रभाजी के उपन्यासों की चित्रात्मक प्रस्तुति देखते ही बनती है । पाठक उस दुनिया में विचरने लगता है । 'अग्निसंभवा' में हांगकांग के खान-पान का वर्णन – "प्रान्फा पहले तुम शराब को बनानेवाली रेसिपी समझो । चावल के रस में चार रकम के जहरीले साँप और एक छिपकली को भिगो दिया जाता है । साथ में

चालीस रकम की जड़ी बूटियाँ डाली जाती हैं। छिपकली भी कोई साधारण छिपकली नहीं, छिपकली के बदन पर लाल-लाल छींटे होने चाहिए और पाँच पैर।"[5]

राजस्थान में दो बूँद पानी को तरसते बच्चे, बूढ़ों, गाय-बछड़ों वहाँ के जीवन की छटपटाहट का बखूबी वर्णन करते हैं : "लेकिन कुआँ तो अंधा हो ही गया। अब तो पानी लाने के लिए पाँच कोस सात कोस आना-जाना पड़ता है। गाय बछड़ों की ओर तो देखा नहीं जाता, उनकी पीठ पर जगह-जगह घाव हो गये हैं। उस पर घोलती गाय तो उठकर खड़ी नहीं हो पा रही है। घाव पर मक्खियाँ भिनभिनाती रहती हैं। बिना चारे-पानी के वह कितने दिन जिएगी ? उसकी पूँछ में ताकत ही कहाँ बची होगी कि भिनभिनाती मक्खियों को परे सरकाए।"[6]

4. मुहावरे और लोकोक्तियाँ : प्रभाजी की मातृभाषा मारवाड़ी है। उनके उपन्यासों में पृष्ठ-पृष्ठ पर मुहावरे मिलते हैं, गाँव के पात्र अपनी बात को बल देने के लिए लोकोक्तियों का सहारा लेते हैं – जैसे "रामू की माँ तेरा तो माथा दिन पर दिन खराब हो रहा है।" "बास में लगी मेरी नींद", "रहना भाइयों में चाहे बैर हो ", "रांड का जाया तू मेरा धन छूकर तो देख, गोली दाग दूँगा।"

इसके अतिरिक्त मुहावरे इस प्रकार हैं – "कलेजा मुँह को आना", "ढाई सेर से तो कम खाती नहीं", "सौ कुपातर से एक सुपातर ही घणा,", "एक म्यान में दो तलवारें", "पंचायती करना", "रामजी की माया"।

प्रभाजी के 'अग्निसंभवा' उपन्यास में चीन की एक प्रचलित लोककथा का वर्णन भी आता है। "एक बार पहाड़ की चोटी पर फैले हुए जंगल में आग लग गयी। जंगल में चींटियों का एक समुदाय रहता था। चींटियों की रानी ने कहा, "इस आग में अब यदि हम एक-एक कर नीचे उतरेंगे तो सब जलकर खाक हो जायेंगे। क्यों नहीं अपने कबीले को बचाने के लिए कुछ की आहुति दे दी जाए। बस सब चींटियों ने एक-दूसरे को जकड़कर एक-एक गोला बना लिया। अब चींटियों का यह गोला चोटी से नीचे की ओर लुढ़कने लगा। इसमें बाहरी परत की चींटियाँ जल गयीं पर भीतर की चींटियाँ आग से बच गयीं। संगठन की शक्ति यही होती है, कुछ की आहुति से बाकी की जान बच जाती है।" संघर्ष के दिनों में आई.वी. की नानी उसे यह कथा सुनाया करती थी।

5. लोकभाषा का हिंदीकरण : प्रभाजी के भाषा प्रयोग की सबसे खास विशेषताओं में एक यह भी है कि वे कथ्य के अनुसार भाषा को मोड़ देती हैं। ऐसा इसलिए होता है कि देहाती पात्र जब हिंदी में अपनी बात कहेगा तो अपनी लोकभाषा का थोड़ा-बहुत सहारा लेना ही पड़ेगा।

स्थानीय भाषा एवं हिंदी के मिश्रित समन्वय के कुछ उदाहरण द्रष्टव्य हैं – (1) सुगली कही की, (2) अरे माँ जी हाम तो अभी सुई ले गाया भी नहीं आउर आप कोउन सा दर्द से चिल्लाता है, (3) बाई करोड़ का घर चवन्नी हो जासी गाँव न तो मजा आवे

घर फोड़न म यो अजय जरूर कोइक लगाए नाचण खड्यों हो गया ।

6. लोकगीत : प्रभाजी ने मुहावरे, लोक कथाओं के अतिरिक्त 'लोक गीतों' का भी बखूबी प्रयोग किया है । शादी ब्याह में गाए गए लोकगीतों की मिठास से अपनत्व का भाव दृष्टिगोचर होता है ।

"म्हारी ननदल बाई तो सुकुमार ए नन्दोई म्हाने प्यारो लागो जी ।" दिसावरी करने गया हुआ पति आज ही लौट आए इसीलिए कागे से संदेश भिजवाती बीणनी हल्के से गुनगुना देती है –

"उड-उड रे म्हारा काला रे कागला, जे म्हारा पीवजी घर आवे; खीर खांड को थाल परोसूँ, थारी सोने चोंच मढ़ाऊँ रे कागा थारी जलम... जलम गुण गाऊँ रे कागा.... जलम... जलम...

चाँदनी रात में हरजस गाया जाता है :

ग्वालीडा थूँ काई जाणै पीर पराई
हाथ लकुटिया काँधे कमरिया
बन बन धेनु चराई

एक एक कर लोग आकर बैठ जाते राग सोरठ में विभोर होकर माधो बाबू आँखों में आँसू भरकर गा उठते :

'जब म्हा मोती जीवन लाग्या
सो सोने के रंगतार हो राम
जद राधा हरि ने मोती पैराया
तो चंद्रमुखी जस गाया हो राम ।'

7. ग्रामीण शब्द : शब्द प्रयोग में प्रभाजी की कला क्षमता अद्‌भुत है । उनके उपन्यासों के शीर्षक इसका प्रमाण हैं । ग्रामीण परिवेश, विदेशी परिवेश एवं शहरी परिवेश के इर्द-गिर्द घूमते प्रभाजी के पात्र अलग-अलग भाषा बोलते हैं। स्वाभाविक है ऐसे में उनके उपन्यासों में कई स्थानों पर हिंदी के अतिरिक्त इतर भाषी प्रयोग भी प्राप्त होते हैं ।

ग्रामीण : भाया, गोटा, लहरिया, ओढ़ना, घाघरा, तगड़ी, सतलड़ा, बोरला, कोणी, चूड़ा, टाबर, बीणनी, बन्ना, हुकूम, पोमचा, कारचोबिए, सोणी, पासवान, राममारया, तिबारी, भायलो, मुकलावा, जडुला, खिचड़ी का नेग, कुचरनी, माणस, घणा, हेली, मतीरा, टाबरी, कदपूचगाँ लुगाई, दिसाबरी, कादा-कीचड़, बींद, विनायक, गोलिए, लाड़ कोड़, बनडा, बीतरानीजी, सायणीजी, हिवणा, सवामणी, रातीजुगा, रोगली, लुगाई, घणी, मावडी, आखातीज, गठजोड, मत्तेई, छोरा, पुरबले, जनम, लारले जनम ।

बाणिया, कठ से, देवगा पीसा, राखण, करसी, छोरा, करसी, नई आव, तिजोरी घटाय, चौको खर्चो, बैरी कोनी, छोरो तेज आगे, इन तू बिटा अईया रोटी फेकनी, चइये, हेली, चंवरी, गठजोड़, दाल चुरमा, जिमोगी, हाजेर, जापा, रेत के भोमर की तरह उड़ते

रहते हैं, मायका चोखा, सुरगवास, मत्तेई तावडा, डिरेवरजी, ओलमा, रोटी तो जीम चोखा घर वर, करम मारा।

8. **अंग्रेजी शब्द :** प्रभाजी के 'आओ पेपे घर चलें', 'अग्निसंभवा', 'छिन्नमस्ता', 'एड्स' उपन्यासों का कथानक विदेशी पृष्ठभूमि के इर्द-गिर्द घूमता है। इसीलिए हिंदी के बाद सर्वाधिक अंग्रेजी शब्दों का बाहुल्य प्रभाजी के उपन्यासों में दिखलाई देता है। आज का जीवन ही ऐसा है कि, हर व्यक्ति 'हिंदीश' भाषा में बात करता है अर्थात् आधी हिंदी आधी इंग्लिश।

प्रभाजी व्यापार से जुड़ी हैं। ऐसे व्यापारी कामकाजों में अंग्रेजी के बिना काम नहीं चलता। भारत में अंग्रेजी का प्रयोग दिन-ब-दिन बढ़ता ही जा रहा है। प्रभाजी के उपन्यास भी इससे अछूते नहीं हैं। अंग्रेजी शब्दों की भरमार है। अंग्रेजी उनके व्यवहार की भाषा है ऐसे में उपन्यासों में अंग्रेजी शब्द न आएँ ऐसा असंभव है। अंग्रेजी शब्दों का बाहुल्य स्वाभाविक है। प्रभाजी के उपन्यासों से प्रस्तुत है एक सूची।

1. **सामान्य :** रिपोर्ट, ट्रांजिट, पैसेंजर, एयर होस्टेज, मैनेजिंग डायरेक्टर, जीनियस, प्रॉमिस, ओ.के., गुड मार्निंग, स्वीट हार्ट, ब्रेक फास्ट, यंग, सैम्पल, टेरेस, वेटर, डिप्रेशन, ग्रेपजूस, लैंपपोस्ट, स्टेटस, चेअरमेन, एल.सी., इनकमटॅक्स, सेल्स टॅक्स, एफ.आर.आय., लॉयल्टी, ऑफिस फाइल, एक्सपोर्ट, सेक्रेटरी, नेगेटिव, होटेल, होस्टल, नैपकिन, आर्डर, स्कोप, मिसफिट, शॉपिंग, हैंडीक्राफ्ट, मैनेजमेंट, कोर्स, कॉफी हाउस, पोटेटो चिप्स, चाइनीज, रेस्टॉरेंट, स्टॉक, सेक्स, नाइटी, ओ. नो. थैंक्स, नर्सरी स्कूल, राइस एंड करी, वेरी सॉरी, किचन, डांस, युनिवर्सिटी, कमिट, ब्यूटी थेरेपी, टाइपिंग, इलेक्ट्रिक, क्लिनिक, स्पीड, रिसेप्शन, ऐरेंज, बेसमेंट, हेल्थ क्लब, हॉलीवुड, स्टार्स, वार्डरोब, मैनेजर, स्पीड, वेजिटेरियन, फ्रिज, डिनर, एक्सीडेंट, बेडरूम, बाथरूम, स्विमिंग पूल, गेट, असिस्टेंट, सैंडविच, स्विच आन, हाटडाग, फाइलर, पेंटिंग, कार्ड, रिसीव, पेशंट, फिट, रुड, इंटरव्यूह, सॉरी वेरी सॉरी, वार्डरोब, हिस्टीरिया, स्वेटर्स, स्कार्फ, कॉटेज, चीज, नेवी ब्लू, बाई सी.यू. गो. दिसवे, हरी, बाइसिकिल, रोलर, मशीन, च्युइंगम, जिमनास्टिक, सेक्शन, फ्रीहैंड, रियलबॉडी, बिल्डिंग, ट्रेनिंग, ट्रेड ब्वॉय, गिल्टी, सेन्सिटिव, अपसेट, व्हिस्की, हेल्पलाइन, क्रीम, कोल्ड, ब्राउन, रस्ट, मिनीस्कर्ट, रिसोर्ट, बुटीक, फिलासफी रैक, फर्म, लिस्ट, स्टेटस, सिम्बल, मैनेज, हिप्पी, केटली, स्विच ऑन, ब्राउन ब्रेड, डिप्लोमा, बेल्ट, टाइट, पिंक, गाउन, यंगलेडी, बैलेंस सर्किल, मार्केट, पिज्जा, डिश, कस्टमर, फेशियल, बर्गर, पास्ता, टिप, कस्टडी, रिजेक्शन, बेसमेंट, स्पिलट, हाउस, फ्रिज, यू आर इम्पासिबल, यू मेक मी फील बेड, हवाई स्टाइल, स्वीट हार्ट, शैम्पू, मसाज, हार्ड, नार्मल, हर्बल, लाइम, फैट, नेचुरल, टॉप सीक्रेट, सिली गर्ल, सेलीब्रेटी, सर्किल, विंटर, डिप्रेशन, बियर कैन, बिच, नो नो डोण्ट, एक्जिबिशन, स्टाल, स्पेशल इनवाइटी, कस्टमर, ओरेंज ज्यूस, टीशू पेपर, लेबल गेटमैन, रिसेप्शन, वेलकम कार्ड, गुडनाइट, मेम, जिन टॉनिक, अंडरलाइन, होटल, लॉबी, स्मगल, आर्किस्ट्र म्युजिक, पीपल्स, एंजेल, इंटरनेशनल,

फैशन, पोस्टर, एपेल, ब्रीफकेस, मास, प्रोडक्शन, डिस्ट्रिक्ट, स्टाइल, एक्सपोर्टर, वेरायटी, क्वालिटी, कांटिनेंटल, शार्टकट, रेडलाइट एरिया, मिस्ट्रेस, रिलेक्स, इमिग्रेशन, प्लीज, फास्टफूड, डिस्ट्रिक्ट, पैसेंजर, बार, एक्सिलरेटर, हैपी बर्थ डे, वान्टन सून, यू चीट बास्टर्ड, हेड रिस्टवार्ड, प्लीज अण्डरस्टेंड, डेमइट, टैक्सी, चॉकलेट, एक्सिविटर, गुड ईवनिंग, आर्डर, स्नेक सूप, चौपस्टिक, प्लेट, माई होली काऊ रेसिपी, गॉड, क्रेडिट कार्ड, पिंक टिशू पेपर, चीयर्स, एवरी बडी, डबिंग, मिलिट्री सीन, बैंडिट, एम्बुलेंस, लिबरेशन, टॉयलेट, सेंटर, लिफ्ट, डिप्रेस्ड, कमीशन, सप्लायर, गर्लफ्रेंड, इमोशनल, आडिट, स्ट्राइक, मेमोरेंडम, ऐश ट्रे, कटिंग, रिमार्क्स, बेडरूम, बिजनेस, लेबर, प्रोब्लम, इंडस्ट्री, डिस्टर्ब, नोटिस, सीरियस, डिलीरियम, स्टेटमेंट, इंटरकॉम, आपरेटर, रिजेक्शन, टाइप, फैक्ट्री, फ्लोर, मीटिंग, स्टाफ, हेड, मिल्की, हेल्पर, गारमेंट, मैथमेटिक्स, पीरियड्स, फोटोग्राफर, होमवर्क, फ्लू, कार्पेट, पार्क, पिकनिक, फ्लैट, सेल्स, प्लास्टर, पेंटर, अपार्टमेंट, सिक्युरिटी गार्ड ।

2. **विरल पर सधे प्रयोग :** हंगेरियन, गोलाशसूप, फ्लोरेंस, नाइटेंगल, मदाम क्यूरी, आइडेंटिटी, डोंट बी सिली, एक्सप्लायर, ब्लैकमेल, बवारियन वाईन, रॉबिन बर्ड, फिक्सड इमेज, साइकियाट्रिस्ट, ब्रिटिश मैनेरिज्म, ओवरड्राफ्टिंग, आइ मीन इट, काउंटर चैलेंज, यू यू ब्लैक मेलर, सेक्सुअल फ्रस्ट्रेशन, न्यूरोटिक, हिस्टीरिया, कस्टडी, इंडस्ट्री, सर्विस, ओरियेंटेड, सर्व, काउंटर, इंसक्यूलेट, मिस्टर लायन, मिस्टर कोब्रा, मिस्टर टाइगर, सेलसियस, कनफर्म्ड बुकिंग, लेट्स सेलिब्रेट, नो प्रौब्लम, प्रपोजल, इंटेलेक्चुअल, शो ऑफ, स्पेस फ्रॉक्ट, ब्लू फिल्म, फिक्स्ड रिजिड, मदाम, सममोर, कॉफी, प्लम ब्रैंडी, केश चीज बॉल, स्ट्रॉबेरी टार्ट, इम्पॉर्टेन्स, स्टुडेंट, एक्सचेंज, प्रोग्राम, प्रीटी गर्ल, प्यूरीटन, वाइब्रेशन बेल्ट, हाइड्रोथेरेपी, वर्लपूल, हेल्थफूड, ओ ग्रेट फैंटास्टिक पार्टीप्रिंसस, कम आन लेट्स डान्स, न्यूराटिक, म्युजिक कन्सर्ट, वाइन सेलर, साइकोलोजिस्ट, हाउस ऑफ रेवलान, माई गुडनेस, एनफ, अनफ्रेंडली, यू फियर मी, यू आर नर्वस, ओह माई गोड इट इज क्रेजी, सिंथेटिक, मिस इज नॉट हैप्पी, यू लूक ग्रेट, सेल्स टॉक, वी लव गांधी, सेंस ऑफ एडवेंचर, नो नो टोंड क्राइ, हेल्प ओके, डिलीरियम, इन्वेस्टेड हरसेल्फ, टोटली वी आर आलवेज एट योर डिसपोजल, रिपब्लिक ऑफ चाइना, रियली चॉपस्टिक, एक्सिलरेटर, मोटर बोट कान्वेन्शन हॉल, जैकेट, ट्राई, जिप्सी स्टाइल, प्राब्लम एसोसियेट, स्पोर्ट्स शू, डील वीथ, आयरन रॉड, परफेक्ट, डिप्लोमेट, इंडस्ट्रियल स्टॉप, यो स्टुपिडिटी, एंटी लेबर पॉलिसी मैनीफेस्टो, कान्फीडेन्सियल, एंटिथीसिस, सिक्योरिटी गार्ड, बैलेंस सीट, पीरियड्स, मल्टी स्टोरीज, प्रोजेक्ट, कंटिग सेक्शन ।

3. **खटकनेवाले प्रयोग :** नो यू कांट गो, वी विल फक, यू द बास्टर्ड, गो एंड फक, ओ गॉड ।

9. **बाजारू शब्द और गालियाँ :** बाजारू शब्द और गालियाँ भी प्रभाजी के

उपन्यासों में दिखलाई पड़ती हैं। बोलचाल की भाषा में प्रयोग होनेवाले बहुत से सस्ते सड़क छाप शब्द आते हैं... गधे, पतली कमरवाली, गुलछर्रे, मटरगश्ती, गपोडचंद माल, साला, कटकनी, बिल्ली, रखैल, मिस्ट्रेस, डाइन, कुतिया, आवारा, कुत्ते की औलाद, बेवकूफ, बैल, शैतान, झूठे, मक्कार, चांडाल, रांड, रंडियों, फक, बास्टर्ड इंडियन, हरामजादा, छिनाल, हरामी, आवारा, शीवनिस्टीक पीग (अहंकारी सुअर), गधे, बेवकूफ, बैल, गुण्डा, स्साला, मक्कार।

10. बिहारी : प्रभाजी के उपन्यासों में घरेलू कामकाज के लिए जो नौकर रखे जाते थे वे प्रायः बिहार प्रांत के थे। महाराज, दाई माँ, ड्राइवर, फैक्ट्री के मजदूर इनकी मातृभाषा बिहारी थी। बातचीत के दौरान वे कभी-कभी पूरा का पूरा वाक्य अपनी भाषा में बोलते थे। कुछ उदाहरण द्रष्टव्य हैं :

तोहार, क्वारपन, इ बात से कभी जिन कहियों, अरि दईया इ का भइल पियार करिहे, खाट पकड़ राखिन है, बेटा के बदले बेटी जो हो गईल। कउन बराबरी तोहार दाई मां देस गईल। बड़ा बाबू के जाने के बाद एकौ रात नाहीं ठीक से सो पावत। हमार गाँव में तो बियाह के पहिले कवनों लड़की का ई महीना सुरू हो जाय तो माँ-बाप का सर पर पाप का बोझ बढ़त है।

अवरत का जीवन एक बार खराब तो हरदम। ए बहूजी हम से अब ई नौकरी नहीं होइबे। अरे ए बहुरिया ए भोला मंगल देख इधर आओ सब लोगन हमार बिटिया आई है। ऐसी सती नारी कहाँ मिली है अरे बड़ा बाबू पर जान छिड़कत हई।

11. बंगाली : प्रभाजी का तालाबंदी उपन्यास बंगाल के मालिक-मजदूरों की समस्या पर आधारित है। इस एक मात्र उपन्यास में बंगाली भाषा का अत्यधिक प्रयोग हुआ है।

श्याम बाबू मार्क्सवाद पढ़ने के लिए बंगाली मास्टर हरिनारायण चट्टोपाध्याय के पास जाते हैं। उपन्यास में ट्यूशन के दौरान बंगाली भाषा का अत्यधिक प्रयोग हुआ है।

एक टू भावते, ऐतो दिनेर चाकरी कोरता, एतना, नेमोन्तोन्न भातरान्ना, जाच्छ ना, गोंस्सा, होय छे, छाड तो, ओ शब कथा जतो शब भण्डामी, कोबिता, लैखे, प्रोथोम, मारवाड़ी छात्रों, शे की कोरे होय, अमि जो रात्रि देखते पाइना शे तो डाकबेन, ता बेश, तोमार खुश्बू आला जर्दा खाबो, शे की बाबा ऐ तो बड़ा दार्शनिक, ओगो सुनछो, दुई कप चा पाठाईया दाओ, दिच्छो जखोन तो होले खेबेई देखि शे कि गुरुदाक्खनार ता नितुम ना किंतु पेंशेनर टाकाय आर किच्छु ले बो ना ता होले ऐसा बाबा ऐशो...

गीत : आय हे अशुची
आय हे बीन
हे था मायेर पूजा हावै
हे था नाइ मंदिर, नाई पुजारी।

12. छिन्नमस्ता की मिथकीयता : 'छिन्नमस्ता' उपन्यास का शीर्षक मिथक पर आधारित है। उपन्यास की नायिका प्रिया को प्रभाजी ने मिथकीय रूपक दिया है। पौराणिक सूत्रों के अनुसार छिन्नमस्ता दस महाविधाओं में पाँचवीं देवी है। वह अपना ही कटा हुआ सिर अपने बाँयें हाथ में लेकर चलती है। मुँह खुला हुआ और जीभ निकली हुई है। अपने ही गले से निकली रक्तधारा को वह चाटती है। उनका यह भयंकर रूप अवश्य है परंतु शक्ति का पूर्ण प्रतिरूप इसमें झलकता है। छिन्नमस्ता वह शक्ति है जो संसार बनाती है और उसका नाश करती है जो महामाया षोडशी बनकर भुवनेश्वरी बनती हुई संसार का पालन करती है, यही अंतकाल में छिन्नमस्ता बनकर नाश कर डालती है क्योंकि महाप्रलय से छिन्नमस्ता का विशेष संबंध है। यह कबंध शिव की महाशिक्त है। परा (श्रेष्ठ) डाकिनी है।

उपन्यास की नायिका परिवार की पाँचवीं बेटी है। नौ वर्ष की आयु में बलात्कृता प्रिया जीवन भर खून के आँसू पीती है। अकेलापन उसकी त्रासदी है किंतु साहस बटोरकर एक नये जीवन की शुरुआत करती है। मार्ग में आनेवाली सभी बाधाओं का नाश कर एक नयी सती परंपरा को जन्म देती है। प्रभाजी के शब्दों में — "मेरी समझ में सती का अर्थ है शक्ति। ऐसी शक्ति जो नया विकल्प, नयी व्यवस्था, नया सच बनाने की क्षमता रखती हो। सती का अर्थ एक पुरुष की होकर रहना नहीं बल्कि वास्तविक सती तो वही है जो आरोपित सचों को उठाकर फेंकने की क्षमता रखती हो।"[7]

'छिन्नमस्ता' में प्रिया सोचती है — "मैंने तो तीन डग में दुनिया नापने की भी सोच ली।"[8]

13. एकरसता : भाषा की एकरसता से उसमें प्रांजलता की कमी व्यक्त होती है। प्रभाजी के उपन्यासों में कई दृश्य एकरसता को दोहराते हैं। क्योंकि प्रभाजी के उपन्यासों में जीवन संदर्भ बहुत नहीं हैं। और जो हैं, बड़े सीधे-साधे हैं। वैविध्य और सूक्ष्मता कम है, अतः भाषा में एकरसता सहज है। खुशी और गम के अवसर पर प्रायः एक ही तरह की भाषा शब्दों एवं वाक्यों के रूप में अवतरित हुई है।

'अपने अपने चेहरे' की मिसेज गोयनका कहती है : "मैं तो बस इतना समझती हूँ कि पति को वश में रखना है तो झुककर चलो" पूरे उपन्यास में 10-20 बार स्त्री को झुककर चलने का संदेश दिया गया है। पढ़कर उबताऊ लगता है।

'स्त्री पक्ष' 250 पृष्ठोंवाले उपन्यास की नायिका एक ही तरह का कार्य खाना बनाना, गर्भवती होना, बच्चों को पालना, पार्टियों का आयोजन करना, परदों-कालीन की खरीददारी करते दिखलाई पड़ती है। बातचीत में भी वही एकरसता से पाठक रुचि नहीं ले पाता।

"कभी दूध फैल गया। कभी मनपसंद सब्जी नहीं बनी, कपड़ों पर हल्का-सा मैल का दाग रह गया। बटन लगाना भूल गई। बिजली, मिस्त्री, प्लंबर, दर्जी, नाई, धोबी... यह गृह उद्योग था जिसको ठीक से चलाना वृंदा का कर्तव्य था। महीने के

पहले सप्ताह घर का सामान लाना होता और वृंदा बैठकर लिस्ट बनाती — पंद्रह किलो आटा, पाँच किलो चावल, तीन किलो मूँग की दाल, दो किलो उड़द की दाल, एक किलो घी, पाँच किलो मूँगफली का तेल"।[9]

इन्हीं बातों का दोहराव छिन्नमस्ता, पीली आँधी उपन्यासों में भी दिखलाई पड़ता है। परिवार की महिलाएँ मूंगोड़ी, पापड़, अचार, तथा रसोई के इर्द-गिर्द एक समान समस्याओं से रू-ब-रू होकर उन्हीं विषयों पर बातचीत करती नजर आतीं। ऐसे में पाठक पात्रों के नाम से ही यह जान पाता है कि यह उदाहरण कौन से उपन्यास से संबंधित है।

14. आक्रोशजन्य भाषा : प्रभाजी के उपन्यास स्त्री-पुरुष संबंधों की विस्तृत व्याख्या करते हैं। इन संबंधों में जहाँ प्रेम की गहराई है वहीं उसे न पाने की छटपटाहट से उपजा आक्रोश भी। पति-पत्नी का सुखद दांपत्य है, वहीं पर नोंक-झोंक की टकराहट, ऐसे में उनके उपन्यासों में यह विद्रोह यत्र-तत्र दिखलाई पड़ता है। "इतने वर्षों में तुम्हारा बाप भला आदमी केवल भलमनसाहत का मुखौटा लगाए रखता है, वह देवता बने रहना चाहता है, सलीब पर टँगे रहना चाहता है ताकि तुम लोग सब हेल्गा से नफरत करो, करो, जितनी नफरत करना है करो।"[10]

'पीली आँधी' का गौतम पत्नी सोमा के घर छोड़कर जाने से परेशान होकर उसे पीटना चाहता है। "छोड दो... मेरा हाथ छोड़ दो मैं इस छिनाल की जान लेकर छोड़ूँगा।"[11]

'छिन्नमस्ता' का नरेंद्र पत्नी प्रिया के व्यापार करने से परेशान है, उसे धमकाते हुए कहता है – "फिर सुन लो यहाँ मत आना, आओगी तो मैं धक्के देकर बाहर निकलवा दूँगा।"[12]

15. अर्थ व्यंजक विचारवान वाक्य के चित्रण : प्रभाजी की भाषा में रोमांस के चित्रणों का प्रायः अभाव है लेकिन स्त्री-विमर्श के विशिष्ट लंबे-लंबे अर्थ व्यंजक विचारक वाक्यों की भरमार है। उनका पूरा औपन्यासिक संसार स्त्री-विमर्श की दास्तान है।

प्रभाजी के उपन्यास इकहरे कथानक वाले हैं। मुख्य कथा के आधार पर पात्रों के चरित्र बनते हैं, इसकी सीमा यह है कि कथा संवादों के बजाय चिंतन के आधार पर आगे बढ़ती है और पात्रों के चरित्र में भी कहीं-कहीं चिंतन उभरता है, इनके उपन्यासों में संवाद कम चिंतन अधिक है। उदाहरण द्रष्टव्य है :

"औरत कहाँ नहीं रोती? सड़क पर झाड़ू लगाते हुए, खेतों में काम करते हुए, एयरपोर्ट पर, बाथरूम साफ करते हुए या फिर सारे भोग ऐश्वर्य के बावजूद मेरी सासूजी की तरह पलंग पर रात-रात भर अकेले करवट बदलते हुए। हाड़-मांस की बनी ये औरत अपने तरीके से जिंदगी जीने की कोशिश से छटपटाती ये औरतें हजारों सालों से इनके ये आँसू बहते आ रहे हैं।"[13]

साधन संपन्न उच्चवर्गीय संयुक्त परिवारों में बेटी से बहू तक प्रायः हर स्त्री तमाम

भौतिक सुख-सुविधाओं के बावजूद अनाथ और असहाय सी व्यवस्था के सम्मोहन में सुरक्षा खोजती हुई व्यवस्था का एक हिस्सा बनने की पूरी चेष्टा में ही जिंदगी बिता देती है लेकिन 'छिन्नमस्ता' की नायिका अंततः कहती है : "नरेंद्र की व्यवस्था के सामने हार मानने का अर्थ यह नहीं हुआ कि तुम सारे मुकामों पर हार गईं। उसे वहीं छोड़ जहाँ वह है तुम खुद अपनी व्यवस्था बन सकती हो, अपनी जमीन।"[14]

मिथकीय संस्कारों की शिकार प्रिया गहरे अपराध बोध से आत्महत्या करना चाहती है लेकिन कहती है — "मन-ही-मन निश्चय कर लिया था कि मुझे लड़की ही बने रहना है, औरत नहीं बनना।"[15] वह बार-बार सोचती है कि पुरुष की गिद्ध-दृष्टि मुझ पर ही क्यों पड़ती है, तुरंत निर्णय लेकर वह कहती है — "भीतर से रोती हुई दस वर्ष की लड़की को एक दिन मैंने जिंदा दफना दिया नहीं मैं औरत होना नहीं चाहती।" जीवन भर प्रिया इस अहसास में जीती है। "मैं न फूल बनी न नागफनी का काँटा। कुछ नहीं बस एक सुलगता हुआ अंगारा या फिर एक धुआँ उगलती हुई आँसुओं से तर लड़की।"[16]

उक्त पंक्तियों से पाठक जान लेता है कि लेखिका स्त्री जीवन की त्रासदियों का वर्णन कर रही है। इसके साथ ही स्त्री ने स्वयं जिंदगी की चुनौतियों का सामना करने के लिए तैयार कर लिया है। इस प्रकार प्रभाजी का यह चिंतन कथा को आकार देता है।

'अपने-अपने चेहरे' की रमा विवाहित पुरुष से प्रेम करती हुई अपना मूल्यांकन करती है कि वह कहाँ गलत सही है। "मैंने त्याग आदर्शवाद पुरुष के प्रति पूजाभाव सब कुछ अपनी आरती की थाली में सजाया, बिना यह समझे कि समाज का अपना एक अलग मापदंड है। पत्नी और प्रेमिका का स्थान एकदम अलग-अलग है। प्रेमिका पत्नी बन सकती है, लेकिन जो पहले से मौजूद है, अपने एकाधिकार से खुश है, समझौता करके चल रही है, अकेले खड़े होने में असमर्थ है, बच्चों की माँ है, उसका अपराध क्या है ? पीड़ा मैं अकेले नहीं झेल रही। वह भी पीड़ित है। नहीं दुनिया मुझे कायर कहे लेकिन बसे हुए घोंसले को मैं नहीं उजाड़ सकी। तब क्या करूँ ? आत्मनियंत्रण। अपने आचरण पर संयम। इस पथ पर इतनी दूर चली आई हूँ कि पीछे लौटना असंभव है। समाज मुझे किस नजर से देखता है, इसकी चिंता नहीं। लेकिन अपनी नजर में मेरी पहचान क्या है — इसके बारे में जरूर सोचना होगा। क्या हम इस संबंध का प्रारूप नहीं बदल सकते ? क्या स्त्री पुरुष की दोस्ती नहीं हो सकती है ? दो स्वतंत्र पक्षी खुले आकाश में अलग-अलग उड़ते हुए।"[17]

स्पष्ट है कि लेखिका प्रेम का विकल्प घृणा नहीं मानती लेकिन अपनी सामाजिक स्थिति से खुश भी नहीं और इस गम को भुलाने के लिए वह काम को अपने जीवन का विकल्प बना लेती है, जिसे हम साहस के अभाव में शहीदाना रुख या ओढ़ी हुई निरीहता की संज्ञा दे सकते हैं। इसके विपरीत 'पीली आँधी' की सोमा बच्चा पाने के

लिए माँ बनने के लिए। गर्भवती होकर वह अपने पति गौतम को छोड़कर बिना विवाह किए सुमित के संग रहने लगती है। प्रेम-विवाह तलाक को लेकर वह कहती है : "विवाह एक संस्था है, रजिस्ट्री है, कागजों पर सही किया हुआ नाम है। तलाक की व्यवस्था कानून ने बनाई है, कानून मनुष्य के स्वभाव को समझकर ही बनाया जाता है। यदि दो व्यक्ति एक साथ नहीं रह सकते, यदि कहीं कोई गहरी कमी हो तब इस बंधन को तोड़ा जा सकता है बल्कि तोड़ ही देना चाहिए।

"**प्यार** इससे ज्यादा गहरा है मन पर वश नहीं रहता लेकिन शरीर ? शरीर बहुत कुछ ऐसा चाहता है जिसको मैं तुम्हारे सामने कहने में हिचकती हूँ।"

"मैं किससे कहूँ कि मुझे बच्चा चाहिए... सृष्टि की सबसे महत्वपूर्ण रचना।"[18]

मातृत्व, प्रेम विवाह, तलाक आदि विचारों की श्रृंखला में प्रभाजी के 'स्त्री-पक्ष' उपन्यास में स्त्री विवाह से बढ़कर कैरियर को महत्त्व देती है। कैरियर वूमन किसी से प्रेम नहीं करती उसका पहला और अंतिम प्रेम अपने कार्य से होता है। वृंदा सुमित से तलाक लेकर आर्जव से विवाह तो करती है, लेकिन फ्रीलांस फोटोग्राफर आर्जव को जब मुंबई में बड़ा कांट्रेक्ट मिलता है तो वह अपना बुटिक बंद कर पति के साथ हमेशा के लिए बम्बई जाने से इनकार कर देती है। उसके अनुसार... "जीने के लिए केवल आर्जव का प्यार ही काफी नहीं, कुछ और भी चाहिए। बिना उद्देश्य और एक बार यदि मुंबई चली जाऊँगी तो यहाँ नहीं लौटूँगी। वापस ऐसा बुटिक नहीं बना सकती। कितने वर्ष तो यूँ ही बीत गए बिना किसी उद्देश्य के, बिना किसी काम के यों नहीं जिया जाता। आर्जव मेरा उद्देश्य नहीं बन सकता।"[19अ]

उपन्यास में ऐसी भाषा का प्रयोग कर के प्रभाजी पात्रों की मनोस्थिति को पढ़कर भाषा को समर्थ.बनाती हैं। द्रष्टव्य है निम्न वक्तव्य "यदि लकीर से हटी तो यह दर्द की पहली कड़ी है। दुनिया को झेलने के लिए लोहे का कवच पहनना होगा।" उक्त कथन कटु सत्य को मनोविज्ञान के निकट लेकर प्रस्तुत करता है।

परवीन मलिक के अनुसार : "इस प्रकार की भाषा द्वारा कथा में दो गुण पैदा हो जाते हैं। एक तो भाषा बड़ी मुलायम और आकर्षक हो जाती है। अपनी नजाकत से भाषा की संरचना पाठक की संवेदना को छूकर उसे लेखक के अधिक नजदीक लाती है और लेखक एवं पाठक की दूरी मिट जाती है पाठक प्रभाजी की मौलिकता और उसके मनोविज्ञान की पहुँच से भली-भाँति परिचित हो जाता है।"[19ब]

कहीं पर भाषा अलंकृत नहीं करती वरन उसके भावों की गहराई के द्वारा एक तराश पैदा करती है, उदाहरण द्रष्टव्य है : "अपने स्वार्थों पर चोट पड़ने से कमोबेश सभी लोगों की प्रतिक्रिया इतनी हिंसक होती है क्योंकि हमारी आज की पूरी सभ्यता हिंसा और प्रभाव पर टिकी हुई है। नहीं प्रिया केवल औरत भी चोट नहीं खाती, कहीं पुरुष भी मरता है। यह कठिन की अपनी-अपनी संवेदनशीलता है सैम्पेथी दूसरे के दर्द को अपना समझ पाने की क्षमता।"

शिल्पगत प्रयोग : हिंदी में हम जिसे शिल्प कहते हैं उसके लिए अंग्रेजी में टेकनीक शब्द प्रयुक्त होता है, "किसी चीज को बनाने का रचने का ढंग अथवा तरीका किसी वस्तु के रचने की जो-जो विधियाँ अथवा प्रक्रियाएँ हैं उनके समुच्चय को ही शिल्प विधि के नाम से पुकारा जाता है।"[20]

प्रभाजी अपने उपन्यासों में सही बात सही ढंग से उपयुक्त समय में कहने में पूरी तरह से सफल रही हैं। उन्होंने जो शैली अपनायी है, उससे वे पाठकों तक अपनी बात को मार्मिकता के साथ प्रस्तुत करने की चेष्टा करती हैं और सफल भी हैं। इनके उपन्यासों से गुजरते हुए हम विविध शिल्प वैविध्य की झलक देख सकते हैं :

1. **वर्णनात्मकता :** सर्वप्रथम तो उनके सभी उपन्यासों में वर्णनात्मकता का बोलबाला है। ऐसा प्रतीत होता है कि उन्होंने प्रेमचंद एवं मन्नू भंडारी से इस शैली को अपनाया है। चूँकि प्रभाजी की भाषा सरल, सहज है। अपने अनुभवों का वर्णन कर वे अपने उपन्यासों में यथार्थ का अंकन करती हैं। प्रभाजी ने पहले कविताएँ लिखी थीं। शायद यही कारण है कि उनके कथानकों में प्रकृति चित्रण, गाँव, परिवार की स्थितियाँ आपसी संबंधों के चित्रणों का, वर्णनात्मकता का अधिक मात्रा में प्रयोग हुआ है।

'आओ पेपे घर चलें' पृष्ठ 26 से 30 तक बेवरली हेल्थ क्लब एवं ब्यूटी क्लिनिक का वर्णन है जिनमें कसरत करनेवाली मशीनों तमाम यंत्र, जिमनास्टिक विभाग, वर्लपुल, स्विमिंग पूल, सोना रूम, मसाज रूम, हेल्थ फूड इत्यादि का विस्तृत वर्णन दृष्टिगोचर होता है।

'पीली आँधी' के प्रथम 126 पृष्ठों में राजस्थान के ग्रामीण जनजीवन एवं दिसावरी के लिए घर छोड़कर जाते बनिये परिवारों की व्यथा कथा का वर्णनात्मक चित्रण है।

'अग्निसंभवा' उपन्यास में आई. वी. हांगकांग के व्यापारियों की मानसिकता एवं स्वयं की संघर्षगाथा का वर्णन प्रभाजी को सुनाती है। ऐसा प्रतीत होता है कि एक फिल्म चल रही है। बीच-बीच में वार्तालापों द्वारा पात्रों की मानसिकता का सूक्ष्म अंकन भी चलता जाता है।

'स्त्री पक्ष' में तो हम कह सकते हैं तीन-चौथाई कथानक घरेलू जीवन के वर्णन से ऊपर नहीं उठ पाता। वैसे अन्य उपन्यासों में भी एकाधिक प्रसंगों में वर्णन शैली का उपयोग किया है।

2. **आत्मकथात्मक शैली :** प्रभाजी के चार उपन्यास 'छिन्नमस्ता', 'तालाबंदी', 'आओ पेपे घर चलें' एवं 'अग्निसंभवा' आत्मकथात्मक शैली में अपनी कथा कहते हैं – 'आओ पेपे घर चलें' में प्रभाजी आर्थिक दृष्टि से स्वतंत्र होने के लिए अपने अस्तित्व की स्थापना के लिए ब्यूटी थैरेपी का कोर्स करने अमेरिका जाती हैं और वहाँ बिताये हुए जीवन संघर्षों की गाथा का ताना-बाना उपन्यास में गूँथती हैं। जहाँ वे अपने साथ अमेरिकी औरत के जीवन की घुटन एवं पीड़ा का भी सूक्ष्म अंकन करती हैं।

'तालाबंदी' का श्याम बाबू स्वयं प्रभाजी हैं न जाने क्यों उन्होंने यहाँ पुरुष पात्र

का सहारा लिया है। जिसमें व्यावसायिक सीढ़ियाँ चढ़ते हुए आने वाली मुश्किलों का वर्णन किया है।

'छिन्नमस्ता' को उनकी आत्मकथा मान लिया गया है। लेकिन वह विवाह पूर्व तक की कहानी तक ही सीमित है। बाद की कहानी कल्पित है। लेकिन 'अग्निसंभवा' प्रभाजी के व्यावसायिक जगत के संघर्षों की सच्ची दास्तान है। पूरी तरह 24 कैरेट सोने की तरह 'नो' मिलावट। कुल आठ उपन्यासों में चार उपन्यास आत्मकथा शैली में हैं, लगता है यह प्रभाजी की प्रिय शैली है। खुद अपनी बात कहने से वस्तु विन्यास की जटिलता भी कम हो जाती है एवं पाठक पात्र के चरित्र को आसानी से आत्मसात करता जाता है।

3. **पूर्वदीप्ति या फ्लैश बैक :** प्रभाजी के उपन्यासों में पूर्व दीप्ति या फ्लैश बैक का प्रयोग 'छिन्नमस्ता' और 'पीली आँधी' में पूर्णतया मिलता है। 'छिन्नमस्ता' में पहले चार पृष्ठों के बाद से कहानी फ्लैश बैक में चली जाती है। जो पृष्ठ 180 तक चलती है अंतिम 65 पृष्ठ नायिका का आत्ममंथन है। इसी प्रकार 'पीली आँधी' में ताई के निधन से कहानी का मध्यांतर शुरू होता है और पूरी कहानी फ्लैश बैक में चलती है। प्रथम 126 पृष्ठ तीन पीढ़ियों की संघर्ष गाथा है। जिसका लेना-देना मूल कथा से है भी नहीं भी इसीलिए कि रुँगटा परिवार की पहली पीढ़ी से लेकर तीसरी पीढ़ी की कथा कही गई है, नहीं इसीलिए कि सोमा नायिका के संघर्षों को मुखरित करने में पहली दो पीढ़ियों का कथानक किसी काम का नहीं है। हाँ ताई जी एवं सुराणा के आदर्श प्रेम को आज के संदर्भ में जोड़कर लेखिका शायद यह बताना चाहती है कि स्त्री-पुरुष का महज आकर्षण हर युग का सत्य होता है। यह अलग बात है कि समय के साथ-साथ उसकी अभिव्यक्ति के मानदंड परिवर्तित होते रहते हैं।

4. **शीर्षकों की सार्थकता पर विचार :** 'छिन्नमस्ता' और 'अग्निसंभवा' शीर्षक से कहानी का भान हो जाता है लगता है कि शीर्षक में ही कथा का सार छुपा है। 'अग्निसंभवा' मोनोलॉग शैली में प्रस्तुत किया है। यह उपन्यास एक पात्रीय लगता है। अन्य पात्र हैं लेकिन पूरी तरह कथानक में छायी रहती है। आई.वी. वादी प्रतिवादी सभी के प्रश्न उत्तर आई.वी.एस. के पास हैं। यह अनूठा शिल्प है जिसमें मोनोलॉग, संस्मरण, बयान, नाटकीयता एवं घटना तत्त्व सामने हैं।

'आओ पेपे घर चलें' उपन्यास में लेखिका पेपे कुत्ते के माध्यम से जानवर में मानवीय संवेदना का दर्शन करवाती है। 'तालाबंदी' शीर्षक से ध्वनित हो जाता है कि फैक्ट्री की तालाबंदी के कारण मालिक और मजदूर के बीच की कथा का अवगुंठन किया गया होगा।

'छिन्नमस्ता' में मिथकीय शीर्षक से नारी यातना की कथा की ओर संकेत करता है। अन्य उपन्यासों में 'अपने-अपने चेहरे' में लेखिका ने हर पात्र की समस्याओं का बखूबी वर्णन किया है। 'पीली आँधी' राजस्थान की पृष्ठभूमि की गाथा का संकेत ही

नहीं करती आज के मारवाड़ी परिवार में हो रहे उथल-पुथल के आँधी की विस्तृत व्याख्या करती है। 'अग्निसंभवा' संघर्षरूपी आग में भी जीवन संभव है का संकेत करती है। 'स्त्री पक्ष' स्त्री के पक्ष में मजबूत दलील पेश करती है। 'एड्स' कहानीनुमा उपन्यास में विश्व में व्याप्त एड्स बीमारी की भयानकता के साथ दांपत्य जीवन की टूटन-बिखरन एवं व्यापार में होनेवाली उठापटक का संकेत देती है। हम यह कह सकते हैं कि प्रभाजी के उपन्यास में शीर्षक दमदार हैं जिन्हें पढ़कर उपन्यास को पढ़ने की तीव्र इच्छा जाग्रत होती है।

5. **काव्यात्मक शैली :** प्रभाजी कवयित्री हैं इसी कारण उनकी कथा भाषा और काव्य भाषा एकमेव हो गई है। जैसा कि उन्होंने स्वीकारा है कि वे भाषा के रूप को लेकर बहुत अधिक जागरूक नहीं रही हैं तथापि उनके काव्य साहित्य में बिंबों का आयोजन सुंदर रूप से दिखलायी पड़ता है। 'छिन्नमस्ता' की प्रिया बचपन में गौरैया से कविताई भाषा में ही बात करती है,.... अले अले गौरैया। बता तो, तू आज कहाँ-कहाँ होकर आई, औल उस कौव्वे को देखकल क्यों डल गई थी, कुछ खाया तूने ?

6. **डायरी एवं पत्रात्मक शैली :** प्रभाजी ने पत्रात्मक शैली का प्रयोग 'अग्निसंभवा' में किया है। आई.वी. का पुत्र वुंग के लिखे पत्रों के माध्यम से चीनी क्रांति की कहानी के साथ-साथ प्रभाजी के व्यवसाय जगत की ऊँच-नीच भी चलती रहती है। वुंग केवल डॉलर कमाना नहीं चाहता वह किसान का बेटा है, उसे अपनी जमीन से बेहद लगाव है, इसीलिए क्रांतिकारी बनकर एक दल का सदस्य बन जाता है। नौकरशाही में दंगों का सामना करते-करते वह मारा जाता है। यह सारा वर्णन उसके पत्रों द्वारा कथा में आता है। इसके अतिरिक्त 'पीली आँधी' में एकमात्र पत्र जो सुजित की पत्नी चित्रा लिखती है जिसमें सोमा एवं सुजित के पुत्र को वह कानूनी तौर से गोद लेने का जिक्र करती है ताकि वह नाजायज संतान न कहलाये उपन्यास के मुख्य कथानक की समस्या का हल उस पत्र द्वारा लेखिका ने खोज निकाला है। साथ ही 'पीली आँधी' में डायरी शैली का प्रयोग भी मिलता है।

ताई जी के गुजरने के बाद लाल कपड़ों में बँधी भागवत गीता के बदले सोमा को मिलती है, पन्नालाल सुराणा की व्यक्तिगत डायरी जो उपन्यास के अंतिम 32 पन्नों ताई, पद्मावती एवं सुराणा जी के आदर्श प्रेम की गाथा का खुलासा करती है। पूरे उपन्यास की कठोर अनुशासन प्रिय ताई के मन में कहीं-कहीं एक संवेदनशील नारी छिपी हुई थी जिनके दर्शन इन्हीं डायरी के पन्नों में दृष्टिगोचर होते हैं। मालिक के स्वप्न को साकार करते सुराणा अपनी मालकिन पद्मावती से अथाह प्रेम करता है। वह पत्नी एवं बच्चों को छोड़कर पद्मावती के साथ बच्चा बनकर भाग जाना चाहता है। लेकिन पारंपरिक नारी पद्मावती ऐसा करने से इनकार कर देती है क्योंकि वो विधवा है। किसी पराये पुरुष का ख्याल भी गलत है। फिर भी दोनों में गोपनीय प्रेम कथा चलती रहती है।

7. संवाद : बड़े-लंबे संवाद प्रभाजी के उपन्यासों को चार-चाँद लगाते हैं। विशेष रूप से स्त्री पक्ष उपन्यासों में संवादों की भरमार है।

प्रभाजी के चिंतन से परे संवादों में नाटकीयता का उद्भव होता है। चिंतन प्रधान दृष्टि, क्षण भर को आलोप होकर सृष्टि नाटकीयता का आयोजन करती है। जैसे "नरेन्द्र वायदों पर क्या तुम भी चले ? और कौन चल पाता है। हम सभी तो अपनी-अपनी सुविधानुसार वायदों को तोड़ते-मरोड़ते रहते हैं।"

"यानी आपसी ईमानदारी, वफादारी, प्यार व समर्पण यह सब कुछ नहीं ?"

"कुछ नहीं सच कहूँ नरेन्द्र ये शब्द भ्रम हैं। औरत को यह सब इसीलिए सिखाया जाता है कि वह इन शब्दों के चक्रव्यूह से कभी नहीं निकल पाए ताकि वह युगों से चली आ रही आहुति की परंपरा कायम रखे।"

इस प्रकार नाटकीयता का आयोजन कथा शिल्प में सरसता के साथ जिज्ञासा भी पैदा करता है। स्त्री पक्ष उपन्यास के कुछ उदाहरण :

"देखो वृंदा मैं बहुत दिनों से कुछ कहना चाह रहा हूँ। यह सही है कि तुम मेरी पत्नी हो, मेरे बच्चों की माँ हो लेकिन मैं किसी और के साथ भी हूँ और यह तथ्य तुम जानती हो, मैं बहुत दिनों से विभाजित हूँ। भीतर ही भीतर में बँटा हुआ हूँ। यह कोई आज भी मनःस्थिति नहीं किंतु मैं निर्णय नहीं ले पा रहा था शायद वो विभाजित होने का दुख तुमने कभी महसूस नहीं किया हो तकदीर वाली हो लेकिन मैं ? मेरे तो इन विभाजित दो टुकड़ों में कहीं कोई संवाद नहीं कोई संबंध नहीं।"[21]

नासमझ बनी वृंदा ने कहा : "सुमित चाँद की ओर देखो कितना सुंदर लग रहा है। एकदम पलकभर सुमित ने वृंदा की ओर देखा वृंदा अपनी रौ में कहे जा रही थी।"

"हाँ देखो ना, यहाँ इतनी ऊँचाई पर तो धुआँ भी नहीं रहता सब कुछ बड़ा साफ और चमकता हुआ दिखलायी पड़ता है।" सुमित ने इतना भर कहा : "वृंदा मैं उस लड़की सुनीता से शादी करना चाहता हूँ " स्थगित होते-होते वृंदा ने फिर भी पूछ ही लिया "तो मुझे क्या करना होगा।"[22]

प्रभाजी ने भाषा के क्षेत्र में कोई विधिगत प्रयोग नहीं किये जैसे कृष्णा सोबती ने अपने उपन्यास 'सूरजमुखी', 'अँधेरे में', 'डार से बिछुड़ी', 'मित्रो मरजानी', 'ऐ लड़की' इत्यादि में भाषा शिल्प के विषय में किए हैं। अलका सरावगी ने 'कलिकथा वाया बाईपास' उपन्यास में भाषा एवं शिल्प का अनूठा प्रयोग किया है। प्रभाजी ने यद्यपि ऐसा कोई प्रयोग नहीं किया है। तथापि एक विशेष प्रकार की दार्शनिक भाषा वे लेकर चलती हैं। दर्शन की छात्रा होने के कारण उनका दर्शन भाषा शिल्प में गुंफित हो जाता है। अज्ञेय के उपन्यास में भी अस्तित्ववादी दर्शन की शब्दावली का प्रवाह मिलता है। तथापि इस रूप में अज्ञेय के उपन्यासों में कथा के मोड़ हावी रहे हैं। जबकि प्रभाजी ने अपनी भाषा-शिल्प में अस्तित्ववाद को इस प्रकार अपनी पंक्तियों में सँजोया है कि

हम उसे रेशा-रेशा कर के अलग से नहीं देख सकते वरन् उनकी भाषा की बनावट में वे शब्द दूध में पानी की तरह मिले हुए हैं। एक उदाहरण द्रष्टव्य है : "दुनिया में ऐसा कोई कोना बताओ जहाँ औरत के आँसू नहीं गिरे।"[23]

ऐसी भाषा के आलोचकों ने कई खतरे इस रूप में बताए हैं कि भाषा क्लिष्ट होकर संप्रेषणीयता को खो देती है उनके सभी उपन्यास जिंदगी के गंभीर सरोकारों के साथ जुड़े हुए हैं। "स्त्री की अस्मिता का प्रश्न आधुनिक नारी मन की चुनौतियों को उन्होंने अपनी लेखनी का मुद्दा बनाकर पाठक के मानस को झिंझोड़ा है। इसमें प्रश्नों के बवंडर भी उठाए हैं और अपने समाधानों से उन्हें शांत भी किया है। यही कारण है कि उनमें रोचकता बनी रही है। उन्होंने दार्शनिक उक्तियों को भी सहज ढंग से प्रस्तुत किया है।"[24अ] छिन्नमस्ता का एक उदाहरण : "तुम मानवीय विकास की भाषा नहीं समझतीं, तुम सोचती हो कि औरत महज भूमिकाओं का एक सिलसिला है।"[24ब]

निःसंदेह प्रभाजी ने अपने उपन्यासों की भाषा को बोलचाल की भाषा से जोड़ा है। पारस्परिक भाषा का प्रयोग कर उन्होंने आवश्यकतानुसार परिवेश व व्यक्ति के अनुसार अँग्रेजी, उर्दू, मारवाड़ी, बंगाली एवं भोजपुरी शब्दों का प्रयोग किया है जो उनकी शिल्प और अभिव्यक्ति को सहज व प्रभावी बनाता है लेकिन व्यंग्य का अभाव खलता है।

संदर्भ

1. पीली आँधी, पृ. 218
2. आओ पेपे घर चले, पृ. 26
3. स्त्री पक्ष — जनसत्ता, 14 फरवरी, 99, पृ. 21
4. छिन्नमस्ता, पृ. 40
5. अग्निसंभवा — मार्च, 92 हंस, पृ. 67
6. पीली आँधी, पृ. 6
7. महिला उपन्यासकार — डॉ. मधु सिंधु, पृ. 70
8. छिन्नमस्ता, पृ. 69
9. स्त्री पक्ष — जनसत्ता, पृ. 23
10. आओ पेपे घर चलें, पृ. 95
11. पीली आँधी, पृ. 250
12. छिन्नमस्ता, पृ. 14
13. छिन्नमस्ता, पृ. 9
14. छिन्नमस्ता, पृ. 179
15. छिन्नमस्ता, पृ. 167
16. छिन्नमस्ता, पृ. 17
17. अपने-अपने चेहरे, पृ. 211
18. पीली आँधी, पृ. 138
19. (अ) स्त्री पक्ष — जनसत्ता सबरंग, अगस्त, 99, पृ. 27
    (ब) प्रभा खेतान और उनका साहित्य — परवीन मलिक, पृ. 149

20. बृहत हिंदी कोश, पृ. 1239
21. स्त्री पक्ष – जनसत्ता सबरंग, जून, 99
22. स्त्री पक्ष – जनसत्ता सबरंगस जून, 99
23. आओ पेपे घर चलें, पृ. 35
24. (अ) प्रभा खेतान और उनका साहित्य – परवीन मलिक, पृ. 148
    (ब) छिन्नमस्ता, पृ. 36

परिशिष्ट

प्रभा खेतान के साथ एक साक्षात्कार मामूली संपादन के साथ

प्रश्न : प्रभाजी आप अपने बचपन के परिवेश, शिक्षादीक्षा के बारे में सविस्तार बताएँ ही, यह भी बताएँ कि आपको लेखन में प्रवृत्त होने की प्रेरणा कहाँ से मिली?

उत्तर : एक बेहद ही संकीर्णतावादी हिंदू सनातनी परिवार में माता-पिता की पाँचवीं संतान के रूप में मेरा जन्म हुआ। मेरे जन्म के बाद से ही माँ बीमार रहने लगीं। माँ को सुन्दर बच्चे अच्छे लगते थे। मेरा रंग साँवला था इसीलिए माँ मेरे लिए प्राउड फील नहीं करती थी। मेरी माँ तो असल में दाई माँ (आया) ही थी। दाई माँ ने ही मुझे पाला-पोसा। माँ का ज्यादातर समय बड़ी बहनों की शादी-ब्याह और उनके बच्चों में ही गुजरता था। मेरी ओर देखने की उनके पास फुर्सत नहीं थी। प्रेसिडेंसी कॉलेज में दर्शन में स्नातक और कलकत्ता विश्वविद्यालय से स्नातकोत्तर और दर्शन में पी-एच.डी. की डिग्री प्राप्त की। एम.ए. और पी-एच.डी. करते समय भी दर्शन और साहित्य की अन्य पुस्तकें पढ़ती। मार्क्स और फ्रायड से बेहद उलझी रहती। गीता, उपनिषद, आचार्य रजनीश, के चिंतन से मैं काफी प्रभावित रही। सार्त्र के अस्तित्ववाद पर शोध कार्य करते हुए सीमोन द बोउवार की प्रसिद्ध कृति 'द सेकंड सेक्स' से काफी प्रभावित हुई। विशेषकर जो कुछ भी मैंने पढ़ा उसे भारतीय संदर्भ में सोचने-समझने की चेष्टा की। वैसे ज्ञान के क्षेत्र में जहाँ जो मिला और जितना मिला, उसमें से ही चुनाव कर, अपनी झोली भरकर, धन्यवाद देकर आगे बढ़ती रही हूँ।

जहाँ तक लेखन का सवाल है, मैं भी लिख सकती हूँ, बस इस जिद्द से मेरा लेखन कार्य शुरू हुआ। मेरी पहली कविता जब मैं सातवीं कक्षा में पढ़ती थी तब 'सुप्रभात' में प्रकाशित हुई। बचपन से ही तुकबंदी किया करती थी। पेड़, पौधे, पंछियों से अकसर बातें करते हुए स्वयं को समृद्ध करती थी। आसमान में उड़ते पंछियों को देख मेरा कवि-मन कल्पना करने लगता, 'काश मुझे भी खुला आकाश मिलता।'

मन्नू भंडारीजी ने चौथी कक्षा से ग्यारहवीं कक्षा तक मुझे हिंदी पढ़ाई। वे मेरे जीवन की मूल प्रेरणाओं में से एक हैं। मैं आज जो कुछ भी हूँ उसकी नींव भराई

में मन्नू बाईसा का बड़ा योगदान रहा है। मेरी पढ़ाई-लिखाई के दिनों में मन्नूजी एवं राजेंद्र यादवजी ने मेरे बौद्धिक व्यक्तित्व को सँवारने में उल्लेखनीय भूमिका निभाई है।

प्रश्न : सीमोन द बोउवार की 'द सेकंड सेक्स' का आपने अनुवाद किया जो बहुत ही लोकप्रिय हुई, अचानक आप अनुवाद की ओर कैसे मुड़ीं ?

उत्तर : मेरी एक कविता 'मैं कोलतार की काली सड़क' मन्नूजी ने राजेंद्र यादवजी को सुनाई, उस समय मेरा उनसे प्रथम परिचय हुआ। एक दिन उन्होंने मुझसे कहा, "सीमोन द बोउवार का 'द सेकंड सेक्स' पढ़कर देखो, सुधर जाओगी और मुझसे नफरत करना बंद कर दोगी।" द सेकंड सेक्स पढ़कर सच में मैं उनकी घनिष्ठ मित्र हो गयी। बहुत डरते-डरते मैंने साहित्य की दुनिया में कदम रखा। वह सत्तर का दशक था। 1981 में मेरा प्रथम कविता संकलन 'अपरिचित उजाले' आये। उसके अगले वर्ष 'सीढ़ियाँ चढ़ती हुई मैं' काव्य संग्रह आया। चार और कविता संकलन आए। लगभग हर साल एक-एक कविता संग्रह छपने शुरू हो गये थे। दो लंबी कविताएँ 'कृष्णधर्मा मैं' 1986 में और 'अहल्या' 1988 में छपीं मगर बड़ी जल्दी मुझे समझ में आ गया कि कविता के माध्यम से मैं अपनी बात पूरी तरह नहीं कह पा रही हूँ, तो उपन्यास की ओर मुड़ गयी। इसके बाद मैंने 'द सेकंड सेक्स' का अनुवाद किया। सीमोन द बोउवार के 'द सेकंड सेक्स' का मेरे लिए उतना ही महत्त्व है जितना कि मेरे जीवन में भगवत् गीता का है। इस किताब को पढ़ना अपने आप में एक अनुभव है। जब पहले पहल मैंने इसे पढ़ा था तो रातों सो नहीं पाई थी। भूमिकाओं के न जाने कितने मिथक बेनकाब हुए, स्त्री मानस के अनुकूलन पर कितना कुछ सोचने पर मजबूर हुई। क्या पत्नी बनना, माँ बनना, महज एक भूमिका है ? तब इसे इतनी गंभीरता से क्यों लिया जाए ? औरत समाज में दोयम स्तर पर है। मैं खुद दोयम दर्जे का जीवन बसर कर रही थी, जिससे निकलने को छटपटा भी रही थी और सीमोन के इस कथन को मैंने आत्मसात कर लिया — "फ्रीडम स्टार्ट्स फ्रॉम पर्स।" मुक्ति की पहली शर्त स्त्री की आर्थिक स्वतंत्रता है। यदि इस एक शर्त को कोई औरत पूरा कर लेती है तो वह अपनी जिंदगी की आधी लड़ाई जीत लेती है। मैंने अपनी लड़ाई स्वयं लड़ी है। मैं स्वयं अपना केंद्र हूँ। मैं अपने तरीके से जिंदगी जीना चाहती हूँ। मुझे काम करना, लिखना-पढ़ना तथा दोस्तों से बतियाना अच्छा लगता है। स्त्री के लिए समाज का दृष्टिकोण आज ज्यादा उदार हुआ है। सामाजिकता को मैं बड़े व्यापक अर्थ में लेना चाहती हूँ। सामाजिकता तो मानवीय संबंधों में निहित है। सामाजिकता का अर्थ हुआ व्यक्ति का अपने परिवेश के प्रति लगाव हो, वह समाज को कुछ नया देने की सोचे। मैं अपने आपको, काम में डुबो देती हूँ। मुझे मेरे काम से जितना सुकून मिलता है उतना और कहीं नहीं मिलता। आज भी मैं 13-14 घंटे काम करके मन को बहला लेती हूँ। हाँ तो हम बात कर रहे थे अनुवाद की। 'द सेकंड सेक्स' का अनुवाद सच में कठिन कार्य था और अनुवाद का मुझे कोई विशेष अनुभव भी नहीं था। फिर

महीनों प्रकाशक महोदय के चक्कर लगाये। वे बार-बार पूछते, 'प्रभाजी यह किताब बिकेगी तो?' मैंने तो इस किताब को एक मिशन की तरह लिया था। मैं सोचती इसके अनुवाद में जितनी मेहनत की थी क्या वह सब व्यर्थ हो जाएगी ? मैं तहे दिल से चाहती थी कि हिंदी का प्रत्येक पाठक इसे पढ़े। मेरी मेज पर गीता के साथ यह किताब पड़ी रहती। सच कहूँ तो सीमोन से बड़ा बौद्धिक मित्र मुझे आज तक नहीं मिला।

प्रश्न : प्रभाजी आपके जीवन का सबसे बड़ा विद्रोह कौन-सा था जो नोटिस किया गया ?

उत्तर : (हँसते हुए) हाँ.... मैं स्वयं अपने आप में विद्रोही हूँ। खैर... बड़ा विद्रोह कॉलेज के बाद किया जो नोटिस किया गया। 1966 में एम. ए. करने के बाद डॉक्टर सर्राफ के यहाँ नौकरी शुरू की। डॉक्टर साहब की पर्सनल सेक्रेटरी के रूप में मुझे तीन सौ रुपये महीने का वेतन मिलता था। उन्हीं दिनों स्ट्युडेंट एक्सचेंज प्रोग्राम के तहत मैं अमेरिका चली गई। वहाँ से ब्यूटी थैरेपी का कोर्स करके लौटी और यहाँ 1969 में 'फिगरेट' शुरू किया। मुझे लगा कि जीवन में आर्थिक रूप से जो स्वतंत्रता मैं चाह रही हूँ वह मुझे साहित्य या दर्शन के क्षेत्र में नहीं मिलेगी। पैसा कमाने के लिए विद्या को बेचने की जरूरत नहीं यही सोचकर मैंने फिगरेट ब्यूटी थैरेपी केंद्र खोला। ऐसे में सबका कहना था कि इतना पढ़ने की जरूरत क्या थी ?

मेरी बड़ी बहन डॉक्टरी पढ़ने लंदन गई थीं। डॉक्टर साहब के यहाँ नौकरी करने के कारण अम्माँ बहुत नाराज थीं। उन्होंने कहा, 'यहाँ नहीं रहना है, काम नहीं करना है।' वे मुझे सदा के लिए विदेश में सैटल करने की सोच रही थीं। यह विवाद बढ़ता ही चला गया। एकदम सामाजिक रूप से बात फैलनी शुरू हुई कि ये लड़की शादी नहीं कर रही है। इस फैसले से मेरे टीचर्स भी बहुत नाराज थे। लीक से हटकर चलने के कारण सामाजिक अस्वीकृति और ताने मुझे दिन-रात झेलने पड़ते थे। हालाँकि शादी न करना मेरा व्यक्तिगत निर्णय था। मैं पुरुषवादी मूल्यों से आक्रांत थी। मेरे अपने जीवन के संघर्ष भी थे। पर संपर्क में आने वाले प्रत्येक व्यक्ति के मन में मुझसे पहला सवाल शायद यही रहता कि मैंने शादी क्यों नहीं की ? समाज जितनी जल्दी एक अविवाहित स्त्री को शक की निगाह से देखता है उतना एक विवाहिता स्त्री पर शक नहीं करता। मेरी माँ कहती थी कि बेटी ब्याह कर ले, लाल घाघरे में सारे दाग छुप जाते हैं, मगर सफेद आँचल में एक भी दाग बड़ा भद्दा लगता है।

प्रश्न : डॉक्टर साहब के साथ आपके संबंध कभी आपको गलत लगे?

उत्तर : डॉक्टर सर्राफ से मैं भावनात्मक स्तर पर जुड़ी हुई थी। किसी रूप में मुझे यह संबंध गलत नहीं लगा क्योंकि उनसे जुड़ने का निर्णय मेरा अपना था।

प्रश्न : संदीपजी को गोद लेने का ख्याल कैसे आया ?

उत्तर : संदीप को मैंने पचास की उम्र में आकर गोद लिया। इसके कई कारण हैं मुख्य कारण था कि मेरे कमाए हुए धन को और मेरी विरासत को कोई सँभाल सके।

प्रश्न : प्रभाजी आपके लगभग सभी उपन्यासों में प्रेम की दुःखद परिणति की कथा है, क्या आपको लगता है कि प्रेम अस्थिर भावना है ?

उत्तर : प्रेम अस्थिर भावना नहीं किंतु प्रेम शाश्वत भी नहीं। कुछ समय के लिए आपको किसी के प्रति स्नेह संबंध रहता है लेकिन ताउम्र किसी से प्रेम किए जाने की बाध्यता मेरी समझ में नहीं आती।आप उस व्यक्ति से अन्य कई कारणों से जुड़े रह सकते हैं। मसलन, आप पर उस पर आर्थिक, सामाजिक निर्भरता हो या आपके बच्चे की भविष्य की समस्या हो। अतः स्त्री-पुरुष परिवार की व्यवस्था बना लेते हैं, एक-दूसरे पर निर्भर करते हैं। किंतु निर्भरशीलता को आप प्रेम नहीं कहेंगे। यह कहना कि उस व्यक्ति से आप हमेशा एक जैसा प्रेम करते हैं, मुझे संभव नहीं लगता। जो मिनट-मिनट में बदलता रहे उसे भी प्रेम नहीं कहा जा सका बल्कि उसे मूड का दौरा कहा जाएगा। प्रेम इतना अस्थिर भी नहीं। स्थिर और अस्थिर के बीच की एक स्थिति होती है। जिसे हम आलोचनात्मक प्रेम की स्थिति कहेंगे जहाँ व्यक्ति एक-दूसरे से जुड़ा रहकर भी अपना निजी स्पेस बचाए रखता है, ताकि अपने व्यक्तित्व की अन्य संभावनाओं को तलाश सके। मेरे उपन्यासों में प्रेम की दुखद परिणति इसलिए है क्योंकि मैंने प्रेम को शाश्वत रूप में कभी नहीं स्वीकारा। छिन्नमस्ता की प्रिया यदि अपने पति से अलग हो जाती या फिर पीली आँधी की सोमा अपने पति के रहते हुए सुदीप से प्यार करने लगती है और अपना घर छोड़कर निकल जाती है या फिर ताईजी का सुराणाजी के प्रति प्रेम, जो मर्यादा के दबाव के कारण दुखांत में परिणत होता है, परिस्थितिजन्य है। व्यक्ति के प्रेम के साथ स्थितिग्रस्तता जुड़ी होती है। परिस्थिति का दबाव, बाहरी ताकतों का दबाव, मृत्यु आदि कुछ ऐसी घटनाएँ हैं जो प्रेम को एक दुखद परिणति में बदल देती है। यदि अपने-अपने चेहरे में रमा के प्रेमी मिस्टर गोयनका का देहांत हो जाता है तो इसमें रमा का कोई कसूर नहीं। व्यक्ति कभी-कभी ऐसी परिस्थिति का स्वयं चुनाव करता है। मेरे उपन्यास अपने-अपने चेहरे की नायिका रमा एक विवाहित व्यक्ति के प्रेम में पड़ना। ऐसा प्रेम दुखद परिणामों को ही आमंत्रित करेगा, ऐसे प्रेम की कोई सुखद परिणति संभव नहीं। रमा का यदि मिस्टर गोयनका से विवाह हो भी जाता तो मिसेज गोयनका टूट जाती। ऐसे त्रिकोणों में एक-न-एक को तो दुखी होना ही है। किंतु मिस्टर गोयनका का देहांत होना और रमा का अकेले रह जाना, इस पर किसी का वश नहीं।

प्रश्न : मुझे लगता है कि उद्योग से जुड़े मारवाड़ी परिवेश एवं व्यापार पर लिखनेवाली आप एकमात्र कथाकार हैं, आप व्यापार और लेखन दोनों कैसे कर पाती हैं?

उत्तर : उद्योग से जुड़े मारवाड़ी परिवेश पर न केवल मैंने लिखा है बल्कि अलका सरावगी ने भी लिखा है, मधु कांकरिया भी लिख रही हैं। किंतु इन लोगों का उद्योग जगत से संबंध नहीं है। मारवाड़ी समाज की दकियानूसी संकीर्णता को जैसा मैंने देखा,

समझा बस उसे ही कलमबद्ध किया। किसी को छोटा या बड़ा करने का मेरा कतई उद्देश्य नहीं रहा। बस व्यर्थ सामाजिक महिमामंडन और झूठी जातीय प्रशंसा को मैं बर्दाश्त नहीं कर सकती। आम औरत की जिंदगी तभी बदल सकती है जब वह पितृसत्ता द्वारा अभिव्यक्त संस्थानों के प्रतिरोध की भाषा सीखेगी। कुल मिलाकर हम भारतीय स्त्रियों ने पिछले 20-30 वर्षों से ही तो अपने बारे में सोचना और बोलना सीखा है। बासी खासियतों को समर्पित जातीय इतिहास को औरत के इतिहास में परिवर्तित करने के लिए औरत को इतनी हिम्मत जुटा लेनी होगी कि वह आचार संहिताओं से सवाल पूछे और स्त्री विरोधी शास्त्रों को जला डाले। आखिर कब तक हम सब कुछ खामोशी से स्वीकार करती रहें ?

मेरे जीवन का मूल मंत्र है, 'आर्थिक स्वतंत्रता'। पैसा कमाने के लिए मैंने कड़ा परिश्रम किया है और सफलता-असफलता की द्वंद्वात्मकता से संचालित व्यापारिक दुनिया के सारे तामझाम सीखने का प्रयत्न किया है। मेरे जीवन का यह बड़ा महत्त्वपूर्ण पक्ष है क्योंकि इससे मुझे जो एक्सपोजर मिलता है उससे मैं जीवन को और करीब से समझ पाती हूँ।

मैं चाहे व्यापार करूँ या लेखन कार्य करूँ, पूरी तरह डूबकर, पूरी तन्मयता के साथ करती हूँ, जो मेरी जिजीविषा को बचाए रखती है। शायद इसीलिए भीड़ में, शोर-शराबे के बीच मैं बिलकुल एकाग्रता से पढ़ती-लिखती रहती हूँ। व्यापार के खाँचे से लेखन के खाँचे में डूबना अब मेरा स्वभाव बन गया है। लिखने का मेरा अपना संघर्ष होता है कि मुझे मर-मर के लिखना पड़े... समय नहीं है, माने प्लेन में, यहाँ-वहाँ दौड़ते हुए लिख रही हूँ इसीलिए हड़बड़ी में लिखने की वजह से मेरे लेखन में एक गैप हमेशा विद्यमान रहता है, जिसकी मुझे पीड़ा है।

प्रश्न : 'कलिकथा' तीन बार पढ़ने पर समझ में आता है, 'पीली आँधी' एक बार में, इस पर आप क्या कहना चाहेंगी ?

उत्तर : नहीं आप यूँ तुलना मत कीजिए। प्रेमचंद आज भी बड़े सामयिक और आधुनिक हैं कई चीजों में। आजकल लेखक की दृष्टि गायब हो रही है। हिंदी साहित्य में इस चीज का बड़ा नुकसान हुआ है। यह नयी प्रवृत्ति आलोचक ही बनाते हैं। हमें जिससे यश मिलता है, हम उसी ओर जाते हैं। यश आलोचक ने इसी तरह दिया है। आज लेखक नयी टेकनीक पर विवाद करते हैं, लेकिन अधिकतर लेखक इसी को अपनाते हैं। सदी के अंतिम दशक में हमारे आलोचकवृंदों ने यह काम किया है। स्टाइल ही स्टाइल को एवार्ड देंगे तो स्टाइल ही आएगा...। आफ्टर ऑल संपादक, आलोचक, प्रोफेसर लेखन को प्रमोट करते हैं। लेखक जानता है कि ये चीज एक्सेप्ट होगी। शेष कादम्बरी, तिरोहित, कठगुलाब, दीवार में खिड़की रहती थी जैसे उपन्यास शैली के स्तर पर इतने सारे प्रयोगों से भरे हुए हैं। 90 के दशक से पहले ऐसे प्रयोग नहीं दिखाई पड़ते। एक तो इस पर पोस्टमॉडर्निज्म का असर है कि प्रयोग करने की

छूट मिली। बँधे-बँधाए ढाँचे को तोड़ा। काफी प्रयोग किये गये। कुछ स्टाइलिश उपन्यास हैं, साथ-साथ कॉम्पलिकेटेड भी उतने ही। पिछले दस सालों में लेखक के सरोकार कम हो गए। लेखक ने आम आदमी की लड़ाई में ही शामिल होना बंद कर दिया। माने यह कहना कटु लग सकता है, पर जो लेखक स्थापित हो गए सत्ता के किसी शिखर पर वे वहाँ हैं, वहीं रहेंगे और उनके शब्दों से कोई क्रांति भी नहीं होनेवाली। तो किस पर लिखना है ? होरी और हरिया पर लिखकर सच में समाज में परिवर्तन आया। पर यदि आज प्रेमचंद होते तो किस पर लिखते ? क्या वे यही लिखते ? नहीं लिखते। लैटिन अमेरिका के मार्खेज अपने लेखन में जादुई परिवेश क्रियेट करते हैं। उनकी थीम बहुत स्ट्रांग होती है। कुछ लेखकों ने उनके जादुई यथार्थ की नकल करने की कोशिश की परंतु अपने लेखन में वो चीज नहीं ला पाये। केवल शब्दों को तोड़-मरोड़कर भाषा के साथ खिलवाड़ कर रह गये। लेकिन इन सारी बातों में आपका विकास होता है पर लेखन का विकास रुक जाता है। हर पड़ाव पर, हर मोड़ पर लेखक को खुरचकर बहुत-सी चीजों को छोड़ देना पड़ता है, कुछ और नया देखना पड़ता है। आप इसी कमरे में बंद हैं, आप कितना लिखेंगे ? आप कहाँ से लिखेंगे ? मुझे तो नहीं लगता कि लिखना संभव है और जो लेखिकाएँ दावा करती हैं वे गलत हैं। जैसे जैन आस्टिन ने लिखा है, वोदरिंग ह्वाइट ने एक बंद कमरे में लिखा है पर वर्जिनिया या जर्मन ग्रीयर ने नहीं लिखा, तो फर्क तो है ना ? बात यह है कि नारीवादी उपन्यास सामाजिक विमर्शों से जुड़े उपन्यास हैं.... इसमें प्रयोग नहीं चलते... आपको सीधे-सीधे पाठक तक पहुँचना होता है और ये प्रयोग वही करे तो ही अच्छा है कि दीवार में एक खिड़की रहे और उसमें हाथी का बिंब प्रधान रहे और कुछ... बहुत अच्छा लगता है पढ़ते हुए, बहुत सुंदर लगता है पर मिलता क्या है पाठक को ?

आज मैं 25 सालों से फैक्टरी फ्लोर पर हूँ। दो पुरुष पार्टनर्स के साथ टकराहट हुई है। मुझे निर्णय लेने नहीं दिया गया। मुझे थोड़ा-सा कवरेज दिया जाता है। वे स्थापित हो रहे हैं। हर जगह मैं तौली जा रही हूँ। ये सारी बातें 'तालाबंदी' में देखिए आप। आप जैसे क्रिटीक मिलें तो बता सकते हैं, इस जगह कमजोरी है।

प्रश्न : 'पीली आँधी' को पुरस्कार मिलना चाहिए था ऐसा सभी कहते हैं, मैं भी, पर नहीं मिला — इस पर आपकी क्या टिप्पणी है ?

उत्तर : किसी भी रचना को पुरस्कार संभवतः बाजार में स्थापित करता है किंतु पुरस्कार की राजनीति से रचना का सार प्रभावित नहीं होता। रचना यदि पाठकों को प्रिय है तो वह रचना में इतिहास में रहेगी।

प्रश्न : आपकी प्रिय रचना कौन सी है ?

उत्तर : 'आओ पेपे घर चलें', मेरी सबसे प्रिय रचना है, पहली रचना और पहली मुहब्बत... बहुत इमोशनल होकर लिखा था, 'अपने-अपने चेहरे' जिसको लोगों ने फ्लैट कर दिया। 'छिन्नमस्ता' ने मुझे बहुत उद्वेलित किया, वो मेरी आत्मकथा का अधूरा

अंश है।

प्रश्न : 'मुझे चाँद चाहिए' उपन्यास पर आपकी क्या टिप्पणी है ?

उत्तर : बहुत अच्छा उपन्यास है। मगर उपन्यास का अंत पुरुष केंद्रित सोच और विज़न को अभिव्यक्त करता है। लेखक वर्षा को यश की जिस ऊँचाई तक ले जाता है, वहाँ से लौटकर हर्ष से उसका गर्भवती होना, मातृत्व की भावना का महिमा-मंडन है जो कि बड़ा फ़िल्मी है। उपन्यास में एक छुटा हुआ संदेश है, औरत चाहे जितनी ऊँचाई हासिल कर लें किंतु माँ बनना उसके जीवन की अंतिम सार्थकता है।

प्रश्न : लेखक 'स्त्रियाँ अकेली रहे बिना संगी साथी के' ऐसे निर्णय दे रहे हैं, लेखिकाएँ ऐसा नहीं कर पा रही हैं, प्रभाजी आप इस पर कुछ रोशनी डालें।

उत्तर : स्त्रियाँ, बिना संगी-साथी के अकेले रहे या फिर किसी के साथ रहे यह निर्णय स्त्री का स्वयं होना चाहिए। स्त्री समाज पर निर्णय देने का कम-से-कम पुरुष को तो हक नहीं बनता। क्योंकि पुरुष ने तो स्त्री को वस्तु के रूप में ही देखा है। लेखिका को क्यों अकेले रहना चाहिए अपने-आप में यह किसी का अभिमत हो सकता है। पर इसे मैं निर्देशन के रूप में समझ नहीं पा रही हूँ। व्यक्ति होती हुई स्त्री किसी भी प्रकार की जीवनशैली और निजी संबंधों का चुनाव करने में सक्षम है।

प्रश्न : प्रभाजी आपके उपन्यासों में व्यापारिक धोखाधड़ी का जिक्र नहीं आता, क्या विश्व स्तर पर व्यापार करना इतना आसान है ?

उत्तर : तालाबंदी उपन्यास में व्यापारिक धोखाधड़ी, श्रमिक आंदोलन, एक व्यापारी का मानसिक तनाव सभी कुछ अभिव्यक्त हुआ है। व्यापार करना इतना कठिन है इसको भलि-भ।ति दशार्या गया है।

प्रश्न : प्रभाजी आपने अपने उपन्यासों में बेबी एब्यूज पर खूब लिखा है, कुछ और कहना चाहेंगी ?

उत्तर : बालिका-उत्पीड़न के बदले में कहूँगी मैंने स्त्री-उत्पीड़न पर जमकर लिखा है। वह चाहे बालिका हो या उम्रदराज। अलग से बेबी एब्यूज पर केवन छिन्नमस्ता और स्त्री पक्ष में ही बात उठाई गई है।

प्रश्न : प्रभाजी आपके उपन्यास समस्या का समाधान देते जाते हैं, आपकी इस पर क्या प्रतिक्रिया है ?

उत्तर : समस्या और उसका समाधान एक द्वंद्वात्मक प्रक्रिया है। यदि कोई उपन्यास केवल समस्या उठाकर रह जाए तो मुझे लगता है उपन्यास के पात्रों पर लेखक हावी है। सहज जीवन तो यह है कि हमारे सामने समस्या है और हम उसका निदान भी खोजते हैं। दोनों समान स्तर पर साथ-साथ चलते हैं। ऐसा कभी नहीं होता कि आप केवल समस्या का सामना कर रहे हैं और उपन्यास के पात्र व्यक्ति होने के नाते आप कोई सुझाव नहीं दे रहे होते। आखिर उपन्यास के पात्र भी जीवित धड़कते हुए प्राणी हैं, उनका अपना वजूद है, घटनाक्रम में वे जीवन जीने का तरीका खोजते हुए नजर आएँगे।

लेखक यहाँ कोई निर्देशन नहीं दे रहा, कोई विचारधारा पेश नहीं कर रहा, घटनाओं का कोई अमूर्त आदर्शीकरण भी नहीं कर रहा। यह तो घटनाओं का स्वतंत्र ताना-बाना है, पात्रों की अपनी दिनचर्या, जीवन जीने का तरीका, जो निदान सुझाते रहते हैं। पाठक को यदि लगे कि यहाँ लेखक हावी है तो थोड़ा और गहरे उतरकर पाठक को सोचना होगा कि घटनाएँ हावी है। या उपन्यास का पात्र स्वयं विकसित होना चाहता है — समस्याओं को सुलझाते हुए।

प्रश्न : प्रभाजी साहित्य में स्त्री रचनाकारों की भूमिका के बारे में आप कुछ कहना चाहेंगी ?

उत्तर : साहित्य में स्त्री रचनाकारों की उल्लेखनीय मौजूदगी रही है। पुराने जमाने में हमारे पास यदि अक्क महादेवी और मीराँबाई जैसे हस्ताक्षर थे तो आधुनिक युग में हमने महादेवी वर्मा जैसी विभूतियों को पढ़ा और सुना। रीतिकाल ने स्त्री के रूप की परिभाषा दी तो भक्तियुग में स्त्री-भाव को परिभाषित किया गया। मगर यह साहित्य स्त्री-चेतना का साहित्य नहीं कहा जा सकता, हालाँकि इसमें स्त्री-चेतना बीजरूप में मौजूद जरूर थी। यह बीज पुष्पित और पल्लवित होने के लिए यूरोपीय ज्ञानोदय से निकली आधुनिकता की भारतीय अभिव्यक्तियों के एक खास चरण में पहुँचने का इंतजार कर रहा था। साठ के दशक में वह क्षण आया जब हिंदी साहित्य को स्त्री चेतना का मुक्तिकामी स्पर्श मिला। यह बात मैं इस दावे के साथ कह रही हूँ कि स्त्री चेतना न सिर्फ स्त्रियों की मुक्ति का संदेश लेकर आयी थी, वरन् साहित्य की मुक्ति का भी संदेश लेकर आयी थी। अगर स्त्री चेतना न होती तो हिंदी साहित्य एक सच्ची सार्वभौमिकता कभी हासिल न कर पाता। वह हमेशा ही आधे आसमान और आधी जमीन का प्रतिनिधित्व ही करता रह जाता। स्त्री चेतना ने ही साहित्य को वास्तव में सार्वजनिक बनाया। वरना, पहले वह इकतरफा था और स्त्री के संदर्भ में ज्यादा से ज्यादा पितृसत्ता की पैरोकारी ही करता रहता था। विद्रोह करने वाली नारी का भी संदर्भ-बिंदु पुरुष ही था। नारी के विद्रोह को पुरुष के संदर्भ बिंदु से छुटकारा दिलाने वाला साहित्य ही वास्तव में स्त्री चेतना का साहित्य बना। यद्यपि नारी के मुकाबले पितृसत्ता की प्रथम आलोचना करनेवाली सीमोन द बोउवार की महान रचना 'द सेकंड सेक्स' फ्रेंच में 1949 में ही प्रकाशित हो गयी थी, पर उसका अंग्रेजी अनुवाद भारतीय साहित्य और विचार जगत को साठ और सत्तर के दशक में ही सुलभ हो सका। उसका हिंदी अनुवाद तो और भी देर में सामने आया। बहरहाल, यह परिघटना पहली बार साठ के दशक में लेखन की शुरुआत करने वाली महिला साहित्यकारों में दिखायी दी। सत्तर के दशक में यह परिघटना परिपक्व हुई और मुझे यह कहने में संकोच नहीं है कि अस्सी के दशक में मेरी पीढ़ी की महिला रचनाकारों ने स्त्री-मुक्ति के प्रश्न को चेतना के स्तर पर सबसे अच्छी तरह पकड़ा।

इन स्त्री साहित्यकारों ने देखा कि पुरुष की निगाह से किया गया स्त्रीकरण

एक अमानवीय व्यवस्था है, जिसके तहत पुरुष अपने विचारों एवं अवधारणा के अनुसार स्त्री का निर्माण करता है। ऐसे निर्माण में स्वाभाविक है कि स्त्री की सहमति नहीं हो सकती। इससे पहले स्त्री ने स्वयं अपने बारे में, अपनी भावना, अपने इतिहास और अपनी इच्छा-अनिच्छा के बारे में न कभी कुछ कहा था और न ही उससे कभी पूछा गया था। साहित्य जगत में भी पुरुष की संवर्धित चेतना, आधिपत्य की भावना, स्त्री देह के प्रति पूँजीकरण की प्रवृत्ति में स्त्री नुमाइंदगी पर तुली हुई थी। स्त्री लेखकों ने जैसे ही अपनी दावेदारी की, वैसे ही आलोचना के भीष्म पितामहों ने स्त्री के अनुभवों की प्रामाणिकता पर न केवल अपना मत-अमत जाहिर किया, बल्कि अपने स्त्री विरोधी दृष्टिकोण एवं लेखकीय विद्वेष से एक ऐसा पाठक वर्ग भी तैयार किया जो स्त्री की कमजोरियों पर चुहलबाजी से बाज नहीं आ रहा था। स्त्री-लेखिका या पाठिका से यह अपेक्षा थी कि वह इन फतवों को निष्क्रिय रुप से स्वीकारे। 'टिपिकल औरत' यानी औरतों जैसा, औरतपन आदि कुछ ऐसे शब्द हैं जो साहित्य-जगत में भी हर कदम पर स्त्री-लेखन को 'अन्या' के रूप में स्थापित करते रहे हैं। ऐसे असंख्य उदाहरण भरे पड़े हैं, जो प्रत्यक्ष या परोक्ष रूप से पुरुषोचित विद्वेष एवं दुराग्रह के परिचायक हैं। आर्य पुरुषों की यह स्त्री विरोधी प्रवचन परंपरा आदिकाल से चली आ रही है।

स्त्री-विद्वेष कपोल-कल्पना नहीं है, बल्कि सिद्धांत और व्यवहार के माध्यम से इस विद्वेष को साहित्य समाज में भी गूँथा जाता रहा है। पुरुष स्वयं को स्त्री से श्रेष्ठ मानता है। अतः पुरुष-लेखक का अपने आपको स्त्री-लेखक से ज्यादा श्रेष्ठ मानना स्वाभाविक ही होगा। यदि मिलनेवाली सुविधाओं के प्रति पुरुष शुरू से आश्वस्त है तो हम यह भली-भाँति जानते हैं कि इसके पीछे श्रेष्ठता का यही आधार है। अपनी जातीय एवं सामंती सोच और रूढ़िगत विचारों के कारण आलोचक की नजर में भी स्त्री एक अपरिवर्तनीय अमूर्त ख्याल बनकर रह गई है। साहित्य में स्त्री संबंधी विमर्श अति सामान्य या फिर अति विशिष्ट रूप में अलग-अलग खाँचों में वर्गीकृत होता रहा है। परिणामस्वरूप स्त्री-लेखन का स्वरूप या तो विरुपित हुआ या फिर अति-संक्षिप्तीकरण का शिकार।

हिंदी साहित्य में पिछले 10 सालों में प्रकाशित महिला लेखन को पढ़ने से यह बात और स्पष्ट हो जाएगी कि महिला लेखन ने बार-बार उन सामाजिक दबावों का जिक्र किया है जिसे कलम उठाते ही वह महसूस करती है। पुरुष जितना खुलकर अपने बारे में कह सकता है, स्त्री नहीं कह पाती। अभिव्यक्त मूल्यों एवं विचारों के इर्द-गिर्द सत्ता का संजाल पहले से मौजूद है, लेखिका को इन्हीं में से चुनाव करना होगा। वह चाहे तो पितृसत्ता का साथ नहीं निभा सकती है, लेकिन पूँजीवाद, फाँसीवाद या उपनिवेशवाद ये सभी तो पितृसत्ता की ही अभिव्यक्तियाँ रही हैं। ये न कभी स्त्री के पक्षधर हुए, न कभी होंगे। अतः इतिहास में पीछे लौटकर हम स्त्रियों को एक बार फिर अपना इतिहास लिखना होगा।

भारत में सत्तर के दशक से स्त्री हित विषयक सामग्री हमें देखने को मिलती है। बोल्ड कविता और कहानी और उपन्यासों की कमी नहीं, मगर अब भी साहित्यिक कृति की श्रेष्ठता की कोटि में स्त्रीवादी स्तर को शामिल नहीं किया गया है। साहित्यिक समीक्षा की कोटियाँ पुरानी हैं और इस द्वार पर सिपाही बैठे हैं। मैं किसी चयन समिति की निंदा नहीं कर रही बल्कि वस्तुस्थिति को आपके सामने कह रही हूँ। दिए गए सम्मान में स्त्रीवादी कोटि की जरा भी हलचल दिखाई नहीं पड़ती। रचना के स्तर पर जागरूक होने से ही बहुतेरी लेखिकाएँ संवेदनशील हैं। अन्याय के खिलाफ गुहार लगाती हैं, किंतु यही लेखिकाएँ स्त्रीवाद शब्द से घृणा करती हैं। क्या कारण है कि मुक्ति की बात तो करें किंतु मुक्ति कैसे पाएँ, इसके लिए कैसे संघर्षरत हों, आंदोलन को कैसे खड़ा करें, इन सब सिद्धांतों की चर्चा तक करना जरूरी न समझें। आखिर आंदोलन नाम से इतनी घबराहट क्यों है ? बात जरा कम समझ में आती है। इन उदारवादियों को आप हर कहीं देखती और पढ़ती होगी, वे खुद को मानववादी कहती हैं, पर नारीवादी होना मानव विरोधी होना तो नहीं है।

प्रश्न : प्रभाजी क्या आपके मतानुसार नारीवादी होना पुरुष-विरोधी होना है?

उत्तर : नारीवादी होने का अर्थ पुरुष-विरोधी होना नहीं है। नारीवाद तो एक जीवनमूल्य है। नारीवादी होने का अर्थ हुआ उस आधी दुनिया की लड़ाई में शामिल होना, उस आधे हिंदुस्तान की लड़ाई में शामिल होना जिसको अब तक पितृसत्ता ने मानवीय अधिकार नहीं दिए। अन्य के रूप में जिसका दमन और शोषण चलता रहा। कुल मिलाकर यह एक होस्टाइल वातावरण कहा जाएगा, जिसका स्त्री लेखन पर गहरा दबाव पड़ता है। जिससे उसका लेखन विरूपित हो जाता है। अपनी बात कहते हुए स्त्री रियायत माँगती हुई लगती है जबकि यह समझना है कि लेखन के दौरान सबसे पहले किसी भी लेखक को रियायत माँगने से मुक्त होना होगा। लेखक अपनी बात कहे तो पूरे हक के साथ कहे। लेकिन यहाँ तो लिखने का निर्देशन पुरुष दे रहे हैं। ऐसे अनुदार और असहिष्णु वातावरण में जहाँ जेंडर आलोचना का अभाव हो, भला प्रामाणिक लेखन कैसे संपुष्ट होगा।

इस संदर्भ में कुछेक उपन्यासों का जिक्र करना चाहूँगी जिन्होंने पिछले दो दशकों में पूरे हिंदी साहित्य के वैचारिक माहौल को बदला है साहित्यिक सिद्धांतों की नींव पर हमला बोला है और कुछ ऐसे यथार्थ पर प्रकाश डाला है जो पूरी तरह अँधेरे तहखानों में कैद था, जिन पर बोलना वर्जित था, जिसका जिक्र करनेवाले को किसी भी प्रकार की सजा सुनाई जा सकती थी। इन वर्जित विषयों पर लिखने का अपराध हमारी पूर्वजाओं ने भी किया था। सीमंतनी उपदेश की लेखिका गुमनामी में ही मर गई। इस्मत चुगताई अपनी 'लिहाफ' कहानी के लिए कोर्ट में घसीटी गई। कृष्णा सोबती ने जब मित्रो मरजानी लिखा तब उपेन्द्रनाथ अश्क की पहली प्रतिक्रिया थी कि महज चौंकाने के लिए अथवा बोल्ड लेखकों में नाम पाने के लिए उन्हें अपनी प्रतिभा का दुरुपयोग नहीं करना चाहिए

था। 'सूरजमुखी अँधेरे के' उपन्यास को 'लव-मशीन' जैसा फार्मूलाबद्ध उपन्यास कहा गया। इन आरोपों को झेलना आसान नहीं था। हालाँकि आज के दौर में हम बहुतेरे बोल्ड उपन्यासों की सूची पकड़ाने में समर्थ हैं। जैसे मैत्रेयी पुष्पा का इदन्नम और चाक, सुरेन्द्र वर्मा का मुझे चाँद चाहिए, मेरा अपना उपन्यास छिन्नमस्ता, मृदुला गर्ग का कठगुलाब, चित्रा मुदगल का आवां, नासिरा शर्मा का ठीकरे की मँगनी, आदि उपन्यास। आपके अपने शहर में सुधा अरोड़ा नारीवाद पर उल्लेखनीय काम कर रही हैं। ऐसी अनेक स्थापित लेखिकाएँ हैं, जिन्होंने स्थापित प्रतिमानों को चुनौती दी है। नारीवादी लेखिका कहलाने में बहुतेरी स्थापित लेखिकाओं को परहेज रहा है। उनके अनुसार साहित्य को यूँ द्विखंडित नहीं किया जाना चाहिए। इन्होंने मुखर रूप से स्त्री के कॉज से जुड़ना नहीं चाहा।

अलका सरावगी का उपन्यास 'कलि-कथा बाईपास' की मैं चर्चा करना चाहूँगी। हालाँकि उपन्यास साहित्य अकादेमी द्वारा श्रेष्ठ कृति के रूप में सम्मानित हुआ मगर इस कृति को स्त्रीवादी लेखन के लिए नहीं चुना गया जबकि साहित्य का यह एक स्त्रीवादी समय है और उपन्यास का चुनाव करते समय इसका ध्यान रखा जाना चाहिए। मजे की बात तो यह है कि चुनने वाली ज्यूरी में एक भी स्त्री नहीं थी जबकि मेरी समझ में वहाँ एकाधिक स्त्री की मौजूदगी होनी चाहिए थी। जिन पुरुष ज्यूरियों ने इसे श्रेष्ठ कृति के रूप में चुना उनकी नजर में स्त्रीवादी आलोचना के मानक श्रेष्ठ मानक नहीं हैं, बल्कि आलोचना के ये नारीवादी मानक पश्चिमी, गैर साहित्यिक एवं पश्चिम से आयातित हैं। अतः ये संदिग्ध कोटि के मानक हैं। विडंबना तो यह है कि सम्मानित लेखिका ने स्वयं के लेखन को कभी स्त्रीवादी लेखन की कोटि में नहीं माना। वे स्वयं को इन सरोकारों से दूर रखती हैं। बात केवल अलका सरावगी तक नहीं है, जैसा कि मैंने पहले भी कहा है, ऐसी और भी लेखिकाएँ हैं जो स्त्री हैं मगर स्त्रीवादी अवधारणा और सरोकारों से या तो अनभिज्ञ हैं या फिर पुरुष वर्चस्ववादी साहित्यिक व्यवस्था के दबाव में स्त्री की अलग पहचान की माँग से कतराती हैं। वे इस संभावना से इनकार करती हैं कि किसी रचना का स्त्रीवादी पाठ भी संभव है। साहित्य संसार में स्त्री विशेषांकों की कमी नहीं। यह तो नहीं स्वीकारा जा सकता कि आलोचना के नये मानक उपलब्ध नहीं हैं। विमर्श के लिए विषय वस्तु का अभाव नहीं बल्कि स्त्रीत्व पर अध्ययन के ढेरों विषय वस्तु हैं। मेरी समझ में यह एक साहित्यिक रणनीति है, स्त्री पर लिखते हुए भी स्पष्ट रूप से स्त्रीवादी न कहलवाने से आप बहुतेरे आरोपों से बच जाती हैं। आप एक सुरक्षित कवच में रह लेती हैं। यदि स्त्री-विमर्श और अधिक तूल पकड़ता है, यदि यह समांतर धारा आगे चलकर मुख्य धारा का रूप ले लेती है, तो ये लेखिकाएँ स्त्री होने के नाते नारीवाद के साथ हैं। अन्यथा उपधारा के रूप में रहना हमें पसंद नहीं।

पुरुषों की संवेदनशीलता की तो हद यह है कि अधिकतर समय किसी महिला

के लेखन के लिए मान लिया जाता है कि उसके लेखन के पीछे कोई पुरुष है यानि फिर चूँकि वह स्त्री है। अतः इतना अच्छा लिख ही नहीं सकती। चूँकि समाज में आज भी ज्ञान के निर्माण और वितरण पर पुरुष का कब्जा है, अतः स्त्री को यह ज्ञान कैसे मिला इसी पर प्रश्नचिन्ह लगा दिया गया। स्त्री-पुरुष की दो अलग-अलग दुनिया है, स्त्री को पुरुष के बारे में ज्ञान नहीं, पुरुष को स्त्री के बारे में जानकारी नहीं। स्थिति की विडंबना समझिए ज्ञान के अभाव में स्त्री तो चुप रह जाती है मगर पुरुष एक झूठी सार्विकता का दावा करता है। वह स्त्री के बारे में पूरी जानकारी का दावा करता है। यानी औरत ने जब अपनी बात कहनी चाही तो उसके खिलाफ एक होस्टाइल वातावरण निर्मित कर दिया जाता है। यह छुपी राजनीति है कि स्त्री जिस ज्ञान का दावा करती है, उस ज्ञान को ही खारिज कर दिया जाता है। उसे गैर-जरूरी बना दिया जाता है।

मजे की बात तो यह है कि ज्यों-ज्यों महिला लेखन दृश्यमान होता जा रहा है त्यों-त्यों यह होस्टाइल वातावरण कुछ और संगठित हो रहा है। दुखद स्थिति तो यह है कि हम लेखिकाएँ अपमान सहती हैं और खामोश रहती हैं। कभी एक लेखिका (या लेखिकावृंद) दूसरी लेखिका के हक में खड़ी या बोलती नजर नहीं आती। आपस में लड़ती हैं या एक-दूसरे की चुगली करती हैं। मान-सम्मान की भूख हमसे कितना नाटक करवाएगी। चूँकि अधिकतर पुरुष इस स्टीरियो टाइप मूर्ति को पसंद करते हैं इसलिए इसमें ढलना स्त्री की नियति मान लिया जाता था।

एक और बात... दोहन और शोषण की समस्याओं को अभिव्यक्त करने के लिए स्त्री के पास अपनी भाषा नहीं है। भाषा की मौलिकता भाषा की संरचना पर पितृसत्ता का नियंत्रण है। स्वाभाविक है स्त्री की समस्याएँ दृश्यमान नहीं होंगी, सतह पर नहीं आएँगी इसलिए अपने बारे में बहुत कुछ कहना चाहते हुए भी स्त्री कुछ कह नहीं पाती। वापस खामोशी की चादर ओढ़ लेती है। उसका लेखन विमर्श का रूप नहीं ले पाता। किसी एक लेखिका को सेलिब्रेट करना, उसकी बोल्डनेस को सेलिब्रेट करना, बहुत बार नारीवादी चेतना के विस्तार को कुंद करती है। साथ ही एक को सेलिब्रेट करने का अर्थ हुआ कि इन मंचों पर कुछ को आसीन किया जाए, कुछ औरतों को गिना दिया जाए ताकि स्त्री-विरोधी होने के कलंक से बच जाएँगे, किंतु इससे तो यही स्थापित होता है कि होस्टाइल वातावरण बना रहेगा। साहित्य के इतिहास में भी स्त्री का लिखना-पढ़ना, उसका रचनात्मक सरोकार गायब कर दिया जाता है। यह राजनीति है, इस राजनीति से परिचित होना ही स्त्री-लेखन का पहला प्रस्थान बिंदु होना चाहिए।

प्रश्न : प्रभाजी आप ये बताएँ कि महिला लेखन किस प्रकार समृद्ध हो सकता है ?

उत्तर : महिला लेखन को देहवाद से मुक्त होना होगा। आज देहवाद की आड़ में स्त्री लेखन को पुरुषों की कामुकता, लफंगई, हर तरह की विकृत मानसिकता का शिकार होना पड़ रहा है। देहवाद का यह नजरिया स्त्री-मुक्ति का द्वार नहीं खोल सकता

क्योंकि इन विमर्शों से स्त्री का वही भोग्या रूप संपुष्ट होता हुआ नजर आता है। स्त्री ने तो कहना चाहा था कि मैं केवल देह नहीं जब कि बहुतेरे आलोचक और संपादक यह स्थापित करने पर तुले हैं कि वह केवल देह है। सारी चर्चा देह पर केंद्रित है। 'तुम्हारी देह का शोषण हुआ, इसके बारे में पूरे विस्तार से लिखो और बताओ...।'

पत्रिकाओं में आत्मकथाएँ छापी जाती हैं। आत्मकथाओं के जरिये वे केवल उस स्त्री की सेक्स लाइफ को जानना चाहते हैं। बार-बार इसकी माँग है। स्त्री विषयक गहन सिद्धांतों की चर्चा से संपादकों को ऊब होती है। स्त्री आंदोलन पर या लिंग भेदी अन्याय के प्रति पुरुषों को संवेदनशील बनाने की चेष्टा नहीं की जा रही, जबकि हिंदी लेखिकाओं को भी विचार के लिए लड़ना होगा। विमर्श के उच्चतर बिंदु को छूना होगा, केवल रिपोर्ताज की भाषा में बात करने से, समाजशास्त्री आँकड़े जुटाने से काम नहीं चलेगा।

स्त्री-विमर्श की अपनी उपलब्धियाँ हमारे सामने हैं। अधिकतर लोग स्त्री-पुरुष को समान मानने लगे हैं किंतु मैं सोचती हूँ कि महिला लेखन के आगे बढ़ने में लेखिकाओं का आत्म-नकार आड़े आता है। उन विमर्शों को चुनौती देनी होगी जो इन आत्म-नकार को मजबूत बनाती हैं। पुरुषों द्वारा बनाई गई मुक्त स्त्री की छवि को मिटाना होगा और कहना होगा कि एकदम मुक्त जैसी कोई स्त्री होती नहीं। स्त्री मुक्ति देह मुक्ति का पर्याय नहीं है। स्वतंत्र स्त्री का अर्थ आसानी से पुरुष को उपलब्ध स्त्री नहीं क्योंकि स्त्री जानती है कि ज्यों-ज्यों उसके श्रम को स्पेस मिलेगा तथा ज्यों-ज्यों वह स्वयं को अभिव्यक्त करेगी त्यों-त्यों पुरुषों के बनाए इतिहास को बिखर जाना है।

प्रश्न : प्रभाजी क्या आपके कथा-साहित्य पर कोई शोध कार्य हुआ है?

उत्तर : हाँ, गुरु नानकदेव विश्वविद्यालय, अमृतसर से श्रीमती परवीन मल्लिक ने मेरे समग्र साहित्य पर 1991 में शोधकार्य किया था। विदर्भ विश्वविद्यालय से शशिकर त्रिपाठी ने किया है। इसके अलावा तीन-चार लघु तथा पूर्ण शोध कार्य मेरे संपूर्ण साहित्य पर हो रहा है। हाँ, कथा-साहित्य पर शोध कार्य का श्रेय तुम्हें ही जाएगा।

संदर्भ ग्रंथ

प्रभा खेतान की रचनाएँ

1. अपरिचित उजाले, अक्षर प्रकाशन, दिल्ली, प्रथम संस्करण, 1981
2. सीढ़ियाँ चढ़ती हुई मैं, इंद्रप्रस्थ प्रकाशन, दिल्ली, प्रथम संस्करण, 1982
3. सार्त्र का अस्तित्ववाद, सरस्वती विहार, प्रथम संस्करण, 1984
4. शब्दों का मसीहा, सरस्वती विहार, प्रथम संस्करण, 1985
5. एक और आकाश की खोज में, अप्रस्तुत प्रकाशन, कलकत्ता, प्रथम संस्करण, 1985
6. कृष्णधर्म मैं, स्वर समवेत प्रकाशन, प्रथम संस्करण, 1986
7. एक और पहचान, स्वर समवेत प्रकाशन, प्रथम संस्करण, 1986
8. हुस्न बानो और अन्य कविताएँ, स्वर समवेत प्रकाशन, प्रथम संस्करण, 1987
9. अहल्या, सरस्वती विहार, प्रथम संस्करण, 1988
10. साँकलों में कैद क्षितिज, सरस्वती विहार, प्रथम संस्करण, 1988
11. स्त्री उपेक्षिता, हिन्द पॉकेट बुक्स, दिल्ली, 1991
12. आओ पेपे घर चलें, सरस्वती विहार, दिल्ली, प्रथम संस्करण, 1990
13. तालाबंदी, सरस्वती विहार, दिल्ली, प्रथम संस्करण, 1991
14. छिन्नमस्ता, सरस्वती विहार, दिल्ली, प्रथम संस्करण, 1991
15. अग्निसंभवा, हंस मासिक पत्रिका, मार्च 1992 से मई 1992 तक प्रकाशित
16. आल्बेयर कामू वह पहला आदमी, सरस्वती विहार, दिल्ली, प्रथम संस्करण, 1993
17. एड्स, पूजा पत्रिकांक, कलकत्ता
18. पीली आँधी, राजकमल प्रकाशन, दिल्ली, प्रथम संस्करण, 1995
19. अपने-अपने चेहरे, राजकमल प्रकाशन, दिल्ली, प्रथम संस्करण, 1995
20. उपनिवेश स्त्री, राजकमल प्रकाशन, दिल्ली, प्रथम संस्करण, 2003
21. स्त्रीपक्ष, सबरंग पत्रिका जनसत्ता, 14 फरवरी 1999 से 1 अगस्त 1999
22. बाज़ार के बीच : बाज़ार के ख़िलाफ़ वाणी प्रकाशन, 2004 भूमंडलीकरण और स्त्री के प्रश्न

अन्य संदर्भ ग्रंथ

1. आधुनिक काव्यलोक, लोकभारती प्रकाशन
2. स्त्रीवादी विमर्श : समाज और साहित्य, क्षमा शर्मा
3. प्रभा खेतान और उनका साहित्य, परवीन मलिक (प्रकाशक : दिग्दर्शन चरण जैन, ऋषभचरण जैन एवं संतति, दरियागंज, नई दिल्ली)
4. आज की हिंदी कहानी, डॉ. धनंजय वर्मा
5. महिला उपन्यासकार, डॉ. मधु सिंधु (निर्मल प्रकाशन)
6. औरत अस्तित्व और अस्मिता है, डॉ. अरविंद जैन (राजकमल प्रकाशन)
7. आधुनिक हिंदी उपन्यास में प्रेम की परिकल्पना, डॉ. विजय सिंह
8. संभोग से समाधि तक, ओशो
9. शेखर एक जीवनी, अज्ञेय
10. मारवाड़ी समाज व्यवसाय से उद्योग तक, टॉमस ए टिम्बर्ग : राधाकृष्ण प्रकाशन, दिल्ली
11. मारवाड़ी व्यापारी, डॉ. गिरिजा शंकर प्रकाशन कृष्ण जैन सेवी एंड कंपनी बीकानेर
12. अस्तित्ववाद किर्कगाद से कामू तक योगेन्द्र शाही, मैकमिलन कंपनी ऑफ इंडिया, 1978
13. भारतीय संस्कृति की रूपरेखा, बाबू गुलाब राय
14. अशोक के फूल, हजारीप्रसाद द्विवेदी
15. हिंदी उपन्यास का इतिहास, गोपालराय : राजकमल प्रकाशन
16. हिंदी साहित्य का दूसरा इतिहास, डॉ. बच्चन सिंह

पत्र-पत्रिकाएँ

1. सहारा समय
2. पल-प्रतिपल
3. हंस
4. प्रभात ख़बर
5. इंडिया टुडे
6. नया ज्ञानोदय
7. जनसत्ता (सबरंग : 14 जनवरी 1999 से अगस्त 1999 तक)